ABORTO E GÊNERO NA SUPREMA CORTE DOS ESTADOS UNIDOS

DA PROIBIÇÃO DE ESTUDAR À AUTORIZAÇÃO PARA ABORTAR

O GEN | Grupo Editorial Nacional – maior plataforma editorial brasileira no segmento científico, técnico e profissional – publica conteúdos nas áreas de concursos, ciências jurídicas, humanas, exatas, da saúde e sociais aplicadas, além de prover serviços direcionados à educação continuada.

As editoras que integram o GEN, das mais respeitadas no mercado editorial, construíram catálogos inigualáveis, com obras decisivas para a formação acadêmica e o aperfeiçoamento de várias gerações de profissionais e estudantes, tendo se tornado sinônimo de qualidade e seriedade.

A missão do GEN e dos núcleos de conteúdo que o compõem é prover a melhor informação científica e distribuí-la de maneira flexível e conveniente, a preços justos, gerando benefícios e servindo a autores, docentes, livreiros, funcionários, colaboradores e acionistas.

Nosso comportamento ético incondicional e nossa responsabilidade social e ambiental são reforçados pela natureza educacional de nossa atividade e dão sustentabilidade ao crescimento contínuo e à rentabilidade do grupo.

João Carlos Souto

ABORTO E GÊNERO NA SUPREMA CORTE DOS ESTADOS UNIDOS

DA PROIBIÇÃO DE ESTUDAR À AUTORIZAÇÃO PARA ABORTAR

- O autor deste livro e a editora empenharam seus melhores esforços para assegurar que as informações e os procedimentos apresentados no texto estejam em acordo com os padrões aceitos à época da publicação, e todos os dados foram atualizados pelo autor até a data de fechamento do livro. Entretanto, tendo em conta a evolução das ciências, as atualizações legislativas, as mudanças regulamentares governamentais e o constante fluxo de novas informações sobre os temas que constam do livro, recomendamos enfaticamente que os leitores consultem sempre outras fontes fidedignas, de modo a se certificarem de que as informações contidas no texto estão corretas e de que não houve alterações nas recomendações ou na legislação regulamentadora.

- Fechamento desta edição: 01.10.2024

- O Autor e a editora se empenharam para citar adequadamente e dar o devido crédito a todos os detentores de direitos autorais de qualquer material utilizado neste livro, dispondo-se a possíveis acertos posteriores caso, inadvertida e involuntariamente, a identificação de algum deles tenha sido omitida.

- **Atendimento ao cliente:** (11) 5080-0751 | faleconosco@grupogen.com.br

- Direitos exclusivos para a língua portuguesa
  Copyright © 2025 by
  Editora Atlas Ltda.
  Uma editora integrante do GEN | Grupo Editorial Nacional
  Travessa do Ouvidor, 11 – Térreo e 6º andar
  Rio de Janeiro – RJ – 20040-040
  www.grupogen.com.br

- Reservados todos os direitos. É proibida a duplicação ou reprodução deste volume, no todo ou em parte, em quaisquer formas ou por quaisquer meios (eletrônico, mecânico, gravação, fotocópia,
- distribuição pela Internet ou outros), sem permissão, por escrito, da Editora Atlas Ltda.

- Capa: Fabricio Vale

CIP-BRASIL. CATALOGAÇÃO NA PUBLICAÇÃO
SINDICATO NACIONAL DOS EDITORES DE LIVROS, RJ

S71a

Souto, João Carlos
    Aborto e gênero na Suprema Corte dos Estados Unidos : da proibição de estudar à autorização para abortar / João Carlos Souto. - 1. ed. - Barueri [SP] : Atlas, 2025.
    296 p. ; 24 cm.

    Inclui bibliografia
    ISBN 978-65-5977-663-4

    1. Aborto - Legislação - Estados Unidos. Supreme Court. 2. Identidade de gênero - Legislação - Estados Unidos. Supreme Court. I. Título.

24-94186   CDU: 343.621(73)

Gabriela Faray Ferreira Lopes - Bibliotecária - CRB-7/6643

SOBRE O AUTOR

Professor de Direito Constitucional desde 1996. Formado em Direito pela Universidade Federal da Bahia. Mestre e Doutor (*suma cum laude* – CEUB) em Direito Público. Selecionado (2024) para realizar estudos pós-doutorais no Max Planck Institute for Comparative Public Law and International Law (Alemanha), a partir de 2025. É Procurador da Fazenda Nacional desde 1993, atuou na Coordenação de Assuntos Internacionais da PGFN e, posteriormente, foi Consultor Jurídico do Ministério das Cidades. Realizou estudos de extensão em Direito Constitucional norte-americano na University of Delaware (1995), na Harvard Law School (1998) e na Thomas Jefferson School of Law (2012). Foi Presidente do Sindicato Nacional dos Procuradores da Fazenda Nacional (2005-2009) e Presidente do Fórum Nacional da Advocacia Pública Federal (2007-2011). É autor da obra *A União Federal em Juízo* (com a 3ª edição já esgotada); e de *Suprema Corte dos Estados Unidos – Principais Decisões* (em sua 4ª ed., 2021), o livro mais citado no Brasil sobre o Tribunal estadunidense, cuja 1ª edição é de 2008. Acompanhou, em Nova Iorque, as eleições presidenciais de 2016, realizando entrevistas com eleitores. É Presidente do United States – Brazil Comparative Law Institute (USBCLI). Desde janeiro de 2023, é Diretor da Escola Superior da AGU. É Conselheiro e Secretário-Executivo do Observatório da Democracia, desde setembro de 2023, cuja presidência é do Ministro Ricardo Lewandowski. Foi Secretário de Estado de Justiça e Cidadania do Distrito Federal (2015/2016).

TRABALHOS DO AUTOR

Livros

1. *Suprema Corte dos Estados Unidos – Principais Decisões*. São Paulo: Atlas, 2008; 2. ed. (2015); 3. ed. (2019); 4. ed. (2021).
2. *A União Federal em Juízo*. São Paulo: Saraiva, 1998; 2. ed. (2000); 3. ed. (Lumen Juris, 2006).
3. *Anotações das Doze Léguas*. Salvador: Acaraí, 1987. Pesquisa Histórica. 100 p.

Capítulos de livros

1. James Madison, o Bill of Rights e a Suprema Corte. In: CUEVA, Ricardo Villas Bôas; SOUTO, João Carlos (coords.). *Bill of Rights Norte Americano, 230 anos*. Salvador: Juspodivm, 2021.
2. United States v. Schooner Amistad – The Amistad Case (1841). In: LEITE, George Salomão; NOVELINO, Marcelo; ROCHA, Lilian Rose Lemos (coords.). *Liberdade e Fraternidade*: a Contribuição de Ayres Britto para o Direito. Salvador: Juspodivm, 2018.

Artigos publicados em revistas jurídicas

1. A Contribuição de Luís Roberto Barroso e Harry Blackmun à Emancipação da Mulher no Brasil e nos Estados Unidos. *Revista da AGU*,[1] Brasília, v. 22, n. 4, p. 200-226, dez. 2023. Disponível em: https://revistaagu.agu.gov.br/index.php/AGU/article/view/3407.

---

[1] A *Revista da AGU* é uma revista jurídica classificada como A2 no ranking da CAPES.

2. Guantánamo e a Separação dos Poderes. *Publicações da Escola Superior da AGU*, v. 2, n. 16, p. 121-141, 2012. Disponível em: https://revistaagu.agu.gov.br/index.php/EAGU/article/view/1635.
3. Controle de Constitucionalidade – o Modelo Norte-Americano. *Revista de Direito – UPIS*, Brasília, v. 4, p. 123-133, 2006.
4. João Mangabeira – Múltiplo. *Revista de Informação Legislativa*,[2] Brasília: Senado Federal, v. 40, n. 159, p. 89-104, 2003. Disponível em: https://www2.senado.leg.br/bdsf/item/id/876.
5. A União Federal e o Controle da Constitucionalidade. *Unijus – Revista da Faculdade de Direito da Universidade de Uberaba*, Uberaba, n. 1, p. 17-29, 1998.

Artigos publicados em revistas jurídicas em parceria com outro(a) autor(a)

1. Suprema Corte dos Estados Unidos: Lições do "Term" 2019-2020 e uma Breve Homenagem a Ruth Bader Ginsburgh. *Revista de Direito Internacional*, v. 19, p. 381-399, 2022. Disponível em: https://www.publicacoesacademicas.uniceub.br/rdi/article/view/8035. Em coautoria com Patrícia Perrone Campos Mello.
2. Da Propriedade à Moradia: Breve Estudo sobre a Evolução Constitucional Brasileira. *Revista Direitos Sociais e Políticas Públicas*, v. 9, p. 712-738, 2021. Disponível em: https://abdconstojs.com.br/index.php/revista/article/view/24 4?articlesBySimilarityPage=10. Em coautoria com Thiago Pádua.

Prefácio e apresentações em obra jurídicas

1. *Um desafio gratificante*. Prefácio à obra *A Regulação Jurídica do Sistema Financeiro Nacional*. Rio de Janeiro: Lumen Juris, 2008. Obra coletiva escrita por Procuradores da Fazenda Nacional, Procuradores do Banco Central, Advogados da União e Procuradores Federais.

Artigos publicados no exterior

1. In the Halls of Brazil's Senate: Unpacking the Legacy of the US Constitution. *JURIST Legal News & Commentary*, Pittsburgh – Pennsylvania, 12 March 2024.
2. Brazil's Federal Supreme Court Grapples With the Specter of Neville Chamberlain. *JURIST Legal News & Commentary*, Pittsburgh – Pennsylvania, 31 August 2023.
3. Brazil dispatch: "Brazil today witnessed the most serious attack on State institutions since redemocratization in 1985". *JURIST Legal News & Commentary*, Pittsburgh – Pennsylvania, 8 January 2023.

---

[2] A *Revista de Informação Legislativa* é uma revista jurídica, publicada desde 1962, pelo Senado Federal. Sua classificação no ranking da CAPES é A1.

4. The Ginsburg Address. *JURIST Legal News & Commentary*, Pittsburgh – Pennsylvania, 31 October 2020.
5. Constitutional Values in Brazil and the US in Times of Coronavirus. *JURIST Legal News & Commentary*, Pittsburgh – Pennsylvania, 5 August 2020.

Artigos publicados em jornais[3]

Folha de S.Paulo

1. Aaron Burr, Donald Trump e o Desprezo pela Democracia. *Folha de S.Paulo*, São Paulo, p. A3, 8 jan. 2021. Disponível em: https://www1.folha.uol.com.br/opiniao/2021/01/aaron-burr-donald-trump-e-o-desprezo-pela-democracia.shtml.
2. Oliver Holmes, o STF e a Liberdade de Imprensa. *Folha de S.Paulo*, São Paulo, p. A3, 3 maio 2019. Disponível em: https://www1.folha.uol.com.br/opiniao/2019/05/oliver-holmes-o-stf-e-a-liberdade-de-imprensa.shtml.
3. O Pré-sal, a Moralidade e a Eficiência. *Folha de S.Paulo*, São Paulo, p. A3, 23 dez. 2008. Disponível em: https://feeds.folha.uol.com.br/fsp/opiniao/fz2312200809.htm.

Valor Econômico

1. A Função Essencial da Administração Tributária. *Valor Econômico*, São Paulo, 4 jan. 2006, Legislação e Tributos (Rio), p. E2.
2. Reforma do Judiciário: um Caso de Assimetria. *Valor Econômico*, São Paulo, 4 mar. 2005, Legislação e Tributos (Rio), p. E2.

Correio Braziliense

1. Eu e Dona Canô. *Correio Braziliense*, Brasília, 14 dez. 2021, p. 3.
2. Os Sessenta Anos da OAB-DF. *Correio Braziliense*, Brasília-DF, 17 ago. 2020, p. 9.
3. O Bom Combate no Sistema Prisional do Distrito Federal. *Correio Braziliense*, Brasília-DF, 1º fev. 2016, p. 4.
4. Harvard, Yale e a Suprema Corte. *Correio Braziliense*, Brasília-DF, Caderno Direito & Justiça, 20 set. 2010, p. 2.

---

[3] A lista reproduzida contempla os artigos de cunho jurídico, à exceção de dois publicados na década de 1980, em Salvador: **Desconhecimento da História** e **Assassínio ao idioma**. O jornal *A Tarde* é o mais antigo da Bahia e o maior do Norte-Nordeste. O jornal *Correio Braziliense* é o maior de Brasília. O jornal *Valor Econômico* é o mais importante veículo de Economia do país. O jornal *Estado de Minas* é o mais importante de Minas Gerais. Na década de 1980, o autor publicou crônicas em alguns jornais de Salvador, principalmente em *A Tarde*. A lista completa de trabalhos publicados (incluindo crônicas) encontra-se em www.joaocarlossouto.adv.br.

5. Waldorf Astoria e outros superlativos. *Correio Braziliense*, Brasília-DF, Caderno Cidades, 29 jan. 2007, p. 18.

6. Creio na Constituição. *Correio Braziliense*, Brasília-DF, Caderno Direito & Justiça, 11 abr. 2005, p. 7.

7. 70 anos do Mandado de Segurança. *Correio Braziliense*, Brasília-DF, Caderno Direito & Justiça, 21 jun. 2004, p. 2.

8. Controle de Constitucionalidade no Direito Canadense. *Correio Braziliense*, Brasília-DF, Caderno Direito & Justiça, 30 set. 2002, p. 5.

9. Advocacia-Geral da União. *Correio Braziliense*, Brasília-DF, Caderno Direito & Justiça, 6 maio 2002, p. 11.

10. Seqüestro e local de Cativeiro. *Correio Braziliense*, Brasília-DF, Caderno Direito & Justiça, 25 fev. 2002, p. 3.

11. Os 214 Anos da Constituição dos EUA. *Correio Braziliense*, Brasília-DF, Caderno Direito & Justiça, 17 set. 2001, p. 3.

12. Dershowitz e a Advocacia-Geral da União. *Correio Braziliense*, Brasília-DF, Caderno Direito & Justiça, 27 mar. 2000, p. 16.

13. Bug do Milênio, uma Proposta Legislativa. *Correio Braziliense*, Brasília-DF, Caderno Direito & Justiça, 18 out. 999, p. 8

14. Limites ao Poder de Reforma e a Reforma da CPI. *Correio Braziliense*, Brasília-DF, Caderno Direito & Justiça, 5 jul. 1999, p. 7.

15. Dessalinização constitucional. *Correio Braziliense*, Brasília-DF, Caderno Direito & Justiça, 26 abr. 1999, p. 6.

16. O Município e o Controle da Constitucionalidade. *Correio Braziliense*, Brasília-DF, Caderno Direito & Justiça, 30 nov. 1998, p. 7.

17. O Município e as Emendas Constitucionais. *Correio Braziliense*, Brasília-DF, Caderno Direito & Justiça, 23 nov. 1998, p. 3.

18. Controle Difuso e *Stare Decisis*. *Correio Braziliense*, Brasília-DF, Caderno Direito & Justiça, 1º jun. 1998, p. 1.

19. Composição da Câmara e Equilíbrio Federativo. *Correio Braziliense*, Brasília-DF, Caderno Direito & Justiça, 13 abr. 1998, p. 1.

20. STJ. Foro Especial e Composição. *Correio Braziliense*, Brasília-DF, Caderno Direito & Justiça, 22 set. 1997, p. 3.

Jornal A Tarde e Jornal da Bahia (extinto)

1. Faculdade de Direito Inoportuna. *A Tarde*, Salvador-BA, Caderno 1, 1º jun. 1991.

2. A Crise na Procuradoria da Fazenda do Estado. *A Tarde*, Salvador-BA, Caderno 4, 29 jul. 1990.

3. Desconhecimento da História. *A Tarde*, Salvador-BA, Caderno 1, 21 abr. 1986.

4. Assassínio ao Idioma. *A Tarde*, Salvador-BA, Caderno 1, 7 set. 1985.

5. Assembléia Constituinte. *Jornal da Bahia*, Salvador-BA, 24 jul. 1985.

Estado de Minas

1. Harvard, Yale e a Suprema Corte. *Estado de Minas*, Belo Horizonte, 19 set. 2010.
2. Advocacia Pública. *Estado de Minas*, Belo Horizonte, Opinião, 26 jun. 2010, p. 9.
3. Discurso e Prática. *Estado de Minas*, Belo Horizonte, Opinião, 21 dez. 2005, p. 9.
4. Intervenção Atípica. *Estado de Minas*, Belo Horizonte, Opinião, 16 abr. 2005, p. 9.

Artigos publicados em revistas eletrônicas

Conjur

1. Dilema do Confisco Humanitário de Recursos Financeiros de Estado Soberano. *Conjur*, 1º jun. 2024. Disponível em: https://www.conjur.com.br/2024-jun-01/dilema-do-confisco-humanitario-de-recursos-financeiros-de-estado-soberano/.
2. A Suprema Corte dos Estados Unidos na sabatina do ministro Flávio Dino. *Conjur*, 7 jan. 2024. Disponível em: https://www.conjur.com.br/2024-jan-07/a-suprema-corte-dos-estados-unidos-na-sabatina-do-ministro-flavio-dino/.
3. Neville Chamberlain e o Supremo Tribunal. *Conjur*, 16 out. 2023. Disponível em: https://www.conjur.com.br/2023-out-16/joao-carlos-souto-neville-chamberlain-stf/.
4. Três Distintas Senhoras: D. Canô, Constituição dos Estados Unidos e Ruth Ginsburg. *Conjur*, 17 set. 2023. Disponível em: https://www.conjur.com.br/2023-set-17/joao-carlos-souto-tres-distintas-senhoras/.
5. A Vitória Parcial das *Big Techs* na Suprema Corte dos EUA e o "Bom Direito". *Conjur*, 24 maio 2023. Disponível em: https://www.conjur.com.br/2023-mai-24/joao-carlos-souto-vitoria-big-techs-bom-direito2/.
6. Perdão Presidencial nos EUA: Debates na Convenção da Filadélfia e Controle Judicial. *Conjur*, 26 abr. 2022. Disponível em: https://www.conjur.com.br/2022-abr-26/joao-carlos-souto-perdao-presidencial-eua/.
7. O Isolacionismo de 1930 e a Queda de Cabul em 2021. *Conjur*, 21 ago. 2021. Disponível em: https://www.conjur.com.br/2021-ago-21/souto-isolacionismo-1930-queda-cabul-2021/.
8. Defesa da Democracia é um Compromisso de Todos Nós. *Conjur*, 27 jun. 2012. Disponível em: http://www.conjur.com.br/2012-jun-27/joao-carlos-souto-defesa-democracia-compromisso-todos.
9. Advogados Público e Privado têm Direito a Honorários Sucumbenciais. *Conjur*, 3 ago. 2009. Disponível em: http://www.conjur.com.br/2009-ago-03/advogados-publico-privado-direito-honorarios-sucumbenciais.

10. O Controle Difuso e a Súmula Vinculante. *Conjur*, 24 dez. 1998. Disponível em: http://www.conjur.com.br/1998-dez-24/controle_difuso_sumula_vinculante.

11. Controle Difuso e *Stare Decisis*. *Conjur*, 1º dez. 1998. Disponível em: http://www.conjur.com.br/1998-dez-01/controle_constituciona.

Jota

1. Democracia, Meio Ambiente e Segurança Jurídica na AGU em 2023 – Lições do Sermão do Primeiro Domingo do Advento. *Jota*, 30 dez. 2023. Disponível em: https://www.jota.info/artigos/democracia-meio-ambiente-e-seguranca--juridica-na-agu-em-2023-30122023?non-beta=1.

Artigos publicados na Revista Justiça Fiscal[4]

1. Kelsen Bateu um Bolão. *Revista Justiça Fiscal*, Brasília: Sinprofaz, n. 9, out. 2011, p. 25.

2. Defesa da Democracia é um Compromisso de Todos Nós. *Revista Justiça Fiscal*, Brasília: Sinprofaz, n. 12, out. 2011, p. 32.

3. As Pedras do Central. *Revista Justiça Fiscal*, Brasília: Sinprofaz, n. 5, jul. 2010, p. 22-23.

4. Advogado tem Direito a Honorários Sucumbenciais. *Revista Justiça Fiscal*, Brasília: Sinprofaz, n. 3, out. 2010, p. 29 (em coautoria com Cezar Britto).

5. Ativismo Judicial na Suprema Corte dos Estados Unidos. *Revista Justiça Fiscal*, Brasília: Sinprofaz, n. 2, jun. 2009, p. 31-34.

6. Dia Nacional da Justiça Fiscal. *Revista Justiça Fiscal*, Brasília: Sinprofaz, n. 1, mar. 2009.

Artigos publicados em jornais (em coautoria)

1. Honorários de sucumbência. *Estado de Minas*, Belo Horizonte, Opinião, 11 ago. 2009, p. 9. Em coautoria com Cezar Britto, Presidente do Conselho Federal da Ordem dos Advogados do Brasil.

Monografias publicadas

1. *Advocacia Pública Federal – Proposta de Reestruturação*. Instituto Ibero-Americano de Direito Comparado (IADC). Brasília, 2003, 44 p.

---

[4] A *Revista Justiça Fiscal* foi criada em março de 2009, com uma proposta "plural": Direito e entretenimento. João Carlos Souto é seu idealizador e foi seu primeiro Diretor de Redação (2009/2012). Circula trimestralmente.

2. *A Função Social da Propriedade e a Desapropriação por Interesse Social.* Monografia. Gráfica Independência Ltda. Paulo Afonso, Bahia, 1993, 25 p.

Monografia classificada em concurso

1. *As garantias do cidadão como superlativo constitucional. Improbidade administrativa e os limites à atuação do Ministério Público.* 4ª colocação no V Concurso Nacional de Monografia Jurídica do Tribunal Regional Federal da 1ª Região. out. 2001.

Textos publicados na condição de Presidente do Sinprofaz e de interesse direto da Carreira de Procurador da Fazenda Nacional

1. Os vinte anos da Constituição Federal brasileira, a cidadania e a Justiça Fiscal. Texto de introdução à publicação "Manual do Contribuinte: Guia para a Cidadania Fiscal". Brasília: Sinprofaz, out. 2008.
2. A relevância institucional da Procuradoria-Geral da Fazenda Nacional. Texto de introdução à publicação "Os Números da PGFN". Brasília: Sinprofaz, fev. 2008.
3. Crise Institucional da Procuradoria-Geral da Fazenda Nacional. Brasília: Sinprofaz, set. 2006. Opúsculo com 26 páginas.

Outros trabalhos jurídicos

1. *Anteprojeto de Lei Disciplinando a Criação de Faculdades de Direito.* Aprovado pela unanimidade do Conselho Seccional da OAB-BA em 1993.
2. *O Ensino Jurídico.* Tese de ingresso no Instituto dos Advogados da Bahia.[5]
3. *A Função Social da Propriedade e a Desapropriação por Interesse Social.* Monografia, Gráfica Independência Ltda. Paulo Afonso, Bahia, 1993, 25 p.
4. *A Inconstitucionalidade do Parágrafo Único do Art. 137 da Lei 8.112/90.* Representação de inconstitucionalidade protocolada na Procuradoria-Geral da República, em maio de 1993, sob o nº 08100001523/93-11. O Procurador-Geral da República propôs, em agosto de 2005, a ADI fundamentada nesse estudo.
5. *Projeto Aliomar Baleeiro.* Encaminhado à Procuradoria-Geral da Fazenda Nacional, jan. 1994.
6. *Regimento Interno da Advocacia-Geral da União.* Sugestões, maio 1994.[6]
7. *O Acesso à Justiça como Direito Fundamental.* Trabalho encaminhado ao Advogado-Geral da União, sugerindo alteração no art. 28, I, da LC 73/1993.[7]

---

[5] Defendida em fevereiro de 1993 e aprovada por unanimidade.

[6] Encaminhadas ao Procurador-Geral da União, através dos memos PSU/nos 050 e 055 – maio/1994.

[7] Memo nº 0091, de 05.08.1994.

8. *Coordenação do Mercosul*. Sugestão encaminhada ao AGU, jan. 1995.[8]

9. *Títulos de Capitalização*. Normas para melhor regulamentar o mercado de capitais. Sugestões encaminhadas ao Ministro da Fazenda, fev. 1997.[9]

10. Sugestões para Modificação do *Projeto de Lei sobre o Conselho do Patrimônio Histórico e Artístico de Uberaba*, set. 1997 (em parceria com o Prof. João D'Amico).

---

[8] Através do memo nº 014, de 15.01.1995.

[9] O Ministério da Fazenda, através da Susep, manifestou-se (Of. SUSEP/GABIN 26/97) assinalando que a contribuição seria considerada quando da "revisão das normas para o mercado de capitais".

APRESENTAÇÃO

Este livro acolhe a mais completa análise, publicada no Brasil, sobre aborto e gênero nos Estados Unidos da América.

O Professor João Carlos Souto dedica-se ao estudo do sistema legal estadunidense há mais de 30 anos. É de sua autoria o livro mais citado no Brasil sobre o tema: *Suprema Corte dos Estados Unidos – Principais Decisões*, cuja 1ª edição é de 2008; a atual, 4ª, é de 2021.

Agora vem a lume este livro, que procura desvendar como o aborto foi e é tratado nos Estados Unidos, além de uma ampla incursão a respeito da questão de gênero. O autor é, de longa data, uma das maiores autoridades brasileiras sobre a Suprema Corte norte-americana, certamente a que mais escreveu acerca do tema, tendo sido o único autor estrangeiro[1] citado no Relatório da Comissão da Casa Branca, de 2021, designada pelo Presidente Joe Biden, para propor reformas na estrutura da Suprema Corte.

O livro que ora se apresenta, *Aborto e Gênero na Suprema Corte dos Estados Unidos,* é um relato rico e denso, fruto de tese de doutorado que obteve nota máxima da banca (*suma cum laude*), uma pesquisa detalhada e minuciosa que engloba mais de dois séculos sobre esse tema controverso e que se apresenta como "uma questão moral profunda sobre a qual os americanos têm visões extremamente conflitantes".[2]

---

[1] A citação foi ao Instituto Brasil – Estados Unidos de Direito Comparado, do qual o Professor Souto é fundador e presidente. A colaboração de sua autoria foi encaminhada à citada Comissão em nome do Instituto.

[2] A frase é de autoria do juiz Samuel Alito, no voto, em nome da maioria, no caso *Dobbs v. Jackson* (2022).

SUMÁRIO

INTRODUÇÃO 1

De quando e como Nacib encontrou Gabriela 1

Matilda Wormwood e a paixão pelos livros 2

O inconformismo e o ativismo de Margaret Sanger 3

Barreira política de quase dois séculos 4

A contribuição da Corte e a contribuição feminina à Corte 4

É sobre lutas e conquistas contra todas as intolerâncias que habitam a alma humana 9

CAPÍTULO I – O LONGO CAMINHO DO DIREITO À PRIVACIDADE NOS ESTADOS UNIDOS DA AMÉRICA. *POE V. ULLMAN* E *GRISWOLD V. CONNECTICUT*: PORNOGRAFIA, MORALIDADE, LEGISLAÇÃO REPRESSIVA, PLANEJAMENTO FAMILIAR, *BILL OF RIGHTS*, PENUMBRAS E USO DE CONTRACEPTIVOS 11

Introdução 11

1. Anthony Comstock, verbete de dicionário e enciclopédia 12

    1.1 "De Canaã a Gotham" 13

    1.2 *Comstock Act* 14

        1.2.1 Padrão legislativo dos Estados Unidos 16

    1.3 Sociedade para supressão do vício e agente especial dos Correios 17

    1.4 Margaret Sanger, perseguição e exílio em Londres 19

    1.5 O começo do fim de uma era 21

2. A Segunda Guerra Mundial e a mão de obra feminina 22

3. Métodos contraceptivos ganham espaço 23

3.1	Temor de superpopulação e esgotamento de recursos naturais	23
3.2	Esterilização de doentes mentais e "imbecis"	24
3.3	Crescimento populacional e Relatório Kissinger	26
3.4	A pílula e a revolução dos costumes	27

4. Estelle Griswold, cantora, esposa e ativista 27

5. *Poe v. Ullman* 28

    5.1 John Marshall Harlan, voto progressista de autoria conservadora 30

        5.1.1 A ação do Estado contra a intimidade conjugal 31

        5.1.2 *Poe v. Ullman* e a ADPF nº 54/2004, breve cotejo 34

        5.1.3 O voto de Felix Frankfurter e a consulta a John Jay 35

6. *Griswold v. Connecticut* (1965) 36

    6.1 James G. Morris e o relativo desinteresse das autoridades em processar a violação da lei de uso de contraceptivos 37

        6.1.1 Entrevista à rede de TV CBS 38

    6.2 A Corte Warren 40

    6.3 O voto de William O. Douglas 44

        6.3.1 "A teoria mais clara" e um aspecto do processo decisório 44

        6.3.2 Detenção e multa 45

        6.3.3 A bolsa, a espada e o perigo menor 46

        6.3.4 A Corte não é uma superlegislatura 48

        6.3.5 O "direito de associação" e o *Bill of Rights* 51

        6.3.6 "Penumbras" e "emanações" 53

        6.3.7 Oliver Holmes em 1928 e William Douglas em 1965 53

        6.3.8 A Terceira Emenda e o pré-constitucionalismo estadunidense.... 57

    6.4 O suposto caráter discriminatório de *Griswold v. Connecticut* 60

    6.5 O melhor voto em 36 anos na Suprema Corte 62

7. Votos em separado, com a maioria 63

    7.1 O voto de Arthur Goldberg e a ressurreição da Nona Emenda 64

        7.1.1 Limite à atuação do Estado-membro como "laboratório da Federação" 68

8. Votos dissidentes 73

    8.1 Hugo Black. Da pobreza à Ku Klux Klan, ao Senado e à Suprema Corte 73

        8.1.1 Um voto em defesa da autocontenção 76

        8.1.2 Aderência ao textualismo. Hugo Black e Antonin Scalia 78

8.2	O voto de Potter Stewart	82
	8.2.1 "Lei notavelmente estúpida e obviamente inexequível"	84
9.	Votos de Hugo Black e Potter Stewart: a "estupidez", a eterna espera legislativa e a lição de James Madison	87
10.	Os extremos hermenêuticos e a lógica aristotélica	89
11.	Conclusão parcial	92

CAPÍTULO II – A SUPREMA CORTE E O DIREITO AO ABORTO. DA "TOLERÂNCIA" NO INÍCIO DO SÉCULO XIX À MUDANÇA DE PERCEPÇÃO A PARTIR DOS ANOS 1870. *ROE V. WADE*. REVOLUÇÃO DOS COSTUMES, *LIVING ORIGINALISM*, DIREITO FUNDAMENTAL E CONTÍNUA CONTESTAÇÃO CONSERVADORA 99

1.	Rose, Ramsay e Roe	99
2.	Prática disseminada, tolerada e moralmente aceita	102
3.	Conservadores, religiosos e a recém-criada associação médica americana	104
4.	A proibição e o "preço" do aborto	106
	4.1 A desproporcionalidade punitiva e o perdão presidencial em 2022	106
	4.2 Graves consequências econômicas e sociais da gravidez para as mulheres solteiras na sociedade patriarcal de meados do século XX	107
	4.3 Aborto seguro para o topo da pirâmide	109
	4.3.1 Aborto terapêutico e atestado de insanidade	109
5.	O movimento feminista nos Estados Unidos e a pauta do direito ao aborto	112
	5.1 Susan Anthony e Elizabeth Stanton	112
6.	OS efervescentes anos 1960. Uma década antes de Roe	114
	6.1 Surgimento de associações nacionais para a defesa dos direitos das mulheres	115
	6.2 Betty Friedan, liberdade e escolha consciente para decidir sobre a maternidade	116
7.	*Roe v. Wade*, decisão da Suprema Corte, 1973	119
	7.1 A Caricatura	119
	7.2 A pressão popular e a aceitação histórica	120
	7.3 Texas, 1969	121
	7.3.1 "Branca, jovem, grávida e à procura de um aborto"	122
	7.4 *Roe v. Wade* e a recusa da *Equal Rights Amendment*	123
	7.5 Estados que permitiam o aborto no início da década de 1970	126
	7.6 O voto do juiz Harry Blackmun	127
	7.6.1 Interpretação "sem predileção"	128
	7.6.2 O Código Penal do Texas, Jane Roe e a *class action*	129

	7.6.3	James Hubert Hallford e John e Mary Doe	131
	7.6.4	Evolução histórica do aborto, "aspecto desejável"	132
		7.6.4.1 *Quickening*, da Inglaterra do século XIII à decisão da Suprema Corte no século XX	134
		7.6.4.2 A legislação antiaborto nos Estados Unidos	135
	7.6.5	A doutrina corrobora Harry Blackmun	141
		7.6.5.1 Feto e vida – entendimento nos séculos XVIII e XIX	142
		7.6.5.2 Métodos inortodoxos para interrupção da gravidez	143
	7.6.6	A criminalização do aborto em três atos	143
		7.6.6.1 Primeiro e segundo atos	144
		7.6.6.2 Terceiro ato	148
	7.6.7	Direito à privacidade em Roe	150
	7.6.8	Blackmun, Posner e Scalia: Consequencialismo, "pragmatismo jurídico, voltado para o futuro" e supremacia do originalismo	153
	7.6.9	Blackmun aproxima-se da conclusão de sua obra	155
7.7		"A Suprema Corte precisa usar a história. A questão é como"	160
	7.7.1	Tushnet, Baude, Holmes e Aharon Barak	162
8.		Conclusão parcial	163

CAPÍTULO III – *UNITED STATES V. VIRGINIA* (1996). A SUPREMA CORTE E O PRINCÍPIO DA IGUALDADE DE TRATAMENTO ENTRE HOMENS E MULHERES ... 167

1.		Os agitados anos 1960	167
2.		Virginia Military Institute	169
	2.1	Admissão restrita a homens	170
	2.2	O peso da tradição e a crença na superioridade masculina	171
3.		A decisão da Corte Distrital e da Corte de Apelações	173
4.		*United States v. Virginia*, múltiplo e histórico	176
	4.1	Argumentação oral e diálogo com os juízes da Suprema Corte	176
		4.1.1 Considerações do representante da União	176
		4.1.2 "Estereótipo" masculino	178
		4.1.3 A capacidade feminina de enfrentar o método adversativo do VMI	180
		4.1.4 Richard Nixon e as mulheres no governo	182
	4.2	O voto de Antonin Scalia	185
		4.2.1 Autocontenção judicial e necessidade de resposta legislativa	185
		4.2.2 A Corte avalia "tudo sob o Sol"	187

4.3 Ruth Bader Ginsburg, um voto de muitos significados................................. 191

    4.3.1 "A justificativa deve ser genuína, não hipotética ou inventada"... 196

        4.3.1.1 Padrão de aferição de validade da norma adotado pela Suprema Corte... 196

    4.3.2 A pouco notada intertextualidade entre os votos de Charles Evans Hughes e Ruth Bader Ginsburg... 199

5. O "precedente" *United States v. Virginia* em duas sabatinas no Senado dos Estados Unidos... 200

    5.1 Amy Coney Barrett – 2020.. 201

    5.2 Ketanji Brown Jackson – 2022.. 203

6. Conclusão parcial.. 205

CAPÍTULO IV – *LEDBETTER V. GOODYEAR TIRE*. DECISÃO ULTRACONSERVADORA, TEXTUALISMO LEVADO ÀS ÚLTIMAS CONSEQUÊNCIAS E DESCONSIDERAÇÃO DE PRECEDENTES DO TRIBUNAL. VOTO DISSIDENTE QUE FEZ HISTÓRIA E INFLUENCIOU ALTERAÇÃO LEGISLATIVA DE FUNDA RELEVÂNCIA..................... 209

1. Charles Goodyear 209

2. *Goodyear Tire & Rubber Co.*.. 210

3. Cláusula de igualdade, segregação racial e de gênero 210

4. Gadsden, Alabama, "Sul Profundo"... 212

5. Equivalência salarial, prescrição, decisões judiciais divergentes e recurso à Suprema Corte... 213

6. Maioria conservadora pelas mãos de um "Trentonian" ultraconservador............ 215

    6.1 "Aplicamos a lei conforme escrita".. 216

        6.1.1 Liberalismo econômico, textualismo e construtivismo estrito...... 217

        6.1.2 Gregório de Matos Guerra e Samuel Alito............................ 220

7. O voto de Ruth Bader Ginsburg e as razões dos vencidos................................ 221

    7.1 "Disparidades de remuneração costumam ficar ocultas"........................... 222

    7.2 Oliver Holmes em Ledbetter.. 224

8. "Atribuição de propósito" 224

9. Ecos de *Lochner v. New York* (1905) em *Ledbetter v. Goodyear Tire* (2007)........ 228

10. O impacto sobre a campanha presidencial de 2008 e a lei Ledbetter de 2009... 232

11. Conclusão parcial.. 235

CAPÍTULO V – *DOBBS V. JACKSON* (2022) 237

Introdução.. 237

1. A lei do Estado do Mississippi... 238

2. Repercussão política.. 239

3.	Composição da Corte em 2022	240
4.	O juiz Samuel Alito	241
	4.1 O episódio da bandeira invertida	241
5.	Origem do caso	242
6.	Decisão da Suprema Corte	242
	6.1 Voto do juiz Alito	242

CONSIDERAÇÕES FINAIS 247

A voz das ruas, pragmatismo jurídico, originalismo e Constituição viva 247

REFERÊNCIAS 253

INTRODUÇÃO

DE QUANDO E COMO NACIB ENCONTROU GABRIELA

Filomena cumprira sua promessa e partira para Água Preta com o intuito de ficar perto do filho, que lá prosperara. Sem sua cozinheira cuja fama já havia rompido os umbrais de Ilhéus, só restou a Nacib Achcar Saad, proprietário do bar *Vesúvio*, pôr-se à procura de uma substituta, mas já antevia dificuldades. Primeiro porque havia uma escassez de mão de obra qualificada em Ilhéus, segundo porque Filomena era uma espécie de Michelangelo do fogão, cozinhava uma variedade de pratos que equivalia a uma Capela Sistina por dia. Difícil, quase impossível, encontrar uma substituta à altura.

Dirigiu-se ao *mercado dos escravos*, local em que os sertanejos que vinham de outras regiões da Bahia e de outros estados do Nordeste se amontoavam à procura de emprego, "sertanejos fugidos da seca, os mais pobres entre quantos deixavam suas casas e suas terras no apelo do cacau".

Evidentemente que em 1925 já não mais se podia comercializar – pelo menos oficialmente – escravos no Brasil, contudo o nome *mercado dos escravos* continuava assim. Nacib andou, perscrutou e não gostou do que viu. Uma "velha" que não sabia cozinhar e outras mais novas, "quase todas com filhos agarrados nas saias". Avistou uma mulher, maltrapilha, cabelos, mãos e pés sujos, mal podia identificar-lhe a idade. Trocaram breves palavras e, quando já desistira de contratá-la e se afastava para ir embora, ela o chamou de "homem bonito". Nunca ninguém o havia chamado assim, "à exceção da velha Zoraia, sua mãe, nos dias de infância". A frase o fez mudar de ideia, resolveu testá-la como empregada, seja pela gentileza de dizer-lhe "bonito", seja porque Gabriela afirmara saber cozinhar.

Gabriela conheceu Nacib[1] e começou a trabalhar para ele no dia em que o Coronel Jesuíno Mendonça matara sua esposa, Sinhazinha Guedes Mendonça, e o cirurgião-dentista Osmundo Pimentel, amante de Sinhazinha.[2]

MATILDA WORMWOOD E A PAIXÃO PELOS LIVROS

Matilda Wormwood vivia em Buckinghamshire, uma pequena cidade nos arredores da área metropolitana de Londres, nascida de pais ignorantes, gananciosos, fúteis e distantes, o Senhor e a Senhora Wormwood. Em casa, com seu irmão Michael, ela provavelmente se sentia ainda mais abandonada do que Gabriela no "mercado dos escravos".

Aos "quatro anos e três meses" de idade, seu universo, seu mundo e sua razão de viver era a biblioteca da relativamente pacata Buckinghamshire, para onde se dirigia de segunda a sexta e onde devorava livros em um ritmo que desafiava os limites da normalidade e encantava todos, especialmente a Senhora Phelps, diretora da Biblioteca e sua maior incentivadora.

A fome pantagruélica pela leitura, aliada à persistência, à astúcia e à dedicação aos estudos, conduziu Matilda a driblar as adversidades que a vida lhe impôs desde cedo: as trapaças empresariais do pai; as frivolidades da mãe; o bullying do irmão; e, acima de tudo, o autoritarismo e as ameaças da Senhora Trunchbull, diretora da *Crunchem Hall Primary School*. Não seria desarrazoado dizer que a fragilidade de sua professora, Miss Honey, serviu como impulso para que Matilda fosse ainda mais assertiva na tomada de decisões que desembocaram na conquista de uma família, uma família de verdade, que ela nunca tivera e que conquistara com seu esforço, muito embora ainda tão jovem.

A trajetória de Matilda[3] nos primeiros cinco anos de vida é o arquétipo da mulher corajosa, persistente, vencedora, e a confirmação dos espaços que estavam sendo con-

---

[1]   Nacib e Gabriela são personagens do romance *Gabriela, Cravo e Canela*, de Jorge Amado, cuja primeira edição data de 1958. O livro já ultrapassou a 80ª edição no Brasil e foi traduzido para mais de 30 idiomas. Foi transformado em novela, filme, musicais, samba-enredo, entre outros. A alusão à capela sistina é construção deste autor, não há menção no livro. Consultar AMADO, Jorge. *Gabriela, Cravo e Canela*. 80. ed. Rio de Janeiro: Record, 1999.

[2]   "O Coronel Jesuíno matou dona Sinhazinha e o doutor Osmundo. Tá tudo lá no meio do sangue..." O relato frio e cortante é de "Tuísca", vendedor de doces das "irmãs dos Reis", contando para Nacib a novidade que abalara Ilhéus naqueles dias agitados. "De súbito, naquele dia de sol esplêndido, na hora calma da sesta, o coronel Jesuíno Mendonça descarregara seu revólver na esposa e no amante". A expectativa era de que, no julgamento, o Coronel Mendonça fosse absolvido por "legítima defesa da honra", recurso argumentativo utilizado pelas defesas de acusados de feminicídio ou agressões para justificar a postura do réu (AMADO, Jorge. *Gabriela, Cravo e Canela*. 80. ed. Rio de Janeiro: Record, 1999. As aspas deste e dos parágrafos anteriores correspondem às p. XI, 91 e 92).

[3]   Roald Dahl, consagrado autor de livros infantis, entre eles *Charlie and the Chocolate Factory* (no Brasil foi traduzido como "A Fantástica Fábrica de Chocolates"), foi muito feliz na construção dos personagens e de toda a estória de *Matilda*, menina prodígio que com um ano e meio de idade já falava com perfeição (*By the age o one and a Half her speech was perfect*), aos três

quistados e corroborados no mundo real, especialmente do outro lado do Atlântico, no período em que ela se desenvolvia.[4]

O INCONFORMISMO E O ATIVISMO DE MARGARET SANGER

A Literatura pode e deve dialogar com a Academia em geral e com argumentos jurídicos em particular, e sua vertente autobiográfica, evidentemente, também é bem--vinda. Nesse sentido, o livro acolhe outras duas mulheres, "reais", talentosas com as letras e extremamente corajosas em suas narrativas, que alimentam, encontram-se e abraçam-se nesta obra.

Em ordem cronológica, a norte-americana Margaret Louise Higgins, mais tarde, em razão do casamento, Margaret Sanger, o nome com que a filha de imigrantes irlandeses se projetou no ativismo político e social de uma América em conflito consigo mesma, inundada pelo conservadorismo messiânico de Anthony Comstock, reverenciado por alguns e temido por muitos. A obra percorre parte da trajetória do autor intelectual da *Comstock Act* e presidente da "Sociedade de Nova Iorque para a Supressão do Vício", entidade encarregada de zelar pela "moral e bons costumes". A obra se ocupa também da atuação de Comstock como agente especial dos Correios, dotado, sem exageros, de superpoderes, que censuraria o dramaturgo inglês Bernard Shaw, levaria o marido de Margaret, William Sanger, à prisão e forçaria seu exílio em Londres para evitar ser presa.

A autobiografia de Sanger, a compreensão do significado de sua luta em prol dos direitos da mulher, a abertura, em 1916, da "primeira clínica de controle de natalidade das Américas", seu trabalho em favor do aborto e seu destemor em enfrentar a prisão são elementos importantes, necessários em verdade, para contextualizar, enquadrar e melhor compreender *Griswold v. Connecticut*, decisão seminal da Suprema Corte dos Estados Unidos, cujas raízes remotas se conectam à esquizofrenia moralista de fins do século XIX, amainada somente na segunda metade do século seguinte, justamente pelo ativismo benfazejo da Casa de John Marshall.

Griswold v. Connecticut é o **centro** deste livro, por uma razão muito simples e carregada de significados: é a decisão que desencadeou outras de funda relevância para o gênero feminino. É o grande estuário da bacia hidrográfica jurídica que a Suprema Corte dos Estados Unidos construiu ao longo do tempo, especificamente sobre as mulheres.

Ao dizer "centro deste livro", é importante sublinhar que não se trata de uma escolha deliberada, amadurecida, desejada. Antes se impôs com naturalidade, consequência invencível como as leis da Física.

---

já apreendera sozinha a ler jornais e revistas disponíveis em casa (*By the time she was three, Matilda had taught herself to read by studying newspapers and magazines*) e aos quatro sabia ler rápido e bem, e nessa idade começou a ansiar por livros (*At the age of four, she could read fast and well and she naturally began hankering after books*) (DAHL, Roald. *Matilda*. New York: Puffin Books (Penguin Random House), 2013. p. 11).

4   O livro *Matilda* foi publicado em 1988, sete anos depois de Sandra Day O'Connor ter se tornado a primeira mulher a integrar a Suprema Corte dos Estados Unidos, em 25 de setembro de 1981, indicada pelo presidente Ronald Reagan (1981/1989), do Partido Republicano.

BARREIRA POLÍTICA DE QUASE DOIS SÉCULOS

A Constituição dos Estados Unidos da América foi redigida em 1787, espécie de *grand finale* da saga iniciada com a Declaração de Independência em 1776, aquela que diz que *All men are created equal*. Ambos os documentos não acolheram o sexo feminino em seu texto, referem-se a homens – não no sentido genérico de pessoa, mas, sim, de ser humano do sexo masculino.

O direito ao voto desde sempre foi reconhecido aos homens. As mulheres somente por curto espaço de tempo e em poucos Estados puderam exercitá-lo, como em Nova Iorque, de 1776 a 1807.[5] Essa situação começaria a mudar em 1848 com a *Seneca Falls Convention*, em Nova Iorque, liderada por Susan B. Anthony e Elizabeth Cady Stanton. A *Seneca Falls Convention* é considerada a primeira convenção em defesa dos direitos das mulheres na história dos Estados Unidos, e nela Anthony e Stanton tornaram público a "Declaração de Sentimentos" (*Declaration of Sentiments*),[6] que é considerada como o nascimento do movimento feminista nos Estados Unidos e, em certo momento, diz que "consideramos estas verdades como evidentes por si mesmas, que todos os homens e mulheres são criados iguais", em alusão direta à idêntica passagem da Declaração de Independência, que somente se refere a "homens", sem qualquer menção às mulheres. A Convenção de Sêneca foi determinante na conquista pelas mulheres do direito ao voto, algo que ocorreria 72 anos depois.

Somente em junho de 1919, com a aprovação da Décima Nona Emenda à Constituição dos Estados Unidos, e com o processo de ratificação concluído em agosto de 1920, as mulheres finalmente conquistaram o direito ao voto, naquele que é considerado um marco do movimento em defesa da cidadania plena.

A CONTRIBUIÇÃO DA CORTE E A CONTRIBUIÇÃO FEMININA À CORTE

Outras barreiras precisavam ser rompidas, a exemplo da conquista de espaço no Legislativo, na Academia, no Executivo e no Poder Judiciário. Este último, sobre o qual Alexander Hamilton, ao explicar o seu funcionamento e as suas prerrogativas, disse, em 1787, que se tratava do "ramo menos perigoso"[7] entre os poderes previstos na

---

[5]   JOHNSON, Paul. *A History of the American People*. New York: Harper Collins, 1997. p. 657.

[6]   "Declaração de Sentimentos" é o termo mais utilizado por historiadores: *Although it sure mattered that a hundred conventioneers had put their names to the Declaration of Sentiments, it mattered even more to record for history...* (TETRAULT, Lisa. *The Myth of Seneca Falls*: Memory and the Women's Suffrage Movement, 1848-1898. Chapel Hill: University of North Carolina Press, 2017. p. 111). Entretanto, o consagrado historiador Howard Zinn prefere denominá-la de "Declaração de Princípios": *A Declaration of Principles was signed at the end of the meeting by sixty-eight women and thirty-two men* (ZINN, Howard. *A People's History of the United States*. New York: Harper Perennial Modern Classic, 2015. p. 123).

[7]   HAMILTON, Alexander; MADISON, James; JAY, John. *The Federalist Papers*: Mentor Book. New York: Nal Penguin, 1961. p. 465. Hamilton procurava afastar temores de que o Judiciário pudesse se transformar em um Poder capaz de interferir desmedidamente nos outros dois – este, em síntese, o contexto da frase: *the least dangerous branch*.

Constituição dos Estados Unidos – que, àquela época, se encontrava em fase final de construção –, se impôs como a arena mais segura, rápida e efetiva na luta da mulher pela igualdade de gênero, perseguida desde longa data, mas, de certo modo, lhe foi negada, pelo Legislativo e pelo Executivo, em diferentes situações.

A Suprema Corte dos Estados Unidos **proporcionou às mulheres a acolhida que o Legislativo e o Executivo se negaram a abraçar**, a exemplo, dentre outros, dos direitos ao salário mínimo,[8] ao uso de métodos contraceptivos,[9] ao de ser contratada ainda que com filhos em idade pré-escolar[10] e ao aborto.[11]

Essa contribuição do Poder Judiciário estadunidense reclama pesquisa, estudo, reflexão, e é esse o desiderato desta obra, vale dizer, ela se propõe a desvendar e precisar como, quando e em que condições tais decisões foram tomadas e quais pessoas foram fundamentais, responsáveis por implementar a igualdade de gênero via construção pretoriana. O livro pretende contextualizar e enfrentar as dificuldades para se chegar ao veredicto de cada uma dessas ações, os votos (favoráveis e contrários) e os métodos hermenêuticos utilizados. É sobre mulheres, e os parágrafos pretéritos apontam nesse sentido. Advirta-se, entretanto, que não se trata propriamente de uma análise socioló-gica sobre elas, ou a respeito da sociedade patriarcal, das dificuldades enfrentadas, da discriminação atávica e das posteriores conquistas femininas.[12]

O livro se divide em **cinco capítulos**. O primeiro é dedicado a *Poe v. Ullman* (1961)[13] e a *Griswold v. Connecticut* (1965).[14] Ambos versam sobre uma legislação do século XIX do Estado de Connecticut proibitiva de qualquer medida que pudesse sig-nificar contracepção, ainda que mero aconselhamento. Em *Poe v. Ullman*, a Corte não acolheu o pedido, não entrou no mérito e manteve a legislação que cerceava a liberdade de escolha não só da mulher como também do casal. Entretanto, o caso é relevante porque o voto do juiz John Marshall Harlan possivelmente serviu de inspiração para o resultado positivo, do ponto de vista de gênero, em *Griswold v. Connecticut*. Nessa ação, proposta pelos ativistas Estelle Griswold e Charles Lee Buxton, a Suprema Corte, pelas mãos do juiz William Douglas, julgou inconstitucional o entulho legislativo que durava quase um século, fruto do extremismo conservador de Anthony Comstock e da cultura que se seguiu. Por sua vez, o segundo capítulo versa sobre *Roe v. Wade* (1973), um dos julgados mais controversos da História da Suprema Corte, possivelmente o que provocou maior divisão, verdadeira falha de *San Andreas* na sociedade estadunidense.

---

[8]   *West Coast Hotel Co. v. Parrish* (1937).

[9]   *Griswold v. Connecticut* (1965).

[10]   *Phillips v. Martin Marietta Corp.* (1971).

[11]   *Roe v. Wade* (1973), ainda que 49 anos depois, a Corte, com formação acentuadamente conser-vadora, revogou, em *Dobbs v. Jackson* (2022), o entendimento que reconheceu a autonomia da mulher para decidir sobre o seu próprio corpo, *in casu*, em tema de aborto.

[12]   Essas questões serão enfrentadas lateralmente, na perspectiva das advogadas, juízas, pro-fessoras, ativistas que posteriormente chegaram à Corte Suprema.

[13]   *Poe v. Ullman*, 367 U.S. 497 (1961).

[14]   *Griswold v. Connecticut*, 381 U.S. 479 (1965). Inclusive já citado algumas vezes nesta Introdução.

A decisão prevaleceu por quase meio século, até ser superada por *Dobbs v. Jackson*, em 24 de junho de 2022. Já o terceiro capítulo versa sobre o caso *United States v. Virginia* (1996),[15] em que se declarou inconstitucional lei do Estado da Virginia que vigorava à época fazia mais de um século e impedia a presença feminina, como aluna, no Virginia Military Institute. O caso é histórico por ter sido o primeiro relatado pela juíza Ruth Bader Ginsburg, pelo voto por ela produzido, com forte ênfase na igualdade entre os sexos, pela "opinião" (voto) extremamente conservadora do juiz Antonin Scalia e pelo resultado em si.

Por fim, o quarto e último capítulo lida com *Ledbetter v. Goodyear* (2007),[16] caso pouco conhecido sobre uma mulher que foi discriminada durante anos por superiores, todos homens, na unidade da multinacional Goodyear, no interior do Alabama, e, ao ajuizar ação reclamando de vantagens negadas e enorme prejuízo econômico, viu seu pleito ser indeferido com base em tecnicalidades do processo. Esse caso é testemunho de um voto primoroso também de autoria de Ruth Bader Ginsburg, cuja opinião nos autos, embora tenha sido vencida, rompeu os limites da Corte, ganhou apoio de parte significativa da sociedade e transformou a autora, Lilly Ledbetter, em celebridade, a qual não apenas foi acolhida (ela e o tema) na campanha presidencial de 2008 que elegeu Barack Obama como também inspirou um ato normativo, a *Lilly Ledbetter Fair Pay Act*[17] – o primeiro projeto de lei a ser sancionado pelo presidente Obama nasceu, por assim dizer, no voto de Ginsburg, justamente para evitar que situações como a vivida por Ledbetter se repetissem.

Trata-se essencialmente de pesquisa sobre decisões proferidas pela Suprema Corte dos Estados Unidos nas quais as mulheres são o tema principal – como autoras, como rés ou como terceiras interessadas. A pesquisa não se circunscreve às decisões favoráveis, muito embora elas sejam a maioria. Desse modo, o objetivo é também enfrentar momentos em que o Tribunal Supremo afirmou indiretamente a "desigualdade" de gênero e, **ainda assim**, acabou contribuindo para o **avanço da posição da mulher na sociedade,** como no caso *Ledbetter v. Goodyear Tire & Rubber Co.*,[18] em que o voto vencido de Ruth Bader Ginsburg foi utilizado como fundamento a um projeto de lei, mais tarde sancionado pelo presidente Barack Obama.

Esta obra não se limita a comentar apenas decisões em vigor, mas também aquela que, pelo espaço de tempo em que vigorou e pela sua absoluta relevância, merece ser objeto de comentários, qual seja: a do caso *Roe v. Wade*. Tal decisão foi adotada pela Corte em 1973 e, em quase meio século em vigor, foi responsável, simultaneamente, por uma mudança de percepção sobre os direitos da mulher e por possibilitar, concre-

---

[15] *United States v. Virginia*, 518 U.S. 515 (1996).

[16] *Ledbetter v. Goodyear Tire & Rubber Co.*, 550 U.S. 618 (2007).

[17] Lei de Pagamento Justo Lilly Ledbetter, em tradução livre.

[18] *Ledbetter v. Goodyear Tire*, 550 US 618 (2007). Trata-se de exemplo maiúsculo de caso julgado pela Suprema Corte com enorme consequência legislativa, social e na vida das pessoas. Ruth Bader Ginsburg foi responsável pelo voto dissidente e de funda repercussão, que será objeto de análise em momento oportuno.

tamente, que elas tivessem controle praticamente total sobre o seu próprio corpo no tema da gravidez e de sua interrupção, atendidos certos parâmetros de todo razoáveis fixados na decisão.

A análise dos casos impõe conhecer os antecedentes, os personagens centrais, vale dizer, quem provocou a jurisdição, por que provocou, quando e em que condições.[19] Além dessa abordagem, de todo necessária para entender os aspectos e os detalhes de cada processo, tem-se absolutamente indispensável a análise dos votos proferidos pelos juízes que compõem a Corte e como eles foram construídos, qual a tese esposada, sua importância, sua aceitabilidade entre as diversas correntes doutrinárias.

O voto será examinado na perspectiva do relator e, em alguns casos, na dos que foram vencidos. Os argumentos utilizados por um e outro, as concordâncias e os embates. Por razões óbvias, a opinião do relator será objeto de um escrutínio mais profundo, mais espaçado, sem embargo que eventualmente o voto dissidente igualmente possa, por sua relevância, merecer o uso de escafandros.

Ainda com relação aos votos que compõem os casos analisados, o trabalho, por exemplo, no caso *United States v. Virginia*, se ocupa das principais passagens do representante do governo federal na sabatina com os juízes da Corte, nesse mesmo julgado, da aderência de Antonin Scalia ao originalismo e ao textualismo, do apego desse juiz e filósofo às tradições, ainda que isso significasse o sacrifício do direito da mulher de estudar em colégio de ponta custeado pelo poder público. Em *Roe v. Wade* restou construída uma ponte entre o voto do "relator" Harry Blackmun e a teoria de Jack Balkin sobre o *living originalism*, que inclusive dá nome a uma de suas obras.

É possível que no Brasil já se tenha escrito sobre a questão de gênero na Suprema Corte dos Estados Unidos. É provável, entretanto, que este trabalho propicie uma perspectiva única quando cotejada com eventuais outros trabalhos sobre o tema, embora se desconheça a existência, por exemplo, de livro especificamente sobre as questões aqui abordadas. Nesse sentido, buscou-se, aqui, tanto quanto possível, um mergulho sobre o tema, com a análise dos caminhos que conduziram à decisão, dos votos, da dissidência, da pressão da sociedade civil organizada, dos caminhos escolhidos pelos juízes e do ambiente de cada pronunciamento da Corte.[20]

Como dito, o livro percorre longa caminhada; intentou cobrir desde os degraus que separam Anthony Comstock de Jane Roe,[21] em que se assentou a constitucionalidade de a mulher escolher praticar o aborto, prerrogativa fundada no direito à privacidade.

---

[19] Parece fora de discussão que não é recomendável "cair de paraquedas" no caso, sem fornecer dados razoáveis sobre os antecedentes, indispensáveis para melhor entender as consequências.

[20] Harry Blackmun, ao elaborar o voto que expressou o entendimento da Suprema Corte em *Roe v. Wade*, fez questão de assinalar que nele (voto) restou inserida "alguma ênfase na história médica e médico-legal e o que essa história revela sobre as atitudes do homem em relação ao procedimento de aborto ao longo dos séculos" (*Roe v. Wade*, 410 U.S. 113 (1973). p. 117).

[21] Advirta-se que, evidentemente, não serão analisados todos os casos julgados em um século. O trabalho se ocupa dos mais relevantes, daqueles que mereceram mais destaque, e que tiveram efetivo impacto social, consoante lista da *The American Civil Liberties Union (ACLU)*,

Este livro é sobre questões de gênero[22] que entraram no radar da Suprema Corte dos Estados Unidos, abarcando decisões contra e a favor do sexo feminino. Embora transite por decisões favoráveis e contrárias, intenta demonstrar que o tribunal **contribuiu** de forma efetiva para a **igualdade de gênero** acima do Rio Grande, no país que lidera a aliança democrática ocidental. Trata-se, porém, de **construção inacabada**, que reclama **luta contínua** e **vigilância diuturna**, especialmente no momento em que a Corte assume perfil mais conservador e sinaliza a possibilidade de revisitar conquistas históricas como ocorreu com o direito ao aborto,[23] com a já mencionada decisão em *Dobbs v. Jackson*.

Poder-se-ia dizer que a Corte contribuiu para a igualdade de gênero de **forma mais assertiva** do que o Executivo e o Legislativo, ainda que não seja objeto deste trabalho comparar as ações entre os poderes. No entanto, é fato inconteste que, mesmo quando o Tribunal Supremo perfilhou a situação em que a mulher havia sido economicamente prejudicada no contrato de trabalho, o voto dissidente concorreu para posterior alteração legislativa, como nos desdobramentos do já mencionado caso Lilly Ledbetter.

Assumindo que a Corte, como asseverado anteriormente, "contribuiu para a igualdade de gênero de **forma mais assertiva** do que o Executivo e o Legislativo", o momento inaugural dessa construção arquitetônica foi forjado em dois casos, ambos no alvorecer dos anos 1960, uma das décadas mais emblemáticas da História dos Estados Unidos, com o assassinato de um presidente, a explosão do *rock and roll*, a chegada do homem à Lua e dos *marines* ao Vietnã.[24]

Sobre o primeiro, *Poe v. Ullman*,[25] julgado em 1961, a decisão, embora tenha mantido a legislação proibitiva do uso de métodos contraceptivos e de instruções de controle

---

conceituada instituição dedicada à defesa das liberdades nos Estados Unidos da América, cf. CHABON, Michael; WALDMAN, Ayelet. *Fight of the Century*: Writers Reflect on 100 Years of Landmark ACLU Cases. New York: Simon & Schuster, 2020. p. 82 e 138.

[22] Gênero feminino.

[23] A atual composição da Suprema Corte dos Estados Unidos é majoritariamente conservadora. Até 2018 o então juiz Anthony Kennedy funcionava como o fiel da balança, votando por vezes com conservadores e noutros casos com os liberais. Ele próprio um conservador. Ocorre que foi substituído pelo juiz Brett Kavanaugh, que tomou posse em outubro de 2018 e não costuma votar com os liberais. Com a posse da juíza Amy Coney Barrett, em outubro de 2020, ocupando o lugar de Ruth Bader Ginsburg, que falecera em setembro, o perfil conservador da Corte ficou ainda mais evidente. Nessa linha, em agosto de 2021, a Corte negou pedido de suspensão contra lei do Texas que limitava o aborto a, no máximo, cinco semanas de gravidez, cf. *Whole Woman's Health et al. v. Austin Reeve Jackson, Judge, et al.* 594 U.S.___ 2021, e menos de um ano depois revogou o caso *Roe v. Wade*.

[24] O envolvimento dos Estados Unidos no Vietnã em 1959 era extremamente tímido, apenas alguns consultores militares. Em 1965 já eram 184 mil soldados, quantitativo que continuou crescendo nos anos seguintes. Cf. LEPORE, Jill. *These Truths*: a History of the United States of America. New York: Norton, 2019. p. 603 e 619.

[25] *Poe v. Ullman*, 367 U.S. 497 (1961). p. 505. Votaram contra o pedido: Felix Frankfurter, o *Chief Justice* Earl Warren, William J. Brennan Jr., Tom C. Clark e Potter Stewart. Votaram a favor da declaração de inconstitucionalidade da lei que restringia o uso de métodos contraceptivos: Hugo Black, William O. Douglas, John M. Harlan II e Charles E. Whittaker.

de natalidade, lançou as bases que mais tarde serviriam, em parte, de inspiração para o que restou decidido em *Griswold v. Connecticut*. Em *Poe v. Ullman,* em uma perspectiva histórica, o mais relevante foram os votos vencidos, de autoria de John Marshall Harlan II e de William Douglas, *avant-première* do que seria estampado, quatro anos depois, em *Griswold v. Connecticut*, este, sim, o julgado que colocaria o direito à privacidade no centro da jurisprudência da Suprema Corte nos anos seguintes e que, ao fim e ao cabo, permitiu ao tribunal decidir *Roe v. Wade* como restou decidido.

É SOBRE LUTAS E CONQUISTAS CONTRA TODAS AS INTOLERÂNCIAS QUE HABITAM A ALMA HUMANA

A igualdade de gênero, por construção jurisprudencial, é uma luta que vem de longe, é um "andar com fé" da música do grande compositor baiano. É um esforço contínuo por uma igualdade que ainda não se alcançou plenamente. A discriminação, de qualquer natureza, é um tumor maligno. A de gênero é prima da segregação racial, sobrinha-neta das perseguições religiosas e irmã gêmea de todas as intolerâncias que habitam a alma humana.

Desse esforço contínuo participaram e poderiam ter participado personagens como Gabriela, Matilda, Miss Honey, Filomena, Sinhazinha Mendonça, Capitu e Maria Quitéria. É sobre pessoas "reais", de carne e osso, figuras emblemáticas como Magaret Sanger, Norma "Roe" McCorvey, Zilda Arns, Margaret Thatcher, Benedita da Silva, Patrícia Acioli, Amelia Earhart, Rosa Parks, Estelle T. Griswold, Coretta Scott King, Sojourner Truth, Marguerite Higgins, Ellen Gracie Northfleet, Cármen Lúcia, Rosa Weber e tantas outras.

É sobre vidas, sobre preconceitos, avanços, retrocessos, discriminações, lutas, derrotas e conquistas. É sobre pressão popular e sociedade civil organizada. É sobre tudo isso e como a Corte de Justiça mais influente do mundo foi persuadida a mudar a História das relações de gênero em uma democracia – imperfeita – de mais de dois séculos que, embora estável, por vezes flertou com o caos e quase sempre esteve (está) em ponto de ebulição.

Capítulo I
O LONGO CAMINHO DO DIREITO À PRIVACIDADE NOS ESTADOS UNIDOS DA AMÉRICA. *POE V. ULLMAN* E *GRISWOLD V. CONNECTICUT*: PORNOGRAFIA, MORALIDADE, LEGISLAÇÃO REPRESSIVA, PLANEJAMENTO FAMILIAR, *BILL OF RIGHTS*, PENUMBRAS E USO DE CONTRACEPTIVOS

INTRODUÇÃO

Para além de mera conveniência, parece indispensável a uma correta compreensão do direito à privacidade na América entender e compreender o ecossistema conservador, moralizante, que tomou os Estados Unidos em fins do século XIX, respaldado (mesmo para a época) em legislação anacrônica, responsável por prisões, apreensão de livros e revistas, proibição de peças de teatro e traduções, fechamento de estabelecimentos comerciais, entre outras atividades, boa parte delas implementada sem critério objetivo e, não raro, movida por pura histeria.

Esse período caracteriza-se pela transição de uma sociedade agrária e escravocrata que rapidamente se transformava em urbana e industrial, e, para melhor compreendê-

-lo, é preciso mergulhar nos Estados Unidos a partir de 1873, ano de nascimento do movimento contra a pornografia, que, de tão amplo, encapsulou os contraceptivos e motivou, quase um século depois, a decisão da Suprema Corte em *Griswold v. Connecticut*,[1] sumarizada no parágrafo seguinte.

O presente capítulo se ocupa de dois casos emblemáticos. O primeiro diz respeito a *Poe v. Ullman*, julgado em 1961, em que, embora o tribunal tenha recusado o pedido de declaração de inconstitucionalidade da lei de Connecticut, o voto dissidente, de autoria de John Marshall Harlan, contribuiu para amadurecer o entendimento da Corte acerca da extensão do direito à privacidade. O outro caso, *Griswold v. Connecticut*, julgado em 1965, é o eixo central deste capítulo e, em certo sentido, da obra em si. Trata-se de decisão que não se esgota em si mesma, é muito mais do que somente a liberação do uso de contraceptivos e a declaração de desconformidade com a Constituição Federal da legislação do final do século XIX do Estado de Connecticut. Como se costuma dizer nos Estados Unidos, *Griswold* abriu a porta para *Roe v. Wade* (1973)[2] – que julgou constitucional o direito ao aborto, decisão que vigorou por quase meio século – entre outros casos de relevo.[3]

1. ANTHONY COMSTOCK, VERBETE DE DICIONÁRIO E ENCICLOPÉDIA

Quando o século XIX se aproximava do crepúsculo, e o seguinte emitia sinais de que seria obviamente mais "moderno", mais liberal e mais excitante do que aquele que se despedia, os Estados Unidos da América testemunhavam a aprovação de medidas legislativas inspiradas em um fundamentalismo religioso, que, na busca de purificar a América, especialmente as grandes cidades, almejava combater a luxúria, apreender publicações lascivas e restringir métodos contraceptivos. Tanto o governo federal quanto os estaduais puseram em prática leis bastante amplas nesse sentido.

O governo dos Estados Unidos foi além. Criou cargo, estrutura e, em Nova Iorque – então a cidade mais voluptuosa do país –, incumbiu um homem, Anthony Comstock,

---

[1] *Griswold v. Connecticut*, 381 U.S. 479 (1965).

[2] *Roe v. Wade*, 410 U.S. 113 (1973).

[3] O direito à privacidade (*right of privacy*), que não está expresso na Constituição dos Estados Unidos, foi reconhecido pela Suprema Corte em *Griswold v. Connecticut*. Essa decisão, de 1965, pavimentou julgados outros, todos, pouco mais, pouco menos, influenciados por esse importante julgado de meados da década de 1960. São eles: *Eisenstadt v. Baird*, 405 U.S. 438 (1972), *Carey v. Population Services International*, 431 U.S. 678 (1977), *Lawrence v. Texas*, 539 U.S. 558 (2003) e *Obergefell v. Hodges*, 576 U.S. 644 (2015). Digno de nota que David Helscher assinala que, anteriormente à Griswold, o "direito à privacidade" já se encontrava "sugerido" na Nona Emenda (*Bill of Rights*) e na *common law*, como algo ligado a "danos pessoais". Ele cita, ainda, um artigo de autoria do então advogado Louis Brandeis, publicado em 1890, com "uma noção abstrata de privacidade". Cf. HELSCHER, David. Griswold v. Connecticut and the Unenumerated Right of Privacy. *Northern Illinois University Law Review*, v. 15, n. 1, 1994. p. 44. Sobre o tema, ver, ainda, neste capítulo, o item "6.3.7 Oliver Holmes em 1928 e William Douglas em 1965", com considerações de Melvin Urofsky acerca da origem e do desenvolvimento do "direito à privacidade" nos Estados Unidos.

de levar adiante a missão de impedir aquilo que um grupo imaginava como a corrosão moral da sociedade estadunidense.

Esse período (de implementação das leis e combate à pornografia e à permissividade) ficou conhecido como *Comstock-era laws*,[4] porque inspiradas na postura e no trabalho diuturno de Anthony Comstock, nascido em 1844, em uma cidade de nome bíblico, New Canaan, em Connecticut. Cresceu em um ambiente religioso e, antes mesmo de ser alfabetizado, ouvia trechos da *Bíblia* lidos diariamente por sua mãe, a relatar "heróis santos lutando contra inimigos satânicos".[5]

Nesse ecossistema, pautou sua vida pregando moralidade e valores religiosos, embora na juventude tenha sido um "masturbador crônico",[6] consoante revela um de seus diários. Essa "condição" provavelmente causou-lhe um profundo sentimento de culpa que lhe acompanhou durante boa parte de sua juventude, o que talvez explique a aversão desenvolvida na fase adulta a qualquer tipo de material pornográfico e o fato de ele ter se tornado uma das vozes mais ativas e ouvidas contra a bebida, a pornografia, a prostituição e métodos anticoncepcionais, para centrar somente nos quatro mais importantes.

A Guerra Civil norte-americana dividiu o país e, para Anthony, significou um momento de renovação de sua fé religiosa e de seus laços familiares. Aos 19 anos – logo após seu irmão, Samuel Comstock, ter sucumbido nos campos de batalha – se alistou no Exército dos Estados Unidos e combateu os confederados, para honrar o sangue familiar derramado e em defesa da causa unionista, vale dizer, pela manutenção da União e pelo fim da escravatura.

1.1 "De Canaã a Gotham"

Finda a Guerra, em 1865, Comstock retorna para Nova Jersey, onde se demora pouco porque logo em seguida passa a residir em Nova Iorque. Lá contrai núpcias com a filha de um missionário – dez anos mais velha que ele[7] –, a qual dá à luz uma menina que vem a falecer ainda pequena.[8] Nessa época, Comstock inicia sua cruzada em favor da família, da retidão de comportamento, e especialmente contra a publi-

---

4   A expressão é bastante conhecida nos meios acadêmicos (Direito, História) dos Estados Unidos. Geoffrey Stone a utiliza no primeiro parágrafo do capítulo dedicado à análise de *Griswold v. Connecticut*. Cf. STONE, Geoffrey R. *Sex and the Constitution*: Sex, Religion, and Law from America's Origins to the Twenty-First Century. New York: Liveright Publishing Corporation, 2017. p. 352.

5   LEONARD, Devin. *Neither Snow nor Rain*: a History of the United States Postal Office. New York: Grove Press, 2017. p. 52.

6   LEONARD, Devin. *Neither Snow nor Rain*: a History of the United States Postal Office. New York: Grove Press, 2017. p. 52.

7   WERBEL, Amy. *Lust on Trial*: Censorship and the Rise of American Obscenity in the Age of Anthony Comstock. New York: Columbia University Press, 2018. p. 50.

8   LEONARD, Devin. *Neither Snow nor Rain*: a History of the United States Postal Office. New York: Grove Press, 2017. p. 53.

cação de livros e revistas pornográficos. Proprietário de um pequeno mercado na cidade que nunca dorme, o ex-combatente da Guerra Civil se enfronhou de tal modo na luta contra a obscenidade e a indecência que aos poucos conquistou fama e certa respeitabilidade entre os que comungavam (ou eventualmente eram indiferentes) do seu fervor moral.[9]

Cedo se despira da condição de dono de mercado e junta-se à filial nova-iorquina da YMCA (Young Men's Christian Association), onde passa a receber salário, pago por pessoas de posse interessadas em seu trabalho de combate à promiscuidade. Convence os patronos que melhor serviria à causa atuando em Washington D.C., ainda que temporariamente, em busca de legislação federal específica contra a pornografia e a prostituição. Sua chegada à capital do país e o êxito de sua empreitada transformariam-no em nome de legislação federal e estadual (*Comstock Laws*),[10] símbolo nacional, verbete de dicionário (substantivo e adjetivo) e enciclopédia[11] e presença garantida nos livros de História e de Direito.

1.2 *Comstock Act*

Em Washington, Comstock conseguiu imprimir concretude à ideia de um ato normativo de cunho moralizador, mais do que ele imaginara e em tempo recorde. O projeto de lei foi redigido com a participação de William Strong,[12] juiz da Suprema Corte dos Estados Unidos que tentara, sem sucesso, inserir a palavra "Deus" na Constituição Federal. Em espaço de tempo relativamente curto, Comstock esteve em recepção na Casa Branca e apertou a mão do presidente e herói da Guerra Civil Ulysses S. Grant, recém-reeleito para segundo mandato.

Nessa recepção na sede do governo, criticou a indumentária de algumas mulheres que não mereciam ser chamadas de *ladies*, fez intensas articulações na Câmara dos Deputados e no Senado e, ao fim de alguns dias (menos de um mês)[13] de périplo, viu o projeto de lei ser aprovado e ser conhecido oficiosamente como *Comstock Act*,[14] que

---

[9]   JOHNSON, John W. *Griswold v. Connecticut*: Birth Control and the Constitutional Right of Privacy. Lawrence: University Press of Kansas, 2005. p. 7.

[10]   Expressão utilizada para definir o conjunto de normas (federal e estaduais) vigente nos Estados Unidos, destinada a combater a pornografia, a prostituição e os métodos anticonceptivos.

[11]   Tome-se o exemplo da Enciclopédia Webster, edição de 1996, no original: *Comstockery, n, overzealous moral censorship of the fine arts and literature, often mistaking outspokenly honest works for salacious ones* (MERRIAM-WEBSTER. *Webster's Encyclopedic Unabridged Dictionary of the English Language*. New York: Gramercy Books, 1996. p. 421).

[12]   GROSSBERG, Michael. *Governing the Hearth*: Law and the Family in Nineteenth-Century America. Chapel Hill: University of North Carolina Press, 1985. p. 176.

[13]   Devin Leonard informa que Comstock pediu apoio para se dirigir a Washington em busca de uma legislação específica em fevereiro de 1873. Em 3 de março o Presidente Grant a sancionou. Cf. LEONARD, Devin. *Neither Snow nor Rain*: a History of the United States Postal Office. New York: Grove Press, 2017. p. 54 e 56.

[14]   O nome oficial era *Act for the Suppression of Trade in, and Circulation of, Obscene Literature and Articles of Immoral Use*.

passou a designar não só a lei federal sancionada pelo presidente Grant, em 3 de março de 1873, como também é gênero para definir outros atos normativos estaduais de teor idêntico ou parecido.[15]

O que explica o sucesso de Anthony Comstock em conseguir que o Congresso dos Estados Unidos aprovasse uma lei, relativamente polêmica – que limitava comportamentos e flertava com restrições à liberdade de expressão –, em tão curto espaço de tempo? Há duas hipóteses, que não são antagônicas entre si e de certo modo se complementam. Elas dizem respeito ao ambiente que o país respirava na segunda metade do século XIX, desaguando no movimento moralista e, em seguida, encontrando porto seguro no messianismo de Comstock.

A historiadora Amy Werbel defende, com base nas considerações de Sven Beckert, que a YMCA acolhia entre seus membros uma elite econômica, formada por alguns dos mais ricos advogados, banqueiros e empresários nova-iorquinos, ciosa de preservar a família e preocupada com o ritmo em que a pornografia se espalhava pela cidade.

Assim é que eles elegeram como prioridade "livrar as ruas de Nova Iorque da pornografia e dos pornógrafos" em busca de pelo menos dois objetivos imediatos, cumprir mandamentos "evangélicos" e também ampliar o valor nominal de suas "propriedades",[16] pela razão óbvia de que, em uma rua limpa, sem frequentadores indesejados, os imóveis seriam automaticamente valorizados.

Das impressões de Werbel, chega-se à conclusão de que é a elite econômica – em período imediatamente posterior ao fim da Guerra Civil –, fundada em três eixos, que promove (ou ajuda a promover) o avanço e a pauta moralizadora em Gotham. Ela se diz preocupada com a pornografia; ela frequenta a igreja e professa valores religiosos dentro e fora dela, como no YMCA, e, por fim, e provavelmente o item mais importante (em se tratando da elite que representa o motor da economia em Nova Iorque), a percepção de que a campanha contra a pornografia nas ruas em que residia (ou próximas a elas) conduziria à valorização dos seus imóveis.

Outra hipótese levantada, de autoria de John Johnson, parece igualmente bem razoável e, em certo sentido, não contradiz à defendida por Werbel. Johnson observa que, com o fim da escravidão e o término da Guerra Civil, alguns reformistas se sentiram órfãos de uma causa para empunhar, considerando que a escravidão se encontrava oficialmente sepultada. Estavam em busca de algo novo para "colocar sua paixão", e entre os temas possíveis estava o "movimento pela pureza social"; assim, conclui Johnson, "homens e mulheres bem nascidos e com bom nível educacional

---

[15] A lei do Estado de Massachusetts – de 1879, tal qual a de Connecticut – tinha o seguinte nome oficial: *An Act Concerning Offenses Against Chastity, Morality and Decency*. Cf. GROSSBERG, Michael. *Governing the Hearth*: Law and the Family in Nineteenth-Century America. Chapel Hill: University of North Carolina Press, 1985. p. 177.

[16] *Ridding New York's streets of pornography and pornographers not only would achieve their evangelical aims, but also would raise their own property values.* Cf. WERBEL, Amy. *Lust on Trial*: Censorship and the Rise of American Obscenity in the Age of Anthony Comstock. New York: Columbia University Press, 2018. p. 53.

canalizaram seus esforços em prol de reformas em campanhas para limpar as grandes cidades da América".[17]

Esses ingredientes encontram em Comstock o veículo ideal aos propósitos da Igreja, da elite, da YMCA e de outros grupos conservadores que se julgavam carentes com o fim da bandeira – da "causa" – contra a permanência da escravidão.

1.2.1   Padrão legislativo dos Estados Unidos

A lei segue o padrão estadunidense de texto longo, contínuo e detalhista. Tomando por base o modelo legislativo brasileiro, comumente as leis estadunidenses têm redação parecidas, como se fossem a "justificativa" do ato normativo no Brasil, com a diferença de que lá é a própria lei.

Desenhada para ser a mais abrangente possível (não se pode perder de vista que foi elaborada pelo próprio Comstock, ao menos em parte), a lei começa por dizer que ela se aplicava "dentro da jurisdição exclusiva dos Estados Unidos" e alcançava quem vendesse, doasse, exibisse, ou se oferecesse para vender, ou publicasse, ou possuísse livro obsceno, panfleto, papel, escrito ou anúncio. Convém reproduzi-la parcialmente:

> Lei para a Supressão do Comércio e Circulação de Literatura obscena e Artigos de Uso imoral.
>
> Seja promulgado pelo Senado e pela Câmara dos Representantes dos Estados Unidos da América, reunidos no Congresso, que qualquer um, dentro do Distrito de Columbia ou qualquer um dos Territórios dos Estados Unidos, ou outro local dentro da jurisdição exclusiva dos Estados Unidos, vender, ou doar, ou de qualquer maneira exibir, ou se oferecer para vender, ou doar, ou de qualquer maneira exibir, ou de outra forma publicar ou se oferecer para publicar de qualquer maneira, ou tiver em sua posse, para qualquer propósito ou propósitos, qualquer livro obsceno, panfleto, papel, escrito, anúncio, circular, impressão, imagem, desenho ou outra representação, figura ou imagem de papel ou outro material, ou qualquer molde, instrumento, ou outro artigo de natureza imoral, ou qualquer droga ou medicamento, ou qualquer artigo que seja, para a prevenção da concepção, ou para causar aborto ilegal, ou anunciar o mesmo para venda, ou escrever ou imprimir, ou usar para ser escrito ou impresso, qualquer cartão, circular, livro, panfleto, anúncio ou aviso de qualquer tipo, declarando quando, onde, como ou de quem por quaisquer meios, qualquer um dos artigos nesta seção aqui antes mencionado, pode ser comprado ou obtido, fabricado, desenhado ou imprimido, ou de qualquer forma fazer qualquer um desses artigos, será considerado culpado de um delito e, após condenação em qualquer tribunal dos Estados Unidos com jurisdição criminal no Distrito de Columbia, ou em qualquer Território ou local dentro da jurisdição exclusiva dos Estados Unidos, onde tal delito tenha sido cometido; e após condenação, ele será preso

---

[17]   JOHNSON, John W. *Griswold v. Connecticut*: Birth Control and the Constitutional Right of Privacy. Lawrence: University Press of Kansas, 2005. p. 7-8.

em trabalhos forçados na penitenciária por não menos de seis meses de prisão nem mais de cinco anos para cada infração, ou multado em não menos de cem dólares nem mais de dois mil dólares, com custas judiciais.[18]

O texto anterior corresponde à primeira Seção das cinco que compõem a norma. Como se constata, o objetivo era impedir qualquer tipo de publicação ou manifestação que a autoridade encarregada de a cumprir julgasse "obscena" ou "imoral". As outras seções, cuidavam, em síntese, da proibição de importar esse tipo de material, bem como estipulava punições para autoridades que acobertassem ou que transgredissem seus dispositivos.

O caráter aberto, impreciso do ato normativo, somado ao sentimento punitivista de parte da sociedade, especialmente a nova-iorquina de fins do século XIX e primeira década do seguinte, foi decisivo para a prática de inúmeras arbitrariedades, persegui-ções, exílio, fechamento de comércio, prisões e até mesmo suicídio por alguns dos que foram prejudicados pela atuação autoritária de Anthony Comstock, conforme se verá nos parágrafos seguintes.

1.3 Sociedade para supressão do vício e agente especial dos Correios

Quer tenha sido por razões econômicas (valorização imobiliária), por fervor reli-gioso, quer tenha sido para preencher o vazio dos órfãos da causa abolicionista, o fato é que a agenda moralizadora ganhou terreno com Anthony Comstock, a personalidade ideal, talvez perfeita, para seguir em frente e conquistar espaços. Espaços como a as-sociação por ele fundada, em 1873, de nome original e bastante sugestivo: "Sociedade de Nova Iorque para a Supressão do Vício" (New York Society for the Suppression of Vice – NYSSV),[19] que, em um primeiro instante, funcionou dentro da YMCA para, em seguida, ganhar autonomia e importância.

Dois meses após a aprovação do *Comstock Act* (lei federal, importante lembrar), o Poder Legislativo do Estado de Nova Iorque "incorporou" a NYSSV, o que, em situações normais, equivalia a declará-la de utilidade pública e concessão de algumas outras van-tagens. No entanto, o benefício concedido à NYSSV foi muito mais amplo do que o de costume, isso porque, relata Amy Werbel, a instituição conseguiu poderes incomuns, como o de obrigar a Polícia da cidade de Nova Iorque a auxiliar a instituição sempre que necessário, inclusive efetuando prisões quando houvesse requisição. O legislador estadual foi além, estabeleceu que 50% do valor das multas aplicadas pelos agentes da NYSSV seria revertido para os cofres da entidade,[20] o que demonstra que, além de ser beneficiada com parte do valor das multas, ela tinha poder de aplicá-las.

---

[18] UNITED STATES OF AMERICA. U.S. *Statutes at Large*, volume 17 (1871-1873), 42nd Congress. Library of Congress, Washington, DC.

[19] Tradução livre do autor.

[20] WERBEL, Amy. *Lust on Trial*: Censorship and the Rise of American Obscenity in the Age of Anthony Comstock. New York: Columbia University Press, 2018. p. 89.

A estada de Comstock em Washington foi absolutamente exitosa. Além de conseguir, como visto, a aprovação do projeto de lei em tempo recorde, ele foi nomeado para o cargo de "agente especial" dos Correios dos Estados Unidos (*U.S. Postal Office*), já àquela época (1873) uma instituição poderosa e com capilaridade em praticamente todo o país, que contava com mais de 100 mil funcionários e 50 mil representações nos Estados Unidos.[21]

Em 1873, os Correios dispunham de 63 agentes especiais. Comstock, contudo, não se enquadrava no perfil de nenhum, a ele foram concedidos poderes especiais.[22] O cargo mudaria sua vida e lhe atribuiria imenso poder, que viria a ser exercido amplamente e com mão de ferro. Perseguiu "imorais", apreendeu publicações pecaminosas, fechou estabelecimentos comerciais e gráficas, prendeu e levou pessoas à ruína.[23]

O critério utilizado para apreensão de produtos (desenhos, revistas, livros, fotos) era vago e ditado pela personalidade ultraconservadora de Comstock, contribuindo para o cometimento de erros, equívocos e injustiças que não passaram despercebidos dos críticos, opositores, jornais, ativistas e escritores como George Bernard Shaw. O dramaturgo irlandês inclusive teria cunhado[24] a expressão *comstockery*, em 1905, com o fito de "descrever a incapacidade do inspetor postal em distinguir arte e obscenidade".[25]

---

[21] Como dito, os dados são aproximados, porém bem próximos da realidade. Basta considerar que 16 anos depois de Anthony Comstock tomar posse, portanto em 1889, os Correios dos Estados Unidos possuíam 150 mil empregados, 60 mil pontos de atendimento, entregavam 3,8 bilhões de itens anualmente e faturavam 53 milhões de dólares, aproximadamente 1,4 bilhão de dólares em valores atualizados, consoante informa LEONARD, Devin. *Neither Snow nor Rain*: a History of the United States Postal Office. New York: Grove Press, 2017. p. 56. Ora, com esses números, é razoável concluir que, na data da posse de Comstock, a instituição Correios tinha aproximadamente o tamanho numérico registrado *supra*.

[22] No primeiro ano de atividade como agente especial Comstock prendeu cinquenta e cinco pessoas. Cf. LEONARD, Devin. *Neither Snow nor Rain*: a History of the United States Postal Office. New York: Grove Press, 2017. p. 56.

[23] "Perseguiu, prendeu, fechou estabelecimentos..." precisa ser compreendido na dinâmica da legislação nos Estados Unidos que criminaliza a utilização do Serviço Postal para enviar material, bens, produtos proibidos por lei.

[24] A autoria da expressão Comstockery é disputada. Geoffrey Stone atribui a Bernard Shaw, que a usou para se referir à "aderência da América à moralidade extrema" (STONE, Geoffrey R. *Sex and the Constitution*: Sex, Religion, and Law from America's Origins to the Twenty-First Century. New York: Liveright Publishing Corporation, 2017. p. 164. Idêntica frase e contexto, cf. LEONARD, Devin. *Neither Snow nor Rain*: a History of the United States Postal Office. New York: Grove Press, 2017. p. 192). Devin Leonard igualmente atribui a Shaw, como se constata na nota de rodapé seguinte (LEONARD, Devin. *Neither Snow nor Rain*: a History of the United States Postal Office. New York: Grove Press, 2017. p. 63). Há, entretanto, uma notícia publicada no jornal *The New York Times*, em 1895, denominando as ações do agente especial dos Correios como tal (*Comstockery*). A prevalecer a nota do *Times*, ela precede às observações do dramaturgo inglês.

[25] Cf. LEONARD, Devin. *Neither Snow nor Rain*: a History of the United States Postal Office. New York: Grove Press, 2017. p. 63.

Ainda segundo Shaw, as atitudes de Comstock corroboravam a "convicção arraigada no velho mundo de que a América é um lugar provinciano, uma civilização rural
de segunda categoria".[26] A propósito, o relato de Geoffrey Stone sobre o retorno dos
soldados norte-americanos da Europa, com o fim da II Guerra Mundial, munidos de
uma grande quantidade de revistas francesas dedicadas à nudez feminina,[27] algo raro[28]
de ser encontrado na América da metade do século XX, parece confirmar, ainda que
indiretamente, a assertiva de Bernard Shaw, de 1905.

A essa altura Anthony Comstock já havia se tornado "um dos homens mais importantes da vida das mulheres do século XIX, um produto de sua educação, religião e
tempo".[29] Por sua vez, a cidade de Nova Iorque, que ele de há muito adotara como lar,
se transformara na "terra de Comstock".[30]

1.4 Margaret Sanger, perseguição e exílio em Londres

Em fins de 1914 a doutrina Comstock fazia outra vítima, igualmente conhecida
e respeitada na sociedade estadunidense de então. Tratava-se de Margaret Sanger,[31]
nova-iorquina, autora, ativista, fundadora da American Birth Control League, que mais
tarde se transformaria na Planned Parenthood. Ela fora indiciada por um "grande júri"
por violação à lei federal de 1873 (*Comstock Act*).[32] O crime foi ter despachado pelos
Correios exemplares da primeira edição de *Woman Rebel*,[33] jornal editado por ela e considerado ofensivo para os padrões da época e por contrariar a citada legislação federal.

---

[26] STONE, Geoffrey R. *Sex and the Constitution*: Sex, Religion, and Law from America's Origins to
the Twenty-First Century. New York: Liveright Publishing Corporation, 2017. p. 164. Idêntica
frase e contexto, cf. LEONARD, Devin. *Neither Snow nor Rain*: a History of the United States
Postal Office. New York: Grove Press, 2017. p. 63.

[27] STONE, Geoffrey R. *Sex and the Constitution*: Sex, Religion, and Law from America's Origins to
the Twenty-First Century. New York: Liveright Publishing Corporation, 2017. p. 265.

[28] Ou sem a riqueza de detalhes das revistas francesas.

[29] SOHN, Amy. *The Man Who Hated Women*: Sex, Censorship, & Civil Liberties in the Gilded Age.
New York: Farrar, Straus and Giroux, 2021. p. 9. Tradução nossa. No original: *Anthony Comstock
was one of the most important men in the lives of nineteenth-century women, a product of his
upbringing, religion, and time.*

[30] SOHN, Amy. *The Man Who Hated Women*: Sex, Censorship, & Civil Liberties in the Gilded Age.
New York: Farrar, Straus and Giroux, 2021. p. 12. Tradução nossa. No original: *New York, after
all, was Comstockland.*

[31] Definida por Amy Werbel como: "para o controle de natalidade, a defensora feminina de
maior destaque do século" (tradução nossa). No original: *the century most high-profile
female advocate for birth control* (WERBEL, Amy. *Lust on Trial*: Censorship and the Rise of
American Obscenity in the Age of Anthony Comstock. New York: Columbia University
Press, 2018. p. 297).

[32] WERBEL, Amy. *Lust on Trial*: Censorship and the Rise of American Obscenity in the Age of
Anthony Comstock. New York: Columbia University Press, 2018. p. 297.

[33] Alguns chamam de "revista", mas o formato se assemelha mais ao de um jornal. Na primeira
edição, o título Woman Rebel encontra-se escrito em letras enormes, bem acima do padrão
para título de um periódico. Logo abaixo uma frase sintetiza muito o espírito contestador de

Esse episódio motivou um pronunciamento de Margaret acusando a *Comstock Law* de violar a Constituição, apelando inclusive para um argumento originalista, o de que os pais fundadores ficariam "horrorizados" com a referida lei. E disse mais: "Quando a Constituição dos Estados Unidos autorizou o Congresso a estabelecer estações e entrepostos dos Correios, não se pretendia que a autoridade fosse além disso. Não o autorizou a censurar o assunto a ser enviado, nem para julgar as qualidades morais ou intelectuais do material impresso ou pacote confiado a ele para entregar".[34] Sanger ainda esgrimiu outro argumento bastante razoável, o de que "os Correios eram, primordialmente, uma instituição mecânica, não ética, cujo negócio era a eficiência, não a religião ou a moralidade".[35]

Em setembro de 1914 – com a Europa já em chamas por conta da deflagração da I Guerra Mundial em julho desse ano – Margaret Sanger refugiou-se em Londres, para escapar da perseguição encetada por Anthony Comstock. Da capital do Reino – que durante uma Era foi a capital do império em que o Sol nunca se punha –, ela soube da prisão do seu marido, William Sanger, vítima de uma cilada arquitetada por Comstock, que enviou um agente ao seu apartamento em Nova Iorque, alegando interesse em adquirir algumas cópias da publicação *Family Limitation*.[36] William foi preso ao entregar a publicação, acusado de violar a legislação proibitiva sobre contraceptivos. Há suspeitas de que a prisão era uma forma de Anthony Comstock coagir Margaret a retornar de Londres.

O processo contra o casal movimentou Nova Iorque e ocupou seguidas vezes as manchetes dos jornais. Perante o juiz, William Sanger se recusou a se declarar culpado, afirmando que ele não estava em julgamento: "a lei está sendo julgada aqui, não eu. Prefiro estar na cadeia com minhas convicções do que livre com o sacrifício de minha masculinidade e autorrespeito, e sob o governo de Comstock".[37] A sala de audiências explodiu em aplausos.

Sanger: *No Gods no Masters* (Sem Deuses, Sem Mestres). O livro de Geoffrey Stone (STONE, Geoffrey R. *Sex and the Constitution*: Sex, Religion, and Law from America's Origins to the Twenty-First Century. New York: Liveright Publishing Corporation, 2017. p. 194) reproduz parte da capa da primeira edição do jornal, que também pode ser encontrada em arquivos na internet.

[34] LEONARD, Devin. *Neither Snow nor Rain*: a History of the United States Postal Office. New York: Grove Press, 2017. p. 63.

[35] LEONARD, Devin. *Neither Snow nor Rain*: a History of the United States Postal Office. New York: Grove Press, 2017. p. 63. Tradução nossa. No original: *The post office was, primarily, a mechanical institution, not an ethical one, whose business was efficiency, not religion or morality.*

[36] Como o próprio nome indica (Limitação da Família), publicação que advogava o planejamento familiar, tema ao qual os Sangers, especialmente Margaret, dedicaram largo espaço de sua existência.

[37] WERBEL, Amy. *Lust on Trial*: Censorship and the Rise of American Obscenity in the Age of Anthony Comstock. New York: Columbia University Press, 2018. p. 298. Tradução nossa. No original: *The law is on trial here, not I. I would rather be in jail with my convictions than free at the sacrifice of my manhood and sekf-respect, and under Comstock rule.*

De Londres, Margaret enviou uma carta (escrita em Nova Iorque, antes do embarque) aos seus "companheiros e amigos" nos Estados Unidos. Na carta, ela afirma que a prisão não foi seu objetivo. "Há um trabalho especial a ser feito e eu o farei primeiro. Se a prisão vier depois, chamarei todos para me ajudarem. Enquanto isso, tentarei anular a lei por ação direta e cuidarei das consequências mais tarde". Por fim, invocou o *Boston Tea Party*, dizendo ter sido "um ato desafiador e revolucionário aos olhos do governo inglês, mas para o revolucionário americano foi apenas um ato de coragem e justiça".[38]

Wiliam Sanger foi sentenciado a 30 dias de prisão ou 150 dólares de multa. Ele podia escolher entre uma pena e outra; preferiu cumprir a primeira, restritiva de liberdade. Margaret retornou de Londres e foi absolvida. Pouco tempo depois foi considerada culpada[39] não mais pela publicação de *Woman Rebel*, mas, sim, pela acusação de ter aberto e dirigir uma clínica de controle de natalidade em Nova Iorque, fato que é minuciosamente narrado em sua autobiografia. Cumpriu pena de prisão de 30 dias,[40] na Queens County Penitentiary, em Long Island City,[41] em Nova Iorque. A prisão serviu-lhe para revigorar as energias, tanto que em "janeiro de 1921" arrumou as malas e se dirigiu para Albany, capital do Estado, e lá percorreu o Legislativo estadual com um esboço de projeto de lei em busca de legalizar o controle de natalidade.[42]

1.5 O começo do fim de uma era

Anthony Comstock morreria 15 dias depois do julgamento de William Sanger, em 21 de setembro de 1915, em sua casa, em Nova Iorque. Especula-se que a tensão com o julgamento de Sanger pode ter contribuído, juntamente com uma pneumonia desenvolvida quando atendeu a um congresso de puritanos em São Francisco.

Seu falecimento precipitou o começo do fim de uma era de intolerância, censura, abuso de poder e falta de compaixão. A América dava início à conclusão de um ciclo do qual ela não se orgulha, em que o Estado perseguiu artistas, escritores e manifestações culturais no Teatro e na Literatura, a arte de modo geral e a mulher em particular.

No Relatório Anual de 1900, da "Sociedade de Nova Iorque para a Supressão do Vício", Comstock relatou o suicídio de uma adolescente de 16 anos que frequentava um "salão" (*saloon*). Ela deixou um bilhete para o pai, com pedido de desculpas pela vida mundana que havia assumido. Duas outras adolescentes, igualmente menores de idade, morreram nesse ano, em circunstâncias parecidas. Comstock atribuía tudo isso a uma

---

[38] GRUNWAL, Lisa; ADLER, Stephen J. Women's Letters. *America from the Revolutionary War to the Present*. New York: The Dial Press, 2008. p. 467.

[39] WERBEL, Amy. *Lust on Trial*: Censorship and the Rise of American Obscenity in the Age of Anthony Comstock. New York: Columbia University Press, 2018. p. 299.

[40] SANGER, Margaret. *The Autobiography of Margaret Sanger*. Mineola: Dover, 2019. p. 237.

[41] SANGER, Margaret. *The Autobiography of Margaret Sanger*. Mineola: Dover, 2019. p. 240.

[42] SANGER, Margaret. *The Autobiography of Margaret Sanger*. Mineola: Dover, 2019. p. 292.

falha de caráter das vítimas, e todas elas, "meninas e mulheres solteiras que praticavam sexo, não importava a circunstância, mereciam apenas desprezo e condenação".[43]

É importante insistir que toda a caracterização e históricos mencionados nos parágrafos anteriores têm ligação umbilical com o caso *Griswold v. Connecticut* porque, reitere-se, a legislação patrocinada por grupos conservadores como a YMCA e colocada em prática por Anthony Comstock era construída e interpretada de forma bastante ampla para incluir os contraceptivos. Em verdade, tratou-se de um conjunto de legislação que serviu, por um lado, como instrumento à prática de censura e, por outro, como opressão e discriminação contra o sexo feminino.

De 1873 a meados da década de 1960 essas leis permaneceram em vigor nos Estados Unidos. A situação começou a mudar em razão do conflito bélico iniciado no outro lado do Atlântico, em meados do século XX, na Europa. A supressão se deu de forma lenta e gradual; ao fim e ao cabo, somente os Estados de Connecticut e Massachusetts mantiveram a legislação restritiva até a decisão final da Suprema Corte, conforme se verá a seguir.

2. A SEGUNDA GUERRA MUNDIAL E A MÃO DE OBRA FEMININA

Humilhada com o resultado da I Guerra Mundial e com as condições impostas pelos vencedores, concretizadas no Tratado de Versailles,[44] a Alemanha lentamente começou a reconstruir suas Forças Armadas, ante a indiferença do resto da Europa contra a ameaça que crescia e a intolerância que se praticava contra minorias.

Os Estados Unidos da América, tal qual na I Guerra Mundial, encontravam-se internamente divididos entre o isolacionismo[45] e a participação mais ativa nos palcos internacionais. Com o início da guerra, em 1939 (invasão da Alemanha à Polônia), e o bombardeio em Pearl Harbor, em 1941, finalmente a locomotiva econômica das Américas resolve entrar em definitivo no conflito. O resto é história.

---

[43] WERBEL, Amy. *Lust on Trial*: Censorship and the Rise of American Obscenity in the Age of Anthony Comstock. New York: Columbia University Press, 2018. p. 300.

[44] Inglaterra, França e Estados Unidos (as potências econômicas e militares de então) divergiam sobre a extensão da punição à Alemanha. Depois de algum debate, concordaram que deveria ser ampla, fincada no trinômio "punição, pagamento e prevenção" (*punishment, payment, prevention*). Cf. MACMILLAN, Margaret. *Paris 1919*: Six Months that Changed the World. New York: Random House Trade Paperbacks, 2003. p. 161.

[45] Desde a Primeira Guerra Mundial o distanciamento das questões europeias gozava de razoável apoio na população dos Estados Unidos. Entre os isolacionistas mais proeminentes encontravam-se pessoas dos mais variados segmentos, como Henry Ford (fundador da marca de automóveis que leva seu sobrenome), Charles Lindbergh (herói da primeira travessia do Atlântico pilotando um avião) e William Randolph Hearst (editor, proprietário da maior rede de jornais dos Estados Unidos no início do século XX). Hearst, ao que tudo indica, foi um dos primeiros a utilizar o slogan *America First* (América Primeiro), cf. LEPORE, Jill. *These Truths*: a History of the United States of America. New York: Norton, 2019. p. 481. Anos depois, o "América Primeiro" viria a ser reciclado por Donald Trump durante a campanha presidencial de 2016 e no discurso de posse, em 2017.

A participação norte-americana na II Guerra Mundial promove na sociedade estadunidense uma mudança radical que beneficiaria enormemente as mulheres, com consequências positivas e irreversíveis. Explica-se: discriminada desde sempre, dependente do marido para tomar certas decisões e ausente da Declaração de Independência de 1778 e do texto da Constituição de 1787 são alguns exemplos a confirmar a condição subalterna e de segunda classe da mulher na sociedade ianque.

O homem era o chefe da família, o que provia os recursos, o único que podia exercer qualquer atividade. A Grande Guerra muda o cenário, com a necessidade de reposição de mão de obra nas fábricas, nos serviços, empregos e atividades antes exercidos única ou preferencialmente pelo sexo masculino (que, nesse momento, se encontrava no outro do lado do Atlântico ou nos arredores do Japão) passam a ser ocupados pelas mulheres, que, além de atuarem como "reposição", conseguem empregos novos decorrentes do esforço de guerra.

Esse avanço civilizatório continua em um lento caminhar, com as mulheres enfrentando toda sorte de preconceito e discriminação desde que – dizem – Adão se deixou levar. Paralelamente a essa abertura no mercado de trabalho, a mulher passa, em maior número, ainda na década de 1940, a estudar para além do segundo grau, vale dizer, começa a cursar faculdade e aos poucos conquistar mais espaço aqui e ali.[46]

3.   MÉTODOS CONTRACEPTIVOS GANHAM ESPAÇO

3.1   Temor de superpopulação e esgotamento de recursos naturais

No final dos anos 1930 – portanto, um pouco antes de os Estados Unidos entrarem na Segunda Guerra –, começou a se desenhar uma tendência majoritária entre as mulheres norte-americanas de apoio à "legalização dos contraceptivos", consoante observa Geoffrey Stone. Essa tendência não foi suficiente para vencer legislações repressivas (a métodos contraceptivos) em alguns estados, especialmente os de ampla população católica, estes cerraram fileiras contra, seja em razão dos dogmas da Igreja, seja pela Encíclica do Papa Pio XI, de 1930, que denunciava os casais que optassem em separar "sexo de reprodução", porque "ofensivo à lei de Deus e da natureza", e todos aqueles que apoiassem tal comportamento "estavam marcados e culpados de grave pecado".[47]

A Igreja Católica manteve essa posição durante anos e a tentativa de superá-la no início da década de 1960 encontrou no Papa Paulo VI ferrenha oposição, ele que era profundo admirador de Pio XI.[48] A oposição religiosa (especialmente católica) e da maioria esmagadora dos conservadores passou a ser contestada também por especialistas alarmados com a possibilidade de o planeta caminhar para uma superpopulação, com graves

---

[46] STONE, Geoffrey R. *Sex and the Constitution*: Sex, Religion, and Law from America's Origins to the Twenty-First Century. New York: Liveright Publishing Corporation, 2017. p. 352.

[47] STONE, Geoffrey R. *Sex and the Constitution*: Sex, Religion, and Law from America's Origins to the Twenty-First Century. New York: Liveright Publishing Corporation, 2017. p. 352-353.

[48] STONE, Geoffrey R. *Sex and the Constitution*: Sex, Religion, and Law from America's Origins to the Twenty-First Century. New York: Liveright Publishing Corporation, 2017. p. 352-353.

consequências futuras para o meio ambiente e a própria sobrevivência da raça humana no planeta. Em meados da década de 1960, Paul Ralph Ehrlich, biologista norte-americano vinculado à Universidade Stanford, esboçou tese,[49] posteriormente considerada alarmista, de que o mundo caminhava para a catástrofe caso não fossem tomadas medidas enérgicas e rápidas contra o crescimento desenfreado da população mundial.

3.2 Esterilização de doentes mentais e "imbecis"

A Ehrlich se juntaram outros biólogos e economistas com mensagens parecidas ou idênticas, bem como alguns líderes religiosos mais progressistas, de igrejas protestantes, que igualmente passaram a defender o controle de natalidade.[50] O, por assim dizer, "movimento" em prol do controle de natalidade tem origem um pouco mais remota, pelos idos da década de 1920, e nem sempre caminhou com boas intenções, visto que defensores da eugenia aproveitaram para pregar a esterilização de pessoas com deficiência mental e de minorias, entre elas negros, imigrantes ou aqueles de qualquer raça que não sabiam ler e escrever.[51]

É nessa década que a Suprema Corte dos Estados Unidos se debruça sobre o recurso que desafiava a constitucionalidade de uma lei do Estado da Virginia (*Virginia Sterilization Act of 1924*), de contornos claramente eugênicos, considerando que autorizava a "esterilização compulsória" de "pessoas com deficiência intelectual". A lei havia sido aprovada em 20 de março de 1924[52] e autorizava o Estado a impedir que pessoas com deficiência mental pudessem gerar filhos.[53] O caso tem origem quando John e Alice Dobbs, pais adotivos de Carrie Buck, adolescente então com 18 anos recém-completados, "convenceram" a Colônia para Epilépticos e Deficientes Mentais do Estado da Virginia de que Carrie era uma pessoa com deficiência mental, tarefa que, embora de intenção malévola,[54] acabou facilitada porque a mãe dela, Emma Buck, era interna da instituição, com diagnóstico de problemas psiquiátricos.

---

[49] Ehrlich publicou o livro *The Population Bomb*, defendendo enfaticamente medidas de contenção ao aumento populacional. A primeira linha do livro acolhe sentença sombria: "Está perdida a batalha para alimentar toda a humanidade". Cf. EHRLICH, Paul R. *The Population Bomb*. New York: Ballantine Books, 1968. p. 1.

[50] STONE, Geoffrey R. *Sex and the Constitution*: Sex, Religion, and Law from America's Origins to the Twenty-First Century. New York: Liveright Publishing Corporation, 2017. p. 353.

[51] EIG, Jonathan. *The Birth of the Pill*: How Four Crusaders Reinvented Sex and Launched a Revolution. New York: W. W. Norton & Company, 2015. p. 53.

[52] *Buck v. Bell*, 274 U.S. 200 (1927). p. 205.

[53] No voto, de autoria do juiz Oliver Holmes, colhe-se a seguinte passagem: "A lei estabelecia que a saúde do paciente e o bem-estar da sociedade podem ser promovidos em certos casos pela esterilização de deficientes mentais [voto não utilizou a expressão 'pessoas com deficiência mental'] sob cuidadosa salvaguarda etc.; que a esterilização pode ser efetuada em homens por vasectomia e em mulheres por salpingectomia, sem dor grave ou risco substancial de vida". Cf. *Buck v. Bell*, 274 U.S. 200 (1927). p. 205.

[54] Consoante o Professor Paul Lombardo confirmou anos depois, após longa pesquisa que resultou em publicação de livro que será mencionado a seguir.

Capítulo I · O LONGO CAMINHO DO DIREITO À PRIVACIDADE NOS ESTADOS UNIDOS DA AMÉRICA | **25**

A presença de Carrie Buck e de sua mãe na Colônia para Epilépticos e Deficientes Mentais fez surgir para Albert Sidney Priddy,[55] superintendente da instituição (e a essa altura com discurso afinado com o de John e Alice Dobbs), a oportunidade de ouro para "testar" a constitucionalidade da lei de 1924. Desse modo, Priddy requereu que Carrie fosse esterilizada,[56] impedindo que ela engravidasse novamente. O Conselho de Administração da instituição autorizou tal procedimento e em seguida o caso foi parar na Corte Distrital de Amherst County, que manteve a autorização, posteriormente confirmada pela Suprema Corte de Apelações do Estado da Virginia.

Na Suprema Corte dos Estados Unidos, a relatoria do caso coube ao juiz Oliver Wendell Holmes, que, provavelmente guiado por sua filosofia de contenção judicial, deu crédito às alegações da instituição de saúde, "sem submetê-las a uma supervisão efetiva", facultando a servidores do Estado o pleno "exercício do poder de polícia".[57]

Buck v. Bell é considerado um dos julgados que compõem a – desonrosa – galeria dos maiores equívocos da Suprema Corte e ficou famoso não só pelo resultado,[58] mas também pela frase contida no voto do juiz Holmes, ao julgar constitucional a lei do Estado da Virginia: "três gerações de imbecis já são suficientes".[59-60]

A lei do Estado da Virginia autorizando a esterilização, a postura da Suprema Corte sufragando a norma e o apoio de grupos conservadores a tudo isso desembocam em um descompasso (de discurso e de prática) quando confrontados com a postura de não admitir sequer a veiculação de textos em defesa da adoção de métodos contraceptivos. Não há registros de oposição de grupos da Igreja ou de grupos religiosos à norma da esterilização de (sic) "imbecis". Se houve, fracassou.

---

[55] Posteriormente sucedido por John Hendren Bell, que passa a figurar no processo como representante da "requerida", a instituição de saúde mental.

[56] LOMBARDO, Paul A. *Three Generations, no Imbeciles*: Eugenics, the Supreme Court and Buck v. Bell. Baltimore: The John Hopkins University Press, 2008. p. 106.

[57] IRONS, Peter. *A People's History of the Supreme Court*: The Men and Women Whose Cases and Decisions Have Shaped Our Constitution. New York: Penguin Books, 2000. p. 252.

[58] Décadas depois de a esterilização ter sido implementada, o historiador e Professor de Direito Paul Lombardo, empreendeu extensa pesquisa sobre o caso e fez importantes descobertas (inclusive apontando vários erros no processo), que resultaram na publicação do livro já citado. Entre elas a de que Carrie Buck não era pessoa com deficiência mental e sim vítima de um plano ardiloso engendrado pelo casal John e Alice Dobbs, para se livrar dela assim que descobriram a gravidez, resultado de estupro cometido pelo sobrinho de Alice, Clarence Garland. Além de tudo isso, o casal manteve Carrie como empregada doméstica sem qualquer tipo de remuneração, inclusive determinando que ela atendesse a vizinhos como forma de conseguir renda extra para a família. Importante registrar que o pai de Carrie faleceu quando ela era criança e a mãe foi internada muito cedo. Outro detalhe: os Dobbs jamais depuseram no processo. Cf. LOMBARDO, Paul A. *Three Generations, no Imbeciles*: Eugenics, the Supreme Court and Buck v. Bell. Baltimore: The John Hopkins University Press, 2008. p. 103 e ss.

[59] No original: *Three generations of imbeciles are enough* (*Buck v. Bell*, 274 U.S. 200 (1927). p. 207).

[60] Aqui Holmes foi traído e engolido pelo excesso de confiança e pelo pragmatismo jurídico, do qual era um dos expoentes.

É no mínimo curioso constatar que a agenda conservadora, o fervor religioso, os grupos de defesa da preservação da "vida", do nascituro, e até mesmo os que advogavam o casamento com a finalidade única de procriação tenham atuado conjuntamente para proibir a adoção de métodos contraceptivos e simultaneamente tenham se calado ante a existência de legislação autorizativa da esterilização de pessoas consideradas "retardadas mentais" ou pertencentes a minorias.

3.3   Crescimento populacional e Relatório Kissinger

Em outra linha e em outro período, o governo dos Estados Unidos, à época com o presidente Richard Nixon na Casa Branca, alarmado com o crescimento da população mundial, e com as implicações que isso poderia trazer para a segurança do país, determinou a confecção de um estudo com perspectivas de aumento populacional, diagnóstico e soluções para o "problema". O trabalho ficou pronto em 1974, já na gestão do presidente Gerald Ford (ante a renúncia de Nixon para evitar o impeachment) e foi considerado *classified* (restrito). Em razão desse sigilo, o grande público somente tomou conhecimento do seu teor no final da década de 1980.

O título oficial do Relatório é "Memorando sobre Estudo de Segurança Nacional" (*National Security Study Memorandum*), com a sigla *NSSM 200*, e subtítulo dedicado a "implicações do crescimento populacional para a segurança dos Estados Unidos", composto de 123 páginas.[61] Embora os estudos de Paul Ehrlich não tenham sido citados, a palavra "comida" aparece 119 vezes, apesar de não se constituir no centro da discussão. Esse trabalho é também conhecido como "Relatório Kissinger", alusão ao então secretário de Estado Henry Kissinger, que antes havia ocupado o cargo de assessor de segurança nacional. O crescimento da população mundial e os meios para incentivar o controle são pontos fulcrais no Relatório, a demonstrar a preocupação que esse tema ocupou nos Estados Unidos nesse período e no imediatamente anterior e ele.

O breve panorama traçado nos parágrafos pretéritos, cobrindo, em termos, as décadas de 1920 a 1970, demonstra que, por razões distintas, o controle da natalidade ocupou espaço considerável na sociedade estadunidense, convivendo e disputando atenção com segmentos conservadores e, especialmente, com a Igreja Católica, a ponto de se dizer que, em determinados Estados (como Connecticut e Massachusetts), os que professavam a religião sediada no Vaticano impunham, mediante o controle de Legislativos estaduais, uma agenda restritiva à grande maioria que com ela não comungava.

A intransigência desse segmento, aliada a avanços no campo do controle de natalidade (facilitando a compra e o uso), conduzira ao inevitável: a discussão judicial impugnando leis restritivas aos contraceptivos.

---

[61]   NATIONAL SECURITY STUDY MEMORANDUM – NSSM 200. *Implications of Worldwide Population Growth For U.S. Security and Overseas Interests (The Kissinger Report)*. 10.12.1974. Disponível em: https://pdf.usaid.gov/pdf_docs/PCAAB500.pdf. Acesso em: 05.02.2022.

3.4 A pílula e a revolução dos costumes

O fato é que a oposição da Igreja Católica e de outros setores conservadores não foi suficiente para impedir que a Ciência progredisse e ofertasse, ainda nos anos 1960, uma novidade que promoveria funda alteração no âmbito dos contraceptivos, a pílula anticoncepcional, que viria a se constituir em importante conquista relativa à liberdade de escolha, fruto da pesquisa científica desenvolvida na década de 1950 pelo cientista norte-americano Gregory Goodwin Pincus,[62] um dos responsáveis por sua criação.

A pílula anticoncepcional, ou simplesmente "a pílula" (*the pill*), começou a ser comercializada nos Estados Unidos em 1960 e disparou o gatilho da denominada revolução sexual, com consequências gigantescas e perenes para a sociedade e para as mulheres. Ela ampliou a possibilidade do sexo pelo prazer, ajudando a romper a barreira ideológica, cristã, conservadora, que sempre concebeu o ato sexual como instrumento exclusivo de procriação, consoante ensinamento de Santo Agostinho muito presente até a metade do século XX e ainda influente na Igreja nos dias atuais.[63]

O caso *Griswold v. Connecticut* transita sobre esse tema, alimentou-se de tradições, práticas religiosas e de superstições, até ser confrontado por um mundo em evolução e no qual a mulher consolidava espaços, na sociedade, na vida cotidiana, e conquistava direitos contestados por séculos, inclusive "triviais", como o de não querer engravidar. *Griswold v. Connecticut* será objeto de considerações nos parágrafos seguintes, com análise dos personagens, do ambiente em que ele se desenvolveu, da legislação pertinente e da decisão da Suprema Corte com o exame dos votos favoráveis e contrários.

4. ESTELLE GRISWOLD, CANTORA, ESPOSA E ATIVISTA

Nascida em Hartford, Connecticut, em 1900, Estelle Naomi Trebert, foi uma mulher à frente do seu tempo. Em uma sociedade em que o sexo feminino lutava por espaços, pelo direito ao voto, Estelle aprendia música e, aos 22 anos, contra a vontade dos pais, deixou os Estados Unidos e foi para a França, tentar a vida como

---

[62] Gregory Pincus é o grande responsável pela descoberta, mas é preciso dar crédito a outro pesquisador, o médico John Rock, muito importante para a consolidação da pesquisa. Dois outros nomes merecem ser lembrados: o da feminista Margaret Sanger, pelo incentivo a Pincus, e o da milionária Katharine McCormick, que financiou os estudos, conduzidos, em grande parte, de forma sigilosa, em razão da pressão social de então, de grupos conservadores e religiosos. Cf. EIG, Jonathan. *The Birth of the Pill*: How Four Crusaders Reinvented Sex and Launched a Revolution. New York: W. W. Norton & Company, 2015.

[63] Segundo Steven Schafer, "a visão teológica e o vocabulário de Agostinho moldaram o pensamento da igreja ocidental sobre sexo e casamento mais profundamente do que qualquer outro escritor não bíblico. A influência nessa seara pode ser resumida em três eixos do casamento: procriação, fidelidade e sacramento" (SCHAFER, Steven. *Marriage, Sex, and Procreation*: Contemporary Revisions to Augustine's Theology of Marriage. Eugene: Pickwick Publications, 2019. p. XVI).

cantora em Paris e Nice, retornando cinco anos depois em razão de doença de sua mãe, Jennie Church Trebert.[64]

De volta aos Estados Unidos, deu seguimento à carreira de cantora, brevemente em Chicago e depois fixamente em Nova Iorque, mesmo após o casamento com um ex-colega do ensino médio, Richard Whitmore Griswold,[65] que mais tarde se tornaria funcionário do Departamento de Estado e viajaria pela Europa, pela América Latina e pela África, oportunidade em que Estelle, agora já ex-cantora, passou a ter contato mais de perto com outras culturas e conhecer as agruras de países subdesenvolvidos, entre elas o problema da falta de planejamento familiar, que afetava, em especial, comunidades mais carentes.

A partir de 1950, o casal fixou residência em New Haven (Connecticut) e Estelle se tornou uma das diretoras da PPLC (Planned Parenthood League of Connecticut).[66] A Planned Parenthood é uma instituição fundada em 1915, em Nova Iorque, com representações nos estados norte-americanos, que se incumbe, como o próprio nome indica, de "planejar a paternidade", o que significa, em síntese, aconselhar, ajudar, instruir casais, especialmente carentes, em decidir quando e como ter e não ter filhos.

Convicta das vantagens e dos benefícios do planejamento familiar, além de entusiasmada com o trabalho desenvolvido, Estelle Griswold traça um plano para desafiar em juízo a proibição de métodos contraceptivos constante na legislação de 1879 do Estado de Connecticut, ainda resquício da *Comstock Era*. No curto prazo, ela conseguiu que mulheres sem condições financeiras, residentes em Connecticut, pudessem se dirigir a Rhode Island e Nova Iorque, às expensas da PPLC, e, nesses estados, obter orientações e procedimentos de controle de natalidade.[67]

5. *POE V. ULLMAN*

No médio prazo, a medida mais importante e de maior impacto: a propositura de ação judicial com vistas a desafiar as já mencionadas leis de fins do século XIX. A primeira tentativa dizia respeito a um casal – Paul e Pauline Poe – que concordou em impugnar a lei proibitiva do uso de contraceptivos. Pauline Poe teve "três gestações consecutivas que terminaram em bebês com múltiplas anomalias congênitas das quais

---

[64] BALL, Jennifer L. Verbete "Estelle Trebert Griswold". In: WARE, Susan. *Notable American Women*: a Biographical Dictionary Completing the Twentieth Century. Cambridge: Belknap Press/ Harvard University Press, 2004. p. 264.

[65] As referências a "Griswold", neste trabalho, dizem respeito à Estelle. Seu esposo será sempre identificado com o nome completo ou com o prenome e um dos sobrenomes.

[66] BALL, Jennifer L. Verbete "Estelle Trebert Griswold". In: WARE, Susan. *Notable American Women*: a Biographical Dictionary Completing the Twentieth Century. Cambridge: Belknap Press/ Harvard University Press, 2004. p. 264.

[67] BALL, Jennifer L. Verbete "Estelle Trebert Griswold". In: WARE, Susan. *Notable American Women*: a Biographical Dictionary Completing the Twentieth Century. Cambridge: Belknap Press/ Harvard University Press, 2004. p. 264.

cada um morreu logo após o nascimento".[68] Com temor de que pudesse ocorrer outra gravidez em idênticas circunstâncias, o casal procurou o médico C. L. Buxton, renomado obstetra e ginecologista da Escola de Medicina da Universidade de Yale e também voluntário da Planned Parenthood.

Buxton, que mais tarde figuraria como um dos autores do caso *Griswold v. Connecticut*, proferiu diagnóstico afirmando que "a causa das anormalidades dos bebês era genética, embora o 'mecanismo' subjacente' não estivesse claro".[69] O parecer médico serviu como fundamento para a propositura de ação perante a Justiça do Estado de Connecticut, que pedia que fosse declarada inconstitucional a lei proibitiva de adoção de métodos contraceptivos, resquício da *Comstock Era*.

Em resumo, a Corte Suprema do Estado de Connecticut – que, à época, tinha um nome bastante curioso, "Suprema Corte de Erros de Connecticut" (*Connecticut Supreme Court of Errors*)[70] –, em grau de apelação, rechaçou o pedido por entender que os autores estavam buscando provimento judicial em tese, o que não é permitido no Direito estadunidense. Nesses casos, costuma-se dizer que ao autor falta *standing to sue*, em tradução livre, "falta de interesse de agir", vale dizer, uma das hipóteses que, nos Estados Unidos, impede que a ação seja julgada no mérito.

O processo subiu em grau de recurso à Suprema Corte dos Estados Unidos, que, em voto do juiz Felix Frankfurter, decidiu pelo arquivamento da ação pelas razões já indiretamente mencionadas no parágrafo anterior, vale dizer, o casal (Paul e Pauline Poe) litigava em tese, e, nesses casos, afirmou o relator, "a parte que invoca o poder (de anular a legislação com fundamento de sua inconstitucionalidade) deve ser capaz de demonstrar não apenas que a lei é inválida",[71] mas que tenha sofrido ou esteja na iminência do "perigo de sofrer algum dano direto como resultado de sua aplicação...".[72]

A Corte encerrou o processo com um placar apertado, de 5 a 4. Pela maioria, o voto condutor foi de autoria, como visto, do juiz Felix Frankfurter. Pelos vencidos, merecem destaques os votos de John Harlan Jr. e William Douglas,[73] o que será feito a seguir, em apertada síntese, considerando que o tema principal deste capítulo é *Griswold v. Connecticut*.

Douglas entendeu exagerada a decisão da Corte em não conhecer do pedido por motivos meramente processuais. Observou que "uma esposa doente, um marido

---

[68] *Poe v. Ullman*, 367 U.S. 497 (1961). p. 498.

[69] *Poe v. Ullman*, 367 U.S. 497 (1961). p. 499.

[70] Inclusive é assim que a Suprema Corte dos Estados Unidos se referiu a ela em diversas passagens da decisão no caso *Poe v. Ullman*.

[71] *Poe v. Ullman*, 367 U.S. 497 (1961). p. 505.

[72] O excerto *supra* foi reproduzido em *Poe v. Ullman*, 367 U.S. 497 (1961). p. 506, contudo é oriundo de *Massachusetts v. Mellon*, 262 U.S. 447 (1923). p. 488.

[73] Votaram contra o pedido: Felix Frankfurter, o *Chief Justice* Earl Warren, William J. Brennan Jr., Tom C. Clark e Potter Stewart. Votaram a favor da declaração de inconstitucionalidade da lei que restringia o uso de métodos contraceptivos: Hugo Black, William O. Douglas, John M. Harlan II e Charles E. Whittaker.

preocupado, um médico consciencioso, buscam uma resposta digna, discreta e ordenada para o problema crítico que enfrentam". A Corte não deveria – completa o juiz indicado por Franklin Roosevelt – "afastá-los e fazê-los desrespeitar a lei e serem presos para que seus direitos constitucionais sejam determinados".[74] Em outras palavras, Douglas entendia irrazoável exigir que pessoas nessas circunstâncias fossem obrigadas a violar lei para somente assim ter a possibilidade de ver o mérito ser analisado.

5.1 John Marshall Harlan, voto progressista de autoria conservadora

O voto do juiz John Marshall Harlan II[75] parece mais objetivo e sedutor do que o do Douglas, embora não esteja presente aqui a intenção de confrontá-los. Harlan II – que é neto de um ex-juiz da Suprema Corte dos Estados Unidos, John Marshall Harlan,[76] conhecido como *the great dissenter*[77] – entendia que a legislação de Connecticut violava a Décima Quarta Emenda, por acreditar que "uma lei que torna crime o uso de contraceptivos por casais casados" afigurava-se como uma "invasão intolerável e injustificável de privacidade na condução das preocupações mais íntimas da vida pessoal de um indivíduo".[78]

Adiante, Harlan foi ainda mais preciso, ao assinalar que o "amplo alcance da liberdade garantida pela Cláusula do Devido Processo" (prevista na Décima Quarta Emenda) não poderia ser limitado por "garantias específicas" localizadas em outras partes da Constituição. Essa "liberdade", continua ele, "não é uma série de pontos isolados destacados" de instrumentos, regras e princípios como a "liberdade de expressão, imprensa e religião; o direito de manter e portar armas"; ou, ainda, a proteção contra "buscas e apreensões injustificadas".[79] Para ele, o Devido Processo Legal, era muito mais amplo do que esse rol de definições, apresentava-se, de fato, como um "*continuum* racional que, em termos gerais, inclui a liberdade contra todas as imposições arbitrárias substanciais e restrições sem propósito".[80]

Do que restou parcialmente supratranscrito, em um primeiro momento, o magistrado estava a afastar eventual conflito entre dispositivos constitucionais ressaltando a prevalência, por mais relevante e específica ao caso que se analisava, da garantia do

---

[74] *Poe v. Ullman*, 367 U.S. 497 (1961). p. 513.

[75] Juiz da Suprema Corte dos Estados Unidos de 1955 a 1971, nomeado por Dwight Eisenhower. O nome oficial era John Marshall Harlan, contudo é comum utilizar o "I" e o "II" para diferenciar avô e neto, que, em verdade, eram homônimos. Essa coincidência jamais se repetiu na história da Corte. Cf. SCHWARTZ, Bernard. *A History of the Supreme Court*. New York: Oxford University Press, 1993. p. 270-271 e 458.

[76] John Marshall Harlan (o "I") foi juiz da Suprema Corte dos Estados Unidos de 1877 a 1911, indicado pelo Presidente Rutherford Hayes.

[77] CANELLOS, Peter S. *The Great Dissenter*: the Story of John Marshall Harlan, America's Judicial Hero. New York: Simon & Schuster, 2021.

[78] *Poe v. Ullman*, 367 U.S. 497 (1961). p. 539.

[79] *Poe v. Ullman*, 367 U.S. 497 (1961). p. 543.

[80] *Poe v. Ullman*, 367 U.S. 497 (1961). p. 543.

Devido Processo Legal, agasalhada na já citada Décima Quarta Emenda. Em seguida, ele ressalta o caráter aberto da referida cláusula (*Due Process of Law*), que não se apresentava como "pontos isolados", mas que precisava ser interpretada de forma ampla, de modo que ofertasse uma proteção ainda maior aos jurisdicionados, como o casal que buscou a guarida do Judiciário para implementar métodos que impedissem uma gravidez que muito provavelmente daria à luz uma criança que não teria condições de sobreviver, tal qual ocorreu com três filhos anteriores de Pauline Poe e certamente ocorreria, conforme apontou o laudo médico.

5.1.1 *A ação do Estado contra a intimidade conjugal*

É comum os textualistas arguirem que os juízes liberais almejam substituir a lei pelos seus valores morais, o que, para eles, é inadmissível. O argumento, recorrente, é uma tentativa – na maioria das vezes exagerada – de tentar interditar a construção constitucional e/ou diminuir a importância do pragmatismo jurídico, que, embora não seja um método isento de críticas, tem seu lugar na hermenêutica jurídica, onde não há, ou pelo menos não deveria haver, lugar para maniqueísmos jurídicos, seja de natureza liberal, seja conservadora.

Em *Poe v. Ullman*, John Harlan afirmou que o "o Estado está afirmando o direito de fazer valer seu julgamento moral intrometendo-se nos detalhes mais íntimos da relação conjugal com todo o poder do direito penal".[81] "Estado", no contexto da frase, tanto pode ser o Estado-legislador (que produziu a norma de 1879)[82] quanto o Estado--juiz (que, àquela altura, rechaçava o pleito do casal Paul e Pauline Poe no sentido de ter acesso a método contraceptivo).

Atribuir aos conservadores (legisladores ou julgadores) a pecha "de fazer valer seu julgamento moral" e – o que é mais grave – "intrometer-se nos detalhes mais íntimos da relação conjugal", com toda a força e poder do Direito Penal, inclusive encarcerando quem eventualmente se posicionasse contra, encerra uma dolorosa verdade e, simultaneamente, uma ironia. Sim, ironia, porque a frase "julgamento moral" é comumente atribuída aos liberais, e, quando dita por um conservador[83] dirigida a conservadores, está-se diante de uma inversão de papéis, porque a acusação atribui àqueles a prática de um dos pecados capitais dos liberais.

Em seguida e no mesmo parágrafo parcialmente supratranscrito, Harlan alertou para as consequências dessa "força e poder do Direito Penal" contra casais à busca de planejamento familiar. Disse que essa intromissão "potencialmente (...) poderia permitir a implementação de todo o maquinário incidental do direito penal, prisões,

---

[81] *Poe v. Ullman*, 367 U.S. 497 (1961). p. 536.

[82] *In casu*, o Estado de Connecticut.

[83] John Marshall Harlan II sempre foi considerado um conservador. No entanto, o voto dissidente em *Poe* fez surgir comentários de que ele passara a liberal. Para Jesse Choper e Charles Fried – dois estudiosos da trajetória do juiz Harlan –, ele nunca deixou de ser conservador. A opinião de Choper e Fried encontra-se reproduzida adiante, neste item.

buscas e apreensões; (...) e no mínimo, a apresentação de acusações criminais, um julgamento público e depoimentos sobre o *corpus delicti*".[84] No entanto, não param aí os constrangimentos; no curso do processo, o Estado provavelmente lançaria mão de testemunhas "sobre o modo e a maneira das relações sexuais dos casais, ou pelo menos a oportunidade para o acusado negar as acusações". Harlan diz que, em resumo, "o Estatuto permite ao Estado investigar, provar e punir pessoas casadas pelo uso privado de sua intimidade conjugal".[85]

A observação do juiz Harlan, no sentido de a lei possibilitar ao Estado punir pessoas casadas em razão do comportamento "privado de sua intimidade conjugal", mais parece trecho de romance ou livro histórico ambientado na Idade Média. Contudo, trata-se de um voto elaborado na segunda metade do século XX, retratando com absoluta fidedignidade as consequências de um ato normativo estadual, produzido em fins do século XIX e à época em pleno vigor. Essa constatação tornava a lei, no mínimo, um constrangimento. A Suprema Corte dos Estados Unidos teve a chance de defenestrar o ato legislativo de Connecticut em 1961, mas preferiu adiá-lo para 1965, com *Griswold v. Connecticut*.

Tudo isso nos conduz a Richard Posner – magistrado, defensor do pragmatismo jurídico e autoproclamado discípulo de Oliver Holmes,[86] Louis Brandeis e Benjamin Cardozo[87] – que, em capítulo dedicado ao *legal pragmatism* teceu as seguintes considerações, de todo apropriadas ao caso sob análise:

> Um bom e pragmático juiz tentará pesar as boas consequências da adesão constante às virtudes do estado de direito, que favorecem a permanência, contra as más consequências de não inovar diante de disputas em que os textos e precedentes canônicos não estão bem-adaptados para resolver. Essa perspectiva adaptacionista, que ecoa o pensamento darwiniano, é enfatizada no ensaio de Dewey sobre o direito, discutido no próximo capítulo.[88]

Aqui o prolífico e às vezes polêmico Posner foi inexcedível. O texto poderia compor a galeria de momentos memoráveis de sua produção acadêmica. Uma passagem curta, repleta de bom senso e verdades ditas de forma direta, elegante e incontestável.

---

[84] *Poe v. Ullman*, 367 U.S. 497 (1961). p. 548.

[85] *Poe v. Ullman*, 367 U.S. 497 (1961). p. 548.

[86] Posner organizou um livro com alguns dos principais trabalhos de Holmes, votos, artigos etc. A certa altura ele afirmou: "Oliver Wendell Holmes é a figura mais ilustre da história do direito americano. Ele também é, embora sem o reconhecimento devido, uma figura importante na história intelectual e cultural americana em geral" (POSNER, Richard A. *The Essential Holmes*: Selection from the Letters, Speeches, Judicial Opinions, and Other Writings of Oliver Wendell Holmes, Jr. Chicago: The University of Chicago Press, 1992. p. IX).

[87] PRESSER, Stephen. Swan Song of a Great Colossus: the Latest from Richard Posner. *Law & Liberty*, 2019. Disponível em: https://lawliberty.org/swan-song-of-a-great-colossus-the-latest--from-richard-posner/. Acesso em: 24.08.2022.

[88] POSNER, Richard A. *Law, Pragmatism, and Democracy*. Cambridge: Harvard University Press, 2003. p. 63-64.

Agradável de ser lida e harmoniosa com o título do livro que a acolhe: *Law, Pragmatism, and Democracy*.

O voto – necessário dizer – magistral de John Harlan, em *Poe v. Ullman*, revelou um liberal, um novo liberal, ou um conservador cioso de suas responsabilidades? A pergunta é relevante, porque a resposta ajuda na compreensão de que os que votaram favoravelmente à manutenção da lei impeditiva do planejamento familiar (orientação e uso de métodos contraceptivos), vale dizer, os que votaram contra Paul e Pauline Poe, e, anos depois, contra Estelle Griswold e Charles Lee Buxton, estavam do lado errado da história e não compreenderam que a lei discriminava mulheres e tratavam-nas como seres humanos de segunda classe. A resposta para a pergunta é no sentido de Harlan ser um conservador, continuar conservador, mas ter tido o bom senso de identificar que a norma de 1879 era draconiana, limitava a liberdade e invadia o direito à privacidade do casal, mais especificamente da mulher.

Em outras palavras, o voto dissidente em *Poe* pode até ter suscitado dúvidas em alguns, mas John Harlan não se despiu da condição de conservador. Ele definitivamente não estava em trânsito para se tornar um liberal, como certamente os que não o conheciam possam ter especulado. A propósito, escrevendo sobre ele quase 30 anos após *Poe v. Ullman*, Jesse Choper é categórico ao (re)afirmar que o "juiz Harlan era, com poucas exceções, um jurista consistente e totalmente conservador", inclusive realçando que "ele era comprometido com o princípio da contenção judicial, notadamente mais e com muito mais integridade do que muitos outros juízes de orientação conservadora".[89] Charles Fried tem percepção bem próxima ao registrar que "o juiz certamente era conservador" e que "uma marca desse conservadorismo era seu ceticismo sobre mudanças rápidas e soluções aparentemente apressadas. Dito de outra forma, ele acreditava no valor de não perturbar as formas estabelecidas de fazer as coisas".[90]

Um conservador, defensor da autocontenção judicial, mas que não se deixava contaminar por rótulos ou pela rigidez de concepções preestabelecidas. Poder-se-ia dizer que votou como um liberal, preferimos crer que votou como um conservador atento ao postulado da supremacia da Constituição e do papel do Judiciário como um dos instrumentos para propiciar a busca da felicidade (*pursuit of hapiness*),[91] expressão

---

[89] CHOPER, Jesse H. Remarks on Justice Harlan and the Bill of Rights. *New York Law School Law Review*, v. 36, 1991. p. 128. Tradução nossa. No original: *But Justice Harlan was, with few exceptions, a quite consistently conservative jurist. He was committed to the principle of judicial restraint, markedly more so and with much greater integrity than many other conservatively oriented Justices.*

[90] FRIED, Charles. The Conservatism of Justice Harlan. *New York Law School Law Review*, v. 36, 1991. p. 35.

[91] A busca da felicidade compõe a Declaração de Independência dos Estados Unidos da América, documento que é a certidão de nascimento do país e tem como autor principal Thomas Jefferson. Considerada obra-prima da Ciência Política e fruto do *American Enlightment*, expressão que dá título ao livro de autoria de Caroline Winterer, para quem "a procura da Felicidade era uma das principais buscas das pessoas iluminadas" (*pursuit of Happiness was one of the principal quests of enlightened people*) (WINTERER, Caroline. *American Enlightenments*: Pursuing Happiness in the Age of Reason. New Haven: Yale University Press, 2018. p. 3).

constante na Declaração de Independência dos Estados Unidos, que ajudou a imprimir "ritmo e beleza"[92] ao texto.

5.1.2 Poe v. Ullman *e a ADPF nº 54/2004, breve cotejo*

Guardadas as devidas proporções, o caso se aproxima da decisão proferida pelo Supremo Tribunal Federal no processo relativo ao aborto de anencéfalo, em que a Corte decidiu que se afigurava "inconstitucional interpretação de a interrupção da gravidez de feto anencéfalo ser conduta tipificada nos artigos 124, 126 e 128, incisos I e II, do Código Penal".[93]

Nesse julgamento, cuja relatoria coube ao Ministro Marco Aurélio Mello, o Supremo Tribunal Federal afastou o entendimento de que estava a autorizar mais uma hipótese de aborto e se fixou em (afirmou tratar-se dê) uma questão de saúde pública porquanto entendeu que o feto anencéfalo não poderia ser considerado um ser vivo. Nesse sentido, emblemática a assertiva da Ministra Cármen Lúcia de que o "o útero é o primeiro berço do ser humano. Quando o berço se transforma num pequeno esquife, a vida se entorta".[94] Por fim, a afirmação do Ministro Marco Aurélio, diferenciando aborto de "antecipação terapêutica do parto": "existe distinção entre aborto e antecipação terapêutica do parto. O feto anencéfalo jamais se tornará uma pessoa. Não se trata de vida potencial, mas de morte segura".[95]

Em *Poe v. Ullman*, os autores almejavam obter autorização para o uso de contraceptivos com o intuito de evitar a gravidez, ante a possibilidade (quase certeza), atestada por laudo médico, de o nascituro ter problemas congênitos e somente conseguir viver alguns anos, tal qual seus três irmãos. A Suprema Corte negou o pedido – por maioria apertada de cinco a quatro – sem entrar no mérito, sob o argumento de inexistir situação concreta, impossibilidade de exercer a jurisdição porquanto os autores não demonstraram ter sofrido qualquer dano.

A decisão do Supremo Tribunal Federal tem origem na Arguição de Descumprimento de Preceito Fundamental (ADPF) nº 54/2004 proposta pela Confederação Nacional dos Trabalhadores na Saúde (CNTS), que veiculava pedido de autorização para

---

[92]   A "busca da Felicidade" como elemento de "ritmo e beleza", sem qualquer compromisso ou intenção de direito substancial, resulta de assertiva de autoria de Carli Conklin e parece fazer sentido: "Essa linha de pensamento sugere que Jefferson inseriu a busca da felicidade na Declaração não na tentativa de elencar um direito substantivo inalienável, mas como instrumento de retórica, e é como instrumento de retórica que a frase faz seu trabalho. Acrescenta ritmo e beleza à lista de direitos inalienáveis de Jefferson (...)" (CONKLIN, Carli N. *The Pursuit of Happiness in the Founding Era*: an Intellectual History. Columbia: University of Missouri Press, 2019. p. 5).

[93]   STF, ADPF nº 54/2004, Rel. Min. Marco Aurélio, Requerente: Confederação Nacional dos Trabalhadores na Saúde (CNTS), Interessado: Presidente da República, 2002.

[94]   STF, ADPF nº 54/2004, trecho do voto da Ministra Cármen Lúcia, Requerente: Confederação Nacional dos Trabalhadores na Saúde (CNTS), Interessado: Presidente da República, 2002.

[95]   STF, ADPF nº 54/2004, Rel. Min. Marco Aurélio, Requerente: Confederação Nacional dos Trabalhadores na Saúde (CNTS), Interessado: Presidente da República, 2002.

interrupção de gravidez, com fundamento em exame médico que atestava a anencefalia do feto, vale dizer, ausência de cérebro comprovada por exame laboratorial. Buscava-se impedir que a gestante desse à luz um ser natimorto. O Supremo Tribunal Federal, por maioria folgada de nove a dois, acolheu o pedido, por entender contrária à Constituição Federal a interpretação que criminalizava a interrupção da gravidez de feto anencéfalo, julgando favorável a arguição de descumprimento de preceito fundamental.

Embora sejam situações diferentes, países diferentes e épocas (1961/2002) distintas, não deixa de ser curioso que, em uma, se proibiram métodos anticoncepcionais, e, em outra, se admitiu – para usar a expressão do Ministro Marco Aurélio – a "antecipação terapêutica do parto".

A ADPF nº 54/2004 talvez seja beneficiária indireta do caminho aberto pela Suprema Corte dos Estados Unidos, 29 anos antes, em *Roe v. Wade*,[96] caso histórico julgado em 1973, que possibilitou não a "antecipação terapêutica do parto", mas o aborto amplo e quase irrestrito, e que restou definitivamente torpedeado em junho de 2022,[97] depois de constantes ataques perpetrados por conservadores de diferentes matizes.[98]

5.1.3 *O voto de Felix Frankfurter e a consulta a John Jay*

No que diz respeito ao voto do juiz Felix Frankfurter, a questão não é tão simples como ele expôs. Permitir a discussão, em tese, significaria admitir que o Judiciário funcionasse quase que como um órgão de consultoria, algo a que o sistema norte-americano sempre se opôs. Basta lembrar que nos Estados Unidos não há e nunca houve controle abstrato de constitucionalidade das leis, ação declaratória de constitucionalidade ou qualquer instrumento similar, justamente porque a necessidade de demonstrar o dano ou sua iminência sempre esteve presente.

A posição de Frankfurter faz lembrar o *Chief Justice* John Jay, que em 1793 devolveu consulta formulada por Thomas Jefferson, então secretário de Estado, que, a pedido do presidente George Washington, solicitou um "parecer" à Suprema Corte sobre a "assessoria" do tribunal a respeito de tratados e legislação federal, que frequentemente chegavam ao Executivo e este não dava ciência ao tribunal.

---

[96] *Roe v. Wade*, 410 U.S. 113 (1973). Trata-se de um dos casos mais emblemáticos (seguramente o mais contestado) julgados pela Suprema Corte dos Estados Unidos, o qual será objeto de análise mais adiante.

[97] *Dobbs v. Jackson Women's Health Organization*, 597 U.S. ___ (2022).

[98] O Ministro Gilmar Mendes cita o caso *Roe. v. Wade* em três oportunidades no voto por ele proferido na ADPF nº 54/2004. Menciona, ainda, *Griswold v. Connecticut*. Disse ele: "Relembre-se, inclusive, que, em 1965, a Suprema Corte já havia decidido pela inconstitucionalidade de lei estadual que proibia o uso de drogas contraceptivas – *Griswold v. Connecticut, 381 US 479 (1965)* –, absolvendo educadores que instruíram casais sobre como prevenir a gravidez". A afirmação do Ministro Gilmar Mendes está correta, contudo cabe um complemento. *Griswold v. Connecticut* não versou somente sobre "drogas contraceptivas", foi mais que isso: a legislação da época proibia inclusive qualquer orientação de planejamento familiar, o que pode ser implementado após a decisão da Corte.

A consulta foi respondida pela Corte, em carta datada de 8 de agosto de 1793 e assinada por John Jay e demais juízes do tribunal. Na carta, os magistrados assinalaram, em termos, que "as linhas de separação traçadas pela Constituição entre os três departamentos de governo"[99] eram no sentido de franquear ao presidente a consulta unicamente aos órgãos do Poder Executivo, nada além disso.

Evidentemente que cada situação e cada ação têm dinâmica própria e as regras processuais acolhem certa plasticidade, de modo que ambas as posições podem não estar tão distantes de serem confirmadas, inclusive o argumento do juiz William Douglas de evitar a prisão para que o Judiciário haja é de todo razoável, ainda mais considerando o caso concreto de Pauline Poe e o sofrimento em ter perdido três filhos em decorrência de má-formação congênita, atestada por laudo médico de autoria de Professor da Faculdade de Medicina da Universidade de Yale, umas das mais prestigiadas instituições de ensino do país.

A postura da Suprema Corte em *Poe v. Ullman* serviu como aprendizado para o próximo passo da Planned Parenthood de Connecticut, que viria a se concretizar com a corajosa decisão tomada por Estelle Griswold e pelo médico Charles Lee Buxton, que planejaram e executaram uma medida, de resto vitoriosa, de desafiar a legislação anticontraceptivos do Estado de Connecticut. É o que se verá no item seguinte.

6. *GRISWOLD V. CONNECTICUT* (1965)

O naufrágio da ação intentada por Paul e Pauline Poe não esmoreceu Estelle Griswold e o médico Charles Lee Buxton, ao contrário, convictos do absurdo da legislação inibidora do planejamento familiar, continuaram em busca de uma solução, que viria, por ironia, com a participação de ambos nos arranjos que desembocaram no caso que mudaria a orientação da Corte e, mais que isso, inauguraria, do ponto de vista judicial, o conceito de direito à privacidade (*right of privacy*), não explicitamente previsto na Constituição, mas que, a partir de então, passou a frequentar a paisagem da Corte Suprema sediada em Washington, para incômodo dos conservadores, incredulidade e quase desespero dos originalistas, como o juiz Hugo Lafayette Black, ex-senador democrata, amigo íntimo de Franklin Delano Roosevelt (que o indicou) e relator do caso *Korematsu v. United States*.[100]

---

[99] Cf. JAY, John. *The Correspondence and Public Papers of John Jay*. v. 3 (1782-1793). Disponível em: https://oll.libertyfund.org/title/johnston-the-correspondence-and-public-papers-of--john-jay-vol-3-1782-1793. Acesso em: 26.02.2022. Há menção expressa a esse episódio no caso *Muskrat v. United States*, 219 U.S. 346 (1911). p. 354.

[100] *Korematsu v. United States*, 323 U.S. 214 (1944). Trata-se do caso de confinamento de japoneses durante a Segunda Guerra mundial, implementado pela administração do presidente Roosevelt e motivo de muita controvérsia nos Estados Unidos. A alegação residia na possibilidade de japoneses atuarem como espiões nos EUA (especialmente na Costa Oeste, dada a relativa proximidade). O confinamento foi chancelado pela Suprema Corte. Anos mais tarde houve um pedido formal de desculpas pelo governo dos Estados Unidos aos que sofreram e aos seus descendentes, inclusive o pagamento espontâneo de indenizações.

Poe v. Ullman foi decidido em 19 de junho de 1961, menos de cinco meses depois, em 1º de novembro, a Planned Parenthood League of Connecticut abria uma clínica para prover planejamento familiar a mulheres casadas,[101] em desafio direto à lei federal de 1873 e à lei do Estado de Connecticut, de 1879, ambas heranças da *Comstock Law Era*.[102] O ato foi premeditado: testar, agora com elementos mais concretos, a constitucionalidade da lei de Connecticut.

Griswold e Charles Buxton repetiam, 45 anos depois, os passos de Margaret Sanger, que, em 1916, em uma "manhã fresca, mas ensolarada e brilhante depois de dias de chuva", teve a audácia de "abrir as portas da primeira clínica de controle de natalidade da América"[103] e enfrentar uma sociedade ainda mais conservadora, por respirar – em parte – a atmosfera do século XIX e sob o efeito da truculência do esquadrão moralista liderado por Anthony Comstock, que falecera um ano antes.

Em novembro de 1961, no dia 18, Estelle T. Griswold e o médico Charles Lee Buxton eram presos e a clínica fechada, e de novo repetiam a história, porque Margaret Sanger foi igualmente presa por idêntico motivo, em 1916. A prisão de ambos dava início à saga que conduziria a Suprema Corte dos Estados Unidos a proferir decisão histórica, rechaçando o conjunto de leis de fins do século XIX, permitindo o uso de contraceptivos e alargando o conceito de direito à privacidade.

6.1 James G. Morris e o relativo desinteresse das autoridades em processar a violação da lei de uso de contraceptivos

O funcionamento da clínica administrada por Estelle Griswold em New Haven, Connecticut, enfureceu os conservadores, poder-se-ia dizer, deixou enraivecidos "quase todos" os conservadores. Entre eles James G. Morris, "gerente noturno" de uma agência de locação de automóveis, católico, casado, pai de cinco filhos. Morris tomou conhecimento da abertura da clínica pelos jornais e imediatamente buscou as autoridades para protocolar uma reclamação contra o seu funcionamento. Depois de longa peregrinação, conseguiu que o promotor público Julius Maretz, com atribuição para atuar perante a *District Court* de New Haven, aceitasse abrir um procedimento contra Griswold e o médico Lee Buxton.[104]

---

[101] SILVERSTEIN, Elliot. From Comstockery through Population Control: The Inevitability of Balancing. *North Carolina Central Law Review*, Durham, v. 6, n. 1, 1974. p. 21.

[102] Ver nota de rodapé nº 10, *supra* (*Comstock Law Era*).

[103] A primeira da América e "a primeira em qualquer lugar do mundo, exceto os Países Baixos". E ela completa: "Eu ainda acredito que este foi um evento de significado social" (tradução nossa). No original: *The morning of October 16, 1916 – crisp but sunny and bright after days of rain – Ethel, Fania, and I opened the doors of the first birth control clinic in America, the first anywhere in the world except the Netherlands. I still believe this was an event of social significance*. Cf. SANGER, Margaret. *The Autobiography of Margaret Sanger*. Mineola: Dover, 2019. p. 240.

[104] JOHNSON, John W. *Griswold v. Connecticut*: Birth Control and the Constitutional Right of Privacy. Lawrence: University Press of Kansas, 2005. p. 80. A "longa peregrinação" é relatada

Morris tinha firme convicção de que métodos contraceptivos se constituíam em pecado, além de contrariar a lei do Estado de Connecticut, de 1879. Na reclamação afirmou que a clínica, localizada no "número 79 da Rua Trumbull", distribuía literatura de cunho "imoral", "desrespeitava a lei", e, em dado instante, a comparou a uma casa de "prostituição".[105]

A imprensa repercutiu a reclamação do Sr. Morris, como o *New York Herald Tribune*. O jornal destacou uma das passagens do texto, em que ele afirma que "a cada momento que a clínica continua aberta uma criança deixa de nascer", enfatizando em seguida: "sempre que uma clínica de controle de natalidade fosse aberta", ele iria lutar para fechá-la, "enquanto estivesse em vigor a lei proibitiva de funcionamento".[106]

Ao tomar conhecimento da prisão de Estelle Griswold e Charles L. Buxton, do pagamento de fiança e imediata liberação, Morris reclamou aos repórteres, especialmente porque somente os dois haviam sido detidos, afinal de contas, completou, "a clínica era como se fosse uma casa de prostituição, contrária ao direito natural, segundo o qual as relações no casamento são para procriação, não para o entretenimento".[107]

6.1.1   Entrevista à rede de TV CBS

A essa altura, Morris já havia conquistado razoável notoriedade, tanto que se sentiu autorizado a, no julgamento de Griswold e Buxton, na primeira instância em Connecticut, interromper o juiz, em voz alta, com discurso adredemente preparado contrário aos métodos contraceptivos. Evidente que não foi muito longe. Advertido, continuou e restou conduzido para fora da sala de audiência.[108]

O livro de autoria de John W. Johnson é rico em detalhes sobre o caso Griswold e fornece informações razoáveis sobre James Morris. Contudo, há uma entrevista do Sr. Morris, em vídeo, concedida para a CBS News, então uma das mais importantes redes de TV dos Estados Unidos, em que ele relata detalhes de como insistiu com a denúncia; a entrevista depois foi transformada em um documentário.[109]

Essa entrevista, extremamente rica, não está contemplada no livro de John Johnson, sequer parte dela, mas ela é importante para contextualizar a época e o pensamento do

---

pelo próprio Morris em entrevista concedida à rede de TV CBS, conforme se verá adiante. John Johnson não fez menção a ela em seu livro.

[105] JOHNSON, John W. *Griswold v. Connecticut*: Birth Control and the Constitutional Right of Privacy. Lawrence: University Press of Kansas, 2005. p. 80-81.

[106] JOHNSON, John W. *Griswold v. Connecticut*: Birth Control and the Constitutional Right of Privacy. Lawrence: University Press of Kansas, 2005. p. 81.

[107] JOHNSON, John W. *Griswold v. Connecticut*: Birth Control and the Constitutional Right of Privacy. Lawrence: University Press of Kansas, 2005. p. 83-84.

[108] JOHNSON, John W. *Griswold v. Connecticut*: Birth Control and the Constitutional Right of Privacy. Lawrence: University Press of Kansas, 2005. p. 87-88.

[109] CBS REPORTS DOCUMENTARY. Excerpt from Birth Control and the Law. *C-Span*, 1962. Disponível em: https://www.c-span.org/video/?443313-1/excerpt-birth-control-law&playEvent. Acesso em: 10.04.2022.

estadunidense médio, pelo menos em estados conservadores como o de Connecticut. Primeiro, porque demonstra a absoluta posição contrária de James Morris a qualquer método contraceptivo; segundo, sua determinação em fechar a clínica; terceiro, porque a entrevista mostra a figura de um homem simples, motivado pela fé e por suas convicções filosóficas, certamente sem qualquer interesse secundário; quarto, o aparente desinteresse das autoridades do Estado de Connecticut em acolher e dar seguimento à reclamação.

O vídeo não chega a ser uma entrevista tradicional, com perguntas e respostas. Há somente uma declaração de pouco mais de um minuto,[110] em que aparece apenas o Sr. Morris, e, embora não haja perguntas, tudo é muito esclarecedor. Ele começa dizendo que é "cem por cento contrário ao controle de natalidade, porque é imoral, a mesma coisa que prostituição ou aborto". Lembrou que, "quando o Rock and Roll chegou a New Haven, o prefeito tratou de expulsá-lo da cidade", e, na região, outros prefeitos adotaram idêntica iniciativa, porque sabiam que aquele estilo musical estava "prejudicando as crianças",[111] mas as autoridades não tiveram semelhante disposição no que diz respeito ao controle de natalidade, tanto que ele, Morris, percorreu uma longa *via crucis* para conseguir protocolar sua reclamação.

Narrou em detalhes as etapas dessa caminhada, inclusive demonstrando certa revolta com as autoridades: Procurou o prefeito e reclamou da abertura da clínica, solicitando que ela fosse fechada. O prefeito respondeu que não era o responsável por isso, que ele deveria procurar o "Departamento de Polícia", o que foi feito; entretanto, a Polícia sugeriu-lhe que fizesse contato com a Promotoria Pública. Procurada esta, o promotor de Justiça (*District Attorney*) disse que "não iria protocolar a reclamação", sugerindo que ele buscasse auxílio na Polícia. Restou-lhe uma saída: fez contato "com a imprensa e com a Rádio" e, após a repercussão, ele "finalmente foi autorizado a protocolar a reclamação perante o Chefe de Polícia".[112]

Ao se aproximar do final, Morris faz um desabafo, dizendo ser um "cidadão comum, com cinco filhos, que nunca se elegeu para qualquer cargo público", tendo que "procurar o Chefe de Polícia e implorar para protocolar uma reclamação".[113]

O testemunho do Sr. Morris é relevante para contextualizar como pensava e agia parte da sociedade estadunidense daquela época. O homem médio, casado, pai

---

[110] Para ser mais preciso, a declaração tem o total de um minuto e oito segundos, de 01:11 a 02:19. Cf. CBS REPORTS DOCUMENTARY. Excerpt from *Birth Control and the Law*. C-Span, 1962. Disponível em: https://www.c-span.org/video/?443313-1/excerpt-birth-control-law&playEvent. Acesso em: 10.04.2022.

[111] CBS REPORTS DOCUMENTARY. Excerpt from *Birth Control and the Law*. C-Span, 1962. Disponível em: https://www.c-span.org/video/?443313-1/excerpt-birth-control-law&playEvent. Acesso em: 10.04.2022.

[112] CBS REPORTS DOCUMENTARY. Excerpt from *Birth Control and the Law*. C-Span, 1962. Disponível em: https://www.c-span.org/video/?443313-1/excerpt-birth-control-law&playEvent. Acesso em: 10.04.2022.

[113] CBS REPORTS DOCUMENTARY. Excerpt from *Birth Control and the Law*. C-Span, 1962. Disponível em: https://www.c-span.org/video/?443313-1/excerpt-birth-control-law&playEvent. Acesso em: 10.04.2022.

de cinco filhos, que se lança em uma campanha solitária de procurar o prefeito, o Ministério Público (*District Attorney*), o Departamento de Polícia e a imprensa em busca de impedir a continuidade do funcionamento de uma instituição que promove o uso de contraceptivos, firme na ideia de que aquilo, além de ser contrário à lei dos homens, é imoral e profundamente antirreligioso. Revela, pelo menos no microcosmo da clínica dirigida por Estelle Griswold, o desinteresse dos representantes do Estado (Prefeito, Chefe de Polícia, representante do Ministério Público) em aplicar a lei de 1879, o que aponta para a possibilidade de os métodos contraceptivos serem à época tolerados, desde que não fosse dada ampla publicidade de sua utilização e muito menos permitido o funcionamento de uma clínica especificamente para esse fim.

Outra questão curiosa é de que a intolerância de James Morris aos métodos contraceptivos, bem como sua aderência à lei de 1879 e sua religiosidade, atendeu ao que Estelle Griswold e o Dr. Buxton esperavam, ou seja, alguém que, sentindo-se violado, provocasse o Estado a agir e, com isso, criasse as condições objetivas para o processo seguir sua marcha, se possível, até a Suprema Corte, o que efetivamente ocorreu. Sobre Morris, um funcionário da clínica teria dito, "alegremente", que "ele caiu exatamente no nosso colo".[114]

É evidente que James J. Morris não teve idêntico protagonismo ao de Estelle Griswold ou de Charles Lee Buxton. Entretanto, ele, por suas ações e seu depoimento, foi partícipe do caso, colaborando com as gerações futuras a entender o psiquê do homem médio, casado, católico, residente em Connecticut.

6.2   A Corte Warren

Antes de analisar o caso e os votos propriamente ditos, é indispensável traçar um registro, ainda que breve, sobre a composição da Corte que proferiu a decisão em *Griswold v. Connecticut*.[115]

Os países costumam ter símbolos, que podem ser pessoas, construções, conquistas científicas ou feitos tecnológicos. Elizabeth I, Winston Churchill, o Big Ben e o Palácio de Buckingham são símbolos ingleses. O Taj Mahal, o rio Ganges e o líder Mahatma Gandhi são exemplos da rica história indiana. Recentemente, Volodymyr Zelensky tornou-se modelo de estadista contemporâneo.[116] No que diz respeito a

---

[114]   JOHNSON, John W. *Griswold v. Connecticut*: Birth Control and the Constitutional Right of Privacy. Lawrence: University Press of Kansas, 2005. p. 81.

[115]   *Griswold v. Connecticut*, 381 U.S. 479 (1965).

[116]   Volodymyr Zelensky, presidente da Ucrânia, subitamente e por méritos próprios tornou-se líder e símbolo da resistência do seu país após a invasão russa em 24 de fevereiro de 2022. Bret Stephens, proeminente jornalista do *The New York Times*, judeu, é autor de um artigo que sintetiza bem o que parte expressiva do mundo pensa sobre o presidente da Ucrânia: "Admiramos Zelensky porque ele desperta os melhores anjos de nossa natureza. Sua liderança fez de Joe Biden um presidente melhor, a Alemanha um país melhor, a OTAN uma aliança melhor. Ele tirou grande parte dos Estados Unidos do estupor isolacionista em que estava

Capítulo I · O LONGO CAMINHO DO DIREITO À PRIVACIDADE NOS ESTADOS UNIDOS DA AMÉRICA | 41

símbolos nacionais com projeção internacional, provavelmente nenhum país supera os Estados Unidos da América, seja pelo tamanho de sua população aliado à força da sua cultura (pop), seja por ter liderado e continuar liderando alguns aspectos do que se convencionou chamar de mundo moderno. O poder do dólar, a indústria do cinema, o *Empire State Building*,[117] a chegada do homem à Lua e o desenvolvimento da internet, do celular e do controle difuso de constitucionalidade das leis são exemplos da efetiva contribuição norte-americana ao bem-estar da humanidade.[118]

Uma das mais importantes contribuições dos Estados Unidos da América, contudo, não é propriamente tecnológica, ela se situa no campo legal, do Direito, e data de mais de dois séculos. Em verdade, são duas contribuições: a Declaração de Independência, de 4 de julho de 1776, e a Constituição, de 1787, ratificada em 1788. Dois documentos que influenciaram o mundo, fonte perene de inspiração para a democracia, a separação de poderes e a atuação do Estado, gerido por representantes eleitos, avaliados, em média, a cada quatro anos.

A contribuição dos *Founding Fathers* é gigantesca e perene.

A Corte Warren, assim denominada porque "presidida"[119] pelo *Chief Justice* Earl Warren, é um dos símbolos da evolução constitucional iniciada nos albores do século XIX, com a decisão proferida por John Marshall em *Marbury v. Madison* (1803), que inaugura o controle de constitucionalidade difuso. Cento e cinquenta e um anos depois, essa Corte varreria a doutrina e precedente (*legal doctrine*) do *Separate but Equal* ao afirmar, em *Brown v. Board of Education* (1954), a inconstitucionalidade da segregação nas escolas, que, durante quase um século, tornou legalmente possível a discriminação

---

caindo gradualmente. Ele forçou as classes políticas e mercantis da Europa a parar de olhar para longe se esquecendo da descida da Rússia ao fascismo. Ele lembra às sociedades livres que ainda pode haver um centro vital na política, pelo menos quando se trata de coisas que importam". Cf. STEPHENS, Bret. Why We Admire Zelensky. *The New York Times*, 19.04.2022. Section A. p. 22. Disponível em: https://www.nytimes.com/2022/04/19/opinion/why-we--admire-zelensky.html. Acesso em: 19.04.2022.

[117] Prédio localizado em Nova Iorque cuja construção teve início em março de 1930 e conclusão em abril do ano seguinte (TAURANAC, John. *The Empire State Building*: the Making of a Landmark. Ithaca: Cornell University Press. 2014. p. 19). É um marco da Engenharia, especialmente se considerado a época em que foi construído. De 1931 a 1972 ostentou o título de prédio mais alto do mundo.

[118] A construção de um edifício de 102 andares iniciada em 1930 e concluída em 1931 é relevante contribuição ao desenvolvimento da Engenharia e das construções verticais.

[119] A expressão "presidente" da Suprema Corte nunca é utilizada nos Estados Unidos, em nenhuma hipótese. O *Chief Justice* atua e exerce atividades de um "presidente" de tribunal. No entanto, essa palavra não é usada, não integra o vocabulário jurídico/político nos Estados Unidos. Como o *Chief Justice* da Suprema Corte não tem mandato, permanece no cargo enquanto estiver na ativa, é comum denominar com o seu sobrenome o período em que lá esteve. Desse modo, o leitor encontrará nos livros e artigos referências à Corte Marshall (John Marshall, de 1801 a 1835), Corte Warren (Earl Warren, de 1953 a 1969) ou Corte Rehnquist (William Rehnquist, de 1986 a 2005) e assim por diante.

racial nos Estados Unidos, chaga que ainda persiste[120] em alguns bolsões, mas não mais como política de – ou tolerada pelo – Estado.

Essa Corte, que em 1954 quebrou os últimos grilhões do tempo da escravidão, seria decisiva ao escrever outra importante página da história constitucional e da liberdade da mulher nos Estados Unidos. Ela julgaria inconstitucional, por violação ao direito à privacidade, a lei do Estado de Connecticut, de 1879, que criminalizava a adoção de qualquer método contraceptivo, ainda que fosse orientação para evitar a gravidez, como a de não ter relações sexuais no período fértil, ou o uso do diafragma.

A Segunda Guerra Mundial durou seis anos, da invasão alemã à Polônia, em 1939, à rendição do Japão, em 1945.[121] A Guerra Civil americana durou quatro anos, de abril de 1861 a maio de 1865.[122] A Corte Warren, que promoveu alterações sociais tão profundas como uma guerra de média ou longa duração, durou dezesseis anos, de 1953, posse de Warren, a 1969, ano de sua aposentadoria.[123]

Earl Warren foi procurador-geral e, em seguida, governador da Califórnia, conservador que trafegava bem em diferentes espectros políticos, tanto que, na campanha

---

[120] Como comportamento individual ou de grupos, a exemplo dos protestos ocorridos em Charlottesville, na Virgínia, em 11 de agosto de 2017, organizados por supremacistas brancos, que resultaram na morte de uma participante, Heather D. Heyer, de 32 anos. Cf. CARON, Christina. Heather Heyer, Charlottesville Victim, Is Recalled as "a Strong Woman". *The New York Times*, 13.08.2017. Disponível em: https://www.nytimes.com/2017/08/13/us/heather-heyer--charlottesville-victim.html. Acesso em: 06.03.2022. Logo depois do protesto o Presidente Donald Trump afirmou que "havia gente muito boa dos dois lados" ("there were very fine people on both side"), o suficiente para muitos observadores atribuírem a Trump (junto com outras manifestações dele desde antes de ser presidente) complacência com grupos supremacistas, o que foi sempre negado por ele, embora presentes fortes evidências contrárias. Cf. DICKERSON, John. *The Hardest Job in the World*: the American Presidency. New York: Random House, 2020. p. 62.

[121] A guerra tem início em 1º de setembro de 1939, com a invasão alemã à Polônia. Um dia após completar seis anos a Segunda Guerra Mundial tem fim com a rendição do Japão, assinada no porto de Tóquio, pelo ministro das Relações Exteriores – Shigemitsu Mamoru – a bordo do couraçado *Missouri*, da Marinha dos Estados Unidos (OVERY, Richard. *Blood and Ruins*: the Last Imperial War, 1931-1945. New York: Viking, 2022. p. 63 e 372). A rendição alemã ocorreu meses antes, em 8 de maio, assinada pelo marechal Keitel (OVERY, Richard. *Blood and Ruins*: the Last Imperial War, 1931-1945. New York: Viking, 2022. p. 365). Overy é categórico ao afirmar que as "rendições incondicionais" puseram fim a "todas as guerras" travadas na Europa e no Leste da Ásia (OVERY, Richard. *Blood and Ruins*: the Last Imperial War, 1931-1945. New York: Viking, 2022. p. 373).

[122] Em 29 de maio de 1865 o presidente Andrew Johnson (sucessor de Abraham Lincoln) assinou anistia beneficiando, com algumas exceções, os que se juntaram aos estados do Sul (Confederados) para se separarem da União. Outros documentos similares foram emitidos nos anos seguintes. Cf. WAGNER, Margaret E.; GALLAGHER, Gary W.; FINKELMAN, Paul. *Civil War*: the Library of Congress Desk Reference. New York: Simon & Schuster Paperbacks, 2002. p. 51.

[123] Em 23 de junho de 1969 Warren proferiu sua última decisão na Suprema Corte, cf. NEWTON, Jim. *Justice For All*: Earl Warren and the Nation He Made. New York: Riverhead Books, 2006. p. 506.

de reeleição para governador, ele foi indicado pelos dois principais partidos da política norte-americana, o Democrata e o Republicano. Logo depois desistiu da pré-candidatura a presidente para apoiar Dwight Eisenhower, que, em contrapartida, lhe prometera uma vaga na Suprema Corte.[124] Com o falecimento do *Chief Justice* Fred M. Vinson, a "candidatura" Warren se apresentou como natural, apesar de setores da administração Eisenhower terem dito que o compromisso não era exatamente para o cargo máximo da Corte; ainda assim, o presidente cumpriu com a palavra e o indicou.[125]

Em dezesseis anos, a Corte Warren mudou de composição algumas vezes, em razão de aposentadoria, renúncia ou falecimento de algum integrante. Basta mencionar aqui a formação do tribunal no ano em que *Griswold v. Connecticut* foi decidido, 1965. Compunham a Corte naquele ano: William Orville Douglas, Hugo Black, Tom Clark, John M. Harlan II, William J. Brennan, Potter Stewart, Byron White e Arthur Joseph Goldberg.

Dois indicados pelo presidente Roosevelt (Black, 1937, e Douglas, 1939), um pelo presidente Truman (Clark, 1949), três pelo presidente Dwight Eisenhower (Harlan, 1955, Brennan, 1956, e Stewart, 1958) e, por fim, dois indicados pelo presidente John Kennedy (White e Goldberg, 1962).[126] William Douglas merece ao menos um parágrafo com um breve perfil, assim como mereceu, *supra*, o *Chief Justice*.

O juiz designado para elaborar o voto foi William O. Douglas, um dos magistrados mais progressistas da História da Suprema Corte. Douglas nasceu pobre, no interior do Minnesota, passou a infância no Estado de Washington, ascendeu na vida, casou-se quatro vezes, a última esposa era 44 anos mais jovem que ele. Tem um importante legado como professor de Direito na Columbia Law School, em seguida na Universidade de Yale e mais tarde sua indicação para a Suprema Corte, depois de impressionar – com talento e desenvoltura – Joseph Kennedy[127] e, posteriormente, o presidente Franklin Roosevelt.[128]

Pouco mais, pouco menos, os três juízes (John Marshall Harlan II, Earl Warren e William O. Douglas) cujos perfis foram sumarizados anteriormente desempenharam importante papel no desenlace dessa ação. O *Chief Justice* Warren, pela liderança natural

---

[124] HORWITZ, Morton J. *The Warren Court and the Pursuit of Justice*. New York: Hill and Wang, 1999. p. 7.

[125] HORWITZ, Morton J. *The Warren Court and the Pursuit of Justice*. New York: Hill and Wang, 1999. p. 7.

[126] Cf. SCHWARTZ, Bernard. *A History of the Supreme Court*. New York: Oxford University Press, 1993. p. 384-385.

[127] Embaixador, primeiro *chairman* (presidente) da SEC (*Securities and Exchange Commission*), pai do presidente John Kennedy, do *attorney general* Robert Kennedy e do senador Ted Kennedy. Joe Kennedy foi quem apresentou William Douglas a Roosevelt. Mais tarde Douglas se tornou presidente da SEC, antes de ser indicado para a Suprema Corte. Cf. FELDMAN, Noah. *Scorpions*: The Battles and Triumphs of FDR's Great Supreme Court Justices. New York: Twelve. 2010. p. 166.

[128] FELDMAN, Noah. *Scorpions*: The Battles and Triumphs of FDR's Great Supreme Court Justices. New York: Twelve. 2010. p. 62-67.

e por ter designado Douglas como "relator"; Douglas, pela razão óbvia de ter elaborado um voto corajoso, que, para além de desafiar leis, rompeu com tradição conservadora, apoiada por religiões, especialmente a católica, em um Estado em que a Igreja sediada no Vaticano tinha forte presença; John Harlan, pelo voto equilibrado, concordando com a maioria, além de acrescentar outros fundamentos.

6.3   O voto de William O. Douglas

6.3.1   *"A teoria mais clara" e um aspecto do processo decisório*

Convém ressaltar um aspecto importante do processo decisório na Suprema Corte dos Estados Unidos que, no caso em comento, desembocou na escolha de William Douglas como "relator", ou talvez fosse melhor dizer, como "designado" para elaborar o voto, considerando que não há um termo específico no direito estadunidense para definir o juiz responsável por redigir o voto.

Douglas foi escolhido porque "expressou a teoria mais clara"[129] sobre a inconstitucionalidade da lei de Connecticut. Esboçou a "teoria mais clara" tem um significado intrínseco que talvez escape à compreensão do observador não familiarizado com o direito norte-americano, ou que se dedica exclusivamente ao estudo do funcionamento de supremas cortes ao redor do mundo (como a do Brasil) que adotam o sistema de "sorteio" do relator para a elaboração de voto referente a determinado processo.[130]

Desde sempre, na Casa de John Marshall, a metodologia de escolha do "relator" é fruto de decisão do *Chief Justice* ou de construção conjunta. O "presidente" da Corte literalmente escolhe o juiz que elaborará o voto dentre os integrantes do tribunal, dando preferência para aquele que melhor se apresenta para alinhavar o voto, que, em última análise, expressará a vontade da maioria. Foi assim com Ruth Bader Ginsburg, aquinhoada com a relatoria do caso envolvendo a instituição de ensino localizada na Virgínia (Virginia Military Institute), que acolhia somente homens como alunos,[131] primeira ação relatada por Ginsburg, justamente sobre um tema em que ela era especialista, discriminação contra o sexo feminino.

Griswold seguiu o *script*. O *Chief Justice* escolheu um juiz conhecido por sua postura liberal e sensível aos direitos fundamentais. Mais que isso, no dizer de Bernard

---

[129]   Tradução nossa. No original: *Chief Justice Warren assigned the opinion to Justice Douglas, who had expressed the clearest theory upon which the Connecticut law might be invalidated. Douglas quickly prepared a draft opinion.* Cf. SCHWARTZ, Bernard. *A History of the Supreme Court.* New York: Oxford University Press, 1993. p. 338.

[130]   BRASIL. *Regimento Interno do Supremo Tribunal Federal*, art. 66: "A distribuição será feita por sorteio ou prevenção, mediante sistema informatizado, acionado automaticamente, em cada classe de processo" (disponível em: https://www.stf.jus.br/arquivo/cms/legislacaoRegimentoInterno/anexo/RISTF.pdf. Acesso em: 20.04.2022).

[131]   *United States v. Virginia*, 518 U.S. 515 (1996), que será objeto de análise em capítulo específico deste trabalho.

Schwartz, Douglas "expressou a teoria mais clara", vale dizer, muito provavelmente demonstrou – na reunião prévia em que os membros da Corte discutem se recebem o *writ of certiorari*, que somente será recebido com quatro votos (*rule of four*) favoráveis dentre nove possíveis – conhecimento do tema, habilidade e interesse em "relatar"; em outras palavras, erigiu argumentos sólidos em determinada direção.

Esse aspecto do processo decisório da Suprema Corte apresenta, salvo melhor juízo, nítida vantagem sobre o adotado por cortes mundo afora que realizam "sorteio" de juiz para relatar determinado caso e proíbem ou desestimulam a construção compartilhada, conjunta, do voto. Como no Brasil, que, embora não proíba a troca de impressões entre os seus membros, prevê expressamente o sorteio do relator, e, tradicionalmente,[132] o voto é apresentado no *bench*, com todos ou quase todos os juízes presentes e sem que os demais saibam qual a decisão (voto) a ser proferida pelo relator e pelos demais juízes.

A Corte Suprema dos Estados Unidos, nesse aspecto, navega, há mais de dois séculos, por águas mais tranquilas. Troca impressões e desenha cartas náuticas em conjunto. Enfatiza o consenso e a busca da construção de decisões unânimes, embora nem sempre consiga.

6.3.2   *Detenção e multa*

O voto de William Douglas acolhe um relatório sucinto, direto, objetivo, enxuto, sem divagações e, em uma palavra, impecável, a confirmar o "brilhantismo", reconhecido por muitos, que o levou a Washington (DC) como integrante do seleto grupo de advogados escolhidos por Joseph Kennedy para ajudá-lo "na organização da *Security Exchange Commission*," nos idos de 1930.[133]

Identificou os apelantes, esclarecendo que "Griswold era Diretora-Executiva da Planned Parenthood League de Connecticut" e "Buxton um médico licenciado e professor da Escola de Medicina de Yale, que atuou como Diretor Médico da Liga", em New Haven, instituição que permaneceu aberta "de 1º de novembro a 10 de novembro de 1961, quando os apelantes foram presos".[134] Disse que os réus "deram informações, instruções e conselhos médicos a pessoas casadas sobre os meios de evitar a concepção"; que uma esposa foi examinada e prescreveram a ela "o melhor dispositivo ou material anticoncepcional para seu uso"; e que "taxas eram geralmente cobradas, embora alguns casais fossem atendidos gratuitamente".[135]

---

[132]   Parece que a pandemia de covid-19 e o estado de beligerância do Poder Executivo (período 2019-2022) contra o Judiciário, especialmente contra o Supremo Tribunal Federal, estimularam, pouco mais, pouco menos, a troca de impressões entre os ministros na construção do voto.

[133]   NASAW, David. *The Patriarch*: the Remarkable Life and Turbulent Times of Joseph P. Kennedy. New York: Penguin, 2012. p. 216.

[134]   *Griswold v. Connecticut*, 381 U.S. 479 (1965). p. 480.

[135]   *Griswold v. Connecticut*, 381 U.S. 479 (1965). p. 480.

Em seguida esclareceu a norma cuja constitucionalidade se discutia no recurso, afirmando tratar-se dos "§§ 53-32 e 54-196 dos Estatutos Gerais de Connecticut", com o primeiro dispositivo acolhendo a seguinte redação:

> Qualquer pessoa que use qualquer droga, artigo medicinal ou instrumento com o propósito de impedir a concepção será multada em não menos de cinquenta dólares ou presa não menos de sessenta dias nem mais de um ano ou ser multada e presa.

Emendou citando a "Seção 54-196", cujo texto, igualmente dedicado à proibição do uso de contraceptivos, alcançava "qualquer pessoa que assista, incite, advogue, cause, contrate ou ordene outra a cometer qualquer delito pode ser processada e punida como se fosse o principal infrator". Ainda no relatório, registrou que os "apelantes foram considerados culpados" e "multados em US$100 cada".[136]

A prisão, muito mais do que a multa, foi desejada e "planejada" por Estelle Griswold e Lee Buxton, tão logo o resultado do caso *Poe v. Ullman* foi publicado. Em "Poe", o juiz Brennan – que votou com a maioria e contrariamente ao desejo do casal em ter assistência para a esposa não engravidar – deixou claro que a controvérsia verdadeira, única capaz de fazer a máquina judicial do Estado funcionar, dizia respeito à "abertura de clínicas de controle de natalidade em larga escala",[137] que o Estado impedira no passado; no mais, o "uso isolado de anticoncepcionais por casais individuais" não se caracteriza como controvérsia a provocar a atuação judicial.[138] Vale dizer, o desafio solitário de um casal como Paul e Pauline não tinha o condão de deflagrar a jurisdição.

Adiante completou afirmando que, até que "o Estado faça uma ameaça definida e concreta de fazer cumprir essas leis contra casais individuais – uma ameaça que nunca fez no passado, exceto sob provocação de litígio –", o tribunal (em verdade ele se referia a todo o Judiciário, e não somente à Suprema Corte) "não pode ser obrigado a exercer seu mais delicado poder de adjudicação constitucional".[139]

6.3.3 A bolsa, a espada e o perigo menor

Antes de ingressar no âmago do voto proferido pelo juiz William Douglas – antes do mérito –, é importante destacar um aspecto muito caro à discussão sobre jurisdição

---

[136] *Griswold v. Connecticut*, 381 U.S. 479 (1965). p. 480.

[137] *Poe v. Ullman*, 367 U.S. 497 (1961). p. 509.

[138] John W. Johnson, em *Griswold v. Connecticut: Birth Control and the Constitutional Right of Privacy*, opina (com base no voto de Brennan) que somente com a ocorrência de prisões a Corte aceitaria julgar casos relativos ao uso de método contraceptivos (JOHNSON, John W. *Griswold v. Connecticut*: Birth Control and the Constitutional Right of Privacy. Lawrence: University Press of Kansas, 2005. p. 77). Essa conclusão não está clara no voto de Brennan, que é curto e, salvo melhor juízo, não envereda por esse caminho.

[139] JOHNSON, John W. *Griswold v. Connecticut*: Birth Control and the Constitutional Right of Privacy. Lawrence: University Press of Kansas, 2005. p. 77.

constitucional nos Estados Unidos: independência dos poderes, legitimidade das decisões e temor de um Judiciário "legislador".

A discussão não é nova, em verdade ela é contemporânea ao nascimento do país, circundou os salões do *Independence Hall*, na Filadélfia, onde os constituintes se reuniram de maio a setembro de 1787, com o intuito de alterar os "Artigos da Confederação", até o momento em que decidiram redigir a Constituição de um Estado Federal e, desse modo, legaram ao mundo uma Lei Fundamental escrita, enxuta, edificada sobre princípios, entre eles o da separação de poderes, e encapsulada em um só "código", que viria a conquistar a admiração de muitos e servir como inspiração para diversas outras constituições em muitos países. Mais que isso, viria a se tornar a Constituição codificada mais antiga e estável de que se tem notícia.

A construção desse edifício constitucional é de responsabilidade de muitos homens públicos que abraçaram a causa da independência e, mais tarde, a da redação da Constituição. Dentre tantos, convém destacar três nomes, que escreveram artigos na imprensa dos treze estados, então soberanos, que em seguida se tornariam estados-membros de Federação: Alexander Hamilton, James Madison e John Jay. Os artigos[140] enfrentavam temas tratados na Constituição federal e buscavam informar e convencer a população dos estados a ratificar o texto constitucional, requisito de validade previsto no art. 5º da Lei Fundamental. Os textos produzidos pelos três *Founding Fathers* têm qualidade invulgar, além de serem didáticos. Posteriormente foram reunidos em um livro que se tornou um clássico da teoria do Estado e da literatura universal: *O Federalista (The Federalist).*[141]

Em *Griswold v. Connecticut*, William Douglas inicia a apreciação do mérito referindo-se à independência dos poderes e à invasão de competência, temas tratados com maestria por Alexander Hamilton em *O Federalista* 78. Nesse capítulo, Hamilton é enfático ao defender a separação entre as funções do Estado e afastar o temor dos "constituintes", principalmente daqueles[142] incumbidos de darem a última palavra sobre a Constituição, vale dizer, ratificá-la ou não, de que o Poder Judiciário pudesse se tornar um superpoder. O Capítulo 78 é um libelo em defesa da magistratura e do Poder Judiciário; Hamilton afirma que "não há liberdade, se o poder de julgar não estiver separado dos

---

[140] O primeiro deles apareceu na imprensa de Nova Iorque, em 27 de outubro de 1787, com o título *To the People of the State of New York*. Cf. HAMILTON, Alexander; MADISON, James; JAY, John. *The Federalist Papers*. New York: New American Library (Signet Classics), 2003. p. 297.

[141] *O Federalista* é composto de 85 capítulos, cada um enfrentando um tema tratado na Constituição. Como escreveram sob pseudônimo (*Pluribus*), foi preciso um trabalho de pesquisa (realizada anos depois) para atribuir a autoria a cada um deles. É consenso (com diminuta divergência) que Hamilton escreveu 51 artigos; Madison, 29; e Jay, 5, segundo relato do próprio Madison, logo após se "aposentar" da vida pública. Cf. CHENEY, Lynne. *James Madison, a Life Reconsidered*. New York: Penguin Books, 2015. p. 165.

[142] A população civil de cada um dos Treze Estados que até então formavam uma Confederação, unidos por um misto de tratado internacional e constituição denominado "Artigos da Confederação". Nessa época qualificavam-se como "eleitores" somente homens brancos; mulheres e negros ainda não haviam conquistado o direito ao voto, entre outros direitos.

poderes Legislativo e Executivo", e também profere a famosa frase de que o Judiciário seria "o poder menos perigoso" (*the least dangerous branch*) porque não possuía a bolsa (vale dizer, recursos financeiros) e a espada (o poder de polícia).[143]

Passados mais de dois séculos de publicado *O Federalista*, o Judiciário conquistou espaços que poucos poderiam imaginar que seriam algum dia alcançáveis. A ausência da "bolsa" e da "espada" ainda é uma realidade, mas, na democracia, esses instrumentos não fazem falta ao exercício das atribuições constitucionais do *the least dangerous branch*. A separação de poderes e a teoria constitucional foram capazes de costurar um sofisticado mecanismo de prevalência e respeito pelas decisões judiciais, como se vê em vários países democráticos, a exemplo do Brasil[144] e dos Estados Unidos.[145]

É bem verdade que têm sido registrados – já há alguns anos – ruídos e ações de governos ultradireitistas no sentido de se rebelar contra decisões proferidas pelo Judiciário que se contrapõem a políticas públicas desses governos, como são exemplos recentes a Hungria, a Polônia[146] e o Brasil.[147]

6.3.4   A Corte não é uma superlegislatura

No que diz respeito especificamente a *Griswold v. Connecticut*, em dado momento o juiz Douglas assevera que, "chegando ao mérito", se deparou com uma "ampla gama de questões que envolvem a Cláusula do Devido Processo da Décima Quarta Emenda",[148] e que, embora alguns sugerissem que "*Lochner v. New York*, 198 U.S. 45" deveria "ser o

---

[143] HAMILTON, Alexander; MADISON, James; JAY, John. *The Federalist Papers*. New York: New American Library (Signet Classics), 2003. p. 464-465.

[144] Após a Constituição de 1988.

[145] Decisões polêmicas e que versam sobre assuntos de grande interesse da sociedade sempre, pouco mais, pouco menos, suscitaram manifestações contrárias, seja da sociedade, seja dos outros dois poderes, conforme se verificou nos Estados Unidos na época do presidente Franklin Delano Roosevelt (1933-1945) e quando a Corte Warren pôs fim à segregação racial nas escolas (*Brown v. Board of Education*, 1954).

[146] LEVITSKY, Steven; ZIBLATT, Daniel. *How Democracies Die*. New York: Crown Publishing Group, 2018. Sobre a tentativa de mudar as regras do jogo e "empacotar" tribunais supremos mundo afora, Levitsky e Ziblatt enumeram os casos da Hungria, p. 80, da Polônia, p. 189, e algumas situações de ameaças nos Estados Unidos de Franklin Delano Roosevelt (em várias passagens) e por senadores do Partido Republicano, na hipótese de a candidata Hillary Clinton ser eleita, p. 166.

[147] Em artigo publicado na *Foreign Affairs* (edição de 01.11.2021), Oliver Stuenkel lista uma série de comportamentos e manifestações do presidente Bolsonaro atentatórias à democracia e ao funcionamento dos demais poderes. Entre outros registros, lembra que ele "se juntou a manifestantes pedindo intervenção militar na política brasileira e o fechamento do Congresso e do Supremo Tribunal Federal" (STUENKEL, Oliver. Democracy is Dying in Brazil. To Stop Bolsonaro, the Opposition Must Unite. *Foreign Relations*, 01.11.2021. Disponível em: https://www.foreignaffairs.com/articles/brazil/2021-11-01/democracy-dying-brazil. Acesso em: 03.11.2021).

[148] *Griswold v. Connecticut*, 381 U.S. 479 (1965). p. 481.

guia", a Corte recusava a oferta do mesmo modo que recusou sugestão atinente a "*West Coast Hotel Co. v. Parrish*, 300 U.S. 379", porquanto o tribunal não enxergava a si próprio como uma "super legislatura para determinar a sabedoria, necessidade e propriedade de leis que tocam problemas econômicos, negócios ou condições sociais".[149] Por fim, concluiu o parágrafo fazendo ressalva ao texto da lei[150] objeto do recurso, afirmando que ela, "no entanto, opera diretamente em uma relação íntima entre marido e mulher, e o papel de seu médico em um aspecto da vida conjugal".

A menção a Lochner é simples de entender. Em dado momento, conjecturou--se que o caminho trilhado para declarar a inconstitucionalidade da lei do Estado de Connecticut poderia ser o do exercício irrazoável do poder de polícia pela unidade federativa, ao proibir métodos contraceptivos. No entanto, o relator, como visto *supra*, entendeu que esse caminho – bem como o adotado em *West Coast Hotel* (que revogou a Era Lochner) – não era a melhor opção. Descartou-se, portanto.

Por outro lado, ao negar que o tribunal enxergava a si próprio como uma "superlegislatura",[151] Douglas parece ter tido a intenção de afastar, de imediato, qualquer acusação de que a Corte estaria, ao decidir Griswold, usurpando função legislativa, argumento que conservadores costumam assacar sempre que decisão da Suprema Corte envereda por temas sensíveis, como aborto,[152] liberdade de expressão,[153] comportamento sexual ou direito de minorias.[154] O fato concreto é que, não obstante a ressalva do juiz Douglas, as críticas apareceram, mirando justamente a expressão "superlegislatura". Raoul Berger, por exemplo, diz que "cada juiz tem um ponto cego para a identificação de suas próprias predileções com dogma constitucional" e que essa assertiva pode ser

---

[149]   *Griswold v. Connecticut*, 381 U.S. 479 (1965). p. 482.

[150]   Refere-se à lei do Estado de Connecticut, de 1879, fruto da *Comstock Era.*

[151]   A experiência demonstra que o texto de Hamilton no Capítulo 78 precisa ser frequentemente reafirmado. É como se fosse um mantra a evitar ou se antecipar à alegação de usurpação da atividade legislativa ou executiva.

[152]   Durante anos os conservadores atacaram a Corte pelo entendimento esposado em *Roe v. Wade*, alegando, entre outras supostas inconstitucionalidades, a usurpação de competência legislativa, tal como afirmam, em termos, Steven G. Calabresi, Mark E. Berghausen e Skylar Albertson, logo após se referirem a *Roe*: "A Suprema Corte não é apenas um importante formulador de políticas nos Estados Unidos (...) também é autora de muitas regras de direito consuetudinário federal e das Regras Federais de Provas e de Processo Civil e Criminal" (CALABRESI, Steven G.; BERGHAUSEN, Mark E.; ALBERTSON, Skylar. The Rise and Fall of Separation of Powers. *Northwestern University Law Review*, v. 106, n. 2, 2012. p. 544). Aliás, esse tema (usurpação da atividade legislativa) foi citado por Samuel Alito (em *Dobbs v. Jackson*), bem no início do seu longo voto, como um dos graves defeitos de *Roe V. Wade*: "Depois de catalogar uma riqueza de informações outras que não têm relação com o significado da Constituição, o voto concluiu com um conjunto numerado de regras muito semelhantes às que podem ser encontradas em uma lei promulgada por uma legislatura". Cf. *Dobbs v. Jackson Women's Health Organization*, 597 U.S. ___ (2022). p. 2.

[153]   *New York Times Co. v. Sullivan*, 376 U.S. 254 (1964).

[154]   *Brown v. Board of Education of Topeka*, 347 U.S. 483 (1954).

exemplificada com "uma bela ilustração fornecida pelo juiz Douglas no caso contraceptivo *Griswold v. Connecticut*",[155] e em seguida reproduz a passagem em que há menção à "superlegislatura" e à "relação íntima entre marido e mulher".

As críticas não param aí. Berger se estende um pouco mais e cita Alpheus Thomas Mason,[156] que contradiz o juiz William Douglas, afirmando: "A premissa inarticulada (...) é de que 'a Corte se apresenta como uma superlegislatura na salvaguarda dos direitos penumbrais de privacidade".[157] Na sequência, Berger reitera as críticas, assinalando que, "para justificar a diferenciação, Douglas se apoia em teias de aranhas, 'penumbras formadas por emanações', mas em essência ele exemplifica a prontidão dos juízes em agir como 'superlegislatura' quando suas próprias emoções estão envolvidas".[158]

Embora não se trate de um fenômeno exclusivo da sociedade norte-americana, a preocupação e o esforço em não se portar como legislador parecem ser mais visíveis por lá, talvez pela envergadura das decisões, como *Brown* e *Roe*,[159] e, ainda, pelo engajamento acadêmico mais profundo, com amplo escrutínio das decisões tomadas pela Corte sediada em Washington-DC, algo que o Brasil começou a experimentar somente alguns anos depois de promulgada a Constituição Federal de 1988, até porque, antes dela, o controle de constitucionalidade era tímido, decorrência direta do regime de exceção implantado em 1964 e radicalizado a partir de 1968.

O registro sobre não se enxergar como uma "superlegislatura", ou, em outras palavras, não ser e não poder ser legislador, fez-se acompanhar de outro sobre a interpretação ampla da Primeira Emenda, que, associada à generosidade hermenêutica de alguns, alcançou o direito de associação, o direito de "educar uma criança em uma escola de escolha dos pais – pública, privada ou paroquial". Ato contínuo a essa passagem, o juiz Douglas elenca vários exemplos de construção constitucional (agasalhada ao longo dos anos pela Suprema Corte) que ampliou o rol de direitos nos Estados Unidos, citando, entre outros, o direito de liberdade de expressão e de imprensa, que "inclui não apenas o direito de proferir ou imprimir, mas o direito de distribuir, o direito de receber, o direito de ler",[160] lembrando em seguida o precedente "*Martin v. Struthers*, 319 U.S. 141, 319 U.S. 143", entre outros casos que contribuíam para robustecer sua linha argumentativa.

---

[155] BERGER, Raoul. *Government by the Judiciary*: the Transformation of the Fourteenth Amendment. Indianapolis: Liberty Fund, 1997. p. 286. Tradução nossa. No original: *Each Justice has a blind spot for the identification of his own predilections with constitutional dogma. A beautiful illustration is furnished by Justice Douglas in the contraceptive case Griswold v. Connecticut.*

[156] O artigo citado por Berger é MASON, Alpheus Thomas. The Burger Court in Historical Perspective. *Political Science Quarterly*, v. 89, n. 1, p. 27-45, Mar. 1974.

[157] BERGER, Raoul. *Government by the Judiciary*: the Transformation of the Fourteenth Amendment. Indianapolis: Liberty Fund, 1997. p. 286.

[158] BERGER, Raoul. *Government by the Judiciary*: the Transformation of the Fourteenth Amendment. Indianapolis: Liberty Fund, 1997. p. 287.

[159] *Roe v. Wade*, evidentemente, enquanto durou, de 1973 a 2022.

[160] *Griswold v. Connecticut*, 381 U.S. 479 (1965). p. 482.

6.3.5 O "direito de associação" e o Bill of Rights

Determinado a demonstrar que o *Bill of Rights* de 1789 abrigava outros direitos para além daqueles listados e conhecidos, William Douglas constrói, em *Griswold v. Connecticut*, uma linha argumentativa inteligente, ousada, de poucos parágrafos[161] e um tanto quanto inovadora. Em verdade, ele segue, em termos, o raciocínio desenvolvido em *Poe v. Ullman*, em que foi vencido, juntamente com John Marshall Harlan.

O elenco de manifestações da Suprema Corte sobre o *Bill of Rights*, sufragando a tese da existência de direitos para além do texto puro de 1789, tem início (no voto de Douglas) com a menção ao caso *NAACP v. Alabama*,[162] julgado em 1958, em que o tribunal assentou a inconstitucionalidade de ato normativo do Alabama que limitava a atuação da National Association for the Advancement of Colored People (NAACP)[163] no Estado. "Protegemos a 'liberdade de associação e privacidade nas associações', observando que a liberdade de associação era um direito periférico da Primeira Emenda",[164] afirmou Douglas referindo-se ao processo ajuizado pela NAACP contra o Alabama e objeto de referência cruzada em Griswold, como forma de robustecer o argumento da existência de direitos periféricos no *Bill of Rights*.

Ainda com fundamento em *NAACP v. Alabama* ele lembrou que a Corte considerou inconstitucional a "divulgação de listas de membros de uma associação constitucionalmente válida, 'por implicar a probabilidade de uma restrição substancial ao exercício pelos membros da entidade de seu direito à liberdade de associação'",[165] o que, "em outras palavras", conduzia ao entendimento de que "a Primeira Emenda tem uma penumbra onde a privacidade é protegida da intrusão governamental".[166]

---

[161] Poucos parágrafos considerando o padrão de manifestações escritas (votos) na Suprema Corte, especialmente nos dias atuais, conforme anota Joanna Grossman, ao definir a manifestação de William Douglas pela maioria como um "voto feliz e curto" (GROSSMAN, Joanna. Griswold v. Connecticut: the Start of the Revolution. *Verdict, Legal Analysis and Commentary*. Disponível em: https://verdict.justia.com/2015/06/08/griswold-v-connecticut-the-start-of--the-revolution. Acesso em: 30.04.2022).

[162] 357 U.S. 449 (1958). Esse caso foi relatado pelo juiz John Marshall Harlan II, com decisão unânime da Corte.

[163] A NAACP é uma associação fundada em 1909, com a finalidade de contribuir para a justiça social e a melhoria das condições de vida e o avanço da justiça social da raça negra nos Estados Unidos. Um de seus principais ativistas foi Thurgood Marshall, que na década de 1960 viria a se tornar juiz da Suprema Corte dos Estados Unidos. Sobre a NAACP, consultar: SULLIVAN, Patricia. *Lift Every Voice*: the NAACP and the Making of the Civil Rights Movement. New York: The New Press, 2009. Por curiosidade, o Estado do Alabama é citado 70 vezes nesse livro. Justamente por sua história de apoio e implementação de legislação discriminatória, as denominadas *Jim Crow Laws*.

[164] *Griswold v. Connecticut*, 381 U.S. 479 (1965). p. 483.

[165] *Griswold v. Connecticut*, 381 U.S. 479 (1965). p. 483, com citação (simples) de *NAACP v. Alabama*.

[166] *Griswold v. Connecticut*, 381 U.S. 479 (1965). p. 483.

Esse é o primeiro momento que a palavra "penumbra" aparece no voto de autoria de William Douglas. Ela se repetiria mais quatro vezes[167] e foi fundamental para resumir o que o juiz pensava sobre "privacidade", relação conjugal, a lei do Estado de Connecticut e o papel que o *Bill of Rights* – juntamente com a Décima Quarta Emenda à Constituição – desempenhava na solução do caso.

Sobre ela (penumbra), serão tecidas considerações mais alargadas em outro item, adiante. Por enquanto convém, aos propósitos do presente trabalho, fixar-se na parte do voto relativa ao direito de associação e às consequências decorrentes dele. Esse direito e os diversos tipos de associações, bem como os precedentes da Corte mencionados no voto, desembocarão no tema "penumbra", que, pelo ineditismo[168] e pela perspicácia argumentativa, merece considerações específicas.

Ainda com o tema associação, ele dá seguimento à linha de raciocínio e assinala, em contexto semelhante, que a Corte protege "formas de 'associação' que não são políticas no sentido costumeiro, mas que dizem respeito ao benefício social, legal e econômico dos membros". Ato contínuo, lista um caso interessante e pouco lembrado, em que o órgão equivalente à Ordem dos Advogados do Estado do Novo México (Board of Bar Examiners of New Mexico) impediu que um candidato (Rudolph Schware) participasse do exame de "Ordem" sob o argumento de que sua ligação com o Partido Comunista o descredenciava.[169] A proibição residia no fato de o senhor Schware ter sido filiado ao partido por alguns anos. O juiz Douglas ressalta que, nesse processo, a Corte assentou, em 1957, "que não era permitido impedir um advogado de exercer a profissão porque ele já havia sido membro do Partido Comunista". A "associação do homem com aquele partido", completa, "não se mostrou nada mais 'do que uma fé em um partido político",[170] e isso não tinha o condão de determinar o caráter de alguém.

Esse e outros casos citados, prossegue, "envolveram mais do que o direito de reunião", para além disso, "incluem o direito de expressar as próprias atitudes ou filosofias por pertencer a um grupo ou por afiliação a ele ou por outros meios legais". Nesse contexto, a associação, doutrina o juiz Douglas, "é uma forma de expressão de opinião e, embora não esteja expressamente incluída na Primeira Emenda, sua existência é necessária para tornar as garantias expressas plenamente significativas".[171]

Essas garantias, várias delas, "criam zonas de privacidade" e o "direito de associação contido na penumbra da Primeira Emenda é um deles".[172]

---

[167] Quatro vezes no voto do juiz William Douglas, uma vez no voto do juiz Arthur Goldberg e do juiz John Marshall Harlan II. Há outra menção no *syllabus*, que pode ser traduzido como o resumo do caso, uma espécie de "ementa", tal como adotada nas decisões judiciais dos tribunais brasileiros.

[168] Ineditismo na abordagem, na construção do argumento, porque, como se verá adiante, a palavra "penumbra" já tinha sido utilizada (de forma tímida) uma "ou" duas vezes em decisão(ões) da Suprema Corte dos Estados Unidos.

[169] *Schware v. Board of Bar Examiners*, 353 U.S. 232 (1957).

[170] *Griswold v. Connecticut*, 381 U.S. 479 (1965). p. 483.

[171] *Griswold v. Connecticut*, 381 U.S. 479 (1965). p. 483.

[172] *Griswold v. Connecticut*, 381 U.S. 479 (1965). p. 485.

Capítulo I · O LONGO CAMINHO DO DIREITO À PRIVACIDADE NOS ESTADOS UNIDOS DA AMÉRICA | 53

A estratégia constante do voto é clara: demonstrar que existem vários tipos de associação, que eles agasalham direitos diversos,[173] que eles se constituem em "uma forma de expressão de opinião" e que, apesar de alguns direitos não se encontrarem expressamente incluídos na Primeira Emenda, estes estão presentes nas "penumbras" do *Bill of Rights*. Essas penumbras acolhem o direito à privacidade, corolário da "associação" entre o marido e sua respectiva esposa.

6.3.6 *"Penumbras" e "emanações"*

O "Direito é a própria profissão da retórica", segundo Gerald Wetlaufer,[174] no que ele está certo. O instrumento primário dos profissionais do Direito é a palavra, proporcionalmente mais escrita do que falada. Nesse cenário, é comum que rotineiramente procurem "esclarecer seus pronunciamentos e argumentos sobre a lei recorrendo a metáforas e estórias".[175] É fato, toda lei e toda decisão judicial são a etapa final de uma estória, com personagens, enredo e conclusão. Assim, como a "lei só pode ser articulada em palavras",[176] ela "nunca pode escapar dos meandros e das imprecisões, bem como da promessa e do poder, da própria linguagem".[177]

É nesse palco de metáforas e estórias, de palavras, frases e imprecisões, de poder e dos meandros da linguagem que William Douglas dá vida e expande o sentido de penumbras e emanações como nunca antes na História da Suprema Corte dos Estados Unidos.

Como o termo (penumbra) ganhou notoriedade e desempenhou papel central para o deslinde de *Griswold v. Connecticut*, sendo impossível se referir à declaração de inconstitucionalidade da legislação que proibia os métodos contraceptivos sem aludir às penumbras e às emanações, faz-se necessário tecer algumas considerações ao derredor do tema. É tarefa que será enfrentada nos próximos parágrafos.

6.3.7 *Oliver Holmes em 1928 e William Douglas em 1965*

É do Professor Melvin Urofsky[178] a afirmação, de resto parcialmente comprovada, que a utilização do termo "penumbra", no âmbito da Suprema Corte dos Estados

---

[173] Ver um pouco mais acima quando ele afirma que a Corte protege "formas de 'associação' que não são políticas no sentido costumeiro, mas que dizem respeito ao benefício social, legal e econômico dos membros".

[174] WETLAUFER, Gerald. Rhetoric and Its Denial in Legal Discourse. *Virginia Law Review*, 76, n. 8, 1990. p. 1.545.

[175] DOLIN, Kieran. Law and Literature: Walking the Boundary with Robert Frost and the Supreme Court. *Western Australian Law Review*, 2003. p. 203.

[176] DOLIN, Kieran. Law and Literature: Walking the Boundary with Robert Frost and the Supreme Court. *Western Australian Law Review*, 2003. p. 203.

[177] SARAT, Austin; KEARNS, Thomas R. *The Rhetoric of Law*: the Amherst Series in Law, Jurisprudence and Social Thought. Ann Arbor: The University of Michigan Press, 1994. p. 1.

[178] UROFSKY, Melvin. *William O.* Douglas as a Common Law Judge. *Duke Law Journal*, v. 41, 1991. p. 146.

Unidos, não é primazia do juiz William Douglas. Segundo o prolífico autor, um "notável" dicionário de direito (*Black's Law Dictionary*) registra que o termo foi utilizado pela primeira vez na Suprema Corte em 1875, em um caso sobre desapropriação.[179] Em seguida ele esclarece que a *penumbral doctrine*[180] foi utilizada também em *Olmstead v. United States* (1928),[181] especificamente no voto de autoria de Oliver Wendell Holmes Jr.,[182] quase quatro décadas antes do caso *Griswold*. *Olmstead*, decidido em 1928, é um julgado rumoroso, que versou sobre a legalidade de escuta telefônica realizada sem autorização judicial.[183]

De fato, Oliver Holmes se refere à "penumbra", mas o texto do Professor Urofsky poderia ter esclarecido, ao menos em uma nota de rodapé, que o enfrentamento levado a efeito por Holmes foi lateral e em uma única oportunidade no voto, sem a ênfase que William Douglas empresta ao termo em *Griswold*. Nesse particular, o voto do professor da Harvard Law School não tem – para a *penumbral doctrine* – idêntico impacto à construção levada a cabo pelo professor da Yale Law School. Nesse quesito, o primeiro (Oliver W. Holmes Jr.) é superado pelo segundo (William O. Douglas).

A assertiva é factual, funda-se em ambos os votos, no tratamento secundário184 que Holmes dispensou ao tema, em contraposição à Douglas, que lidou de forma mais central. A lateralidade não diminui sua importância, até porque ele pode muito bem ter inspirado Douglas quando este confeccionou o voto declarando a inconstitucionalidade da *Comstock Law* versão Connecticut.

Evidentemente que não se trata de uma disputa sobre quem ganhou ou perdeu. A intenção é realçar a relevância do voto do juiz Douglas e a peculiaridade que o termo "penumbra" assumiu no texto, com uma repercussão muito além daquela verificada em 1928, quando Holmes dissentiu em *Olmstead v. United States*. Isso não significa diminuir, muito menos menosprezar, a contribuição de Holmes, até porque isso seria

---

[179] *Kohl v. United States*, 91 U.S. 367 (1875). Na pesquisa para esta obra, não foi encontrada qualquer menção à "penumbra", pelo menos menção direta não há.

[180] UROFSKY, Melvin. *William O.* Douglas as a Common Law Judge. *Duke Law Journal*, v. 41, 1991. p. 146.

[181] *Olmstead v. United States*, 277 U.S. 438 (1928).

[182] De fato, Oliver Holmes se refere à "penumbra", mas de forma lateral e em uma única oportunidade, sem a ênfase que William Douglas empresta ao termo em *Griswold*. Confira-se: "Embora eu não negue, não estou preparado para dizer que a penumbra da Quarta e Quinta Emendas cobre o réu, embora eu concorde plenamente que os tribunais tendem a errar por se apegar muito às palavras de uma lei onde essas palavras importam uma diretriz que vai além delas" (*Olmstead v. United States*, 277 U.S. 438. p. 469).

[183] Olmstead somente foi revogado na década de 1960, quando a Corte julgou *Katz v. United States*, 389 U.S. 347 (1967).

[184] Confira-se a parte do voto de Oliver Holmes em que ele se refere à penumbra: "Embora eu não negue, não estou preparado para dizer que a penumbra da Quarta e Quinta Emendas cobre o réu, embora eu concorde plenamente que os tribunais tendem a errar por se apegar muito às palavras de uma lei onde essas palavras importam uma diretriz que vai além delas" (*Olmstead v. United States*, 277 U.S. 438. p. 469).

impossível. Ele é gigante, dentro e fora da Suprema Corte. Foi, como dito, professor em Harvard e lutou na Guerra Civil, ao lado das forças unionistas, honra de poucos.

Embora não faça cotejos entre um e outro voto, Urofsky, no entanto, reconhece que o voto em Griswold "representa a disposição de Douglas de ser criativo para alcançar um resultado específico", porque as alternativas que se apresentavam para suplantar as *Comstock Laws* encontravam barreiras, algumas constitucionais,[185] outras em precedentes da Corte, o que o compeliu (Douglas) a "se engajar em uma análise altamente criativa e controversa que encontrou 'emanações' e 'penumbras' em várias garantias" previstas em algumas das emendas constitucionais que integram o *Bill of Rights*, como a "Primeira, Terceira, Quarta, Quinta e Nona". A fundamentação e estratégia adotadas por Douglas contribuíram para "criar uma zona de privacidade constitucionalmente protegida".[186]

Com esses argumentos – continua o Professor Urofsky –, Douglas conclui existente um "direito à privacidade" mais antigo que o *Bill of Rights*, e esse direito é profundamente conectado ao casamento, tipo de "associação" entre duas pessoas, íntima, que beira o "sagrado".[187]

O recurso linguístico para caracterizar a existência de um direito escondido em um canto mal iluminado da Constituição Federal já havia sido utilizado, como visto, antes que o juiz Douglas o fizesse em *Griswold*. Contudo, ninguém o fez com a amplitude e com a minúcia que ele imprimiu à palavra "penumbra", que designa justamente essa escuridão parcial, uma esquina, um canto, meio claro, meio escuro.

A frase inicial já foi transcrita anteriormente, mas convém repeti-la: "a Primeira Emenda tem uma penumbra onde a privacidade é protegida da intrusão governamental". A frase, com 14 palavras,[188] diz muito sobre o talento literário do autor, seu poder de síntese e pragmatismo.[189] Ela pode até não ter conquistado grande fama, mas a palavra

---

[185] Evidentemente que eram barreiras relativas que indiretamente afetavam o caso. Por exemplo, como a lei do Estado de Connecticut (proibindo os contraceptivos) se aplicava a todas as pessoas, não se afigurava possível afirmá-la contrária à cláusula de igualdade de proteção (*equal protection*), prevista na Décima Quarta Emenda.

[186] UROFSKY, Melvin. *William O*. Douglas as a Common Law Judge. *Duke Law Journal*, v. 41, 1991. p. 146.

[187] UROFSKY, Melvin. *William O*. Douglas as a Common Law Judge. *Duke Law Journal*, v. 41, 1991. p. 147.

[188] No original com 16: *In other words, the First Amendment has a penumbra where privacy is protected from governmental intrusion* (*Griswold v. Connecticut*, 381 U.S. 479 (1965). p. 483).

[189] Anteriormente restou afirmado que o voto de autoria de William Douglas foi sucinto para os padrões da Suprema Corte (Joanna Grossman, *supra*). Outro artigo, especificamente sobre a extensão de votos no tribunal, robustece essa assertiva. Escrito a quatro mãos, por Ryan Black e James Spriggs, o artigo – mais minucioso e técnico – esclarece que "votos que anulam precedentes do próprio tribunal são cerca de 28% mais longos do que aqueles que não o fazem". O de Douglas em *Griswold* superou um, por assim dizer, precedente indireto (*Poe v. Ullman*); ainda assim, o voto foi curto. O texto de Black e Spriggs é genérico, não tem como foco um caso específico e não menciona *Griswold v. Connecticut*, mas é valioso em apontar caminhos que, quando cotejados com a decisão de 1965, reforçam a convicção do talento do juiz Douglas, de sua capacidade de síntese, de dizer muito em poucas palavras. Consultar:

"penumbra", sim. Por dois motivos: primeiro, por assim dizer, pelo "ineditismo" ou ao menos por ter sido resgatada depois de muito tempo sem ser utilizada; segundo, por ser em latim, língua razoavelmente utilizada nos meios jurídicos estadunidenses, embora a expressão "penumbra" fosse, como visto, pouco conhecida na América acima do Rio Grande, pelo menos na década de 1960, ainda que Oliver Holmes a tenha mencionado em 1928. Mesmo nos dias que correm nem de longe é uma expressão de domínio público. Não é utilizada por lá com frequência (pelo menos em alguns círculos), como no Português falado no Brasil.

Ao afirmar que "a Primeira Emenda tem uma penumbra onde a privacidade é protegida da intrusão governamental", Douglas quis dizer que o direito (à privacidade) ali existente não se apresenta suficientemente claro, de modo que o intérprete desavisado pode ter dificuldade de enxergá-lo, justamente porque ele se encontra à meia-luz, entre sombras e luzes, ou seja, entre penumbras.

Douglas ainda se refere ao termo em dois outros momentos, em autêntico arremate do raciocínio sobre a expressão e seu esforço para justificar o "direito à privacidade" e a importância da "associação marital", termos que não aparecem na Constituição Federal e que ele tentava demonstrar presente nas "penumbras" do *Bill of Rights*. Nesse sentido, afirmou que "casos anteriores" (mencionados no voto)[190] sugeriam que "garantias específicas na Declaração de Direitos têm penumbras, formadas por emanações dessas garantias que ajudam a dar-lhes vida e substância".[191] Curiosamente, essa passagem escora-se no caso *Poe v. Ullman*, citado expressamente por ele, no qual ele foi vencido e produziu voto dissidente, quatro anos antes de *Griswold*.

Prossegue sustentando que "várias garantias criam zonas de privacidade" e que o "direito de associação contido na penumbra da Primeira Emenda" é um deles. As demais[192] são, em síntese, a da "Terceira Emenda" (proibição de aquartelar soldados "em qualquer casa"); a vedação a buscas e apreensões injustificadas, contida na Quarta Emenda; a garantia contra autoincriminação, que é assegurada pela Quinta Emenda (*Self-Incrimination Clause*)[193] e, nas palavras de Douglas, "permite ao cidadão criar uma

---

BLACK, Ryan C.; SPRIGGS II, James F. An Empirical Analysis of the Length of U.S. Supreme Court Opinions. *Houston Law Review*, v. 45, 01.01.2008. p. 666.

[190] Enumeradas no parágrafo seguinte.

[191] *Griswold v. Connecticut*, 381 U.S. 479 (1965). p. 484.

[192] "As demais", ou seja, as garantias, a que ele se referiu antes como "casos anteriores", mencionados no parágrafo anterior e a que, a essa altura do voto, ele já havia se referido e estava, nessa passagem, a reiterar e pormenorizar.

[193] Popularmente conhecida nos Estados Unidos como *take the fifth*. A cláusula pode ser invocada por testemunhas que deponham em Comissões perante qualquer das casas do Congresso estadunidense, bem como perante o Judiciário. Há casos famosos, como o de Monica Goodling, assessora do então Procurador-Geral dos Estados Unidos no governo de George W. Bush, Alberto Gonzales, que invocou a cláusula para não fornecer detalhes da exoneração de oito advogados, integrantes da Procuradoria-Geral e que teriam sido dispensados por motivação política. Cf. CONYERS, John C. *Reining in the Imperial Presidency*: Lessons and Recommendations Relating to the Presidency of George W. Bush. New York: Skyhorse Publishing. 2009, p. 39.

zona de privacidade da qual o Estado não pode obrigá-lo a abrir mão em seu detrimento". Completa o rol de garantias elencadas pelo juiz nascido no Estado de Washington as previstas na Nona Emenda, que estabelece que a "a enumeração na Constituição, de certos direitos, não deve ser interpretada para negar ou menosprezar outros retidos pelo povo".[194]

6.3.8 A Terceira Emenda e o pré-constitucionalismo estadunidense

Outro momento único do voto e raro de se ver em decisões da Suprema Corte tem lugar quando ele, na sequência, cita a "Terceira Emenda" à Constituição Federal, que, por óbvio, integra o *Bill of Rights*. Ela estabelece que "nenhum soldado poderá, em tempo de paz, alojar-se em qualquer casa, sem o consentimento do proprietário", e na "hipótese de guerra, na forma que a lei prescrever".

Esse dispositivo constitucional tem origem remota no direito inglês, no *Bill of Rights* de 1689,[195] e posteriormente foi incorporado aos *Quartering Acts* de 1765 e 1774, atos normativos que buscavam dar cabo a notório abuso da monarquia.[196] Inclusive, a Declaração de Independência dos Estados Unidos, de 1776, faz direta referência a essa prática da metrópole e a utiliza como um dos fundamentos para romper os laços com a Inglaterra.

A Terceira Emenda tem características muito específicas, sendo voltada para uma realidade mais presente no século XVIII. Consequentemente, é pouco estudada pela doutrina e pouco citada pelo Judiciário. A Suprema Corte não teve muitas oportunidades de enfrentar o tema, justamente por suas especificidades. Inclusive, James Fleming e Linda McClain afirmam que não há precedente da Suprema Corte atinente à vedação de aquartelar soldados "em qualquer casa" em tempo de paz.[197]

A assertiva parece não corresponder à realidade. Se[198] eles se referem a uma decisão específica da Corte a respeito do núcleo da emenda, talvez eles tenham razão; ainda assim, a assertiva careceria de maior clareza, de uma nota de rodapé com uma explicação lateral. Por outro lado, caso se refiram a nenhuma decisão, eles se equivocam. Em livro bem anterior à publicação de Fleming e McClain, Akhil Reed Amar lembra que no caso *Youngstown Sheet*,[199] decidido em 1952, a Corte mencionou a Terceira Emenda algumas

---

[194] *Griswold v. Connecticut*, 381 U.S. 479 (1965). p. 488.

[195] AMAR, Akhil Reed. *The Bill of Rights*: Creation and Reconstruction. New Heaven: Yale University Press, 1998. p. 62.

[196] RAKOVE, Jack N. *The Annotated U.S. Constitution and Declaration of Independence*. Cambridge: The Belknap Press of Harvard University Press, 2009. p. 228.

[197] FLEMING, James E.; MCCLAIN, Linda C. Liberty. In: TUSHNET, Mark; GRABER, Mark A.; LEVINSON, Sanford (ed.). *The Oxford Handbook of the U.S. Constitution*. New York: Oxford University Press, 2015. p. 483.

[198] O "se" é porque o texto de autoria de Fleming e McClain não está muito claro.

[199] *Youngstown Sheet & Tube Co. v. Sawyer*, 343 U.S. 579 (1952). Trata-se de ato do presidente Harry Truman que autorizava o governo federal encampar siderúrgicas para evitar uma

vezes.[200] A leitura da decisão confirma a assertiva do Professor Akhil. O voto do juiz Hugo Black faz cotejo da tentativa de encampação do parque siderúrgico estadunidense com a proibição agasalhada na citada emenda.

Embora pareçam estar equivocados ao afirmarem que "nunca" houve enfrentamento do tema sobre "aquartelar soldados", eles acertam quando afirmam que, em *Griswold*, o juiz Douglas mencionou a Terceira Emenda na decisão.[201] É fato. William Douglas foi resgatá-la das catacumbas do constitucionalismo pré-Constituição de 1787 e a inseriu em *Griswold v. Connecticut*, assinalando que "a proibição de aquartelar soldados 'em qualquer casa' em tempo de paz sem o consentimento do proprietário é outra faceta dessa privacidade".[202]

O juiz se utilizou de emenda constitucional rara de ser lembrada, sobre ela construiu um argumento inovador, para reforçar sua tese concernente ao direito à privacidade. Não é pouca coisa. O gênio se revela em detalhes. Para além de ser um precedente sobre "direito de privacidade", a menção à Terceira Emenda transforma *Griswold* também em referência à essa parte pouco lembrada do *Bill of Rights* em decisões da Suprema Corte, ainda que a menção tenha sido a título de exemplo para reforçar outro argumento. Em ambas as hipóteses, e coerente com o que defendeu no seu curto e preciso voto, Douglas identifica nela (Terceira Emenda) a presença do direito à privacidade.

A conclusão do voto não é menos rica e enfática que o seu miolo.

O rio que Douglas construiu e navegou desemboca, mais à frente, em um ponto crucial, já razoavelmente explorado durante o voto, a "relação íntima entre marido e mulher", sinalizando inaceitável que o Estado interfira na intimidade da vida conjugal, porquanto trata-se de "um direito de privacidade mais antigo que a Declaração de Direitos – mais antigo que nossos partidos políticos, mais antigo que nosso sistema escolar".[203] O casamento – prosseguiu Douglas – "é uma união para o bem ou para o mal, esperançosamente duradoura e íntima a ponto de ser sagrada". E disse mais, que o casamento era "uma associação que promove um modo de vida, não causas; uma harmonia de crenças vivas, não políticas; uma lealdade bilateral, não projetos comerciais ou sociais". Completou lembrando que se tratava

---

greve de trabalhadores. O governo alegou a excepcionalidade do período de guerra – *in casu*, a da Coreia.

[200] AMAR, Akhil Reed. *The Bill of Rights*: Creation and Reconstruction. New Heaven: Yale University Press, 1998. p. 62.

[201] FLEMING, James E.; MCCLAIN, Linda C. Liberty. In: TUSHNET, Mark; GRABER, Mark A.; LEVINSON, Sanford (ed.). *The Oxford Handbook of the U.S. Constitution*. New York: Oxford University Press, 2015. p. 483. Não só eles, AMAR, Akhil Reed. *The Bill of Rights*: Creation and Reconstruction. New Heaven: Yale University Press, 1998. p. 62, igualmente cita, entre outros.

[202] *Griswold v. Connecticut*, 381 U.S. 479 (1965). p. 484.

[203] *Griswold v. Connecticut*, 381 U.S. 479 (1965). p. 486. Essa passagem do voto de William Douglas, merece, por absoluta relevância, ser transcrita no original: *We deal with a right of privacy older than the Bill of Rights – older than our political parties, older than our school system.*

de uma associação com "um propósito tão nobre quanto qualquer um envolvido" nas "decisões anteriores".[204]

O parágrafo anterior é um misto de apelo sentimental com a intenção de demonstrar – por assim dizer – a "santidade" do casamento e, dessa forma, talvez conseguir aplacar ânimos mais exaltados, grupos mais tradicionais que enxergavam os métodos contraceptivos com olhos pré-iluministas.

Em outra ponta, o parágrafo eleva o "antigo", para realçar sua autoridade, não do argumento, mas da relação marital, que, por beirar o sagrado, deve permanecer incólume, sem que o Estado interfira naquilo que é essencial à relação conjugal, como, entre outras, a decisão de procriar ou não.

Há uma explicação para essa estratégia. Quanto mais antigo for um direito, uma norma, uma prática, mais legitimidade ele possuirá. A antiguidade de um direito é elemento legitimador, ainda mais em um Estado – como a América acima do Rio Grande – que se alimenta da *common law*, do *stare decisis* e igualmente do direito codificado.

Ao dissentir em *Lochner v. New York*, o juiz Oliver Holmes Jr. afirmou que a maioria da Corte "pervertia" a "palavra liberdade na Décima Quarta Emenda", ao interpretá-la para "impedir o resultado natural de uma opinião dominante", e que essa conclusão somente poderia ser superada se o "homem racional e justo necessariamente admitisse" que a lei proposta (ele se refere à lei nova-iorquina limitadora de horas trabalhadas) infringia "princípios fundamentais, tal como eles foram compreendidos pelas tradições"[205] do povo dos Estados Unidos.

Aqui a tradição foi usada, no início do século XX, em um voto dissidente, como exemplo condicionante para, em tese, superar ato legislativo, se se comprovasse que ela, a lei, contrariava "princípios fundamentais" tal qual "eles foram compreendidos pelas tradições" estadunidenses. Importante destacar: ele votou pela manutenção da lei, mas admitia que o ato normativo poderia ser superado se se provasse que ele contrariava princípios fundamentais forjados pela tradição.

Ora, há evidente correlação entre as manifestações de Oliver Holmes (*Lochner*, 1905) e William Douglas (*Griswold*, 1965) especificamente no que diz respeito ao tema "tradição", "antiguidade" de um costume ao qual se atribui efeitos legais. Douglas, em seu voto, justifica a inconstitucionalidade da lei do Estado de Connecticut – proibitiva da adoção de métodos contraceptivos – por ela contrariar um direito (de se "associar" em matrimônio) que tem raízes que antecedem o *Bill of Rights* (1791), direito que se confunde com as tradições mais seculares da sociedade norte-americana.[206] Holmes, por sua vez, defendia a manutenção da lei do Estado de Nova Iorque por considerar que a palavra "liberdade" da Décima Quarta Emenda não significava liberdade ilimitada de contratar, ou seja, esse direito poderia ser objeto de regramento infraconstitucional.

---

[204] *Griswold v. Connecticut*, 381 U.S. 479 (1965). p. 486.

[205] *Lochner v. New York*, 198 U.S. 45 (1905). p. 76.

[206] Em linha parecida (relevância e respeito à tradição), o juiz Felix Frankfurter em *Rochin v. California*, 342 U.S. 165, (1952). p. 169.

Entretanto, ele admitia a superação desse entendimento que ele próprio esposara, se fosse demonstrado que a lei nova-iorquina infringia preceito fundamental calcado nas "tradições" do país.

Mais de um século depois de *Lochner*, o conceito de "antiguidade" ("tradição") volta[207] a frequentar a Suprema Corte em um caso polêmico. O juiz Samuel Alito elencou a falta dela (da antiguidade, da "raiz histórica") como um dos argumentos para repelir o aborto, no esboço do voto que revogava *Roe v. Wade*, vazado nos primeiros dias de maio de 2022. Disse ele, em uma das passagens do voto de 67 páginas:[208] "A conclusão inescapável é de que o direito ao aborto não está profundamente enraizado na história e nas tradições da Nação".[209]

"Direito mais antigo do que o *Bill of Rights*" tinha e continua tendo importante significado, muito mais amplo do que a leitura rápida da frase possa conduzir o leitor a imaginar.

6.4 O suposto caráter discriminatório de *Griswold v. Connecticut*

Em linhas *supra*, ao comentar o argumento de William Douglas sobre o casamento, definido exaustivamente por ele e a certa altura resumido como uma associação com "um propósito tão nobre quanto qualquer um envolvido",[210] utilizou-se a expressão "santidade" do casamento, em uma tentativa de realçar a linha argumentativa desenvolvida pelo "relator" no sentido de demonstrar a relevância dessa forma, por assim dizer, especial de associação, seja por sua longevidade, seja por sua relevância na formação da família e na perpetuação da espécie humana, não podendo ficar à mercê de uma legislação invasora da privacidade dos seus (marido e esposa) integrantes. Nessa linha, é importante registrar que há críticas ao voto de Douglas (em verdade, a toda a decisão) por ter se fixado no "casamento" e não ter enfrentado as outras formas de união que não aquelas que recebiam a autorização do Estado ou as bênçãos de determinada religião.

---

[207] "Volta" não significa que esteve ausente de 1905 a 2022. A palavra foi utilizada *supra* no sentido de ocupar a centralidade de um caso ruidoso.

[208] Ao todo, o esboço de voto tem 98 páginas, 67 de texto (voto propriamente dito) e 31 de anexo e trata de um tema caro à sociedade norte-americana, o direito ao aborto, assegurado pela Suprema Corte desde 1973. O processo decisório na Suprema Corte dos Estados Unidos difere bastante do sistema adotado pelo Supremo Tribunal Federal. Um dos eixos dessa diferença é a construção conjunta do voto, do resultado final. Em outras palavras, o voto é alinhavado e simultaneamente compartilhado entre os juízes, algo que o Brasil não adota, pelo menos oficialmente. Vazamentos tal como o que ocorreu em 02.05.2022 são extremamente raros. Geralmente um ou outro jornalista publica uma tendência de voto, ou dá algumas pistas sobre ele, de modo que a publicação do voto inteiro, enquanto ainda estava sendo gestado, talvez seja um caso único.

[209] GERSTEIN, Josh; WARD, Alexander. Supreme Court has voted to overturn abortion rights, draft opinion shows. *Político*, 02.05.2022. Disponível em: https://www.politico.com/news/2022/05/02/supreme-court-abortion-draft-opinion-00029473. Acesso em: 02.05.2022. A reprodução do esboço do voto consta dessa matéria, o furo jornalístico é de autoria desses jornalistas.

[210] *Griswold v. Connecticut*, 381 U.S. 479 (1965). p. 486.

Capítulo I • O LONGO CAMINHO DO DIREITO À PRIVACIDADE NOS ESTADOS UNIDOS DA AMÉRICA

É como pensa Marc Stein, que, em *Sexual Injustice*, dedica mais de uma dezena de parágrafos para apontar inconsistências no pronunciamento da Suprema Corte no caso *Griswold*. O livro, embora bem escrito e fruto de uma pesquisa densa, peca pelo exagero e por não considerar o ambiente social e cultural em 1965, um país extremamente conservador que, 11 anos antes, ainda acolhia a discriminação racial com o beneplácito do Estado, porque ainda vigente o vergonhoso precedente estabelecido pela Suprema Corte em 1896, *Plessy v. Ferguson*.[211]

Esse cenário pouco iluminado, que persistia por séculos, não foi considerado por Stein quando asseverou que, "teoricamente, Griswold afirmou que todos os cidadãos norte-americanos casados tinham direitos especiais de privacidade",[212] para em seguida registrar que "a decisão refletiu e contribuiu para a formação contínua de hierarquias de classe, raça e gênero no país".[213] O autor reclama que o juiz Douglas citou o caso *Barrows v. Jackson*,[214] em que o tribunal aceitou que, em "um pacto racialmente restritivo", um proprietário (de imóveis) branco falasse (representasse) interesses de negros, como se eles fossem inferiores.[215] Stein constrói (ou tenta construir) uma ponte entre *Barrows* e o caso *Griswold*, em que a Corte Suprema aceitou Estelle Griswold e Charles Buxton como representantes de todas as mulheres casadas. Essa representação processual não se afigurava razoável para ele, porque, em termos, tratava-se de duas pessoas brancas (Griswold e Buxton) atuando processualmente em nome de interesses de várias outras mulheres de cor e raças diferentes, de modo que essa postura, chancelada pela Corte, contribuía para a discriminação de raça, gênero e classe, conforme mencionado no início deste parágrafo.

O autor acrescenta que, "assim como os potenciais compradores negros não falavam por si mesmos em Barrows, as mulheres casadas atendidas pela Planned Parenthood não falavam por si mesmas em Griswold".[216] Afirma, ainda, que, "além das biografias dos protagonistas do caso, *Griswold* era uma "decisão categorizada, de gênero e racializada de outras maneiras". Reclamou que "a Corte não reconheceu, por exemplo, que em alguns contextos o casamento era visto como uma relação econômica" e que o "amor

---

[211] 163 U.S. 537 (1896).

[212] STEIN, Marc. *Sexual Injustice*: Supreme Court Decisions from Griswold to Roe. Chapel Hill: The University of North Carolina Press, 2020. p. 33. Tradução nossa. No original: *Theoretically, Griswold affirmed that all married U.S citizens had special privacy rights (…).*

[213] STEIN, Marc. *Sexual Injustice*: Supreme Court Decisions from Griswold to Roe. Chapel Hill: The University of North Carolina Press, 2020. p. 33. Tradução nossa. No original: (...) *but in various ways the decision reflected and contributed to the country's ongoing formation of class, race, and gender hierarchies.*

[214] Barrows v. Jackson, 346 U.S. 249 (1953).

[215] É o que se infere do texto de Stein, ele não é totalmente claro em explicar onde reside o equívoco da Corte.

[216] STEIN, Marc. *Sexual Injustice*: Supreme Court Decisions from Griswold to Roe. Chapel Hill: The University of North Carolina Press, 2020. p. 33. Tradução nossa. No original: (...) *just as prospective black buyers did not speak for themselves in Barrows, married women served by Planned Parenthood did not speak for themselves in Griswold.*

romântico estava associado a relacionamentos não conjugais", bem como que "os casais dividiam seus quartos com outras pessoas".[217]

Evidentemente que a decisão em *Griswold* não é perfeita, mas o argumento de Marc Stein em alguns momentos parece confuso, maniqueísta, ideologizado e, por tudo isso, irrazoável. Basta lembrar que a decisão, ao fim e ao cabo, beneficiou todas as mulheres, independentemente da cor da pele, da inclinação religiosa ou da origem étnica. Ademais, se o voto de William Douglas não teve a grandeza de incluir casais não casados, esse "defeito" restou sanado em *Eisenstadt v. Baird* (1972). O fato é que *Griswold* figura como uma das mais importantes decisões da Suprema Corte, e, em certo sentido (sob determinado prisma), pode-se dizer a mais importante, porque nenhuma outra, nem mesmo *Brown*, serviu como precedente para que restassem assegurados tantos direitos, do aborto ao casamento homoafetivo.

6.5   O melhor voto em 36 anos na Suprema Corte

Adam Liptak, jornalista do *The New York Times*, responsável pela pauta da Suprema Corte dos Estados Unidos, ao escrever um artigo, em 2010, sobre a prolixidade que havia tomado conta do tribunal, reproduz duas passagens de autoria de Fred R. Shapiro, bibliotecário associado da Yale Law School e editor do *The Oxford Dictionary of American Legal Quotations*.

Fred Shapiro, ao se referir aos votos elaborados pelos juízes da Suprema Corte e comparando-os com os de antigamente, disse que "eles simplesmente não fazem grandes linhas de filmes como costumavam fazer". Em seguida completou: "Eles também não fazem grandes passagens pela Suprema Corte do jeito que costumavam fazer".[218] A crítica é no sentido de os votos não terem mais a qualidade de outrora, quando se ombreavam com as melhores citações da indústria cinematográfica, esta em decadência criativa parecida com a do órgão máximo do Judiciário.

É incerto afirmar que a crítica do editor do prestigiado dicionário à postura da Corte pelos idos de 2010 tenha tomado por paradigma o caso *Griswold v. Connecticut*, reconhecido pela excelência do voto do juiz William Orville Douglas. Por outro lado, é razoável imaginar que o bibliotecário Shapiro, entre outras manifestações dignas de elogios, certamente inseriria o texto do juiz Douglas no panteão dos grandes votos da História da Suprema Corte, porque, entre outras qualidades, é robusto no argumento, sucinto e perspicaz na construção.

Se, como afirma David Strauss, o resultado do caso *Brown v. Board of Education*, julgado em 1954, foi o "melhor momento da Suprema Corte",[219] seguramente o voto

---

[217]   STEIN, Marc. *Sexual Injustice*: Supreme Court Decisions from Griswold to Roe. Chapel Hill: The University of North Carolina Press, 2020. p. 33.

[218]   LIPTAK, Adam. Justices Are Long on Words but Short on Guidance. *The New York Times*, 17.11.2010. Disponível em: https://www.nytimes.com/2010/11/18/us/18rulings.html. Acesso em: 20.10.2020.

[219]   STRAUSS, David. *The Living Constitution*. New York: Oxford University Press, 2010. p. 78. Tradução nossa. No original: *the Supreme Court's finest hour*.

Capítulo I • O LONGO CAMINHO DO DIREITO À PRIVACIDADE NOS ESTADOS UNIDOS DA AMÉRICA | **63**

de Douglas em *Griswold v. Connecticut* foi um dos seus melhores momentos (provavelmente o melhor)[220] em sua longa trajetória de recordista como juiz que mais tempo ficou na Corte.[221]

O voto em *Griswold* desvendou outras penumbras e, ao fazê-lo, lançou luz e iluminou caminhos, tornando possível, anos mais tarde, entre outras conquistas, a liberação do aborto (*Roe v. Wade*, 1973), a declaração de inconstitucionalidade das leis que criminalizavam a sodomia (*Lawrence v. Texas*, 2003) e a legalização do casamento homoafetivo (*Obergefell v. Hodges*, 2015). Sua contribuição é gigantesca, trouxe a expressão para o núcleo do *Bill of Rights*, com uma roupagem nova e desafiadora.

Essa constatação, insista-se, não diminui a contribuição de Oliver Holmes no caso *Olmstead*, de 1928. São situações, pressupostos e momentos diversos. Em uma alegoria, se ambos estivessem em uma nau de nome "penumbra", que vagorosamente se aproximou da terra firme, poder-se-ia dizer que Holmes se limitou a ocupar o litoral, enquanto Douglas avançou "mata adentro", e ambos concorreram para descobrir um continente.

7. VOTOS EM SEPARADO, COM A MAIORIA

Em *Griswold v. Connecticut*, a Corte se dividiu em sete votos favoráveis à declaração de inconstitucionalidade e dois contrários. A maioria, por sua vez, embora coesa no reconhecimento de que a lei de Connecticut violava o direito à privacidade, indiretamente previsto na Constituição, produziu votos distintos. Quatro dos juízes concordaram com o entendimento do relator, William Douglas. Dois outros juízes, ainda que tenham votado pela inconstitucionalidade da norma, fizeram-no com fundamentação diversa daquela esposada pelo relator.

Este item se ocupa da análise desses votos, vale dizer, que compõem a maioria, mas com fundamentação ligeiramente diversa do juiz designado para emitir a "opinião" da Corte. Justamente por não ser, por assim dizer, o voto principal, a abordagem será proporcional à relevância que eles ostentam no processo.

Formaram a maioria aderindo ao voto de William Douglas o *Chief Justice* Earl Warren, os juízes Arthur Goldberg, Byron White, John Marshall Harlan II, Tom Clark e William Brennan Jr. Desse grupo de sete, Arthur Goldberg elaborou voto em separado, que a *praxis* norte-americana denomina de *concurrence*; a esse voto aderiram Warren e Brennan, acompanhando Goldberg no entendimento de que o direito à privacidade se localizava nas Nona Emenda. Aliás, como se verá adiante, o voto de Goldberg almeja justamente enfatizar a relevância da Nona Emenda ao desfecho do caso que estavam a julgar.

Byron White e John Harlan igualmente aderiram ao entendimento da maioria, mas alinhavaram votos em separado, no geral enfatizando a Décima Quarta Emenda e

---

[220] Bruce Murphy diz tratar-se do seu voto "mais famoso" e "certamente o mais controverso". Cf. MURPHY, Bruce Allen. *Wild Bill*: the Legend and the Life of William O. Douglas. New York: Random House, 2003. p. 384.

[221] HALL, Kermit L. *The Oxford Companion to the Supreme Court of the United States*. 2. ed. New York: Oxford University Press, 2005. p. 270.

a Cláusula do Devido Processo Legal.[222] Os juízes Potter Stewart e Hugo Black dissentiram, e, por isso, suas manifestações serão analisadas *a posteriori*.

7.1 O voto de Arthur Goldberg e a ressurreição da Nona Emenda

Goldberg foi um dos dois juízes[223] indicados por John Kennedy à Suprema Corte. De origem humilde e especialista em Relações do Trabalho, concluiu o curso de Direito na Northwestern Law School, em Chicago. Atuou na campanha presidencial de Kennedy, que, eleito, o nomeou secretário (ministro) do Trabalho. A indicação de Goldberg à mais elevada Corte do país foi recebida simultaneamente com entusiasmo e preocupação. O entusiasmo porque todos sabiam tratar-se de um vencedor, que superou a pobreza e conseguiu reconhecimento nacional pelo seu preparo intelectual e sua habilidade na condução da importante Secretaria do Trabalho. A preocupação residia justamente na dificuldade em se conseguir alguém com seus atributos, e, por isso, Robert Kennedy, irmão do presidente e também integrante do gabinete, afirmou que a "única reserva que pairava sobre Goldberg era o fato de ele ser tão valioso para a administração e gerenciar a pasta de forma tão efetiva que dificilmente poderia ser igualado por outra pessoa".[224]

No voto, ele concorda com a declaração de inconstitucionalidade da lei de Connecticut, embora apresente fundamentos outros, não necessariamente conflitantes, mas diversos dos utilizados por William Douglas. Ele se fixou na Nona Emenda à Constituição, que já havia sido mencionada por Douglas, no entanto sem utilizá-la como âncora principal do seu voto. Goldberg, ao contrário do "relator", centrou seus argumentos na referida emenda, destacando os caminhos que levaram a ela, enfatizando a participação decisiva de James Madison e reproduzindo inclusive a explicação dada pelo *Founding Father* sobre como se chegou à redação da emenda. Goldberg laborou com extrema competência em sua incursão histórica sobre o texto constitucional derivado, e, nesse particular, seu voto é indispensável para melhor entender essa parte do *Bill of Rights* e como ela dialoga com o que se discutia nos autos.

Já na primeira linha do voto, Goldberg é categórico ao assinalar que concordava com o "tribunal de que a lei de controle de natalidade de Connecticut se intromete inconstitucionalmente no direito à privacidade conjugal"; com isso, aderia à "opinião" e ao "julgamento"[225] da Corte. Ademais, afirmou concordar que "o conceito de liberdade protege os direitos pessoais", que, por serem fundamentais, não se encontravam confinados no *Bill of Rights*, abrangendo "o direito à privacidade conjugal, embora esse

---

[222] Entre os votos que aderiram ao entendimento da Corte, mas com outra abordagem, será analisado o de autoria de Arthur Goldberg. Evidentemente que a dissidência também será objeto de considerações.

[223] Além de Goldberg, Kennedy indicou Byron White.

[224] SCHLESINGER JR., Arthur M. *Robert Kennedy and His Times*. New York: Mariner Books, 2002. p. 379.

[225] *Griswold v. Connecticut*, 381 U.S. 479 (1965). p. 486. Pela clareza e objetividade, no original: *I agree with the Court that Connecticut's birth control law unconstitutionally intrudes upon the right of marital privacy, and I join in its opinion and judgment.*

direito não seja mencionado explicitamente na Constituição".[226] Ato contínuo, Goldberg insere uma nota de rodapé na palavra "Constituição" e registra a opinião do "irmão" (*my brother*) Stewart, que diz "não conseguir encontrar nenhum direito geral de privacidade no *Bill of Rights* ou em qualquer outra parte da Constituição, ou ainda em qualquer caso já decidido pelo Tribunal". Goldberg rechaça a assertiva, observando que "o Tribunal, no entanto, nunca considerou que a Declaração de Direitos ou a Décima Quarta Emenda protege apenas os direitos que a Constituição menciona especificamente pelo nome", listando vários julgados em apoio à sua observação, entre eles *Bolling v. Sharpe*,[227] caso semelhante a *Brown v. Board of Education* e decidido no mesmo dia.[228]

Fazendo eco ao voto principal, afirma que o "conceito de liberdade não é restrito", em verdade ele abrange o direito à privacidade conjugal, e, "embora esse direito não fosse mencionado explicitamente na Constituição",[229] era sustentado por "inúmeras decisões da Corte e pela linguagem e história da Nona Emenda".[230] A Corte – continua Goldberg –, ao concluir que o direito à privacidade conjugal encontrava-se protegido por "penumbras" que emanavam das garantias específicas do *Bill of Rights*, (ela) estava se referindo à Nona Emenda. Conclui o parágrafo asseverando que acrescentava aquelas "palavras para enfatizar a relevância dessa emenda à decisão do Tribunal".[231]

Em seguida faz breve incursão no caso *Snyder v. Massachusetts*,[232] julgado em 1934, em que a Corte declarou que a Cláusula do Devido Processo Legal protege aquelas liberdades que de tão "enraizadas nas tradições e na consciência do povo são classificadas como fundamentais".[233] Essa passagem, colhida no caso cuja relatoria coube ao juiz Benjamin Cardozo, na década de 1930, serviu de escada para que Goldberg retornasse à centralidade do seu raciocínio em *Griswold*, aduzindo que "a linguagem e a história da Nona Emenda revelam que os formuladores da Constituição acreditavam na existência

---

[226] *Griswold v. Connecticut*, 381 U.S. 479 (1965). p. 486.

[227] *Bolling v. Sharpe*, 347 U.S. 497 (1954).

[228] Em *Bolling v. Sharpe* a Corte estabeleceu, por unanimidade, que os princípios antidiscriminatórios se aplicavam aos governos estaduais e federais, e, dada a peculiaridade de o processo envolver Washington D.C., Earl Warren, impossibilitado de aplicar os princípios da Décima Quarta Emenda (que eram aplicáveis somente aos estados), criativamente se valeu da garantia do "Devido Processo Legal" albergada na Quinta Emenda, a fim de afastar, por inconstitucionalidade, a segregação racial nas escolas da capital. Trata-se de incorporação reversa (*reverse incorporation*). Pelo princípio da incorporação (*incorporation*), partes do *Bill of Rights* restaram aplicáveis aos estados por força da Cláusula do Devido Processo Legal prevista na Décima Quarta Emenda. Na "incorporação reversa", porções da Cláusula de Igualdade de Proteção (da Décima Quarta) foram estendidas ao governo federal por meio da Cláusula do Devido Processo Legal localizada na parte final da Quinta Emenda. Importante lembrar que a Cláusula do Devido Processo Legal está prevista, simultaneamente, na Quinta e na Décima Quarta Emendas.

[229] *Griswold v. Connecticut*, 381 U.S. 479 (1965). p. 486.

[230] *Griswold v. Connecticut*, 381 U.S. 479 (1965). p. 487.

[231] *Griswold v. Connecticut*, 381 U.S. 479 (1965). p. 487.

[232] *Snyder v. Massachusetts*, 291 U.S. 97 (1934).

[233] *Griswold v. Connecticut*, 381 U.S. 479 (1965). p. 487.

de direitos fundamentais adicionais, protegidos de infrações governamentais".[234] Esses direitos "adicionais" a que ele se refere coexistiam com outros direitos "fundamentais, especificamente os mencionados nas primeiras oito emendas constitucionais".[235]

A emenda (Nona), continua ele, "é quase inteiramente obra de James Madison", que a "introduziu no Congresso" e testemunhou sua aprovação "na Câmara e no Senado com pouco ou nenhum debate e praticamente nenhuma mudança na linguagem".[236] Aqui uma explicação que Goldberg não deu e que talvez coubesse em nota de rodapé: Madison era um gigante na arte de escrever, foi autor do *Bill of Rights*, a partir de um projeto preliminar de George Mason, de modo que não surpreende que o Congresso Nacional tenha aprovado o texto sem grandes modificações.

Para além de autor da proposta, Madison foi o grande articulador, negociando com os Estados, com os que se opunham, tanto antes de o projeto ser apresentado quanto durante sua tramitação e em prol de sua aprovação. Desse modo, é correta a observação de Gordon Wood de que foi "o prestígio pessoal de Madison e sua persistência obstinada que deram vida ao *Bill of Rights*";[237] sem ele dificilmente o projeto teria se tornado realidade. A propósito, Wood é categórico ao afirmar que a Constituição dos Estados Unidos poderia existir sem Madison, mas o *Bill of Rights* jamais existiria sem ele.[238]

Voltando à Nona Emenda, sua redação tinha objetivo claro: "acalmar os temores expressos de que uma lei de direitos especificamente enumerados não poderia ser suficientemente ampla para cobrir todos os direitos essenciais",[239] receio absolutamente procedente, ainda mais em se tratando de uma quadra histórica em que o conceito de direitos fundamentais era algo recente e sua catalogação engatinhava com dificuldades, ou seja, o reconhecimento a esse conjunto de direitos ainda não havia encontrado terreno fértil e estabilidade. Por outro lado, particularmente com relação à emenda, especulava-se, igualmente com razão, "que a menção específica de certos direitos seria interpretada como uma negação de que outros fossem protegidos".[240]

Preocupação que rompeu fronteiras de tempo e espaço, porque até o Constituinte brasileiro fez inserir dispositivo na Constituição Federal de 1988 que se assemelha à redação da Nona Emenda, para deixar claro e fora de dúvidas que a enumeração de

---

[234] *Griswold v. Connecticut*, 381 U.S. 479 (1965). p. 488. Tradução nossa. No original: *The language and history of the Ninth Amendment reveal that the Framers of the Constitution believed that there are additional fundamental rights, protected from governmental infringement (...).*

[235] *Griswold v. Connecticut*, 381 U.S. 479 (1965). p. 488.

[236] *Griswold v. Connecticut*, 381 U.S. 479 (1965). p. 488.

[237] No original: *There is no question that it was Madison's personal prestige and his dogged persistence that saw the amendments through the Congress* (WOOD, Gordon S. *Empire of Liberty*: a History of the Early Republic, 1789-1815. New York: Oxford University Press, 2009. p. 69).

[238] WOOD, Gordon S. *Empire of Liberty*: a History of the Early Republic, 1789-1815. New York: Oxford University Press, 2009. p. 69.

[239] *Griswold v. Connecticut*, 381 U.S. 479 (1965). p. 488.

[240] *Griswold v. Connecticut*, 381 U.S. 479 (1965). p. 489.

direitos e garantias expressos na Lei Fundamental não excluía outros no plano interno ou internacional,[241] texto parecido com a contribuição do *Founding Father* James Madison em 1789, ao elegantemente afirmar que "a enumeração na Constituição, de certos direitos, não deve ser interpretada para negar ou menosprezar outros retidos pelo povo".[242] Goldberg talvez tenha sido o primeiro juiz[243] nos Estados Unidos a utilizar o art. 9º do *Bill of Rights* como fundamento para declarar inconstitucionalidade de ato normativo.

Trata-se, no caso estadunidense – e, por extensão, no brasileiro também –, de uma "declaração positiva" a afastar dúvidas e a garantir, no dizer de Joseph Story (citado por Goldberg), "que a enumeração de certos direitos não deve ser interpretada como negação ou menosprezo a outros retidos pelo povo".[244]

Em outra passagem, Goldberg oferece um argumento que, se não é incontestável, se afigura como um complemento bastante razoável à tese vencedora defendida por William Douglas. Com a simplicidade dos grandes, ele lembra que a "Nona Emenda à Constituição pode ser considerada por alguns como uma descoberta recente e igualmente pode ser esquecida por outros, mas desde 1791 tem sido uma parte básica da Constituição que juramos defender".[245] Para Goldberg, não fazia sentido negar existência ao direito à privacidade, porque ele integrava a paisagem histórica dos Estados Unidos desde sempre. "Sustentar que um direito tão básico e fundamental" – disse ele ainda no voto – "e tão enraizado em nossa sociedade como o direito à privacidade no casamento, pode ser infringido porque esse direito não é garantido pelas primeiras oito emendas à Constituição, é ignorar a Nona Emenda e negar-lhe qualquer efeito".[246]

Vale dizer, o fato de o direito à privacidade não se encontrar explicitamente mencionado nas oito primeiras emendas não conduz à conclusão de que ele é inexistente. Ao contrário, viola a Nona Emenda a "construção judicial que nega a existência desse direito fundamental e afirma que ele não é agasalhado pela Constituição por ausência de menção expressa".[247]

---

[241] Brasil. *Constituição da República Federativa do Brasil*, de 1988. Art. 5º, § 2º: "Os direitos e garantias expressos nesta Constituição não excluem outros decorrentes do regime e dos princípios por ela adotados, ou dos tratados internacionais em que a República Federativa do Brasil seja parte".

[242] Tradução nossa. No original: *The enumeration in the Constitution, of certain rights, shall not be construed to deny or disparage others retained by the people* (UNITED STATES OF AMERICA. *The Constitution of the United States of America*. New York: American Civil Liberties Union, 2016. p. 27).

[243] E no âmbito da Suprema Corte provavelmente o único, até porque ele não cita nenhuma outra decisão do tribunal que tenha se valido dela como precedente.

[244] *Griswold v. Connecticut*, 381 U.S. 479 (1965). p. 490. Tradução nossa. No original: *(...) the enumeration of certain rights shall not be construed to deny or disparage others retained by the people.*

[245] *Griswold v. Connecticut*, 381 U.S. 479 (1965). p. 491.

[246] *Griswold v. Connecticut*, 381 U.S. 479 (1965). p. 491.

[247] *Griswold v. Connecticut*, 381 U.S. 479 (1965). p. 491, em termos.

Pertinente a lembrança da vigência desde 1791;[248] em outras palavras, o direito não apareceu ali por acaso, e sua posição, por assim dizer, "geográfica", praticamente fechando o *Bill of Rights*, parece indicar o desiderato do Constituinte Reformador em assegurar que, não obstante o catálogo de direitos nas oito emendas, não se deve, e mais que isso, não se pode afastar outros "retidos pelo povo" e eventualmente não listados naquele momento. Desse modo, o raciocínio desenvolvido por Goldberg no sentido de fundamentar o direito à privacidade na Nona Emenda é perfeitamente viável, razoável, cartesiano.[249]

7.1.1 Limite à atuação do Estado-membro como "laboratório da Federação"

De novo Goldberg se mostrou preciso quando anotou que o "irmão Stewart", "embora caracterizando a lei de controle de natalidade de Connecticut como 'uma lei notavelmente tola'", concordava que ela continuasse em vigor ao "fundamento de que não cabe aos tribunais 'substituir suas crenças sociais e econômicas pelo julgamento de corpos legislativos, que são eleitos para aprovar leis'". O voto de Stewart será analisado mais à frente, incluindo essa frase. Por ora, o objetivo é realçar o enfrentamento proposto por Goldberg, que se vale de um voto (dissidente) de Louis Brandeis, proferido em 1932,[250] em que o primeiro juiz de origem judia a integrar a Suprema Corte, observou que: "um (...) Estado pode (...) servir como um laboratório; e tentar novos experimentos sociais e econômicos".[251] Invocando voto de sua autoria elaborado em 1965 (portanto, no mesmo ano em que *Griswold* foi julgado), Goldberg aproveitou para reiterar o que já havia dito sobre essa observação de Brandeis, dizendo não acreditar que a afirmação dele pudesse se incluir "no poder de experimentar com liberdades fundamentais dos cidadãos".[252]

Em outras palavras, o entendimento de Louis Brandeis em *New State Ice Co. v. Liebmann* até pode ser razoável, invocado, aceito, desde que não estejam em jogo direitos fundamentais do cidadão, como ocorria em *Griswold*, de modo que ele, Goldberg, não aceitava as razões de Potter Stewart no sentido de aguardar o pronunciamento do Legislativo do Estado de Connecticut, porque o que se discutia ali eram direitos fundamentais, insuscetíveis a experimentos estaduais.

---

[248] Embora ele próprio reconheça que a Suprema Corte somente se referiu a ela em alguns poucos casos ao longo de todos esses anos. Inclusive, lista os casos após uma breve introdução, em nota de rodapé. Tradução nossa. No original: *As far as I am aware, until today this Court has referred to the Ninth Amendment only in United Public Workers v. Mitchell*, 330 U.S. 75, 94-95; *Tennessee Electric Power Co. v. TVA*, 306 U.S. 118, 143-144; and *Ashwander v. TVA*, 297 U.S. 288, 330-331. See also *Calder v. Bull*, 3 Dall.386, 388; *Loan Assn. v. Topeka*, 20 Wall. 655, 662-663.

[249] Nesse contexto, é importante assinalar que a tese de William Douglas diverge um pouco, por mais ampla. Ele considera presente o direito à privacidade nas penumbras de todo o *Bill of Rights*, não se limitando à Nona Emenda.

[250] *New State Ice Co. v. Liebmann*, 285 U.S. 262 (1932).

[251] *Griswold v. Connecticut*, 381 U.S. 479 (1965). p. 496.

[252] *Griswold v. Connecticut*, 381 U.S. 479 (1965). p. 496.

Nesse sentido, completa Goldberg, há um "vício" no ponto de vista dos dissidentes, que é o de "permitir tal experimentação pelos estados na área dos direitos pessoais fundamentais de seus cidadãos". A isso ele se opunha, porque "não podia concordar que a Constituição conceda tal poder aos estados ou ao Governo Federal",[253] vale dizer, não havia licença para experimentos com direitos pessoais.

Se o Federalismo estadunidense permite que os estados funcionem como laboratórios, tal como afirmou Brandeis, não é menos verdadeiro que o desenho desse Estado Federal não agasalha qualquer tipo de experimento, por exemplo, um que caminhe para restringir a garantia do *Due Process of Law*, em ambas as modalidades, seja processual propriamente dita, seja substancial.

Nessa linha, o voto de George Sutherland, em nome da maioria, no já citado *New State Ice Co. v. Liebmann*, ao observar que "é claro que interferências ou restrições não razoáveis ou arbitrárias não podem ser salvas da condenação meramente chamando-as experimentais". No sistema constitucional dos Estados Unidos, "há certos fundamentos de liberdade com os quais o Estado não tem o direito de dispensar no interesse de experimentos".[254]

Goldberg ainda encontrou espaço para cotejar perplexidades. Referindo-se aos colegas do tribunal afirmou que, embora alguns dos seus "irmãos" pudessem estar "chocados" com que "a Corte hoje afirme que a Constituição protege o direito à privacidade conjugal", em sua opinião era "muito mais chocante acreditar que a liberdade pessoal garantida pela Constituição não inclui proteção contra essa limitação totalitária do tamanho da família, o que está em total desacordo com nossos conceitos constitucionais".[255]

Ele dá seguimento à argumentação dizendo que, "se uma lei que proíbe o controle voluntário de natalidade por pessoas casadas é válida sob a demonstração de uma base tênue de racionalidade", idêntico raciocínio deveria prevalecer para considerar "válida" uma lei que exigisse o "controle de natalidade compulsório". Nessa hipótese, conclui Goldberg, "ambos os tipos de lei se intrometeriam injustificadamente nos direitos de privacidade conjugal que são protegidos constitucionalmente".[256]

Duas frases são marcantes nas passagens do voto parcialmente reproduzidas nos dois parágrafos anteriores: "limitação totalitária do tamanho da família" e "se uma lei (...) é válida sob a demonstração de uma base tênue de racionalidade".

---

[253] *Griswold v. Connecticut*, 381 U.S. 479 (1965). p. 496.

[254] *New State Ice Co. v. Liebmann*, 285 U.S. 262 (1932). p. 279. Tradução nossa. No original: *[I]t is plain that unreasonable or arbitrary interference or restrictions cannot be saved from condemnation merely by calling them experimental. (…) In our constitutional system that there are certain essentials of liberty with which the state is not entitled to dispense in the interest of experiments.*

[255] *Griswold v. Connecticut*, 381 U.S. 479 (1965). p. 497. Tradução nossa. No original: *(…) in my view it is far more shocking to believe that the personal liberty guaranteed by the Constitution does not include protection against such totalitarian limitation of family size, which is at complete variance with our constitutional concepts.*

[256] *Griswold v. Connecticut*, 381 U.S. 479 (1965). p. 497.

A lei do Estado de Connecticut – importante rememorar – foi gestada em uma quadra histórica em que o país se encontrava mergulhado naquilo que se pode definir como histeria coletiva profundamente moralizante. Neste trabalho, procurou-se retratar em detalhes esse período, por assim dizer, "dominado" pela personalidade monástica de Anthony Comstock e seus admiradores e seguidores – muitos e fiéis. Época de um moralismo exacerbado,[257] de censura desenfreada,[258] que chegou ao ponto de "colocar a literatura que tratava de controle de natalidade na categoria de obscenidade",[259] além da busca desenfreada (verdadeira "caça") por "novas formas de obscenidade", chegando ao ponto de "assediar editores de livros de medicina com estudos anatômicos do corpo humano e importadores de livros de arte europeus com retratos de nus".[260]

Arte (em sua acepção mais ampla), literatura médica com ilustrações do corpo humano, pornografia, obscenidade e controle de natalidade eram tratados da mesma forma, "crimes" de idêntica envergadura e sujeitos a consequências exatamente iguais: multa e prisão. Isso tudo, como bem acentua John Johnson, "provou ser um golpe do qual os primeiros defensores da contracepção levariam quase um século para se recuperar".[261]

Por tudo isso e muito mais é que se diz que Comstock tornara-se "o flagelo dos livres pensadores que defendiam a liberação sexual na Era Vitoriana",[262] caracterizada,

---

[257] Exemplo significativo da censura empreendida é que ela sequer poupou, entre outros, *marchands* e profissionais da fotografia. Se Anthony Comstock entendesse, por exemplo, que a fotografia ou escultura era obscena (salvo as religiosas, quase todas eram consideradas como tal), o bem era apreendido e o escultor, fotógrafo ou dono de galeria iria preso. Conforme observa Amy Werbel, as prisões determinadas por Comstock, que tinham como alvo comerciantes de artes e profissionais de fotografias, só começaram a decrescer de forma dramática depois de 1887 (WERBEL, Amy. *Lust on Trial*: Censorship and the Rise of American Obscenity in the Age of Anthony Comstock. New York: Columbia University Press, 2018. p. 203).

[258] São múltiplos os relatos, documentados, de apreensão de grande quantidade de livros, revistas, jornais, fotos, proibição de peças de teatro, fechamento de casas de shows, teatros, perseguição a artistas, prisões. Grande parte do que era apreendido sequer se enquadrava na definição legal de obras "pornográficas", por si só já questionável. Entre outros: JOHNSON, John W. *Griswold v. Connecticut*: Birth Control and the Constitutional Right of Privacy. Lawrence: University Press of Kansas, 2005. p. 7; LEONARD, Devin. *Neither Snow nor Rain*: a History of the United States Postal Office. New York: Grove Press, 2017. p. 53 e 56-58; WERBEL, Amy. *Lust on Trial*: Censorship and the Rise of American Obscenity in the Age of Anthony Comstock. New York: Columbia University Press, 2018. p. 114, 151, 203, 214, 279, 292 e 306.

[259] JOHNSON, John W. *Griswold v. Connecticut*: Birth Control and the Constitutional Right of Privacy. Lawrence: University Press of Kansas, 2005. p. 7.

[260] LEONARD, Devin. *Neither Snow nor Rain*: a History of the United States Postal Office. New York: Grove Press, 2017. p. 58.

[261] JOHNSON, John W. *Griswold v. Connecticut*: Birth Control and the Constitutional Right of Privacy. Lawrence: University Press of Kansas, 2005. p. 7.

[262] LEONARD, Devin. *Neither Snow nor Rain*: a History of the United States Postal Office. New York: Grove Press, 2017. p. 58. Tradução nossa. No original: *Comstock also became the scourge of freethinkers who championed sexy liberation in Victorian Era*. A título de registro acerca da cruzada de Comstock contra a liberdade sexual, em 1876 ele prendeu Ezra Heywood, ativista e escritor, autor de *Cupid's Yokes* e *Sex Physiology*, além de integrante da *Freedom Sexual League*.

como sabido, pelo crescimento do secularismo e pela busca da igualdade de gênero, como o movimento sufragista liderado, nos Estados Unidos, pela ativista Elizabeth Cady Stanton e Susan B. Anthony, entre outras.[263]

Jack Rakove afirma tratar-se de um dispositivo "que jaz inerte na Constituição", ou, em outras palavras, "uma brincadeira que nunca foi jogada",[264] para em seguida (em uma aparente contradição) afirmar que "suas origens estão no cerne do debate público que finalmente produziu a Declaração de Direitos e, de fato, na mudança fundamental na própria compreensão da autoridade dos documentos constitucionais que ocorreu na década após 1776". Ele lembra que, nesse período, houve uma transição das fontes de Direito, em que a sociedade passou a valorizar mais os documentos escritos, ditos constitucionais, abandonando fontes tradicionais como Direito natural ou mesmo se distanciando da *common law*.

Ainda sobre a Nona Emenda, Rakove conclui suas breves considerações assinalando que esta falha em explicar como um direito não enumerado (não listado) pode se transformar em "fundamental" e, justamente por isso, ela tem sido unicamente, segundo ele, uma "provocação constitucional",[265] incapaz de fornecer base constitucional para o aborto ou para o conceito mais amplo e nebuloso de direito à privacidade, que Goldberg tentara demonstrar em *Griswold v. Connecticut*, como uma alternativa mais eficaz à preferência da maioria à tese das "penumbras e emanações", em que ele não falou pela maioria, de modo que "o pensamento ainda está lá, tentador, mas inerte".[266]

Parece despropositado dizer que emenda "falha" em não explicar como um direito não enumerado pode se tornar um direito fundamental. Ela não precisa explicar, ela provê o caminho, deixando convenientemente aberta a janela constitucional para a efetivação de um direito que a reflexão futura possa considerá-lo, em bases razoáveis, como digno de ser considerado fundamental, como o direito ao meio ambiente saudável, algo que não constava na agenda dos constituintes de fins do século XVIII.

Por outro lado, afirmar que o "o pensamento ainda está lá, tentador, mas inerte" é uma meia-verdade. Se ele se refere ao voto de Arthur Goldberg, sim, o pensamento continua lá, como um farol para que gerações futuras possam nele se inspirar e eventualmente encontrar respostas para questões jurídicas de baixa, média ou alta indagação (*hard cases*). Se ele se refere à Nona Emenda (como inerte), ela é, sim, inerte, como

---

Heywood era casado, mas defendia o sexo livre. As obras e sua pregação foram suficientes para ele ser preso, julgado e condenado a dois anos de trabalhos forçados. Cf. LEONARD, Devin. *Neither Snow nor Rain*: a History of the United States Postal Office. New York: Grove Press, 2017. p. 58-60.

[263] JACOBY, Susan. Freethinkers: *a History of American Secularism*. New York: Metropolitan Books, 2004. p. 10.

[264] RAKOVE, Jack N. *The Annotated U.S. Constitution and Declaration of Independence*. Cambridge: The Belknap Press of Harvard University Press, 2009. p. 240.

[265] RAKOVE, Jack N. *The Annotated U.S. Constitution and Declaration of Independence*. Cambridge: The Belknap Press of Harvard University Press, 2009. p. 242.

[266] RAKOVE, Jack N. *The Annotated U.S. Constitution and Declaration of Independence*. Cambridge: The Belknap Press of Harvard University Press, 2009. p. 242.

acontece com dispositivos legais (constitucionais) que permanecem incólumes até que sejam violados ou até que dada situação possa ser por eles disciplinada.

A Nona Emenda do *Bill of Rights* de 1789/1791 é uma cláusula de proteção, um mecanismo de salvaguarda de direitos fundamentais não listados, e isso já lhe basta.

Duas considerações se impõem antes que se concluam os comentários em torno do voto de Arthur Goldberg favorável à Estelle Griswold e Charles Lee Buxton.

A primeira diz respeito a duas passagens do seu voto em que ele cita James Madison e o juiz Joseph Story. Para reforçar a relevância da Nona Emenda, o relator se socorreu de outra passagem em que Madison se insurgia contra a alegação de que, "ao enumerar exceções particulares à concessão de poder", a carta de direitos[267] "depreciaria os direitos que não foram colocados nessa enumeração"; assim, "os direitos que não foram apontadas destinavam-se a serem entregues às mãos do Governo-Geral", e, portanto, o *Bill of Rights*, ao invés de proteger o cidadão, era instrumento de insegurança. Madison reconheceu tratar-se de argumento plausível, aliás ele afirmou ser um dos "mais plausíveis que já ouvira contra a admissão de uma declaração de direitos",[268] mas ele tinha um antídoto, vale dizer, ele, embora respeitasse o argumento, havia concebido uma alternativa que "protegia" contra essa possibilidade. A tal garantia era nada mais nada menos que a Nona Emenda, que, no projeto, equivalia à Quarta.

Story seguiu linha argumentativa um pouco diferente na abordagem, mas a conclusão é parecida à esboçada por Madison alguns anos antes. Para ele, a "sugestão de que a afirmação de certos direitos poderia depreciar outros, ou mesmo resultar em implicações argumentativas em favor de outros poderes", se constituía em um argumento que sequer "poderia ser sustentado".[269]

James Madison repeliu as afirmações de que a Declaração de Direitos poderia ser prejudicial apresentando a Nona Emenda como solução, em uma quadra histórica em que o texto constitucional ainda estava sendo gestado. Story, por sua vez, fez reflexões sobre a emenda já em vigor, embora sem que ainda houvesse decisões judiciais favoráveis. O fato é que Madison e Story (cada um a seu tempo e a seu modo) repeliram a argumentação de que a afirmação de direitos em um documento pudesse conduzir à interpretação de que todos os outros direitos por ventura não listados estariam vedados ou restariam entregues ao Estado, suprimindo-os do cidadão, no presente e no futuro.

Essa constatação reforça toda a linha argumentativa de Goldberg no sentido da aplicabilidade da Nona Emenda ao pedido de Griswold, vale dizer, do reconhecimento da inconstitucionalidade da lei do Estado de Connecticut, por ferimento ao direito à privacidade.

Por fim – e aqui a segunda consideração –, importante lembrar que John Marshall (igualmente citado por Goldberg), no célebre caso *Marbury v. Madison*, afirmou

---

[267] *Bill of Rights.*

[268] *Griswold v. Connecticut*, 381 U.S. 479 (1965). p. 489.

[269] *Griswold v. Connecticut*, 381 U.S. 479 (1965). p. 490.

que "não se pode presumir que qualquer cláusula da Constituição tenha a intenção de não ter efeito".[270]

A decisão que inaugurou o controle de constitucionalidade no mundo[271] provavelmente foi a primeira a registrar que não há palavras inúteis na Constituição.

8. VOTOS DISSIDENTES

8.1 Hugo Black. Da pobreza à Ku Klux Klan, ao Senado e à Suprema Corte

Hugo Lafayette Black nasceu em Harlan, Clay County, zona rural do Alabama, em 1886, 21 anos, portanto, depois do fim da Guerra Civil (1861-1865). Nessa época, o "Sul Profundo" ainda sentia os efeitos econômicos da guerra que devastou o país – de forma mais aguda, os estados confederados. É nesse ambiente de pobreza que William Lafayette Black – oriundo de uma família de "recursos financeiros limitados"[272] – contrai núpcias com Martha Ardellah Street Toland – nascida e criada naquilo que se podia chamar de elite local. William e Martha, agora não mais "Toland", mas "Black", começam uma vida de limitações financeiras[273] e profundamente

---

[270] *Marbury v. Madison*, 5 U.S. (1 Cranch) 137. p. 174.

[271] Há certo consenso em reconhecer John Marshall como o "pai" do controle de constitucionalidade, fruto da decisão proferida em *Marbury v. Madison*. Há os que afirmam que na América, ainda sob domínio Inglês, registraram-se alguns casos de pronunciamento judicial declarando a prevalência de uma norma superior. John Brigham, por exemplo, se refere a *Scholars* (sem nominá-los) que identificam o Dr. *Bonham's Case* (julgado na Inglaterra em 1611) como exemplo de controle de constitucionalidade, que inclusive teria servido como inspiração para decisão na América em 1761, antes, portanto, da Independência (Cf. HALL, Kermit L. *The Oxford Companion to the Supreme Court of the United States*. 2. ed. New York: Oxford University Press, 2005. p. 536. Verbete *Judicial Review*, de John Brigham). Ora, ainda que decisões anteriores tenham flertado com o conceito de invalidade de norma inferior em face de uma norma superior, não se pode afirmar – com todo o respeito aos que pensam diferente – que se tratou efetivamente de controle de constitucionalidade, até porque sequer existiam constituições escritas, pelo menos nos exemplos do autor anteriormente mencionado. É fato (documentado) que Alexander Hamilton, no Capítulo 78 de *O Federalista*, teceu considerações sobre o *judicial review*, e, nesse sentido, ele tem enorme contribuição doutrinária para o nascimento do controle de constitucionalidade. Por outro lado, se houvesse precedentes anteriores à elaboração da Constituição de 1787, eles teriam sido mencionados nos debates pró (federalistas) e contra a Constituição (antifederalistas). Simples assim. Houve discussão sobre a extensão da competência do Judiciário, mas em nenhum momento menção a precedentes, justamente porque não existiam. Desse modo, atacar a originalidade da decisão "judicial" proferida por Marshall em *Marbury v. Madison*, com o intuito de diminui-la, é negar o óbvio e distorcer a história. Para alguns, o negacionismo como recurso argumentativo é a chance de ter posição contrária ao *mainstream* jurídico; isso soa sofisticado e inovador aos ouvidos de quem pretende ser diferente.

[272] SUITTS, Steve. *Hugo Black of Alabama*: How His Roots and Early Career Shaped the Great Champion of the Constitution. Montgomery: New South Books, 2017. p. 27.

[273] Os pais de Martha tinham recursos, mas não o suficiente para prover uma vida burguesa aos filhos casados.

influenciada pela realidade local. O nome escolhido para o primeiro filho diz muito sobre essa realidade: Robert Lee.[274]

O juiz Black é filho de William e Martha, e o "Lafayette" não tem nenhuma ascendência francesa ou relação de nobreza. Trata-se de homenagem que seu avô prestou a personalidades da história norte-americana, entre eles o general Lafayette (Gilbert du Motier),[275] francês que lutou sob o comando de George Washington, este também homenageado como nome de filho, assim como "Columbus".[276]

Essa breve incursão biográfica talvez ajude a entender um pouco da personalidade de um dos juízes mais controversos da História da Suprema Corte dos Estados Unidos, o qual igualmente possui uma impressionante trajetória de vida, conseguindo ascender à Corte mais importante do país, deixando para trás a pobreza da zona rural do Alabama, à época um dos estados mais pobres da Federação. Nesse aspecto, sua história se parece um pouco com a de William Douglas, também ele oriundo da zona rural de um Estado sem grande expressão econômica, Washington, e de família sem posses. Ambos conquistaram um assento na Suprema Corte dos Estados Unidos indicados pelo presidente Franklin Roosevelt: Black em 1937 e Douglas em 1939.

Entre todos os juízes que serviram na Suprema Corte, incluindo os *Chief Justices*, Black foi o único[277] a ter pertencido à *Ku Klux Klan* (também conhecida como KKK),

---

[274] SUITTS, Steve. *Hugo Black of Alabama*: How His Roots and Early Career Shaped the Great Champion of the Constitution. Montgomery: New South Books, 2017. p. 29. Robert Lee, ou General Lee, foi um dos mais destacados comandantes militares dos confederados.

[275] A história do marquês de Lafayette mais parece ficção, contudo é real. Ao saber da luta das colônias inglesas na América em busca de se livrarem do jugo inglês, o jovem (então com 19 anos e residindo em Paris) integrante da nobreza francesa demonstrou de imediato o desejo de se alistar e lutar contra a velha inimiga, a Coroa Britânica. Lutou e se consagrou. Retornou à França a tempo de combater na Revolução Francesa: "Quando eu soube da disputa pela primeira vez, meu coração foi alistado, e eu não pensei em nada além de juntar-me às cores" (*When I first learned of the quarrel, my heart was enlisted, and I thought of nothing but joining the colors*) (DUNCAN, Mike. *Hero of Two Worlds*: the Marquis of Lafayette in the Age of Revolution. New York City: PublicAffairs Books, 2022. p. 25).

[276] SUITTS, Steve. *Hugo Black of Alabama*: How His Roots and Early Career Shaped the Great Champion of the Constitution. Montgomery: New South Books, 2017. p. 27.

[277] Linda Gordon aponta o juiz Edward Douglass White (ex-*Associate Justice* e posteriormente *Chief Justice* da Suprema Corte dos Estados Unidos) igualmente como integrante da Klan. Contudo, essa assertiva não encontra respaldo em outros historiadores, ver GORDON, Linda. The Second Coming of the KKK: the Ku Klux Klan of the 1920s and the American Political Tradition. New York City: W. W. Norton & Company, 2017. p. 165. Entre outros autores, Kermit Hall registra que Edward White participou da Guerra Civil lutando com os confederados (Cf. HALL, Kermit L. *The Oxford Companion to the Supreme Court of the United States*. 2. ed. New York: Oxford University Press, 2005. p. 1.086), sem fazer qualquer alusão à sua participação na KKK, considerada por muitos como uma organização terrorista. O livro de Kermit Hall é minucioso, cobre muitos aspectos da Suprema Corte, e, ao não fazer alusão a um suposto passado de White como membro da Klan, a publicação indiretamente reforça a ideia de que essa ligação ou nunca existiu, ou, alternativamente, os dados não são suficientemente robustos para sustentar o contrário.

entidade civil, criada logo após o fim da Guerra Civil, que pregava a superioridade da raça branca, perseguia, agredia e, em algumas situações, executava pessoas da cor negra, não raro via linchamento.[278] Hugo Black permaneceu na KKK de 1923 a 1926 e teria sido apoiado por ela na eleição para o Senado, em 1930.

Ao ser indicado por Franklin Roosevelt para compor a Suprema Corte, a antiga e breve vinculação com a *Ku Klux Klan* veio à tona, por obra de um jornal relativamente modesto, de Pittsburgh, na Pensilvânia, o mais que centenário *Pittsburgh Post-Gazette*, que inclusive ganhou o Prêmio Pulitzer de 1938[279] pela série de reportagens sobre Hugo Black e a *Klan*. A revelação foi duramente atacada por parlamentares,[280] por entidades de defesa dos negros[281] e pelo poderoso jornal *The New York Times*,[282] e contou ainda com a oposição do *The Washington Post*, este último mirou uma suposta falta de qualificação jurídica do indicado.[283] Contudo, o apoio dos colegas senadores e as justificativas por ele apresentadas restaram convincentes e seu nome foi aprovado pela Câmara Alta.

---

[278] Amy Wood, em elogiado estudo sobre o tema, observa que "o poder cultural do linchamento – na verdade, o poder cultural da própria supremacia branca – repousava no espetáculo: as multidões, os rituais e performances, e suas representações melodramáticas em narrativas, fotografias e filmes". Esclareça-se que a palavra "espetáculo", que inclusive dá título ao livro, é utilizada na perspectiva e com o significado do "ritual" de linchamento em fins do século XIX e início do XX. No mais, a autora afirma que o "ato de testemunhar um linchamento, mesmo na fotografia e no cinema, emprestou autoridade – tanto da verdade divina quanto da prova irrefutável – à ideologia da supremacia branca e ajudou a produzir um sentimento de superioridade e solidariedade entre sulistas brancos". Tradução nossa. No original: *The act of witnessing a lynching, even in photography and film, lent the authority of both divine truth and irrefutable proof to white supremacist ideology and helped produce a sense of superiority and solidarity among otherwise different white southerners* (WOOD, Amy Louise. *Lynching and Spectacle*: Witnessing Racial Violence in America, 1890-1940. Chapel Hill: The University of North Caroline Press, 2011. p. 3-5). Dessa observação é possível concluir que a prática foi utilizada tanto como repressão e "punição" (mediante decisões sumárias) quanto como elemento catalisador de uma suposta superioridade branca.

[279] O jornalista premiado foi Raymond Sprigle. THE PULITZER PRIZES. *The 1938 Pulitzer Prize Winner in Reporting*. Disponível em: https://www.pulitzer.org/winners/raymond-sprigle. Acesso em: 23.07.2022.

[280] Um congressista da Geórgia afirmou que a indicação de Hugo Black à Suprema Corte era "o pior insulto que já foi dado à nação". Cf. LEUCHTENBERG, William E. A Klansman Joins the Court. Chicago: *The University of Chicago Law Review*, v. 41, n. 1, Fall 1973. p. 8.

[281] Associação Nacional para o Avanço das Pessoas de Cor (National Association for the Advancement of Colored People). Cf. LEUCHTENBERG, William E. A Klansman Joins the Court. Chicago: *The University of Chicago Law Review*, v. 41, n. 1, Fall 1973. p. 9.

[282] O jornal *The New York Times* continuou a criticá-lo durante os primeiros anos de sua atuação como juiz da Suprema Corte. Cf. SCHWARTZ, Bernard. *A History of the Supreme Court*. New York: Oxford University Press, 1993. p. 238.

[283] O texto dizia que homens com "qualificação profissional deficiente ocasionalmente foram nomeados para a Suprema Corte", e que outros qualificados conseguiriam indicação "porque eram também politicamente agradáveis a um presidente". Em seguida, com fina ironia, arremata afirmando tratar-se de uma indicação marcante: "Mas até ontem os estudantes de história americana teriam achado difícil se referir a qualquer nomeação para a Suprema Corte

O *Alabamian* de origem humilde, que, no Senado, combateu monopólios e defendeu o *New Deal* com extremo zelo e competência, tornou-se *Associate Justice* da Suprema Corte dos Estados Unidos em 1937 – a primeira indicação de Roosevelt – liberal que, com o passar do tempo, adquiriu viés conservador, textualista que, em 1944, foi autor do voto, pela maioria, em *Korematsu v. United States*.[284]

8.1.1 Um voto em defesa da autocontenção

O voto de Hugo Black (um dos dois votos contrários à tese do "direito à privacidade" e à decisão de toda a Corte) é um mergulho nas profundezas da contenção judicial, seguramente, nesse quesito, é um dos mais contundentes da História da Suprema Corte. O autor adere, sem pudor e sem limites, à deferência da ação legislativa ante a atuação judicial, incabível, segundo ele, por ausência de autorização constitucional para decidir *in concreto*.

As primeiras linhas do voto são de concordância com "a opinião divergente do meu irmão Stewart",[285] e com ele assinalou que não baseava seu entendimento sobre a constitucionalidade da lei de Connecticut "em uma crença de que a lei é sábia ou que sua política é boa". Para afastar dúvidas do porquê de seu voto contrário, disse ter ficado "constrangido a acrescentar que a lei era tão ofensiva" para ele "quanto era para meus irmãos da maioria[286] e meus irmãos Harlan, White e Goldberg, que, recitando razões pelas quais é ofensivo para eles, consideram-na inconstitucional".[287] Acrescentou que subscrevia, sem exceção, todas as críticas formuladas pelos seus "irmãos" à citada lei de Connecticut, "exceto sua conclusão de que as más qualidades que eles veem na lei tornam-na inconstitucional".[288]

A passagem *supra* bem ressalta a opção pela contenção judicial. Identifica todos os defeitos possíveis da lei, adere a todas as críticas possíveis, inclusive a da má qualidade da norma, que, importante ressaltar, estava próxima a completar um século de existência. Ainda assim, o juiz Hugo Black entende não ser possível ou conveniente a atuação judicial, mesmo sabedor do dano que a lei causava às mulheres e às suas respectivas famílias, visto que restavam impossibilitadas de efetuar um planejamento para não

---

que combinasse falta de treinamento por um lado e partidarismo extremo. Nesse aspecto a escolha do Senador Black deve ser considerada excepcional". Cf. LEUCHTENBERG, William E. A Klansman Joins the Court. Chicago: *The University of Chicago Law Review*, v. 41, n. 1, Fall 1973. p. 7.

[284] 323 U.S. 214 (1944). Trata-se do caso histórico, julgado em 1944, em que a Suprema Corte decidiu que a legislação de confinamento de japoneses era constitucional à luz das circunstâncias daquele período e para preservar o país contra potencial espionagem de japoneses naturalizados e descendentes. Esse caso inaugurou o "escrutínio estrito" (*strict scrutiny*) de revisão judicial.

[285] Ele se refere a Potter Stewart.

[286] A expressão "irmãos da maioria" se refere aos quatro não citados nessa passagem do voto.

[287] *Griswold v. Connecticut*, 381 U.S. 479 (1965). p. 507.

[288] *Griswold v. Connecticut*, 381 U.S. 479 (1965). p. 507.

Capítulo I · O LONGO CAMINHO DO DIREITO À PRIVACIDADE NOS ESTADOS UNIDOS DA AMÉRICA | **77**

engravidar, seja porque não queriam, seja porque não tinham condições de ampliar a família, seja porque uma gravidez poderia significar riscos à saúde da mulher.

Faltou ao juiz Hugo Black o bom senso e a perspicácia do seu colega Byron White, que – ao concordar com a maioria e fazê-lo em forma de voto separado – conseguiu compreender a dimensão social do problema submetido à Corte pelo recurso de Griswold. O juiz White observou que não era "a primeira vez que o tribunal teve a oportunidade de articular que a liberdade garantida pela Décima Quarta Emenda inclui o direito de 'casar, estabelecer uma casa e criar os filhos'" e que as decisões que sufragaram esse entendimento (ele lista algumas) "afirmam que existe um 'campo de vida familiar no qual o Estado não pode entrar' sem justificativa substancial".[289]

E disse mais o juiz White: que o "estatuto anticontraceptivo de Connecticut (...) proíbe todas as pessoas casadas do direito de usar dispositivos de controle de natalidade, independentemente de seu uso ser ditado por considerações de planejamento familiar, saúde, ou mesmo da própria vida".[290]

Mais adiante Black tratou de demonstrar que Estelle Griswold e o médico Charles Lee Buxton não estavam protegidos pela "Primeira e Décima Quarta Emendas, que garantem a liberdade de expressão". Isso, porque, no seu entendimento, somente estariam sob a proteção das citadas emendas "médicos ou não médicos" que estivessem a "expressar opiniões" a pessoas que se dirigissem à clínica e recebessem informações, por exemplo, de "que certos dispositivos contraceptivos, medicamentos ou práticas poderiam fazer bem e seriam desejáveis, ou para dizer[291] às pessoas como os dispositivos poderiam ser usados".[292] Nessa hipótese, e somente nela, Black afirmou que "naquele momento não conseguia pensar em nenhuma razão" para que as manifestações de pontos de vista dos médicos e não médicos "não fossem protegidas pela Primeira e Décima Quarta Emendas, que garantem a liberdade de expressão".[293]

Em seguida, com uma conjunção adversativa, arrematou assinalando que ("mas") "a fala é uma coisa; conduta e atividades físicas são outra bem diferente". Observou que "os dois réus aqui eram participantes ativos de uma organização que realizava exames físicos em mulheres, aconselhava-as sobre o tipo de dispositivo anticoncepcional ou medicamento que provavelmente seria satisfatório para elas e, em seguida, fornecia os próprios dispositivos". Dessa forma e também porque a atividade era remunerada a

---

[289] *Griswold v. Connecticut*, 381 U.S. 479 (1965), p. 502.

[290] *Griswold v. Connecticut*, 381 U.S. 479 (1965). p. 503.

[291] Refere-se a "médicos e não médicos" que porventura orientassem.

[292] *Griswold v. Connecticut*, 381 U.S. 479 (1965). p. 507.

[293] *Griswold v. Connecticut*, 381 U.S. 479 (1965). p. 507-508. Importante reproduzir o inteiro teor do raciocínio desenvolvido por Black. Tradução nossa. No original: *Had the doctor defendant here, or even the nondoctor defendant, been convicted for doing nothing more than expressing opinions to persons coming to the clinic that certain contraceptive devices, medicines or practices would do them good and would be desirable, or for telling people how devices could be used, I can think of no reasons at this time why their expressions of views would not be protected by the First and Fourteenth Amendments, which guarantee freedom of speech.*

depender da renda familiar, a conduta de ambos não se harmonizava com a proteção assegurada na Primeira e Décima Quarta Emendas (liberdade de expressão), e, em derradeira análise, estava caracterizada e admitida pelos réus uma "conduta planejada para ajudar as pessoas a violar a lei de Connecticut".[294]

Fica evidente que o peso que Hugo Black empresta à atuação de Griswold e Buxton é bastante diverso daquele imprimido por William Douglas. Enquanto este tem uma visão mais aberta e generosa da liberdade de expressão,[295] Black insiste em reduzi-la e não associá-la a outras liberdades que conduziriam ou (i) a admitir que o aconselhamento da Planned Parenthood League of Connecticut se enquadrava no conceito de liberdade de expressão, ou (ii) a admitir que, ainda que não se enquadrasse especificamente neste, estar-se-ia diante de um direito à privacidade resultante da construção de todos ou da maioria dos direitos agasalhados no *Bill of Rights*, tal como magistralmente identificou William Douglas.

8.1.2 Aderência ao textualismo. Hugo Black e Antonin Scalia

Advirta-se que não se pretende (e sequer seria razoável em um trabalho desta natureza) proceder a uma análise minuciosa do pensamento jusfilosófico de Hugo Black. Contudo, parece indispensável demonstrar que a divergência não se reduz a *Griswold v. Connecticut*, ela integra o modo como ele enxerga o papel do Judiciário.

O constitucionalista Michael J. Gerhardt, Professor de Direito do *College of William and Mary*, foi o primeiro – e provavelmente o único até aqui – a apontar semelhanças no discurso textualista de Hugo Black e Antonin Scalia. Gerhardt, entretanto, adverte que eles não são iguais, há diferenças pontuais entre eles, mas são textualistas e, como tal, com postura clara e robusta contra o *substantive due process* e contra o ativismo.

Antes de apontar semelhanças, o autor menciona o contraste entre Black e Scalia, dizendo que o primeiro "está associado à legislação social e econômica progressista simbolizada pelo *New Deal* e ao ativismo judicial na proteção dos pobres e desprivilegiados"; além disso, "é amado por muitos liberais como defensor dos direitos individuais, especialmente da liberdade de expressão e de imprensa".[296] Scalia, por sua vez, "é reverenciado pelos conservadores como um verdadeiro crente", por ter combatido "o liberalismo, o gigantismo do Estado e o ativismo judicial" e admirado,

---

[294] *Griswold v. Connecticut*, 381 U.S. 479 (1965). p. 508.

[295] Entre outras manifestações de Douglas afirmando o caráter aberto, amplo, da liberdade de expressão, convém reproduzir uma passagem constante da decisão em *Griswold v. Connecticut*: "O direito de liberdade de expressão e de imprensa inclui não apenas o direito de proferir ou imprimir, mas o direito de distribuir, o direito de receber, o direito de ler (*Martin v. Struthers*, 319 U.S. 141, 319 U.S. 143) e a liberdade de investigação, liberdade de pensamento e liberdade para ensinar (ver *Wieman v. Updegraff*, 344 U.S. 183, 195) – na verdade, a liberdade de toda a comunidade universitária" (*Griswold v. Connecticut*, 381 U.S. 479 (1965). p. 482).

[296] GERHARDT, Michael J. A Tale of Two Textualists: a Critical Comparison of Justices Black and Scalia. *Boston University Law Review*, v. 74, 1994. p. 25.

ainda, por sua determinação em "restaurar noções tradicionais de federalismo e contenção judicial".[297]

Estiveram juntos, entretanto, na oposição "ao uso pela Corte da Cláusula do Devido Processo, da Décima Quarta Emenda, para proteger direitos substantivos".[298] Nesse sentido, Hugo Black enxergava a Cláusula do Devido Processo no âmbito econômico, tal como comumente invocada pelos juízes, como um movimento em que eles (magistrados) por vezes "derrubavam leis não porque violavam as restrições específicas da Constituição, mas porque entendiam ser irrazoáveis, injustas, arbitrárias ou caprichosas".[299] Desse modo, Black "se opunha a essa interpretação aberta da cláusula do devido processo porque, em sua opinião, ela não previa nenhuma limitação à liberdade dos juízes em invocar suas preferências pessoais para decidir questões constitucionais".[300]

Tanto um (Scalia), quanto outro (Black) estenderam sua desconfiança ao devido processo substantivo para além do contexto econômico. Ainda com Michael Gerhardt: "ambos também se opuseram vigorosamente ao seu uso para proteger interesses não econômicos". Especificamente com relação ao juiz Black, sua "oposição ao devido processo substantivo em casos não econômicos ficou mais claramente evidente com a discordância ao reconhecimento da Corte de um direito de privacidade constitucionalmente protegido em *Griswold v. Connecticut*".[301]

No voto dissidente, Hugo Black afirmou, ainda, não "confiar na Cláusula do Devido Processo Legal ou na Nona Emenda ou em qualquer conceito misterioso e incerto de lei natural como razão para derrubar essa lei estadual". Lembrou que a "Cláusula do Devido Processo, com fórmula 'arbitrária e caprichosa' ou 'chocante para a consciência'", havia sido utilizada de forma liberal pela Corte Suprema "para derrubar a legislação econômica nas primeiras décadas deste século, ameaçando, muitos pensavam, a tranquilidade e a estabilidade da Nação",[302-303] e que "essa fórmula, baseada em considerações subjetivas de 'justiça natural', não é menos perigosa quando usada para fazer valer as opiniões da Corte sobre direitos pessoais do que sobre direitos econômicos".[304]

Determinado a demonstrar o perigo de a Corte se afastar dos cânones constitucionais e atribuir a si própria autoridade que ele entendia inexistente, o juiz Black

---

[297] GERHARDT, Michael J. A Tale of Two Textualists: a Critical Comparison of Justices Black and Scalia. *Boston University Law Review*, v. 74, 1994. p. 25.

[298] GERHARDT, Michael J. A Tale of Two Textualists: a Critical Comparison of Justices Black and Scalia. *Boston University Law Review*, v. 74, 1994. p. 40.

[299] BLACK, Hugo LaFayette. *A Constitutional Faith*. New York: Alfred A. Knopf, 1968. p. 28.

[300] BLACK, Hugo LaFayette. *A Constitutional Faith*. New York: Alfred A. Knopf, 1968. p. 28.

[301] GERHARDT, Michael J. A Tale of Two Textualists: a Critical Comparison of Justices Black and Scalia. *Boston University Law Review*, v. 74, 1994. p. 40.

[302] *Griswold v. Connecticut*, 381 U.S. 479 (1965). p. 522.

[303] Nessa passagem "para derrubar a legislação econômica nas primeiras décadas deste século", ele se refere ao caso *Lochner v. New York*, ligeiramente comentado aqui, anteriormente.

[304] *Griswold v. Connecticut*, 381 U.S. 479 (1965). p. 522.

não economizou nos argumentos, disse, a certa altura do voto, que o "uso de qualquer autoridade judicial ampla e ilimitada faria dos membros da Corte uma convenção constitucional cotidiana".[305]

Alcunhar decisões esporádicas da Suprema Corte como exemplo de transformação da Corte em uma "convenção constitucional cotidiana" é um recurso comumente utilizado pelos conservadores para se oporem aos que defendem à teoria da *living Constitution* e aos que defendem uma postura mais presente da Corte em corrigir os abusos do Legislador, especialmente aqueles atentatórios aos direitos fundamentais.

Ao escrever "atentatórios aos direitos fundamentais" é inevitável recorrer ao próprio Hugo Black, que, em 1968, afirmou o que se segue:

> É de suma importância para mim que nosso país tenha uma Constituição escrita. Este grande documento é contribuição americana única para a busca contínua do homem por uma sociedade na qual a liberdade individual esteja segura contra a opressão governamental.
>
> (...) A Constituição americana não é um acidente da história, mas, sim, o produto evolutivo do esforço do homem ao longo das eras passadas para se proteger de reis, potentados e governantes tirânicos.[306]

Os dois parágrafos *supra* integram uma série de três palestras[307] proferida por Black na Columbia University School of Law, em março de 1968, e mais tarde transformada em livro (*A Constitutional Faith*), publicado no mesmo ano.

Sobre eles, os parágrafos, convém uma reflexão, ainda que breve. A lei de 1879 do Estado de Connecticut, como visto em diversas passagens deste capítulo, é consequência de um momento histórico em que a América, tomada pelo mais profundo messianismo, impediu a mulher sexualmente ativa de optar por não ter filhos. Se ela adotasse algum procedimento contraceptivo, poderia ser – e certamente seria – processada, sujeita à multa e prisão; não só as mulheres, mas todos aqueles que contribuíssem ou difundissem métodos impeditivos da gravidez. A lei federal que lhe serviu de inspiração possibilitou que agentes do Estado censurassem a arte, a literatura e o teatro, perseguissem e prendessem os que a ela não se adequassem. Tudo isso, ninguém há de negar, atentava contra a "liberdade individual" e incentivava o surgimento de "pequenos tiranos", que agiam em nome do Estado.

---

[305] *Griswold v. Connecticut*, 381 U.S. 479 (1965). p. 520.

[306] BLACK, Hugo LaFayette. *A Constitutional Faith*. New York: Alfred A. Knopf, 1968. p. 3. Tradução nossa. No original: *It is of paramount importance to me that our country has a written constitution. This great document is the unique American contribution to man's continuing search for a society in which individual liberty is secure against governmental oppression. (...) The American Constitution is no accident of history, but is the evolutionary product of man's striving throughout past ages to protect himself from tyrannical kings, potentates, and rulers.*

[307] *James S. Carpentier Lectures*, prestigiada série de palestra da Columbia University School of Law, com início em 1903.

Os três parágrafos anteriores conduzem a uma conclusão: ao não reconhecer ou minimizar todos esses fatos, Hugo Black demonstrou que juiz e palestrante atuaram em desarmonia.

Em outro processo (*Berger v. New York*), julgado dois anos após *Griswold v. Connecticut*, em que se debatia, entre outros temas, a extensão da proteção albergada pela Quarta Emenda – uma das que compõem o *Bill of Rights* –, Black afirmou que a "interpretação justa" da linguagem da Quarta Emenda "refere-se especificamente 'a buscas e apreensões não razoáveis', e não a um amplo direito indefinido à 'privacidade' em geral". Observou que a tentativa do tribunal em "transformar o significado da Emenda" equivalia a "fazer truques com ela". Em seguida, em arremate, completou que era "impossível" para ele "pensar que os sábios formuladores dessa Emenda teriam sonhado em redigi-la para proteger o 'direito à privacidade'".[308]

A limitação que ele impõe ao "direito à privacidade" não se restringe, como visto, a *Griswold v. Connecticut*, e, se ainda remanesce alguma dúvida, ela restaria dissipada na continuidade dos argumentos constantes do voto dissidente em *Berger v. New York*, em que ele afirma que "essa expressão, como um camaleão, tem uma cor diferente para cada curva".[309]-[310] Em seguida foi ainda mais contundente, como se infere desta passagem:

> De fato, o uso de "privacidade" como palavra-chave na Quarta Emenda simplesmente dá a este Tribunal uma nova ferramenta útil, a meu ver, tanto para usurpar o poder de formulação de políticas do Congresso quanto para tornar inconstitucionais mais leis estaduais e federais quando o Tribunal nutre uma hostilidade suficiente para com elas. Portanto, não posso concordar em considerar a lei de Nova York inconstitucional com a premissa de que todas as leis que invadem a privacidade de forma irracional violam a Quarta Emenda.[311]

---

[308] *Berger v. New York*, 388 U.S. 41 (1967). p. 77.

[309] *Berger v. New York*, 388 U.S. 41 (1967). p. 77.

[310] Michael Gerhardt utilizou, em uma única linha, dois argumentos explícitos de autoria de Hugo Black, constantes do caso *Berger v. New York*, mas que, no voto dissidente de Black, estão em linhas e contextos diferentes. Quando Black se referiu a "algum objetivo igualmente vago feito por um juiz" (*vague judge-made goal*), à p. 78, ele estava a discorrer sobre "linguagem literal, expansão de linguagem e uso da imaginação para transformar o significado das palavras na Língua Inglesa", referindo-se à privacidade. Por seu turno, quando ele se referiu a "como um camaleão que para cada giro tem uma cor diferente" (*like a chameleon, has a different color for every turning*), à p. 77, ele procurou ressaltar que o conceito abstrato serviria a situações díspares, tal qual um camaleão mudando de cor. Não se pode dizer que Gerhardt agiu de má-fé ou que, ao fazer a junção das duas frases, tenha promovido uma alteração de relevo. Contudo, é importante deixar registrado que efetivamente a frase original de Hugo Black não se encontra na mesma linha, como o texto faz intuir. E mais, Gerhardt sequer colocou aspas em *vague judge-made goal*, embora tenha feito na frase seguinte e atribuído autoria. Cf. GERHARDT, Michael J. A Tale of Two Textualists: a Critical Comparison of Justices Black and Scalia. *Boston University Law Review*, v. 74, 1994. p. 41.

[311] GERHARDT, Michael J. A Tale of Two Textualists: a Critical Comparison of Justices Black and Scalia. *Boston University Law Review*, v. 74, 1994. p. 41.

O caso *Berger v. New York* é importante para reiterar e compreender a posição quase intransigente do juiz Hugo Black no que diz respeito ao *substantive due process*. Inclusive, a afirmação de que a Corte, ao acolher o "direito à privacidade", estava a "usurpar o poder de formulação de políticas do Congresso" bem demonstra o quão hostil Black se apresentava a essa construção doutrinária, razoável ao entendimento da maioria da Corte em 1965, e em outros momentos em que ela a agasalhou, na linha esposada de forma pioneira por William Douglas.

8.2   O voto de Potter Stewart

O segundo voto contrário a Estelle Griswold e Charles Lee Buxton foi de autoria de Potter Stewart, de resto já comentado aqui, lateralmente. Ele foi o quinto e último indicado pelo presidente Dwight Eisenhower para a Suprema Corte dos Estados Unidos. Diferentemente de William Douglas e Hugo Black, ambos de origem humilde, Stewart, nascido em 1915, "foi criado em uma família rica e firmemente republicana em Cincinnati".[312] Seu pai, James Garfield Stewart, foi prefeito de Cincinnati[313] e posteriormente membro da *Supreme Court of Ohio*, mais importante tribunal do Estado.

Graduado em Direito pela Yale Law School, Stewart advogou em Cincinnati e passou a se envolver com política, primeiro apoiando a candidatura ao Senado de Robert Taft, e, tempos depois, em 1952, participou da campanha vencedora de Eisenhower à Casa Branca, descartando Taft,[314] que àquela altura já possuía à alcunha de "candidato perene"[315] ao cargo mais importante do país. Ao ser indicado, em 1958, Stewart era juiz federal e contava 43 anos de idade, então um dos mais jovens a ter assento na Suprema Corte.[316] A aposta arriscada[317] em Eisenhower, em vez de Taft (candidato "natural do partido), rendeu bons frutos.

Stewart foi um dos poucos membros da Corte a ter participado de um conflito bélico. Em 1941, pouco depois de ter começado a atuar como advogado em um escritório em Wall Street, ele foi convocado pela Marinha dos Estados Unidos logo no início da II Guerra Mundial; atuou como oficial em um navio de abastecimento (petroleiro) no Atlântico e no Mediterrâneo.[318]

---

[312]   IRONS, Peter. *A People's History of the Supreme Court*: The Men and Women Whose Cases and Decisions Have Shaped Our Constitution. New York: Penguin Books, 2000. p. 403.

[313]   CALDEIRA, Gregory A. Potter Stewart. In: HALL, Kermit L. *The Oxford Companion to the Supreme Court of the United States*. 2. ed. New York: Oxford University Press, 2005. p. 978.

[314]   CALDEIRA, Gregory A. Potter Stewart. In: HALL, Kermit L. *The Oxford Companion to the Supreme Court of the United States*. 2. ed. New York: Oxford University Press, 2005. p. 978.

[315]   HITCHCOCK, William I. *The Age of Eisenhower*: America and the World in the 1950s. New York: Simon & Schuster, 2018. p. 50. No original: (...) *Senator Robert Taft, a perennial Republican presidential candidate...*

[316]   SCHWARTZ, Bernard. *A History of the Supreme Court*. New York: Oxford University Press, 1993. p. 272.

[317]   IRONS, Peter. *A People's History of the Supreme Court*: The Men and Women Whose Cases and Decisions Have Shaped Our Constitution. New York: Penguin Books, 2000. p. 403.

[318]   HALL, Kermit L. *The Oxford Companion to the Supreme Court of the United States*. 2. ed. New York: Oxford University Press, 2005. p. 978.

Capítulo I · O LONGO CAMINHO DO DIREITO À PRIVACIDADE NOS ESTADOS UNIDOS DA AMÉRICA | 83

Sua indicação à Suprema Corte granjeou oposição dos senadores do Sul dos Estados Unidos, insatisfeitos com sua postura como juiz federal, especificamente por ter elaborado um voto – na época em que era juiz da Corte de Apelações do Sexto Circuito[319] – concordando com o precedente *Brown v. Board of Education*, julgado anos antes pelo Tribunal Supremo. O senador James Eastland, do Mississippi, reconhecia Stewart como um advogado hábil e um homem íntegro, entretanto votaria, como efetivamente votou, contra a indicação. Nesse cenário, Stewart recebeu 70 votos favoráveis e 17 contrários, e o senador George Smathers, democrata da Flórida, seis dias após ter votado favoravelmente, discursou no Senado dizendo que votara a favor sem ter conhecimento do teor do discurso do senador Russel, contrário à indicação. Assim, registrava ao Senado e ao futuro juiz Stewart que considerassem seu voto como contrário à confirmação, embora não fosse mais possível reverter o voto concedido.[320]

Há alguns consensos com relação a Potter Stewart: o primeiro é de que foi um grande advogado, inclusive ele próprio disse que gostaria de ser lembrado como tal. O segundo, por sua vez, diz respeito a um equilíbrio em suas decisões. Já o terceiro consiste no fato de não se filiar a uma corrente filosófica específica, embora fosse um conservador em matéria penal.[321] Por fim, o quarto relaciona-se ao fato de ser sempre lembrado por uma frase, um tanto quanto infeliz, em razão do contexto em que foi proferida. Em 1964, a Corte julgou o caso *Jacobellis v. Ohio*, em que o Estado de Ohio pretendia impedir a exibição de um filme de Louis Malle (*The Lovers*), por considerá-lo obsceno. O tribunal considerou a proibição inconstitucional, por violação à Primeira Emenda, que trata da liberdade de expressão, inclusive, por óbvio, em manifestação artística.

Em *Jacobellis v. Ohio*, o juiz Stewart votou com a maioria e, em dado momento do voto, afirmou que, de acordo com a jurisprudência "sob a Primeira e Décima Quarta Emendas, as leis criminais nesta área são constitucionalmente limitadas à pornografia *hard core*"[322] e o caso dos autos não se trata disso, porque – e aqui a frase imortalizada pelos biógrafos e comentadores – "eu conheço quando eu vejo" (*I know it when I see it*).[323]

Em mais de duas décadas na Corte, precisamente 23 anos, o juiz Stewart produziu aproximadamente 600 votos e sempre foi tido como intelectualmente preparado, com boa formação, e produção de votos razoáveis, desde sua passagem pela Corte de Apelações do Sexto Circuito. Não obstante, Gregory Caldeira anota que, "ao contrário

---

[319] O nome oficial é *The United States Court of Appeals for the Sixth Circuit*. Sobre as cortes de apelação nos Estados Unidos, consultar: CROSS, Frank B. *Decision Making in the U.S. Court of Appeals*. Stanford: Stanford University Press, 2007.

[320] CUTLER, Lloyd N. Mr. Justice Stewart: a Personal Reminiscence. *Harvard Law Review*, v. 95, n. 1, Nov. 1981. p. 12.

[321] SCHWARTZ, Bernard. *A History of the Supreme Court*. New York: Oxford University Press, 1993. p. 273.

[322] *Jacobellis v. Ohio*, 378 U.S. 184 (1964). p. 197. Tradução nossa. No original: *Under the First and Fourteenth Amendments, criminal laws in this area are constitutionally limited to hard core pornography*.

[323] *Jacobellis v. Ohio*, 378 U.S. 184 (1964). p. 197.

de muitos juízes, como Black e Douglas, Stewart não deixou nenhuma marca identificável nas doutrinas ou políticas da Corte".[324] A Suprema Corte tem mais de dois séculos de ininterrupto funcionamento, e, nesse tempo, mais de 150 juízes e juízas atuaram, julgando casos de inegável importância. Ainda assim, mesmo com todo esse tempo e grande número de magistrados que atuaram, parece exagerado dizer que "muitos juízes" deixaram "marca identificável nas doutrinas ou políticas da Corte". Talvez fosse correto dizer que "alguns" deixaram um legado importante e efetivo.

8.2.1 *"Lei notavelmente estúpida e obviamente inexequível"*

O trecho mais notável do voto de Stewart encontra-se já nas primeiras linhas, ao assinalar que, "desde 1879, Connecticut tem em seus livros uma lei que proíbe o uso de anticoncepcionais por qualquer pessoa", e complementa dizendo tratar-se de "lei notavelmente estúpida e obviamente inexequível". Acrescenta que, "na prática, a lei é obviamente inexequível, exceto no contexto oblíquo do presente caso".[325]

Em seguida faz uma revelação honesta e até certo ponto contraditória, ao afirmar que, "por uma questão filosófica, acredito que o uso de anticoncepcionais na relação conjugal deve ser deixado para escolha pessoal e privada, com base nas crenças morais, éticas e religiosas de cada indivíduo".[326] E diz mais: "por uma questão de política social, acho que aconselhamento profissional sobre métodos de controle de natalidade deve estar disponível para todos, para que a escolha de cada indivíduo possa ser feita de forma significativa".[327]

Completa o raciocínio não mais defenestrando a lei de 1879, até porque, aparentemente, todos os defeitos atribuíveis a ela parecem ter sido esgotados na argumentação – até aqui, digna de elogios – reproduzida nos parágrafos imediatamente anteriores. Completa-o, como visto, para definir o que ele pensa de política social, que é justamente negada pela lei de 1879, proibidora de aconselhamento e de métodos de controle de natalidade, vedação que culminou com a prisão de Estelle Griswold e Charles Buxton.

Em seguida Stewart, aparentemente, ironiza a decisão do tribunal por ter se referido a "nada menos que seis Emendas à Constituição: a Primeira, a Terceira, a Quarta, a Quinta, a Nona e a Décima Quarta", sem demonstrar, segundo ele, "qual

---

[324] Tradução nossa. No original: *unlike many of the justices, such as Black and Douglas, Stewart left no readily identifiable mark on the Court's doctrines or policies* (CALDEIRA, Gregory A. Potter Stewart. In: HALL, Kermit L. *The Oxford Companion to the Supreme Court of the United States*. 2. ed. New York: Oxford University Press, 2005. p. 978).

[325] *Griswold v. Connecticut*, 381 U.S. 479 (1965). p. 527. Tradução nossa. No original: *I think this is an uncommonly silly law. As a practical matter, the law is obviously unenforceable, except in the oblique context of the present case.*

[326] *Griswold v. Connecticut*, 381 U.S. 479 (1965). p. 527.

[327] *Griswold v. Connecticut*, 381 U.S. 479 (1965). p. 527. Tradução nossa. No original: *As a matter of social policy, I think professional counsel about methods of birth control should be available to all, so that each individual's choice can be meaningfully made.*

dessas emendas, se houver, foi infringida pela lei de Connecticut".[328] Após mencioná--las com ares de provável deboche, ele comenta o porquê, no seu entender, as emendas listadas não se aplicavam ao caso. Afirma que "quanto à Primeira, Terceira, Quarta e Quinta Emendas, não encontro nada em nenhuma delas que invalide esta lei de Connecticut, mesmo supondo que todas essas Emendas sejam totalmente aplicáveis contra os estados".[329]

Aqui ele se refere a todos os votos,[330] porque nenhum deles isoladamente tomou como fundamento todas as emendas que ele acabara de mencionar. Ocorre que é evidente exagero dizer que nenhum voto demonstrou qual emenda restou violada pela lei de Connecticut; exagero ou má vontade. Ele, Stewart, pode não ter sido convencido dos argumentos, mas evidentemente que os votos apontaram, sim, violação de preceitos constitucionais. Especialmente o do "relator", que tece considerações espaçadas sobre cada uma das emendas, inclusive sobre aquartelamento de soldado em casas, conforme se depreende da seguinte passagem, de resto já mencionada quando sobre ele se discorreu, mais cedo: "a Terceira Emenda em sua proibição contra o aquartelamento de soldados 'em qualquer casa' em tempo de paz sem o consentimento do proprietário é outra faceta dessa privacidade".[331]

Como se constata, o juiz Douglas é preciso, direto, ao fazer a ponte entre a Terceira Emenda e a privacidade, argumento que sustenta seu voto. Desse modo, é descabida a alegação de Potter Stewart de que "nem sequer foi argumentado" sobre a lei e as emendas que a maioria utilizou para fundamentar o voto. E mais, quando ele (Stewart) faz menção à expressão "nenhum soldado foi aquartelado em qualquer casa",[332] parece não ter percebido (ou fingiu não ter percebido) que parte do raciocínio construído por Douglas é fruto de cotejo, não de afirmação sobre violação específica. Douglas procura e consegue demonstrar[333] que esse conjunto de direitos e garantias previstos em algumas emendas[334] acolhe garantias específicas, penumbras, "formadas por emanações dessas garantias que ajudam a dar-lhes vida e substância".[335]

Em outro processo, outro juiz, em outra circunstância, tece considerações igualmente precisas que podem ser utilizadas como resposta à alegação extrema, de autoria de Stewart, no sentido de que "nenhum soldado foi aquartelado em qualquer casa". Trata-se de John Marshall Harlan II, no voto dissidente em *Poe v. Ullman*, ao afirmar que estava "naturalmente claro" que a lei do Estado de "Connecticut não invade a privacidade do lar no sentido usual, uma vez que a invasão envolvida aqui pode ser – e, sem dúvida,

---

[328] *Griswold v. Connecticut*, 381 U.S. 479 (1965). p. 527-528.

[329] *Griswold v. Connecticut*, 381 U.S. 479 (1965). p. 528.

[330] O do "relator" (Douglas) e os dos que aderiram à declaração de inconstitucionalidade, mas com fundamento diverso, Arthur Goldberg, John Harlan e Byron White.

[331] *Griswold v. Connecticut*, 381 U.S. 479 (1965). p. 529.

[332] *Griswold v. Connecticut*, 381 U.S. 479 (1965). p. 529.

[333] Sugere-se consultar os comentários ao voto do juiz William Douglas.

[334] A maioria delas compõe o *Bill of Rights*.

[335] *Griswold v. Connecticut*, 381 U.S. 479 (1965). p. 484.

normalmente seria – realizada sem qualquer intrusão física no lar".[336] Esse argumento do juiz Harlan se insere em uma construção mais ampla e muito bem conduzida em que ele demonstra a intrusividade da lei de Connecticut proibitiva do controle de natalidade.

Alguns parágrafos depois Stewart conclui com uma indagação: "Que dispositivo da Constituição, então, torna essa lei estadual inválida?". Ele mesmo responde, dizendo fazê-lo com toda "deferência", mas não conseguia "encontrar tal direito geral de privacidade no *Bill of Rights*, em qualquer outra parte da Constituição, ou em qualquer caso já decidido por este Tribunal".[337]

Por fim, no último parágrafo, ele arremata dizendo esperar por alteração legislativa, citando o "povo" duas vezes em uma única linha:

> Estamos aqui para decidir casos "de acordo com a Constituição e as leis dos Estados Unidos". É a essência do dever judicial subordinar nossos próprios pontos de vista pessoais, nossas próprias ideias sobre qual legislação é sábia e qual não é. Se, como eu certamente espero, a lei diante de nós não refletir os padrões do povo de Connecticut, o povo de Connecticut pode exercer livremente seus verdadeiros direitos da Nona e Décima Emenda para persuadir seus representantes eleitos a revogá-la. Essa é a maneira constitucional de tirar essa lei dos livros.[338]

Impossível discordar de que a melhor forma de "tirar a lei dos livros" é por alteração legislativa, via manifestação dos representantes eleitos do "povo". No entanto, em se tratando de "lei notavelmente estúpida e obviamente inexequível", que se encontrava nos "livros" há quase um século, e com redação limitadora da liberdade de (para lembrar frase do juiz Douglas) "associação" conjugal, e da mulher em particular, a espera pela solução via legislador não poderia se estender *ad infinitum*, de modo que a atuação judicial encontrava, sim, autorização constitucional.

Anteriormente foi dito que Stewart fez "uma revelação honesta e até certo ponto contraditória". Contraditória com quê? Evidentemente que a narrativa do voto, pelo menos em parte, não se harmoniza com a conclusão, quando ele se diz impotente para declarar a inconstitucionalidade, porque, no seu entendimento, não há ferimento ao texto constitucional. Ora, depois de reconhecer (mais que isso, "acreditar") "que o uso de anticoncepcionais na relação conjugal deve ser deixado para escolha pessoal e privada, com base nas crenças morais, éticas e religiosas de cada indivíduo", é evidente que "escolha pessoal e privada" e "crenças morais, éticas e religiosas de cada indivíduo" dizem respeito fundamentalmente à sua liberdade, e, se dizem respeito à liberdade, a violação desses preceitos, desses valores, dessa liberdade,[339] fere, em particular, o *Bill of Rights* e, de forma mais ampla, o conjunto de emendas mencionado na decisão.

---

[336] *Poe v. Ullman*, 367 U.S. 497 (1961). p. 549.

[337] *Griswold v. Connecticut*, 381 U.S. 479 (1965). p. 530.

[338] *Griswold v. Connecticut*, 381 U.S. 479 (1965). p. 530-531.

[339] Liberdade no sentido atribuído por William Douglas em *Griswold v. Connecticut*, (381 U.S. 479 (1965). p. 483) e também por John Marshall Harlan II em *Poe v. Ullman* (367 U.S. 497 (1961). p. 543), objeto de considerações anteriores, quando se discorreu sobre ambos os casos.

Capítulo I · O LONGO CAMINHO DO DIREITO À PRIVACIDADE NOS ESTADOS UNIDOS DA AMÉRICA | **87**

Aqui reside a contradição, que resta ampliada quando se lê o voto do juiz John Marshall Harlan, em *Poe v. Ullman*, e, especialmente, o de William Douglas, em *Griswold*, ambos já comentados.

9. VOTOS DE HUGO BLACK E POTTER STEWART: A "ESTUPIDEZ", A ETERNA ESPERA LEGISLATIVA E A LIÇÃO DE JAMES MADISON

Como dito, o bom senso que faltou a Hugo Black e a Potter Stewart sobra no voto de Byron White. Os dois primeiros desconsideraram aspectos negativos da lei, principalmente sobre a saúde da mulher. Aliás, esse é um ponto a que White fez questão de emprestar relevância.

Stewart, como visto, afirmou que a lei de Connecticut de 1879 era "notavelmente estúpida e obviamente inexequível", mas, ainda assim, entendia inviável que se declarasse sua inconstitucionalidade. Para além de defenestrar a inteligência do ato normativo, Stewart afirmou que filosoficamente era favorável ao uso de contraceptivos no casamento, porque se tratava, como efetivamente se trata, de uma escolha pessoal. Não teve a sensibilidade, entretanto, para encontrar na Constituição dispositivo que proibisse essa invasão na privacidade do casal, especialmente da mulher.

Hugo Black, por seu turno, reconhecia graves defeitos na norma, mas preferia que se aguardasse uma solução legislativa, mesmo sabedor de que a lei do Estado de Connecticut caminhava para completar um século, um século de insensatez; ainda assim, ele entendia que a sociedade deveria aguardar. Desconsiderou que, na década de 1960, a representação feminina no Legislativo era ainda mais insignificante do que a que se vê nos dias atuais, basta considerar, a título comparativo, que, em 1965, a Casa dos Representantes (o equivalente à Câmara dos Deputados) acolhia somente 11 mulheres deputadas e o Senado apenas duas.[340] Além disso, a sociedade àquela época era centrada na figura do homem como "cabeça" do casal, a mulher praticamente se reduzia à responsabilidade pelos afazeres domésticos. A depender do Estado, era muito raro que sequer tivesse (ou fosse permitida ter, em razão de costumes) uma atividade profissional remunerada.

Nesse cenário, a probabilidade de alteração legislativa era mínima, beirando o inexistente, seja pela sofrível representatividade feminina no Legislativo, seja, principalmente, pelo acendrado conservadorismo do Estado de Connecticut, tal qual Massachusetts, com forte influência católica.

Em "Decision-Making in a Democracy: The Supreme Court as a National Policy--Maker", Robert Dahl discorre sobre a questão da legitimidade das decisões da Suprema Corte e a dificuldade em encontrar um equilíbrio entre as diversas correntes que se digladiam sobre o tema. Além disso, a certa altura do artigo, lembra que "as palavras da Constituição são gerais, vagas, ambíguas ou não claramente aplicáveis" e que, nesse

---

[340] HISTORY of the Women in U.S. Congress. Eagleton Institute of Politics. *Center for American Women and Politics*. New Brunswick: Rutgers University, 2022. Disponível em: https://cawp. rutgers.edu/facts/levels-office/congress/history-women-us-congress. Acesso em: 15.07.2022.

cenário, "a jurisprudência pode ser encontrada em ambos os lados",[341] vale dizer, diante da ambiguidade, é possível a existência de opiniões judiciais abalizadas em oposição uma à outra.

Registra, ainda, que "a Suprema Corte é uma instituição formuladora de políticas nacionais e é essa função que dá ensejo ao problema da existência da Suprema Corte em um sistema político comumente considerado democrático".[342] Vale dizer, a instituição que "formula políticas nacionais" vive o dilema político de ser tachada de antidemocrática por não se submeter às urnas e por impugnar e anular decisões tomadas pelos poderes eleitos e, em tese, representantes da maioria.

Dahl foi um cientista político dedicado ao estudo da democracia, poder político, processo decisório e maiorias, não foi um jurista na acepção estrita da palavra. É evidente que suas conclusões foram e podem ser criticadas (evidentemente que idêntica conclusão vale para juristas e não juristas). Contudo, as passagens retrotranscritas parecem fazer sentido especialmente quando confrontadas com todo o caminhar (desde Comstock) que resultou no processo e na decisão do caso *Griswold v. Connecticut*, pela Suprema Corte. Em outras palavras, esse caso, como alguns outros, ressalta a natureza da Corte como "formuladora de políticas nacionais" e, por outro lado, a dificuldade que se tem em admitir e lidar com esse "poder", essa atribuição; nesse sentido, os votos contrários (Black e Stewart) à maioria, votos que enfatizam o absurdo da lei, mas, ainda assim, preferem (preferiram) mantê-la intacta à espera de uma ação legislativa que, pelas circunstâncias, poderia levar mais um século.

Reitere-se o que já se disse à exaustão: em casos como o *Griswold v. Connecticut*, em que uma lei de quase um século desafia o senso comum e as penumbras do *Bill of Rights*, é razoável que o Judiciário, consideradas todas as circunstâncias concretas, assuma o protagonismo que a Constituição lhe concedeu.

A lei proibitiva do uso de método contraceptivos, de 1879, certamente não foi elaborada por anjos, e, "se os anjos governassem os homens, não seriam necessários controles externos nem internos sobre o governo".[343] Por outro lado, como se trata de ato normativo "estúpido" e "inexequível", é preciso, nas palavras de James Madison,

---

[341] DAHL, Robert A. Decision-Making in a Democracy: The Supreme Court as a National Policy--Maker. *Journal of Public Law*, v. 6, 1957. p. 280.

[342] DAHL, Robert A. Decision-Making in a Democracy: The Supreme Court as a National Policy--Maker. *Journal of Public Law*, v. 6, 1957. p. 281. Tradução nossa. No original: *The Court is a national policy-maker, and it is this role that gives rise to the problem of the court's existence in a political system ordinarily held to be democratic.*

[343] HAMILTON, Alexander; MADISON, James; JAY, John. *The Federalist Papers*. New York: New American Library (Signet Classics), 2003. p. 319. Madison usou o termo "governo", como sinônimo de Estado, muito comum à época e ainda bastante utilizado atualmente nos Estados Unidos. Tradução nossa. O texto completo tem o seguinte teor, no original: *If men were angels, no government would be necessary. If angels were to govern men, neither external nor internal controls on government would be necessary. In framing a government which is to be administered by men over men, the great difficulty lies in this: you must first enable the government to control the governed; and in the next place oblige it to control itself.*

"primeiro permitir que o governo controle os governados; e em seguida obrigá-lo a controlar-se".[344] Em outras palavras, o princípio da separação de poderes autoriza a existência de um controle recíproco: no caso sob análise, o Estado (Judiciário) deve controlar o Estado, Legislativo, julgando em desconformidade com a Constituição lei estadual que contraria as penumbras que emanam do *Bill of Rights*.

10. OS EXTREMOS HERMENÊUTICOS E A LÓGICA ARISTOTÉLICA

No esporte, na política ou na filosofia, é comum a tendência ao exagero tanto em enaltecer as virtudes da corrente defendida quanto em atribuir defeitos à oposta. Se esse sintoma é mais comum na política e no esporte, de há muito que ele também passou a ter largo espaço na hermenêutica jurídica, especialmente no que concerne à extensão da atuação do Judiciário no controle de constitucionalidade dos atos praticados pelo demais poderes.

Aqui a disputa é acirrada entre defensores da atuação mais presente e ostensiva dos juízes na defesa das minorias, na interpretação mais ampla de princípios constitucionais com o fito de suprir a omissão do legislador e na contenção da tirania da maioria. No outro continente, estão os que pregam mais moderação, menos "intervenção",[345] os defensores da contenção judicial, que ressaltam, tanto quanto podem, que a atividade de produzir normas é atribuição do Poder Legislativo, com a atuação do Executivo na sanção e no veto, ambos eleitos, e, por isso, na opinião dos defensores dessa corrente, o único com autorização para "produzir" normas.

A questão fundamental é o equilíbrio entre uma e outra corrente. Com Hugo Black não é diferente. O político que se elegeu senador pelo Estado do Alabama produziu, em *Griswold v. Connecticut*, um voto rico, detalhado, mas visivelmente hostil ao Devido Processo Legal substantivo, como se essa construção doutrinária de larga aplicação jurisprudencial fosse uma aberração jurídica, vinculando-a ao juiz legislador e negando-lhe qualquer virtude e amparo constitucional.

A adesão irrestrita ao formalismo jurídico, ao textualismo, ao originalismo, à autocontenção judicial, seja na academia, seja em processo judicial, não é e nunca será uma postura inteligente. Idêntica conclusão se apresenta válida para o ativismo, o consequencialismo, à *living Constitution* e toda sorte idêntica ou semelhante de construção doutrinária ou jurisprudencial de hermenêutica jurídica. Por uma razão muito simples, os extremos nunca foram e não são bons conselheiros ou acolhedores. Coincidentemente, os polos – Norte e Sul, Ártico e Antártico – são, quase todos eles, inóspitos, onde a habitabilidade é difícil e por vezes impossível.

É de Aristóteles – citado por Hans Kelsen – a afirmação de que "é a disposição intermediária em cada departamento de conduta que deve ser elogiada, mas às vezes

---

[344] HAMILTON, Alexander; MADISON, James; JAY, John. *The Federalist Papers*. New York: New American Library (Signet Classics), 2003. p. 319.

[345] Intervenção no sentido genérico do termo, diferente daquele que se lhe atribui a Constituição Federal de 1988, no art. 34 e ss.

se deve inclinar para o lado do excesso e às vezes para o da deficiência, pois isso é a maneira mais fácil de atingir a média e o rumo certo".[346] Em seguida, Kelsen complementa o raciocínio de sua fonte, afirmando que "alguém pode se inclinar para o lado do excesso ou para o da deficiência"; nessa hipótese, não atinge a média, "mas pode atingir o rumo certo".[347]

A lógica do filósofo grego é simples, poderosa, e ganhou o mundo. Além disso, pode ser dita em outras palavras: o equilíbrio está no meio e transpondo essa realidade para o Direito, pode-se dizer que a boa hermenêutica jurídica exige o sopesamento de alguns elementos, dentro de algumas variáveis, para que o veredicto seja a melhor possível, o mais próximo do ideal de Justiça, equilibrando-se entre a lei, como expressão da soberania do Estado, o caso concreto e os interesses de ambas as partes, além das consequências da decisão a ser tomada, tal qual ocorreu em *Griswold* e poderia ter sido o veredicto em *Poe v. Ullman*, não tivesse a Suprema Corte se inclinado para o "lado do excesso", *in casu*, excesso de aderência ao textualismo, emprestando pouca ou nenhuma importância aos fatos, à dinâmica do caso e às consequências em manter de pé a lei estadual de fins do século XIX.

A dissidência da Corte em *Griswold* e sua posição majoritária contra o casal Paul e Pauline Poe revelam (ambas as situações) a adoção de um formalismo jurídico exacerbado e o fechar dos olhos para a questão social, atribuindo valor excessivo ao texto legal, tal qual no caso *Ledbetter v. Goodyear*.[348] Em um (*Griswold*) e outro (*Poe*), a doutrina de Richard Posner se encaixa como luva quando ele aponta os equívocos da forma sobre a substância e a necessidade de se atentar para as consequências da decisão. O ilustre juiz da Corte de Apelações do Sétimo Circuito e professor da Escola de Direito da Universidade de Chicago oferece um panorama bastante equilibrado sobre esse tema, ao ponderar que, "para um pragmatista", o formalismo jurídico não deve significar uma "conformidade cega com normas preexistentes",[349] ilustrando essa passagem com a frase em latim "*ruat caelum ut fiat iustitia* (que os céus caiam contanto que a justiça seja feita)". Isso, no entender de Posner, significaria "uma renúncia a toda flexibilidade, criatividade e adaptabilidade judiciais".[350]

A argumentação de Posner cresce em intensidade ao afirmar, logo em seguida, que é dúbio o argumento de que a separação dos poderes proíbe os juízes de fazerem leis.

---

[346] KELSEN, Hans. *What is Justice? Justice, Law and Politics in the Mirror of Science*. Clark: Lawbook Exchange, 2013. p. 123. Tradução nossa. No original: *Thus much then is clear, that it is the middle disposition in each department of conduct that is to be praised, but that one should lean sometimes to the side of excess and sometimes to that of deficiency, since this is the easiest way of hitting the mean and the right course.*

[347] KELSEN, Hans. *What is Justice? Justice, Law and Politics in the Mirror of Science*. Clark: Lawbook Exchange, 2013. p. 123.

[348] Que será objeto de análise no Capítulo IV deste livro.

[349] POSNER, Richard A. *Law, Pragmatism, and Democracy*. Cambridge: Harvard University Press, 2003. p. 61.

[350] POSNER, Richard A. *Law, Pragmatism, and Democracy*. Cambridge: Harvard University Press, 2003. p. 61.

O "*common law* demonstra que não é bem assim". Para o aclamado[351] autor e estudioso da análise econômica do Direito, "na interpretação da Constituição e dos estatutos, os juízes compõem grande parte da lei que pretendem meramente aplicar".[352] Esse fenômeno, continua Posner, é mais agudo no direito constitucional, que "em grande parte é criação de juízes da Suprema Corte como um subproduto da interpretação frouxa do texto constitucional".[353] Ele cita, ainda, o "direito antitruste", como "outro exemplo de campo estatutário decisivamente moldado por decisões judiciais".[354] Além desses, "existem outros exemplos suficientes para mostrar que, embora o Judiciário seja institucional e processualmente distinto dos outros poderes do governo, ele compartilha a atribuição de legislar com o Poder Legislativo".[355]

Desnecessário concordar com tudo o que Posner diz ou escreve, mas há um componente de verdade nisso tudo: as cortes supremas por vezes "criam" direito quando interpretam a Constituição. Essa constatação não significa – para lembrar expressão da juíza Sandra Day O'Connor quando votou a favor da concessão de *habeas corpus* a um preso de Guantánamo – um "cheque em branco"[356] ao Judiciário[357] para atuar indiscriminadamente como legislador positivo, mas é inegável que há situações em que os tribunais supremos, em situação extraordinária, preenchem lacuna legislativa, como em *Roe v. Wade*, que "vigorou" por quase meio século, ou em *Griswold v. Connecticut*, precedente "ainda" importante da Suprema Corte.

Como dito no parágrafo anterior, a observação de Richard Posner quanto à atividade "legislativa" do Poder Judiciário tem um fundo de verdade, especialmente no que diz respeito às cortes supremas. Entretanto, essa é uma prerrogativa a ser utilizada de

---

[351] Richard Allen Posner é o mais citado autor jurídico estadunidense de todos os tempos, superando nomes estelares como Cass Sunstein (segundo), Ronald Dworkin (terceiro), Laurence H. Tribe (quarto) e Richard E. Epstein (quinto). É também o único autor que tem um descendente direto na lista dos 50 mais citados de todos os tempos. Seu filho, Eric Allen Posner é o 33º da lista, superando inclusive o *Associate Justice* Antonin Scalia, que ocupa a 39ª colocação. A lista é muito respeitada e fruto de um trabalho acadêmico de relevo de autoria de Fred Shapiro. Cf. SHAPIRO, Fred A. The Most-Cited Legal Scholars Revisited. *The University of Chicago Law Review*, v. 88, n. 7, Nov. 2021. p. 1.602-1.603.

[352] POSNER, Richard A. *Law, Pragmatism, and Democracy*. Cambridge: Harvard University Press, 2003. p. 61.

[353] POSNER, Richard A. *Law, Pragmatism, and Democracy*. Cambridge: Harvard University Press, 2003. p. 61.

[354] POSNER, Richard A. *Law, Pragmatism, and Democracy*. Cambridge: Harvard University Press, 2003. p. 61.

[355] No original: *There are enough other examples to show that while the judiciary is institutionally and procedurally distinct from the other branches of government, it shares lawmaking power with the legislative branch* (POSNER, Richard A. *Law, Pragmatism, and Democracy*. Cambridge: Harvard University Press, 2003. p. 61).

[356] *Hamdi v. Rumsfeld*, 542 U.S. 507 (2004). p. 529. A frase era a seguinte: "o estado de guerra não significa um cheque em branco ao Presidente" (tradução nossa). No original: *a state of war is not a blank check for the president*.

[357] A juíza Sandra O'Connor se referiu expressamente ao Executivo.

forma excepcional, com parcimônia, não significa, reitere-se, um cheque em branco ao poder despido da "bolsa e da espada". Dito isso, parece pertinente indagar: é razoável que um magistrado, seja de primeiro grau, seja integrante da mais alta Corte de Justiça de um país, defenda a contenção judicial e alerte seus colegas para que não extrapolem os limites da atuação jurisdicional? A resposta é sim, evidentemente que sim. Contudo, é igualmente sensato que o Judiciário não se comporte como um escravo do texto legal, não se apegue à literalidade da lei, não desconsidere a existência de princípios que norteiem a interpretação e aplicação do Direito, não ignore o peso da tradição, da história e dos precedentes.

Cotejados os votos favoráveis e contrários, verifica-se que Black e, em certo sentido, Potter também, sob pretexto de não permitir que a Corte se transformasse em uma Convenção Constituinte, se fecharam às evidências de um direito à privacidade presente nas penumbras do *Bill of Rights*. Votaram contra as "evidências", a favor da manutenção de uma lei "estúpida", mas fiéis à filosofia jurídica que abraçaram durante largo espaço de tempo.

É importante consignar que críticas ao *due process* ou à sua forma "substantiva" não são exclusividade do juiz Hugo Black, muito pelo contrário. Ao longo do tempo, alguns de seus colegas e importantes doutrinadores se ocuparam de erigir óbices, argumentando, em síntese, que o princípio é demasiadamente abstrato e concorre para desequilibrar as relações entre os poderes. Em geral, as ressalvas ao *due process* são sempre, ou quase sempre, acompanhadas da defesa do *judicial restraint*.

O curioso nisso tudo é que William Douglas não menciona *substantive due process* em nenhum momento do seu voto, por uma razão muito simples: ele não se vinculou à Décima Quarta Emenda, sua construção buscou – conforme já observado em algumas passagens deste texto – fundamento nas "penumbras" e "emanações" do *Bill of Rights*; nisso ele foi genial.

11. CONCLUSÃO PARCIAL

Associações, casamentos, penumbras, emanações, intimidades, autonomia sobre o próprio corpo, direito de escolha, direito à privacidade e *Bill of Rights* são afluentes que, juntos, formam um rio caudaloso, o qual foi construído por Douglas e, quilômetros depois, desemboca em um oceano de ondas médias e altas, chamado sociedade. Esse *melting pot* de águas naturais, doces e salgadas, atesta a qualidade do voto e sua posição entre os grandes da Suprema Corte dos Estados Unidos. Muito maior do que a importância que comumente se lhe atribui.

Esse rio tem um nome – *Griswold v. Connecticut* – tomado emprestado do sobrenome de uma mulher, Estelle Griswold. Além disso, como rio lembra vida, o "rio" Griswold pariu alguns direitos de funda relevância, embora, por ironia, o fundamento da ação, da discussão judicial tenha sido o direito de não parir, o direito de ter acesso a informações e instrumentos para evitar a gravidez ou decidir o melhor momento de gerar um filho.

Se é rio e tem nome, ele certamente tem nascentes, e aqui é possível identificar duas. Uma delas um caso julgado em 1961, em que um casal de nome quase poético, Paul e Pauline Poe, tentou obter provimento judicial que permitisse o uso de métodos contraceptivos e assim o fez por temer mais uma gravidez (que seria a quarta) com o feto com múltiplas anomalias congênitas, em que os três primeiros filhos vieram a óbito logo após o nascimento. Em *Poe v. Ullman*, a Suprema Corte, fria como fígado de foca, negou a Pauline o direito ao uso de meios impeditivos da gravidez, mesmo a Ciência indicando a enorme possibilidade de uma nova gestação, por assim dizer, "problemática".

Destaque, nesse caso, para o voto dissidente do juiz John Marshall Harlan II, que, a certa altura, referindo-se à lei do Estado de Connecticut, de 1879, observou que "o Estatuto permite ao Estado investigar, provar e punir pessoas casadas pelo uso privado de sua intimidade conjugal", frase que sintetiza a absoluta irrazoabilidade da norma, por si só justificadora de atuação judicial com o fito de obstar a continuidade de seus efeitos, de todo deletérios. Como dito no texto, essa parte do voto retrata situação que guarda semelhança com a Idade Média. Não o voto em si, mas a realidade chocante que ele estava a retratar/denunciar.

O resultado do caso *Poe v. Ullman* convida a outras reflexões, especialmente quando cotejado com a doutrina de Richard Posner referente aos equívocos do formalismo jurídico pela "conformidade cega com normas preexistentes". Embora ele não se refira à decisão da Suprema Corte em *Poe*, é evidente que a parte autora (o casal) desse caso julgado em 1961 sofreu os efeitos deletérios do formalismo denunciado por Posner e por ele sintetizado na expressão em latim *ruat caelum ut fiat iustitia*, que ele próprio traduz como "que os céus caiam contanto que a justiça for feita". Essa postura é classificada pelo ilustre autor, que outrora foi *Chief Justice* da Corte de Apelações do Sétimo Circuito, como "uma renúncia", pelos formalistas, "a toda flexibilidade, criatividade e adaptabilidade judiciais".

De fato, se apegar a uma lei estadual de 1879 (do Estado de Connecticut) para negar a um casal o direito à utilização de métodos contraceptivos, em uma época (1961) em que os Estados Unidos se lançavam à exploração espacial, revela o abraço da Corte Suprema às filigranas jurídicas e ao que de pior o textualismo (formalismo) pode propiciar, em detrimento dos direitos sociais e contra as garantias fundamentais previstas na Constituição.

Tudo isso se agiganta quando se constata que a negativa ao uso de meios contraceptivos foi endereçada a um casal em que a mulher já havia anteriormente dado à luz "três gestações consecutivas que terminaram em bebês com múltiplas anomalias congênitas das quais cada um morreu logo após o nascimento". Vale dizer, o uso de métodos contraceptivos não se apresentava como mera liberalidade (e ainda que o fosse), mas, sim, como uma indicação médica devidamente comprovada, fundada no histórico clínico da autora.

A maioria em *Poe* e a minoria (dissidência) em *Griswold* insistiam em negar à mulher o direito básico de decidir sobre o seu corpo e assim o fizeram com o argumento objetivo da lei do século XIX e, subjetivamente, pelo sentimento de suposta inferioridade do sexo feminino, provavelmente sob influência (direta ou indiretamente) do dogma conservador e de feição religiosa de que a finalidade principal e inegociável do casamento é perpetuar a espécie, reproduzir-se, ter filhos.

Poe v. Ullman certamente serviu de inspiração para *Griswold v. Connecticut* e, por isso, nos parece razoável dizê-lo nascente desse grande rio.

Há outra nascente, não mais um caso judicial, mas um conjunto de emendas à Constituição dos Estados Unidos, proposto em 1789 e referendado em 1791, denominado *Bill of Rights*, que tem em James Madison seu principal e grande redator. Fonte indispensável para o desenvolvimento da tese sobre a existência de penumbras e emanações, e também como elemento de contraste, como na afirmação de William Douglas de que o casamento é mais antigo do que documentos fundantes do país, como o próprio *Bill of Rights*.

Ao assinalar (em *Griswold v. Connecticut*) a preeminência do casamento e o fato de ele ser mais antigo do que a Declaração de Direitos e instituições como partidos políticos e o sistema escolar, Douglas procurava enfatizar a sua tradição secular e, de certo modo, atribuir um caráter de "santidade" ao instituto. Assim, pelas suas características e longevidade, ele, o casamento, não deveria sofrer intromissão do Estado, ou melhor, poderia até ser objeto de regramento estatal, contudo o mínimo possível, deixando implícito que regular o uso de contraceptivos era inadmissível porquanto se apresentava como invasão absolutamente injustificada à "associação" entre homem e mulher casados[358] e, por extensão, ao direito à privacidade.

As longas considerações em torno do tema "associação" (e seus desdobramentos), vale dizer, direito de se associar, natureza, extensão, alcance e repercussão do tratamento constitucional, têm um propósito claro e definido: demonstrar que o conceito ou o instituto não se reduz ao direito de reunião; que a Corte tem protegido tanto a liberdade de associação quanto a privacidade dentro dela; que, para o tribunal, o sentido de proteção às associações é amplo, alcançando benefícios sociais, legais e econômicos dos membros; que a associação é uma forma de expressão de opinião e, apesar de não estar expressamente incluída na Primeira Emenda, encontra-se em sua penumbra, tal qual o direito à privacidade, redoma protetora da relação conjugal e das decisões dela decorrentes, inclusive a de adotar métodos contraceptivos.

Ocorre que, na década de 1960, o conceito de privacidade ainda engatinhava, sequer havia adquirido o entendimento e – poder-se-ia dizer – a "estabilidade" dos dias atuais, não obstante a decisão da Suprema Corte, em 2022 (*Dobbs v. Jackson*), revogando *Roe v. Wade*, afirmando inexistir autorização constitucional para tanto e facultando aos estados-membros a competência para legislar sobre o tema. É justamente *Griswold v. Connecticut* que lança um olhar diferente sobre esse direito, como valor constitucio-

---

[358] Importante lembrar, como dito anteriormente, que até aquele momento a Corte ainda não havia decidido pela extensão da constitucionalidade de métodos contraceptivos a casais não casados – *Eisenstadt v. Baird* (1972) – e muito menos pela possibilidade de casamentos entre pessoas do mesmo sexo, o que viria a ocorrer somente em 2015, com *Obergefell v. Hodges*.

nal albergado na Constituição Federal, fruto das emendas introduzidas ao texto após a ratificação de 1789. Como visto, o juiz William Douglas conseguiu identificar no texto "penumbras" e "emanações" que decorriam do *Bill of Rights* e da Décima Quarta Emenda à Constituição dos Estados Unidos, algo que Oliver Holmes havia parcialmente descortinado em 1928 (*Olmstead v. United States*), contudo sem a precisão, abrangência e definitividade imprimidas por Douglas em 1965.

Inclusive, este livro coteja *Olmstead v. United States* com *Griswold v. Connecticut* e parece preencher lacuna deixada por Melvin Urofsky ao não assinalar o caráter mais abrangente do voto de Douglas (*Connecticut*) ao discorrer sobre "penumbras", quando confrontado com o de Holmes em *Olmstead*.

O voto de Arthur Goldberg, concordando com a maioria, restou igualmente analisado. O juiz Goldberg entendeu inconstitucional a lei de 1879 por fundamento relativamente diverso ao emprestado por William Douglas. Asseverou que o direito à privacidade conjugal se encontrava lastreado por "inúmeras decisões da Corte e pela linguagem e história da Nona Emenda"; por isso, ele insistia em "enfatizar" a relevância da referida emenda como instrumento para declarar a desconformidade da lei estadual com a Constituição Federal.

Ora, é evidente que quem almejava "enfatizar" a "relevância" de um princípio, norma ou decisão judicial é porque de fato empresta ao instituto (*in casu*, à Nona Emenda) um valor extraordinário, e é justamente o que se constata do voto de Goldberg, atribuindo status de fonte primária ao direito reconhecido pela Corte naquele caso de 1965, ou seja, a privacidade do casal encontra-se albergada no *Bill of Rights*. Para Douglas, o direito ao uso de contraceptivos pelo casal decorria da proteção constitucional ao direito de se associar, que, por sua vez, se encontrava entre as penumbras de algumas das primeiras emendas; para Goldberg, ele decorria da redação propositadamente aberta da Nona Emenda. As posições não chegam a ser antagônicas; do contrário, o voto de Goldberg não comporia a maioria.

Há outro aspecto no voto do juiz Goldberg que merece destaque. Nas entrelinhas, há uma contribuição, ainda que secundária, ao estudo da forma de Estado federal, quando ele recupera voto proferido por Louis Brandeis na década de 1930, no caso *New State Ice Co. v. Liebmann*. Nesse processo, o primeiro jurista judeu a ter assento na Suprema Corte dos Estados Unidos (e um dos mais importantes de toda a sua história) afirmou, como visto, que um "Estado pode (...) servir como um laboratório; e tentar novos experimentos sociais e econômicos", ressaltando esse aspecto como vantagem da Federação, do ponto de vista da aferição da constitucionalidade de normas produzidas pelo Estado. A afirmação brandeisiana motivou Goldberg a assinalar que, conquanto fosse verdadeira a observação do autor do *Brandeis Brief*, o desenho constitucional estadunidense não admite qualquer tipo de testagem para averiguar a constitucionalidade de uma norma. Em outras palavras, o Estado-membro como laboratório normativo encontra limites na Constituição Federal, como o de não poder "experimentar" em tema de direitos e garantias fundamentais, o que reforçava a percepção da inconstitucionalidade da lei do Estado de Connecticut, de 1879. Em outros termos, o argumento de Brandeis, exposto em 1939, era verdadeiro, mas não se aplicava a *Griswold v. Connecticut* e casos afins.

Os votos dissidentes foram merecedores de análise. Os juízes Hugo Black e Potter Stewart, mais do que flertaram, abraçaram o *judicial restraint* e optaram pela espera de alteração legislativa a perder de vista. O muro que erigiram (especialmente o juiz Black) contra o *substantive due process* é revelador de um textualismo intransigente que fecha às portas da Justiça a temas contemporâneos prementes, que reclamam ação judicial ante a inércia e/ou demora legislativa. Este trabalho conclui que ambos fecharam os olhos para aspectos extremamente negativos da lei do Estado de Connecticut (àquela altura caminhando para um século de existência), inclusive no que diz respeito à saúde da mulher, como bem acentuou o juiz Byron White, e como assinalaria a maioria dos intérpretes, ainda que desatenta.

Se tivessem prevalecido, métodos contraceptivos continuariam proibidos, o aborto não teria vigorado por quase meio século, o casamento inter-racial permaneceria banido e o casamento homoafetivo continuaria prescrito.

Ainda sobre o voto do juiz Hugo Black em *Griswold*, o presente trabalho analisou e o cotejou com uma palestra feita por ele na Columbia University School of Law, em março de 1968, no âmbito da série de palestras *James S. Carpentier Lectures*, prestigiado simpósio que existe desde 1903 na referida instituição de ensino nova-iorquina. Black realizou três palestras que posteriormente foram reunidas em um livro – *A Constitutional Faith*. O título do livro é revelador do seu compromisso com a Constituição, e, em dado momento, a obra diz que o Texto de 1787 é único e se apresenta como "a busca contínua do homem por uma sociedade na qual a liberdade individual esteja segura contra a opressão governamental". E diz mais: que a Constituição é o instrumento de proteção do cidadão contra "governantes tirânicos".

Uma (opressão governamental) e outra (governo tirânico) encontravam-se miniaturizadas na lei de Connecticut, que a ação proposta por Estelle Griswold e Charles Buxton buscava anular, via declaração de inconstitucionalidade. A lei de Connecticut é descendente direta da histeria da *Comstock Era*.

O discurso acadêmico, pelo menos em parte, não se harmoniza com o voto do juiz. Advirta-se que não se trata de qualquer palestra, ou de uma entrevista rápida a um órgão de imprensa, não. A série de palestras *James S. Carpentier Lectures*, como visto, à época contava mais de meio século, e poucos convidados – de 1903 a 1968, somente dois juízes da Suprema Corte haviam participado, Black e Benjamin Cardozo. A importância pode ser mensurada pelo prestígio da Columbia, localizada no coração de Nova Iorque, pelo fato de Black nunca antes ter aceitado falar em círculo acadêmico, por ter adiado por dez anos sua participação, como ele próprio assevera na obra resultado do ciclo de palestras. Hugo Black escolheu as palavras com cuidado, como um artesão, e, ainda assim, o palestrante contradisse o magistrado.

A defesa inflexível da autocontenção judicial se sobrepôs, *in concreto*, a um caso de "opressão governamental" e a uma medida legislativa com traços de tirania, encapsulada na ação de agentes do Estado, dotados do poder de processar, confiscar e prender os que se atrevessem defender, difundir ou implementar métodos contraceptivos.

Quanto à adesão irrestrita do *Associate Justice* Hugo Black aos valores intrínsecos do Documento de 1787, dela não há razão para duvidar. No entanto, é razoável concluir que sua *Constitutional Faith* é seletiva, restritiva, e se deixa sucumbir diante de uma predisposição contrária ao *substantive due process*, ainda que o bem sucumbido (liberdade da mulher em decidir ou não engravidar) tenha peso proporcionalmente maior do que a questão constitucional que o superou.

É curioso – beira o surreal – que um juiz da Suprema Corte (Potter Stewart) tenha afirmado, em 1965, que a lei de Connecticut era "notavelmente estúpida" e "obviamente inexequível", mas, ainda assim, não tenha conseguido construir uma alternativa para extirpar do ordenamento jurídico esse estatuto legal que criminalizava o planejamento familiar, com pena de prisão, ressalte-se. Mais do que não construir, Black e Stewart resistiram a aderir à construção razoável, bem fundamentada e fincada em alicerces seguros, fruto da criatividade e perspicácia de William Douglas ao enxergar penumbras em dispositivos da Declaração de Direitos. Douglas, aliás, em nenhum momento trata diretamente de *substantive due process* em seu voto.

Por ela e com ela ("penumbra"), Douglas estava a descortinar direitos não citados diretamente na Constituição, mas que permaneciam eclipsados, sob baixa luminosidade, quase opacos, a reclamar uma hermenêutica mais corajosa, desafiadora, propositiva. O caminho encontrado por ele ajudou a impedir que o direito de alguns sucumbisse por não estar suficientemente claro no texto constitucional, vale dizer, não se pode reconhecer a existência de direito somente quando iluminado diretamente pela luz do Sol.

O olhar mais acurado pôde revelar alguns que restavam escondidos nas penumbras e, com isso, contribuiu para alterar – para melhor – o curso da jurisprudência estadunidense. *Griswold*, como visto, é diretamente responsável pela possibilidade da extensão de métodos contraceptivos a casais não casados (*Eisenstadt v. Baird*, 1972), pelo fato de o direito ao aborto (*Roe v. Wade*, 1973) ter sido permitido em todo o país por quase 50 anos (1973 a 2022) e por ter influenciado legislações favoráveis à interrupção da gravidez mundo afora; pela descriminalização da sodomia (*Lawrence v. Texas*, 2003); e pelo reconhecimento da constitucionalidade do casamento homoafetivo (*Obergefell v. Hodges*, 2015). Vale dizer, Griswold deu à luz, pariu, diversos outros direitos, que ironia.

Aliás, beira a ironia que Marc Stein, um autor que escreve bem, que realizou uma pesquisa densa, de qualidade, que resultou na publicação do livro *Sexual Injustice*, tenha se insurgido parcialmente contra a decisão da Corte em *Griswold*. Stein teceu duras críticas ao voto de William Douglas e de Arthur Goldberg, sob um argumento confuso, maniqueísta e engajado. Stein afirma que a decisão contribuiu para a formação de hierarquias de classe, raça e gênero nos Estados Unidos.

O autor é um ativista (e não há nenhum problema em ser autor e ativista, o importante é ter equilíbrio ao escrever, é não permitir que o engajamento influencie e cause embaçamento ao texto) e faz questão de deixar isso bem claro; contudo, ao analisar o caso Griswold, ele cometeu evidente equívoco. Atribui à decisão problemas que ela não tem; exagerou no tom e se perdeu na narrativa. Como dito no item dedicado às críticas por ele tecidas, os votos favoráveis à declaração de inconstitucionalidade da lei de Connecticut certamente não são perfeitos, longe disso. Poderiam ter incluído pessoas não casadas, ainda assim é um salto civilizatório de enorme relevância que se projetou por gerações, abrindo espaços para o reconhecimento, pela própria Corte, de direitos antes impensáveis.

É irrazoável avaliar *Griswold* no presente, na primeira metade do século XXI, sem considerar a realidade nos Estados Unidos na década de 1960. Quando *Griswold* foi decidido, *Brown v. Board of Education* (1954) tinha acabado de completar 11 anos. Se a ação proposta por Estelle e Buxton não alcançou casais não casados, ela teve o mérito de abrir a porta para que, em 1972, essa situação restasse resolvida em *Eisenstadt v. Baird* (1972). Inclusive, mais importante, foi seminal para vários outros temas relegados pelo Legislativo e abraçados pela Corte, como a união homoafetiva e a descriminalização da sodomia (*Lawrence v. Texas*, 2003), entre outros.

O voto do juiz William Douglas contribuiu decisivamente para modificar a teoria constitucional estadunidense, causando-lhe impacto profundo – a princípio, sem que a maioria sequer pudesse imaginar com exatidão as portas e comportas jurídicas que a decisão abriria no futuro. Nesse sentido, *Griswold* foi como a explosão de um vulcão nas profundezas do oceano, sobre a qual só é possível mensurar, ter noção da magnitude, algum tempo depois, quando o resultado chega à superfície, mas, diferentemente da erupção vulcânica, cujo impacto, embora notável, pode se dissipar com o tempo, os resultados de *Griswold*, ao contrário, continuam fazendo-se sentir até os dias que correm.

Griswold v. Connecticut é um grande rio que compõe a bacia hidrográfica das principais decisões da Suprema Corte dos Estados Unidos.

Capítulo II
A SUPREMA CORTE E O DIREITO AO ABORTO. DA "TOLERÂNCIA" NO INÍCIO DO SÉCULO XIX À MUDANÇA DE PERCEPÇÃO A PARTIR DOS ANOS 1870. *ROE V. WADE*. REVOLUÇÃO DOS COSTUMES, *LIVING ORIGINALISM*, DIREITO FUNDAMENTAL E CONTÍNUA CONTESTAÇÃO CONSERVADORA

1. ROSE, RAMSAY E ROE[1]

Famílias numerosas eram comuns em fins do século XIX e até meados do século XX, no Brasil, nos Estados Unidos ou na Europa, para citar só o Ocidente. Os Kennedys,

---

[1] Este item, "Rose, Ramsay e Roe", e mais alguns itens que compõem este capítulo, foram parcialmente publicados em 2023, em SOUTO, João Carlos. A contribuição de Luís Roberto Barroso e Harry Blackmun à emancipação da mulher no Brasil e nos Estados Unidos. *Revista da AGU*, Brasília, v. 22, p. 200-226, 2023. Dossiê – Dez Anos do Ministro Luís Roberto Barroso no Supremo Tribunal Federal.

considerados a mais tradicional família de políticos dos Estados Unidos,[2] eram nove irmãos, filhos de Joseph Patrick Kennedy e Rose Kennedy.[3]

Da realeza de carne e osso do Estado de Massachusetts para a ilha de Skye, na Escócia, onde Virginia Woolf ambientou um romance de cunho aparentemente autobiográfico, sobre uma família ficcional controlada pelo patriarca, o Senhor Ramsay, e no qual a esposa, a Senhora Ramsay, tinha certo protagonismo, ela que havia parido oito filhos.[4] Um dia, por volta de 1910, ela demonstrou um misto de irritação e decepção porque o marido vetara um passeio ao Farol, desejo de James Ramsay, um dos filhos.

O século XX teve início sob o signo de enorme discriminação de gênero, com a mulher ainda subjugada, sem direito a voto e, no mais das vezes, sem voz na relação conjugal. Sequer possuíam o direito de não querer engravidar ou de optar pela interrupção da gravidez. A submissão de Rose Kennedy a Joseph abunda no livro *The Patriarch*.[5] Em grau menor, a da senhora Ramsay ao "chefe" da família. Ambas – a real Rose e a fictícia Ramsay – testemunharam um tempo que, em certa medida, ficou para trás, mas, enquanto nele viveram, sequer tinham controle sobre o próprio corpo, foram impedidas, por tradição, pela religiosidade, pelas leis, ou pela Justiça, de adotar métodos contraceptivos ou de impedir a continuidade da gravidez.

Nos Estados Unidos, em ambos os casos, a solução para o problema, para a limitação, é resultado da atuação da Suprema Corte, em duas decisões emblemáticas: *Griswold v. Connecticut* (1965) e *Roe v. Wade* (1973). O primeiro restou comentado no capítulo anterior. *Roe v. Wade* será analisado nas linhas que se seguem. Apesar de revogado pelo tribunal em 24 de junho de 2022, o julgado ainda permanece relevante, seja pelo que de positivo proporcionou durante quase meio século de vigência, seja porque ainda inspira mulheres a lutarem pela adoção de legislação que possibilite a escolha pessoal em interromper a gravidez, seja, ainda, por manter aceso o debate político e jurídico nos Estados Unidos, tanto no plano federal[6] quanto no estadual.

---

[2] Juntos, os Kennedys exerceram os seguintes cargos, em ordem cronológica. Joseph Kennedy: primeiro presidente da Stock Exchange Commission (SEC, 19...), embaixador dos Estados Unidos na Inglaterra. John Kennedy: deputado federal, senador pelo Estado de Massachusetts, presidente dos Estados Unidos (1961-1963). Robert Kennedy: procurador-geral dos Estados Unidos (1961-1964), senador pelo Estado de Nova Iorque (1965-1968). Edward Kennedy: senador pelo Estado de Massachusetts, durante 47 anos (1962-2009). Patrick J. Kennedy, filho de Edward Kennedy: deputado estadual (1989-1993) e depois deputado federal por Rhode Island (1995-2011). Por fim, Joseph Patrick Kennedy III: deputado federal pelo Estado de Massachusetts desde 2013, neto de Robert Kennedy.

[3] NASAW, David. *The Patriarch*: the Remarkable Life and Turbulent Times of Joseph P. Kennedy. New York: Penguin, 2012. p. IX.

[4] WOOLF, Virginia. To the Lighthouse. Garden City: Dover Publications, 2022, p. 15.

[5] NASAW, David. *The Patriarch*: the Remarkable Life and Turbulent Times of Joseph P. Kennedy. New York: Penguin, 2012. p. 47-48, entre outras.

[6] Ver, mais abaixo, menção ao *Women's Health Protection Act*.

Roe v. Wade não morreu, foi seriamente alvejado, banido em alguns estados, mas definitivamente não se pode declarar óbito. Há uma decisão contrária,[7] um recuo considerável, mas evidentemente há luta, há disposição para reverter a decisão, como bem ilustra o resultado de um plebiscito no Kansas, majoritariamente republicano, portanto, conservador. Em 2 de agosto de 2022 os eleitores do Estado foram às urnas especificamente para decidir o tema aborto, e o resultado dessa consulta, com maciça presença aos locais de votação, surpreendeu todos. O jornal *The New York Times* registrou que "os eleitores do Kansas decidiram retumbantemente contra a remoção do direito ao aborto da Constituição Estadual" e classificou o resultado como "uma grande vitória para o movimento pelo direito ao aborto em um dos estados tradicionalmente conservadores da América".[8]

O desfecho dessa eleição no Kansas é indicativo contundente do grau de mobilização de parte da sociedade estadunidense pela manutenção das regras garantidas por Roe durante aproximadamente 50 anos.

Outro exemplo expressivo do movimento desencadeado com a decisão *Dobbs* foi a postura da Câmara dos Deputados (House of Representatives) que aprovou projeto de lei[9] autorizando o aborto.[10] O projeto, contudo, não conseguiu passar no Senado, considerando que a Casa, desde a eleição de 2020, é literalmente dividida ao meio, e mesmo o voto de minerva da vice-presidente da República[11] nem sempre é suficiente. O Senado tem características muito específicas, entre elas o processo legislativo em que há o *filibuster*, instrumento legislativo "profundamente arraigado na cultura política

---

[7]   *Dobbs v. Jackson Women's Health Organization*, 597 U.S. (2022).

[8]   SMITH, Mitch; GLUECK, Katie. Kansas Votes to Preserve Abortion Rights Protections in Its Constitution. *The New York Times*, 03.08.2022. Section A. p. 1.

[9]   Aliás, mesmo antes da decisão em Dobbs, o Legislativo federal já emitia sinais concretos de mobilização, ante a possibilidade de precedente (Roe) ser revogado. Em maio de 2021 o Senado derrubou o projeto de lei denominado *Women's Health Protection Act* (Lei de Proteção à Saúde da Mulher). A derrota motivou o senador Chuck Schumer, de Nova Iorque, a conclamar a sociedade a votar no Partido Democrata: "Eleja mais democratas pró escolha se quiser proteger a liberdade e o direito de escolha de uma mulher". Cf. KARNI, Annie. A Democratic bill to protect abortion access fails in the Senate, squelching a bid to act before Roe is overturned. *The New York Times*, 11.05.2022. Disponível em: https://www.nytimes.com/live/2022/05/11/us/abortion-roe-v-wade-senate-vote#abortion-bill-blocked-senate. Acesso em: 16.05.2024.

[10]   WANG, Amy B; SCOTT, Eugene. House passes bills to codify abortion rights and ensure access. *The Washington Post*, 15.07.2022. Disponível em: https://www.washingtonpost.com/politics/2022/07/15/house-abortion-roe-v-wade/. Acesso em: 16.07.2022.

[11]   Constituição dos Estados Unidos da América, art. I, seção III: "O vice-presidente dos Estados Unidos será o presidente do Senado, mas não terá voto, a menos que sejam divididos igualmente" (tradução nossa). No original: *The Vice President of the United States shall be President of the Senate, but shall have no Vote, unless they be equally divided.* Cf. UNITED STATES OF AMERICA. *The Constitution of the United States of America.* New York: American Civil Liberties Union, 2016.

dos Estados Unidos"[12] e presente na história da Câmara Alta há mais de um século, o qual não se confunde (embora seja parecido) com a mera "obstrução" como conhecida no Brasil.[13]

Por tudo isso, Roe – nome fictício utilizado por Norma McCorvey[14] para não revelar sua real identidade, recurso comum no direito estadunidense – é um salto comportamental evolutivo se comparado aos de Rose e Ramsay.

2.   PRÁTICA DISSEMINADA, TOLERADA E MORALMENTE ACEITA

O mundo pós-iPhone e a tecnologia à disposição da sociedade conduzem a que muitos imaginem – especialmente os mais jovens e desavisados – que, antes dele, tudo ou quase tudo era deserto. Idêntico raciocínio se aplica ao aborto nos Estados Unidos. Alguns, talvez muitos, provavelmente concebam a sociedade norte-americana – dos Grandes Lagos ao Norte, ao Rio Grande, ao Sul – como um país atrasado nesse quesito, conservador, religioso, que não permitia métodos contraceptivos ou que impedissem a continuidade da gravidez, antes, respectivamente, de *Griswold v. Connecticut* (1965) e *Roe v. Wade* (1973).

A conclusão empírica do parágrafo anterior é indiretamente corroborada por Leslie Reagan. Em livro publicado em 2022 ela discorre sobre o aborto nos Estados Unidos em fins do século XIX e início do século XX e assevera que, "apesar da criminalização em todo o país, o aborto continuou e foi amplamente tolerado".[15] "Na virada do século" – continua a autora – "o aborto continuou a ser um método importante de controle de natalidade, particularmente para mulheres casadas da classe trabalhadora", como Francis Collins, uma senhora casada, residente em Chicago, que, na década de 1920, falecera por complicações decorrentes do aborto. Reagan completa registrando

---

[12]   WAWRO, Gregory J.; SCHICKLER, Eric. *Filibuster*: Obstruction and Lawmaking in the U.S. Senate. Princeton: Princeton University Press, 2006. p. 6.

[13]   Pode até ser traduzido como "obstrução", contudo, se essa for a opção, melhor designá-la como um tipo "especial", primeiro porque não é aplicada a qualquer modalidade de processo legislativo, vale dizer, há projetos que não dão margem ao *filibuster*, a exemplo, entre outros, de indicação de juízes federais, das cortes de apelações e da Suprema Corte. "Em novembro de 2013, o Senado votou no sentido de esclarecer que o *filibuster* não se aplicava" ao processo de escolha de juízes (NASH, Jonathan Remy; SHEPHERD, Joanna. Filibuster Change and Judicial Appointment. *Journal of Empirical Legal Studies* (v. 17, n. 4, p. 646-695, 2020), *Emory Legal Studies Research Paper*, n. 21-4, p. 4. Disponível em: https://ssrn.com/abstract=3680785. Acesso em: 10.09.2022). Os temas que podem ser objeto de *filibuster* exigem um quórum de 60 (sessenta) votos para superá-lo, vale dizer, uma maioria qualificada. Aqui outra diferença com o sistema no Brasil, em que a obstrução ("clássica") se resume ao óbvio, "obstruir", dificultar, não exige maioria qualificada.

[14]   O nome completo era Norma Leah Nelson McCorvey (HALL, Kermit L. *The Oxford Guide to United States Supreme Court Decisions*. 2. ed. New York: Oxford University Press, 2009. p. 304).

[15]   REAGAN, Leslie J. *When Abortion Was a Crime*: Women, Medicine, and Law in the United States, 1867-1973. Oakland: University of California Press, 2022. p. 20.

que "o uso do aborto no século XX fazia parte de uma longa tradição entre as mulheres de controlar e limitar a gravidez".[16]

Estima-se que, por volta de 1920, ano em que Francis Collins faleceu, eram praticadas centenas de milhares de abortos nos Estados Unidos,[17] somente em Chicago, em 1904, o quantitativo era da ordem de 6 mil a 10 mil abortos por ano,[18] o que reforça, mais do que a impressão, a quase certeza, de que se tratava de uma sociedade que, por largo espaço de tempo, conviveu com o aborto sem se escandalizar e sem puni-lo, ou, no máximo, com punições mínimas.

Categórico, Geoffrey Stone afirma que "no século XVIII e início do XIX não havia leis proibindo a contracepção ou o aborto antes de o feto demonstrar sinais de vida".[19] Ele admite, entretanto, que se desconhece a "extensão precisa" de como a população utilizava métodos contraceptivos ou abortivos nessa época, contudo era possível inferir o aumento do controle de natalidade, considerando a taxa de crescimento populacional do período, em que se registrou uma queda acentuada de 1800 a 1900.[20] Por volta da metade do século XVIII, 1840 para ser mais preciso, o aborto crescia nas áreas urbanas e dele faziam uso mulheres casadas, da classe média e de classe mais alta, e a sociedade começava a perceber que não se tratava de coisa de "prostitutas" ou "recurso de desesperadas",[21] estigma que acompanhava umas e outras.

Ainda com o relato de Geoffrey Stone, o uso de contraceptivos e o aborto se consolidaram – por volta de 1850 – "como práticas legítimas e moralmente aceitas", para "manter e melhorar o bem-estar econômico das famílias", assim como atender às preocupações dos que acreditavam nas projeções do economista britânico Thomas Robert Malthus, a respeito da equação aumento populacional, fome e declínio social.[22] Duas

---

[16]   REAGAN, Leslie J. *When Abortion Was a Crime*: Women, Medicine, and Law in the United States, 1867-1973. Oakland: University of California Press, 2022. p. 20. Tradução nossa. No original: *Abortion continued to be an important method of birth control, particularly for working-class, married women like Collins. Early-twentieth-century women's use of abortion was part of a long tradition among women to control and limit their childbearing.*

[17]   GORDON, Linda. *Woman's Body, Woman's Right: Birth Control in America*. New York: Grossman Publishers, 1976. Revised and updated. New York: Penguin Books, 1990. p. 493.

[18]   REAGAN, Leslie J. *When Abortion Was a Crime*: Women, Medicine, and Law in the United States, 1867-1973. Oakland: University of California Press, 2022. p. 23.

[19]   STONE, Geoffrey R. *Sex and the Constitution*: Sex, Religion, and Law from America's Origins to the Twenty-First Century. New York: Liveright Publishing Corporation, 2017. p. 180. Tradução nossa. No original: *In the eighteenth and early nineteenth centuries, there were no laws prohibiting either contraception or abortion before quickening.* A expressão *quickening* e suas variações são explicadas com mais vagar, neste trabalho, quando ela se ocupa especificamente do voto do juiz Harry Blackmun.

[20]   STONE, Geoffrey R. *Sex and the Constitution*: Sex, Religion, and Law from America's Origins to the Twenty-First Century. New York: Liveright Publishing Corporation, 2017. p. 180.

[21]   STONE, Geoffrey R. *Sex and the Constitution*: Sex, Religion, and Law from America's Origins to the Twenty-First Century. New York: Liveright Publishing Corporation, 2017. p. 181.

[22]   STONE, Geoffrey R. *Sex and the Constitution*: Sex, Religion, and Law from America's Origins to the Twenty-First Century. New York: Liveright Publishing Corporation, 2017. p. 180-181.

décadas depois, em 1870, aproximadamente 20% das mulheres terminavam precoce-mente a gravidez mediante aborto. A partir desse momento "os moralistas começaram a se mover"[23] contra essas práticas.

3. CONSERVADORES, RELIGIOSOS E A RECÉM-CRIADA ASSOCIAÇÃO MÉDICA AMERICANA

O moralismo a que se refere Stone caminhou de mãos dadas com a religião, retro-alimentaram-se. Um pouco antes,[24] por volta de 1820, os Estados Unidos encontravam-se engolfados em uma espécie de renascimento do movimento religioso, que inclusive tem nome bastante sugestivo, *Second Great Awakening* (Segundo Grande Despertar) movimento que "infundiu na política americana o fanatismo do milenarismo: seus mais ardentes convertidos acreditavam que estavam à beira de eliminar o pecado da palavra que tornaria possível a Segunda Vinda de Cristo",[25] que chegaria "em menos de três meses", mas, diferentemente da primeira vinda, agora (século XIX) ele não se dirigiria "para as terras sagradas, para Belém ou Jerusalém", e sim para partes "industrializadas do país, como Cincinnati e Chicago, Detroit e Utica".[26]

Jill Lepore ressalta, ainda, que, no "grande despertar" do início do século XIX, os evangélicos buscaram "reformular as origens declaradamente cristãs" dos Estados Uni-dos, como a pregação da escritora Maria Stewart que indagava sobre o que a América foi fundada, e ela própria respondia: "sobre religião e princípios puros".[27]

É justamente esse período que registra o crescimento do movimento conser-vador que mais tarde viria a desembocar nas *Comstock Laws*, conjunto de normas (federal e estadual) que, a pretexto de combater pornografia, prostituição e métodos anticonceptivos, se constituíram em um amplo código de censura prévia que alcançou praticamente qualquer tipo de manifestação artística, além de conceder a seu mentor, Anthony Comstock, amplo poder de polícia quando do exercício do cargo de "agente especial" dos Correios dos Estados Unidos, conforme exaustivamente comentado no capítulo deste livro que se ocupou do caso *Griswold v. Connecticut*.

Os germes do movimento antiaborto se alimentaram e cresceram nesse ambiente que misturou o profundo sentimento religioso do início do século XIX com o "grande despertar" e posteriormente a *Comstock Era*, com o seu conhecido conservadorismo,

---

[23] STONE, Geoffrey R. *Sex and the Constitution*: Sex, Religion, and Law from America's Origins to the Twenty-First Century. New York: Liveright Publishing Corporation, 2017. p. 181.

[24] "Antes" tendo como referência os anos 1870, quando "os moralistas começaram a se mover", segundo Geoffrey Stone.

[25] LEPORE, Jill. *These Truths*: a History of the United States of America. New York: Norton, 2019. p. 190.

[26] LEPORE, Jill. *These Truths*: a History of the United States of America. New York: Norton, 2019. p. 190.

[27] LEPORE, Jill. *These Truths*: a History of the United States of America. New York: Norton, 2019. p. 201. Tradução nossa. No original: *"Upon what was America founded?" Maria Stewart asked and answered, "Upon religion and pure principles".*

objeto de análise alhures. É nesse cenário que o sentimento antiaborto cresce e se perpetua, com diferentes nuances, até os dias que correm. Nesse particular, a sociedade estadunidense deu um passo atrás[28] no que concerne ao respeito à liberdade da mulher em decidir sobre a manutenção da gravidez, com todas as múltiplas implicações que essa opção implica. É justamente por serem muitas e múltiplas que a decisão cabe (deveria caber) unicamente à mulher, a ninguém mais, salvo, evidentemente, a fixação de prazos máximos para o aborto, quando o feto apresenta indícios concretos de vida, o que parte da comunidade científica afirma que ocorre em torno do segundo trimestre de gravidez – aliás, a própria Suprema Corte, em *Roe*, sinalizou nesse sentido,[29] tema que será mais bem explorado quando da análise do voto.

A aliança informal entre religião e conservadores ganhou novo protagonista na Associação Médica Americana, que foi criada em 1847 e buscou, pouco tempo depois de instituída, assegurar "dominância" na política "nacional de saúde"[30] da jovem nação. Uma das primeiras medidas foi assegurar aos médicos a exclusividade de atuar como profissional de saúde, afastando a presença de "não profissionais, especialmente parteiras, que tradicionalmente eram as principais prestadoras de cuidados de saúde para mulheres grávidas".[31] Em 1857, o ginecologista Horatio Storer iniciou uma campanha, intitulada "cruzada médica contra o aborto", e com ela conseguiu persuadir a Associação Médica a criar um "Comitê Criminal do Aborto". Dois anos depois, em 1859, a Comitê apresentou um relatório com denúncias contra a crescente frequência do ato "hediondo" do aborto "entre todas as classes da sociedade, ricos e pobres, solteiros e casados".[32]

Além de denunciar, o relatório do Dr. Storer concluía que os médicos deveriam ser os guardiães da raça humana ainda no "útero" e sugeria que a Associação Médica publicamente expressasse sua aversão ao crescente "crime do aborto". Duas outras medidas constavam no citado relatório de 1859 e ambas ajudavam a entender a pressão contra a interrupção da gravidez, que, como observado anteriormente, tomou conta

---

[28] Antes não era permitido, mas, como visto, era amplamente tolerado, de modo que cabe afirmar que houve um passo atrás, porque, a partir de fins do século XIX, os grupos contra o aborto começaram a se organizar, o resultado é por demais conhecido.

[29] Há profunda divergência científica nesse quesito, além de moral e religiosa. Ainda que sem consenso, em *Roe v. Wade* a Suprema Corte adotou posição que parece ter pretendido acomodar argumentos da Ciência e da Religião. Nesse sentido, estabeleceu (voto condutor do juiz Harry Blackmun) que: no primeiro trimestre o aborto era livre, quase sem regulamentações; no segundo o permitiu para proteger a saúde das mulheres; e no terceiro trimestre facultou aos Estados proibi-lo, desde que presentes mecanismos para proteger a vida e a saúde da mulher, ou seja, nessa hipótese, excepcionalmente, mesmo no terceiro trimestre o aborto poderia ser feito para preservar a grávida. Cf. *Roe v. Wade*, 410 U.S. 113 (1973). p. 163.

[30] STONE, Geoffrey R. *Sex and the Constitution*: Sex, Religion, and Law from America's Origins to the Twenty-First Century. New York: Liveright Publishing Corporation, 2017. p. 187.

[31] STONE, Geoffrey R. *Sex and the Constitution*: Sex, Religion, and Law from America's Origins to the Twenty-First Century. New York: Liveright Publishing Corporation, 2017. p. 187.

[32] STONE, Geoffrey R. *Sex and the Constitution*: Sex, Religion, and Law from America's Origins to the Twenty-First Century. New York: Liveright Publishing Corporation, 2017. p. 187.

dos Estados Unidos em meados do século XIX e permaneceu durante a maior parte do século XX, com reflexos até o século XXI, como confirma *Dobbs v. Jackson*. A primeira era a sugestão para que a Associação condenasse "o ato de produzir aborto, em cada momento da gestação, exceto se necessário para preservar a vida da mãe".[33] A segunda, por sua vez, propunha que só ao profissional de medicina poderia ser permitido determinar a necessidade de se implementar o aborto, em uma clara tentativa – de resto bem-sucedida – de afastar as parteiras de um segmento que elas dominavam desde sempre.[34]

Ao incorporar as medidas sugeridas no relatório, a Associação Médica Americana acabou por fechar o cerco ao aborto, que, a partir daquele momento, passou a contar com a oposição da Igreja, dos conservadores e, por assim dizer, da Ciência, ou pelo menos da entidade que falava em nome dos profissionais mais próximos – ou um dos mais próximos – do tema, sob o aspecto prático da implementação do aborto.

4. A PROIBIÇÃO E O "PREÇO" DO ABORTO

4.1 A desproporcionalidade punitiva e o perdão presidencial em 2022

O presidente Joseph Biden assinou, em 6 de outubro de 2022, com fundamento no art. II, Seção 2, da Constituição dos Estados Unidos, uma "proclamação"[35]-[36] garantindo perdão a todos os usuários de *marijuana* (maconha) que tenham violado lei federal de posse e uso. O perdão não alcançou, por razões óbvias, as infrações estaduais. Ao justificar a decisão, o presidente disse (em declaração escrita e gravada) que, como afirmara na campanha, "ninguém deveria estar preso apenas por usar ou possuir maconha".

---

[33] STONE, Geoffrey R. *Sex and the Constitution*: Sex, Religion, and Law from America's Origins to the Twenty-First Century. New York: Liveright Publishing Corporation, 2017. p. 187.

[34] STONE, Geoffrey R. *Sex and the Constitution*: Sex, Religion, and Law from America's Origins to the Twenty-First Century. New York: Liveright Publishing Corporation, 2017. p. 188.

[35] UNITED STATES OF AMERICA. A Proclamation on Granting Pardon for the Offense of Simple Possession of Marijuana. *The White House*, 06.10.2022. Disponível em: https://www.whitehouse.gov/briefing-room/presidential-actions/2022/10/06/granting-pardon-for-the-offense-of-simple-possession-of-marijuana/. Acesso em: 06.10.2022.

[36] "Proclamação", em alguns casos, equivale a uma *Executive Order*, que, por seu turno, é a "Medida Provisória" do sistema estadunidense, não exatamente igual, mas guarda grande semelhança. O pronunciamento mais relevante da Suprema Corte (certamente um dos primeiros) atinente ao tema *Executive Order* deu-se no caso *Youngstown Steel* (1952), em que o tribunal analisou a constitucionalidade de Ordem Executiva emitida pelo presidente Harry Truman (1945-1953), que "ordenava ao secretário de Comércio que tomasse e operasse a maioria das siderúrgicas", em razão de uma greve nacional dos metalúrgicos. Cf. *Syllabus, Youngstown Sheet & Tube Co. v. Sawyer*, 343 U.S. 579 (1952). O ato (Ordem Executiva) do presidente Truman foi julgado inconstitucional. O caso é paradigmático porque concorreu para sedimentar a doutrina dos limites do Poder Executivo federal. A propósito, após afirmar que o voto de Robert Jackson angariou mais atenção do que o do "Relator", Hugo Black, John Yoo assinala (referindo-se ao caso Youngstown) que "desde então os críticos da Presidência converteram o voto do juiz Jackson em um amplo teste para todos os exercícios do poder executivo". Cf. YOO, John. *Crisis and Command*: a History of Executive Power From George Washington to the Present. New York: Kaplan, 2011. p. 341.

Ademais, "mandar pessoas para a prisão por portar maconha destrói muitas vidas" e prende "pessoas por conduta que muitos estados não proíbem mais".[37]

O presidente aproveitou para um registro de suma importância, que cresce de significado vindo de um chefe do Executivo, branco, em uma quadra histórica em que o racismo parece ressurgir nos Estados Unidos e no mundo. Ele observou, nesse discurso, que "os registros criminais por porte de maconha também impuseram barreiras desnecessárias ao emprego, à moradia e às oportunidades educacionais"; e – continua ele – especialmente entre os menos favorecidos, os que vivem à margem, porque, "enquanto pessoas brancas, pretas e pardas usam maconha em taxas semelhantes, pessoas negras e pardas têm sido presas, processadas e condenadas em taxas desproporcionais".[38]

A observação do presidente Biden é absolutamente verdadeira. Trata-se de um tema que é preciso ser lembrado e enfrentado. É inadmissível que, em pleno século XXI, ainda se conviva com essa chaga, a do tratamento desigual da Justiça às minorias menos favorecidas. É evidente que há esforços governamentais e da sociedade civil (pelo menos de parte dela) para combater a discriminação, mas, infelizmente, ela continua presente afetando os menos favorecidos.

A desproporcionalidade denunciada pelo presidente em outubro de 2022, relativa ao encarceramento de brancos, pardos e negros, esteve presente também na questão do aborto nos Estados Unidos desde meados do século XX, principalmente a partir do momento em que os conservadores deram início à campanha para que a legislação proibitiva fosse integralmente cumprida. Leslie Reagan, em sua já citada obra *When Abortion Was a Crime*, compilou dados consistentes que comprovam esse estado de coisa, inclusive reproduz gráfico com o quantitativo de aborto "legal" ocorrido nos Estados Unidos a partir da década de 1940 até 1960, demonstrando que a discriminação se encontrava (como ainda se encontra) presente em todos os quadrantes da sociedade.[39] Antes de *Roe v. Wade* as mulheres pardas e negras tinham mais dificuldade em conseguir abortar, seja por razões econômicas, seja pelo racismo estrutural.

4.2 Graves consequências econômicas e sociais da gravidez para as mulheres solteiras na sociedade patriarcal de meados do século XX

Laurence H. Tribe, constitucionalista de renome e, durante muitos anos, professor da Harvard Law School, é autor de um clássico, *American Constitutional Law*, com dois

---

[37] BIDEN, Joseph. Statement from President Biden on Marijuana Reform. *The White House*, Washington, D.C., 06.10.2022. Disponível em: https://www.whitehouse.gov/briefing-room/statements-releases/2022/10/06/statement-from-president-biden-on-marijuana-reform/. Acesso em: 06.10.2022.

[38] BIDEN, Joseph. Statement from President Biden on Marijuana Reform. *The White House*, Washington, D.C., 06.10.2022. Disponível em: https://www.whitehouse.gov/briefing-room/statements-releases/2022/10/06/statement-from-president-biden-on-marijuana-reform/. Acesso em: 06.10.2022.

[39] REAGAN, Leslie J. *When Abortion Was a Crime*: Women, Medicine, and Law in the United States, 1867-1973. Oakland: University of California Press, 2022. p. 205-206.

volumes e mais de 1.500 páginas. Entre outras obras, escreveu um livro instigante sobre aborto, com um título bastante sugestivo: *Abortion: the Clash of Absolutes* ("Aborto: o Choque dos Absolutos"), retratando o direito à vida (feto) e o direito da mulher à liberdade sobre o seu próprio corpo. Em dado instante ele registra que "a maioria dos abortos, e uma porcentagem particularmente alta daqueles realizados em mulheres pobres e mulheres em áreas rurais, foi realizada ilegalmente". Quanto aos abortos ilegais, completa, há uma "história de morte bem conhecida; as tragédias pessoais que os contos narram eram difundidas e evidentes em todos os estratos sociais".[40] Por fim, disse tratar-se de um "paradoxo" porque a história dessa tragédia que aflige tantas famílias tem sido "contada com tanta frequência que muitos ouvintes ficaram anestesiados com a dor humana que ela reflete".[41]

As agruras da mulher grávida, a que se refere Tribe, foram bem sumarizadas por Leslie Reagan ao descrever o conservadorismo da sociedade norte-americana; e ela não se referia ao século XIX. Ao contrário, centrou sua análise em meados do século XX e no pós-guerra, quando a economia crescia em ritmo acelerado, de mãos dadas com a urbanização e a conquista feminina de espaços cada vez maiores. Nessa época, era "inaceitável" que uma mulher solteira viesse a engravidar, e, se isso ocorresse, as perspectivas para a futura mãe não eram as melhores: a esmagadora maioria dos colégios não aceitava que meninas grávidas continuassem matriculadas. Se, por acaso, elas tivessem êxito em convencer o pai do futuro filho a se casar, ainda assim, teriam que desistir de eventualmente cursar uma universidade, porque precisavam se dedicar em tempo integral aos cuidados com o bebê. O genitor igualmente poderia deixar de seguir o sonho do curso superior, porque não raro necessitava de trabalhar para sustentar a nova família. Nessa perspectiva, "a gravidez, em resumo, ameaçava destruir a vida e as ambições de jovens mulheres".[42]

A possibilidade de manter a gravidez sob sigilo (em face das dificuldades em conseguir abortar), em algum lugar distante, e posteriormente ceder o filho para adoção, muito embora pudesse "salvar" a formação acadêmica da mãe e a posterior carreira profissional, a opção, como acentua Patricia Miller, era devastadora do ponto de vista emocional, porque "doar" uma criança era e continua sendo uma medida extrema, por uma razão óbvia: trata-se de um ser vivo, gestado por aproximadamente nove meses, que seguiria com desconhecidos para, em regra, nunca mais ter contato com seus pais biológicos.[43]

---

[40]   TRIBE, Laurence H. *Abortion*: the Clash of Absolutes. New York: W. W. Norton & Company, 1992. p. 35.

[41]   TRIBE, Laurence H. *Abortion*: the Clash of Absolutes. New York: W. W. Norton & Company, 1992. p. 35. Tradução nossa. No original: *Paradoxically the tale has been so often told that many listeners have become anesthetized to the human pain it reflects.*

[42]   REAGAN, Leslie J. *When Abortion Was a Crime*: Women, Medicine, and Law in the United States, 1867-1973. Oakland: University of California Press, 2022. p. 195.

[43]   MILLER, Patricia G. *The Worst of Times*: Illegal Abortion, Survivors, Practitioners, Coroners, Cops and Children of Women Who Died Talk About Its Horrors. New York: Harper Collins, 1993. p. 173.

4.3 Aborto seguro para o topo da pirâmide

Uma observação preliminar. Em verdade, como se verá nos parágrafos seguintes, havia uma porta aberta e segura para o aborto nos Estados Unidos, depois que as leis antiaborto se disseminaram e antes de *Roe v. Wade*. No entanto, esse caminho era restrito ao topo ou para quem estava relativamente próximo ao ponto mais alto da pirâmide econômica e social.

Se, em vez das opções listadas nos parágrafos anteriores (abrir mão do ensino superior, de uma carreira, ou se refugiar em algum lugar distante para ter o filho não desejado, fora do alcance de parentes, amigos e vizinhança), a mãe solteira optasse pelo aborto, melhor sorte não lhe aguardaria. O procedimento era ilegal e, pelas vias clandestinas, caro e perigoso. Os médicos (e eventualmente as parteiras[44]) dispensavam ao tema caráter absolutamente mercantil, e, nesse sentido, o aborto, que, em Chicago, custava 68 dólares no início dos anos 1940, na década de 1950 estava sendo cobrado em média 325 dólares,[45] muito acima da inflação do período.

Nessa mesma época, mais precisamente em 1955, uma revista "investigou a prática do aborto em nove cidades estadunidenses", a média de preço cobrada pelos "médicos variava de duzentos a quinhentos dólares".[46] O texto não esclareceu se o valor correspondia a aborto legal ou ilegal, mas, pela dinâmica do parágrafo, parece se tratar da modalidade ilegal, até porque registra que, nesse mesmo ano (1955), em Nova Iorque, havia, proporcionalmente, um número menor de "abortistas"[47] do que em 1940.[48] E mais: em 1940 eram feitos, em média, 700 abortos terapêuticos em Nova Iorque. Vinte anos depois, e com o crescimento populacional do período, eram praticados menos de 300 abortos terapêuticos.[49]

4.3.1 Aborto terapêutico e atestado de insanidade

A Lei Antiaborto do Estado de Nova Iorque, que vigorou até 1970, determinava pena de prisão para mulheres que buscassem a interrupção da gravidez, bem como para quem prestasse qualquer tipo de assistência. Nessa época, o único aborto permitido era para salvar a vida da mulher grávida, nenhum outro era autorizado. O curioso era que esse tipo de aborto, denominado "terapêutico", podia ser alcançado se um médico

---

[44] Evidentemente que a pressão da Associação Médica Americana não teve o condão de fazer desaparecer essa atividade centenária.

[45] REAGAN, Leslie J. *When Abortion Was a Crime*: Women, Medicine, and Law in the United States, 1867-1973. Oakland: University of California Press, 2022. p. 197.

[46] REAGAN, Leslie J. *When Abortion Was a Crime*: Women, Medicine, and Law in the United States, 1867-1973. Oakland: University of California Press, 2022. p. 197.

[47] No sentido de pessoas que praticavam aborto, vale dizer, médicos e parteiras.

[48] REAGAN, Leslie J. *When Abortion Was a Crime*: Women, Medicine, and Law in the United States, 1867-1973. Oakland: University of California Press, 2022. p. 197.

[49] REAGAN, Leslie J. *When Abortion Was a Crime*: Women, Medicine, and Law in the United States, 1867-1973. Oakland: University of California Press, 2022. p. 204.

atestasse que a mulher poderia cometer suicídio se fosse obrigada a manter-se grávida, vale dizer, ter o bebê.

Essa possibilidade abria um leque de oportunidades para que qualquer uma se utilizasse do argumento, bastando ter recursos para pagar pela consulta, pelo atestado e pelo procedimento. Linda Greenhouse lembra que, em 1967, o jornal *The New York Times* noticiou que conseguir um hospital que procedesse ao aborto era uma questão de usar as palavras certas, tais como "se eu tiver esse bebê, vou me matar".[50] Pode parecer bizarro, mas era assim que funcionava na maior cidade do país mais poderoso do mundo.

Entre 1951 e 1962, 92% dos abortos ocorridos na cidade de Nova Iorque tiveram como destinatárias mulheres brancas. Nesse período de dez anos, 3/4 das mortes decorrentes de aborto vitimaram mulheres negras,[51] ou seja, as leis proibitivas do aborto discriminavam as mulheres, mais especificamente a minoria (negra) dentro da minoria (mulher), podendo-se inclusive estender para outra minoria: mulheres sem recursos financeiros, no caso de Nova Iorque, majoritariamente negras.

Leslie Reagan igualmente oferece um quadro sombrio sobre o período, ao assinalar que, no início dos anos 1960, "a desigualdade mortal no acesso a abortos seguros por raça e classe tornou-se gritantemente óbvia". E mais que isso, "enquanto os observadores reconheceram e deploraram o racismo e o elitismo do sistema de aborto, a consciência do sexismo inerente ao sistema permaneceu enterrada",[52] vale dizer, a consciência permaneceu inalterada e um e outro (racismo e elitismo) continuaram a prevalecer.

Uma pesquisa nacional conduzida na década de 1950 pelo médico Robert E. Hall, da Universidade de Columbia, concluiu que a "frequência geral de abortos terapêuticos em sessenta hospitais americanos de destaque era 3,6 vezes maior em seus serviços privados do que nos de enfermaria". Por outro lado, os "hospitais dos municípios, onde os indigentes recebiam atendimento médico, realizavam o menor número de abortos terapêuticos".[53]

---

[50] SIEGEL, Reva B.; GREENHOUSE, Linda. *Before Roe v. Wade*: Voices that Shaped the abortion debate before the Supreme Court's ruling. Mountain View: Creative Commons, 2012. p. 127. Tradução nossa. No original: *"Getting a hospital abortion in New York"*, was often *"a question of knowing the rights words to use," – words like, "{I}f I have this baby I will kill myself"*. As aspas referem-se ao texto do jornal *The New York Times*. As autoras citam somente o ano (1967) da publicação.

[51] SIEGEL, Reva B.; GREENHOUSE, Linda. *Before Roe v. Wade*: Voices that Shaped the abortion debate before the Supreme Court's ruling. Mountain View: Creative Commons, 2012. p. 127.

[52] REAGAN, Leslie J. *When Abortion Was a Crime*: Women, Medicine, and Law in the United States, 1867-1973. Oakland: University of California Press, 2022. p. 193-194. Tradução nossa. No original: *By the early 1960s, the deadly inequality in access to safe abortions by race and class became glaringly obvious. While observers recognized and deplored the racism and elitism of the abortion system, awareness of the system's inherent sexism remained buried.*

[53] REAGAN, Leslie J. *When Abortion Was a Crime*: Women, Medicine, and Law in the United States, 1867-1973. Oakland: University of California Press, 2022. p. 207. Tradução nossa. No original: *The overall frequency of therapeutic abortions at 60 outstanding American hospitals is*

Essa situação um tanto quanto cínica, em que mulheres de famílias abastadas – ou de condição econômica que lhes permitia acesso a hospital particular ou obtenção de "atestado de insanidade mental" – conseguiam abortar com segurança jurídica e de uma boa casa de saúde, não passou despercebida ao juiz Tom Clark, que, embora não mais integrasse a Suprema Corte dos Estados Unidos à época da decisão *Roe v. Wade*, escreveu um artigo publicado quatro anos antes do histórico pronunciamento do tribunal, em que apontava o dedo justamente para o que ele definiu como "duplo padrão", em razão do tratamento desproporcional entre as mulheres financeiramente bem situadas e as que não dispunham de recursos para obtenção de aborto, aquelas das "classes sociais e econômicas mais baixas a quem era negada essa oportunidade".[54]

O magistrado prossegue afirmando que os Estados Unidos estavam[55] "no meio de um movimento mundial para fazer 'a pílula' de aborto disponível das favelas à Quinta Avenida" e que, ainda assim, "as estatísticas ilustram a disparidade entre os ricos e os não ricos", registrando que "três condados ao redor de São Francisco são relativamente ricos" e responsáveis "por 16% dos nascidos vivos e 50% dos abortos na Califórnia". Por outro lado, o "condado de Los Angeles, menos abastado, com suas amplas áreas de favelas, é responsável por 60% dos nascidos vivos e 23% dos abortos na Califórnia". Esses fatos, continua o juiz indicado para a Corte pelo presidente Harry Truman, "demonstram claramente que as áreas afluentes são responsáveis por um número de abortos desproporcional à sua densidade populacional".

Os dados anteriores apontam que, para além da discriminação de gênero, ou seja, negar à mulher o direito de decisão sobre seu próprio corpo, as leis proibitivas do aborto acolhiam outra discriminação, a social, porquanto a posição econômica frequentemente era decisiva para viabilizar a obtenção do aborto com as bênçãos do Estado, sem o temor de ser processada.

Mais que isso, Laurence Tribe, Linda Greenhouse, Reva Siegel, Leslie Reagan e Tom Clark relatam um quadro frio e sombrio sobre um período em que a discriminação de gênero não se limitava a segregar, pelas circunstâncias contribuía para apagar a luz da vida, de grávidas sem recursos e impotentes para fazer valer sua opção por não ser mãe.

Com isso, pode-se afirmar – em antecipação à análise propriamente dita do caso *Roe v. Wade*, que ocorrerá mais adiante – que a decisão da Corte em 1973 resguardou o direito de a mulher ter controle sobre o seu próprio corpo, assegurou o direito à privacidade, reiterando o que fora decidido em *Griswold*, e, ainda, pôs fim a um doloroso *double standard*, para usar a expressão do juiz Tom Clark.

3.6 times higher on their private services than on theirs ward services. Municipalities hospitals, where indigent received medical care, performed the fewest therapeutic abortions. Importante lembrar que aborto "terapêutico" era aquele autorizado por lei, frequentemente conseguido por mulheres de famílias mais abastadas, inclusive com atestado de que estavam prestes a cometer suicídio, consoante demonstrado anteriormente.

[54] CLARK, Tom C. Religion, Morality, and Abortion: a Constitutional Appraisal. *Loyola of Los Angeles Law Review*, v. 2, n. 1, 1969. p. 6-7.

[55] Importante lembrar que o texto foi escrito no final da década de 1960.

5. O MOVIMENTO FEMINISTA NOS ESTADOS UNIDOS E A PAUTA DO DIREITO AO ABORTO

Diferentemente do mandato do presidente Jimmy Carter, em que não houve nenhuma vaga para ser preenchida na Suprema Corte, no de Bill Clinton surgiram duas oportunidades. Uma, com a aposentadoria do juiz Harry Blackmun, autor do voto condutor do caso *Roe v. Wade*, foi preenchida com a indicação de Stephen Breyer, apontado em maio de 1994 e confirmado pelo Senado em julho seguinte.[56] A outra vaga, a primeira em ordem cronológica, ficou com Ruth Bader Ginsburg, que antes ocupava o cargo de juíza da Corte de Apelações do Circuito do Distrito de Columbia, indicada pelo presidente Carter para essa posição.

Ruth Bader Ginsburg, ou RBG, como mais tarde ficou conhecida, foi a juíza mais identificada com o gênero feminino em toda a História da Suprema Corte dos Estados Unidos e, seguramente, umas das mais identificadas em todo o Judiciário do país. Essa característica foi construída muito antes de chegar ao tribunal mais importante dos Estados Unidos e decorre de uma combinação de fatores: talento nato, sua história de vida, sua luta e determinação em superar as adversidades.

O processo de análise, no Senado, do nome indicado pelo presidente testemunhou o compromisso de Ruth Ginsburg com a construção da igualdade entre os sexos. Em 20 de julho de 1993 ela fez a tradicional declaração inaugural (*opening statement*) perante os senadores e, em dado momento, afirmou que, durante sua vida, esperava ter visto "três, quatro, talvez até mais mulheres compondo a Alta Corte, mulheres não moldadas com o mesmo perfil, mas de diferentes compleições".[57]

5.1 Susan Anthony e Elizabeth Stanton

Ao falar de igualdade, Ginsburg mencionou – no citado discurso de apresentação perante o Senado – que "o uso cada vez mais pleno do talento de todo o povo desta nação é uma grande promessa para o futuro" e a pauta feminina jamais teria chegado aonde chegou, e ela "certamente não estaria naquela sala," sendo sabatinada para uma vaga à Suprema Corte, "sem os esforços determinados de homens e mulheres que mantiveram vivos os sonhos de cidadania igual em dias em que poucos estavam dispostos a ouvir". Ela conclui a declaração dizendo reconhecer a dedicação e o trabalho de muitos e cita três mulheres fundamentais no avanço da pauta feminista nos Estados Unidos, afirmando estar sobre os ombros delas: "Pessoas como Susan B. Anthony, Elizabeth Cady Stanton e Harriet Tubman vêm à mente. Eu estou sobre os ombros dessas corajosas".[58]

---

[56] HALL, Kermit L. *The Oxford Companion to the Supreme Court of the United States*. 2. ed. New York: Oxford University Press, 2005. p. 106.

[57] GINSBURG, Ruth Bader; HARTNETT, Mary; WILLIAMS, Wendy W. *My Own Words*. New York: Simon & Schuster, 2016. p. 183.

[58] GINSBURG, Ruth Bader; HARTNETT, Mary; WILLIAMS, Wendy W. *My Own Words*. New York: Simon & Schuster, 2016. p. 183.

Susan Anthony e Elizabeth Stanton são responsáveis pelos primeiros capítulos do movimento feminista nos Estados Unidos. O mais relevante deles, e provavelmente o início de tudo, foi a Convenção de Sêneca Falls,[59] que foi organizada por elas e por outras mulheres e ocorreu no Estado de Nova Iorque, em 19 e 20 de julho de 1848, na cidade de Seneca Falls. Alguns dias antes do início da convenção o jornal *Seneca County Courier* estampou a convocação, logo em seguida reproduzida em outros órgãos de imprensa, com o seguinte teor: "uma convenção para discutir a condição e os direitos sociais, civis e religiosos da mulher".[60] Embora pensada, organizada e voltada para debater temas de interesse da mulher, a convenção contou com participação masculina, com dois registros curiosos sobre esta.

O primeiro diz respeito à direção do evento. "Por ser considerado escandaloso demais ter uma mulher como presidente, o marido de Mott, James, presidiu a convenção".[61] James Mott era casado com Lucretia Mott, figura de destaque na luta pelos direitos da mulher. O registro de autoria de Lisa Tetrault, a respeito da presidência da convenção, é simultaneamente curioso e sintomático da situação de submissão social em que a mulher se encontrava, de modo que não é de se espantar que, durante tanto tempo, quiseram decidir por ela(s), inclusive obrigá-las a ter filho indesejado.

A segunda figura masculina foi Frederick Douglass, que acabou igualmente conquistando certo destaque. Douglass era negro, orador e abolicionista muito respeitado nos Estados Unidos naquela época, um dos grandes da História do país. Foi um dos responsáveis pela aprovação de um item polêmico da convenção, o que defendia o direito ao voto[62] para a mulher, proposição que enfrentou tenaz resistência

---

[59] Em inglês: *Seneca Falls Convention*. A convenção foi desenhada para debater temas de interesse da mulher e resultou na adoção da denominada Declaração de Sentimentos, que pode ser sumarizada na seguinte observação de autoria de Jill Lepore: "A Declaração de Sentimentos de Stanton não pedia apenas uma reforma legislativa fragmentada, mas ecoava a Declaração de Independência" (tradução nossa). No original: *Stanton's Declaration of Sentiments did not merely call for piecemeal legislative reform but instead echoed the Declaration of Independence* (LEPORE, Jill. *These Truths*: a History of the United States of America. New York: Norton, 2019. p. 257). A alusão à Declaração de Independência reside no tom e no estilo utilizado, propositadamente parecido com o importante texto de 1776.

[60] MCMILLEN, Sally G. *Seneca Falls and the Origins of the Women's Rights Movement*. New York: Oxford University Press, 2008. p. 88. Tradução nossa. No original: *a convention to discuss the social, civil, and religious condition and rights of woman*.

[61] TETRAULT, Lisa. *The Myth of Seneca Falls*: Memory and the Women's Suffrage Movement, 1848-1898. Chapel Hill: University of North Carolina Press, 2017. p. 13. Tradução nossa. No original: *Because it was considered too scandalous to have a woman as chair, Mott's husband, James, chaired the convention*.

[62] Durante a convenção era interesse estratégico dele, intentava obter apoio para a extensão do direito ao voto aos negros. Alguns meses depois da convenção, esse tema foi objeto de divergências; Douglass entendia que primeiro deveria ser assegurado o direito ao voto para os negros, e em seguida estendido às mulheres, estratégia a que Elizabeth Stanton se opunha. Cf. MCMILLEN, Sally G. *Seneca Falls and the Origins of the Women's Rights Movement*. New York: Oxford University Press, 2008. p. 173.

na convenção, inclusive entre as mulheres, porque algumas delas enxergavam a proposta como muito ousada.

Aliás, duas décadas mais tarde, em 1870, Douglass publicou um artigo, "Movimento pelo Sufrágio da Mulher", em defesa do direito ao voto feminino, salientando que "nenhum homem ou mulher que não seja consultado pode contrair uma obrigação, ou ter uma obrigação criada para ele ou ela, conforme o caso". A mulher, continuou, "não é parte anuente deste Governo" porque nunca permitiram que ela fosse "consultada". Em seguida arrematou: "O nosso é um governo de homens, por homens, cada um concordando com todos e todos concordando com cada um em relação a certas proposições fundamentais, e as mulheres são totalmente excluídas".[63]

O texto de Douglass é um relato fiel da situação da mulher na quadra histórica em que foi escrito e, de certo modo, guarda proximidade com o registro de Simone de Beauvoir em 1972, que afirmou que a mulher "é definida e diferenciada em relação ao homem, e não ele em relação a ela; ela é incidental, o inessencial em oposição ao essencial. Ele é o Sujeito, ele é o Absoluto – ela é o Outro".[64]

A saga iniciada na *Seneca Falls Convention*, a denúncia contra a discriminação sistêmica de gênero, a organização das mulheres como grupo de pressão, a voz e a visibilidade conquistada a partir de 1870, o flerte com a Declaração de Independência,[65] e a conquista do direito ao voto em 1919[66] viriam, décadas depois, a ser decisivas ao movimento em defesa do aborto, que tem início nos anos 1960 e desemboca em *Roe v. Wade*.

6.   OS EFERVESCENTES ANOS 1960. UMA DÉCADA ANTES DE ROE

O caso *United States v. Virginia* restou ressaltado, logo nos parágrafos introdutórios deste trabalho, referente ao caráter multifacetado da década de 1960, que culminou, conforme ficou ali registrado, com a "aceitação" pelas universidades, das primeiras mulheres como professoras de Direito. Se se considerar que, em meados da década de 1950, pouquíssimas eram aceitas como alunas do curso de Direito, resta evidente que

---

[63] GATES JR., Henry Louis; STAUFFER, John (ed.). *The Portable Frederick Douglass*. New York: Penguin Random House, 2016. p. 492. Tradução nossa. No original: *No man or woman who is not consulted can contract an obligation, or have an obligation created for him or her as the case may be. (...) Woman is not a consenting party to this Government. She has never been consulted. Ours is a Government of men, by men, each agreeing with all and all agreeing with each in respect to certain fundamental propositions, and women are wholly excluded.* O artigo foi originalmente publicado no jornal *New National Era*, de 20 de outubro de 1870. O periódico era editado por afrodescendentes e circulou em Washington de 1870 a 1874.

[64] BEAUVOIR, Simone de. *The Second Sex*. Harmondsworth: Penguin Books, 1972, p. 16.

[65] TETRAULT, Lisa. *The Myth of Seneca Falls*: Memory and the Women's Suffrage Movement, 1848-1898. Chapel Hill: University of North Carolina Press, 2017. p. 12.

[66] A Emenda Constitucional Dezenove foi aprovada pelo Congresso dos Estados Unidos em 1919 e ratificada por 3/4 dos estados em 1920. Uma única participante da *Seneca Falls Convention* ainda vivia na data da ratificação, Charlotte Woodward, então com 92 anos. Cf. CLIFT, Eleanor. *Founding Sisters and the Nineteenth Amendment*. Hoboken: John, Wiley and Sons, 2003. p. 208.

a década seguinte, a de 1960, registrou um "salto civilizatório" que se apresenta como "o fio condutor para que Ruth Bader Ginsburg se tornasse, em 1972, a primeira mulher Professora Titular de Direito na Columbia Law School".[67]

Contudo, além de John Kennedy, do desembarque da Baía dos Porcos, do Vietnã, da pílula e da chegada do homem à Lua, a década de 1960 registrou um significativo avanço na pauta da defesa do direito ao aborto, muito embora o sexo feminino ainda sofresse aguda discriminação.

6.1 Surgimento de associações nacionais para a defesa dos direitos das mulheres

É nesse contexto de segregação, de profunda desigualdade entre homens e mulheres, e entre mulheres de diferentes classes econômicas, que elas se organizam e, como consequência, são criadas algumas associações em defesa dos direitos das mulheres, com ênfase para "igualdade" e "liberdade".[68] Trata se de resposta à crescente insatisfação com o estado de coisas: impossibilidade de impedir a continuidade de gravidez não desejada, abortos clandestinos, risco de vida, repressão policial, ganância de médicos e hospitais, estreitamento de perspectivas futuras, acadêmicas e profissionais.

Entre as organizações criadas duas merecem destaque: a Organização Nacional pelas Mulheres, fundada em 1966 e com uma sigla em inglês bastante sugestiva (NOW);[69] e a Associação Nacional para a Revogação das Leis do Aborto,[70] criada em fevereiro de 1969. Ambas, coincidentemente, contaram com o apoio e efetiva participação de Betty Friedan, icônica ativista dos direitos das mulheres.

A primeira, centrada em reivindicar o fim da discriminação no trabalho, salarial, na educação e na busca por um melhor tratamento dos órgãos de imprensa. Era predominantemente formada por mulheres brancas da classe média, embora não fosse exclusivamente delas. Fundadora e primeira presidente da Organização Nacional pelas Mulheres, Betty Friedan dedicou esforço e energia para conseguir que a Equal Employment Opportunity Commission (Comissão de Igualdade de Oportunidades de Emprego), agência federal incumbida de promover, por óbvio, igualdade e oportunidade, abraçasse os pleitos da organização e combatesse a discriminação no ambiente de trabalho, que era gigantesca. Entretanto, a Comissão de Igualdade de Oportunidades não lhe deu muita atenção. Talvez por isso, um ano depois de fundada, a entidade acresceu o nome *Bill of Rights*,[71] reforçando seu DNA associativo no campo das reivindicações relativas às condições de trabalho e à educação,[72] além de ter proposto, em 1970, uma

---

[67] Ver, neste livro, o capítulo dedicado ao caso *United States v. Virginia* (1996).

[68] REAGAN, Leslie J. *When Abortion Was a Crime*: Women, Medicine, and Law in the United States, 1867-1973. Oakland: University of California Press, 2022. p. 227.

[69] *National Organization for Women* (NOW).

[70] Em inglês: *National Association for the Repeal of Abortion Laws* (NARAL). Tradução nossa.

[71] Passou a se chamar *National Organization for Women Bill of Rights*.

[72] SIEGEL, Reva B.; GREENHOUSE, Linda. *Before Roe v. Wade*: Voices that Shaped the abortion debate before the Supreme Court's ruling. Mountain View: Creative Commons, 2012. p. 36 a 38.

greve das mulheres em defesa da igualdade, coincidindo com a comemoração do quinquagésimo aniversário da ratificação da Décima Nona Emenda.[73] Por outro lado, nessa mesma época, foi criada a Organização Nacional em Defesa do Bem-Estar,[74] constituída por mulheres de "baixa renda", entre elas, principalmente, afrodescendentes.[75]

6.2 Betty Friedan, liberdade e escolha consciente para decidir sobre a maternidade

Em 1969 foi organizada em Chicago a "Primeira Conferência Nacional sobre Leis do Aborto", organizada pela Illinois Citizens for the Medical Control of Abortions. Betty Friedan assumiu papel de destaque nessa conferência e centrou seu discurso no direito ao aborto, salientando que o movimento passara a também ser seu:

> A Conferência de Chicago, e particularmente o discurso de Betty Friedan, marcou a convergência pública do movimento pelos direitos das mulheres e o movimento pelos direitos ao aborto. Friedan declarou aos ativistas de direitos ao aborto que seu movimento "agora é meu".[76]

Se a *Seneca Falls Convention*, de 1848, marcou o início do movimento pelo sufrágio feminino, culminando, 72 anos depois, com a aprovação da Emenda Constitucional Dezenove, talvez seja correto dizer que a Conferência de Chicago tem para o movimento a favor do direito ao aborto idêntica relevância da *Seneca Falls*.

Há dois aspectos relevantes nessa convenção. O discurso de Betty Friedan e a criação da Associação Nacional para a Revogação das Leis do Aborto.

O discurso de Friedan tem pouco mais de duas páginas e alguns méritos: foi direto, tratou de pontos cruciais, fez comparações simples e precisas e, acima de tudo, foi poderoso, no sentido de entregar mensagem clara e propor soluções. Já nas primeiras linhas ela trata da "invisibilidade" da mulher, afirmando que, "assim como o negro era o homem invisível, as mulheres são as pessoas invisíveis na América hoje", completando, adiante, que "a essência da difamação das mulheres é nossa definição como objeto sexual".[77]

Ao afirmar que a mulher era definida como "objeto sexual", Friedan entendeu necessário explicar que não estava defendendo que elas fossem "liberadas do sexo", mas

---

[73] STONE, Geoffrey R. *Sex and the Constitution*: Sex, Religion, and Law from America's Origins to the Twenty-First Century. New York: Liveright Publishing Corporation, 2017. p. 378.

[74] Em inglês: *National Welfare Rights Organization*.

[75] REAGAN, Leslie J. *When Abortion Was a Crime*: Women, Medicine, and Law in the United States, 1867-1973. Oakland: University of California Press, 2022. p. 228.

[76] SIEGEL, Reva B.; GREENHOUSE, Linda. *Before Roe v. Wade*: Voices that Shaped the abortion debate before the Supreme Court's ruling. Mountain View: Creative Commons, 2012. p. 38. Tradução nossa. No original: *The Chicago conference, and particularly Betty Friedan's speech, marked the public convergence of the women's rights movement and the abortion rights movement. Friedan declared to the assembled abortion rights activists that their movement "is now mine".*

[77] GOTTHEIMER, Joshua. *Ripples of Hope: Great American Civil Rights Speeches*. New York: Basic Books, 2003. p. 328.

que ele, o sexo, precisava se constituir em um diálogo humano. Pela extensão, linha de raciocínio e relevância do texto, convém reproduzi-lo em toda a sua inteireza:

> Estou dizendo que as mulheres devem ser liberadas do sexo? Não. Estou dizendo que o sexo só será liberado para ser um diálogo humano, o sexo só deixará de ser uma zombaria, piada suja e uma obsessão nesta sociedade, quando as mulheres se tornarem pessoas ativas autodeterminadas, liberadas para a criatividade além da maternidade, para uma plena criatividade humana.
>
> Estou dizendo que as mulheres devem ser libertadas da maternidade? Não. Estou dizendo que a maternidade só será um ato humano alegre e responsável quando as mulheres forem livres para tomar, com plena escolha consciente e plena responsabilidade humana, as decisões de se tornarem mães, sem conflito, quando puderem se definir não apenas como mãe de alguém, não apenas como servas de filhos, não apenas como receptáculos de reprodução, mas como pessoas para quem a maternidade é uma parte da vida livremente escolhida, celebrada livremente enquanto dura, mas para quem a criatividade tem muitas outras dimensões, como tem para os homens.[78]

A argumentação parece de todo razoável, contemporânea aos anos 1960 e, tragicamente, contemporânea ao primeiro quarto do século XXI, em especial depois de *Dobbs v. Jackson*. A discussão sobre o aborto, acerca da autonomia da mulher sobre seu corpo, sobre o direito fundamental à privacidade, passa, igualmente, por refletir a respeito da maternidade, e que ela somente "será um ato humano alegre e responsável quando as mulheres forem livres para tomar, com plena escolha consciente e plena responsabilidade humana, as decisões de se tornarem mães".

Betty Friedan vai além, com passagens fortes, como quando afirma que "a maternidade é quase por definição uma maldição", para em seguida amenizar, "ou pelo menos em parte, enquanto as mulheres são forçadas a serem mães – e apenas mães – contra sua vontade".[79] É evidente que o "apenas ser mãe" é a forma sútil de dizer: ser mãe e mais nada, era ao que estava reduzida a esmagadora maioria das mulheres em meados da década de 1960, com extrema dificuldade de conseguir emprego em algumas carreiras, por exemplo, em escritórios de advocacia ou universidades, respectivamente como advogadas ou professoras de Direito.[80]

---

[78] GOTTHEIMER, Joshua. *Ripples of Hope: Great American Civil Rights Speeches*. New York: Basic Books, 2003. p. 328-329.

[79] GOTTHEIMER, Joshua. *Ripples of Hope: Great American Civil Rights Speeches*. New York: Basic Books, 2003. p. 329.

[80] Ao discorrer especificamente sobre os anos 1960, Cynthia Bowman relata "as experiências de um grupo de mulheres de elite dessa época", retratadas em "um livro de memórias sobre mulheres que se formaram juntas na Harvard Law School em 1964". Muito embora tenham graduado por uma universidade de ponta, "seis meses após a formatura, a maioria das quinze mulheres da turma ainda não havia encontrado empregos permanentes". Ademais, seis meses antes de esse grupo receber o diploma, o título de um dos artigos da *Harvard Law Record*, de dezembro de 1963, era "Mulheres Indesejadas" (*Women Unwanted*). O artigo descrevia o

Além disso, disse mais porque mais havia que ser dito, seja porque nunca ou dificilmente tivesse sido dito antes, seja pela vontade e necessidade de dizer, seja pelo talento que ela própria sabia ter e, por isso, resolveu mais dizer. Disse que "a verdadeira revolução sexual é a saída das mulheres da passividade", o que, convenhamos, é uma forma quase hilária – e certamente poética – de dizer algo verdadeiro e relevante que, decerto, outros oradores desafortunados, sem o talento da grande feminista, diriam com menos brilho e impacto.

Em seguida atribuiu à conferência a importância que ela efetivamente teve. Disse que era "histórico que estivessem se dirigindo a si próprias naquele fim de semana, talvez o primeiro confronto nacional de mulheres e homens". Afirmou que "as vozes das mulheres estão finalmente sendo ouvidas em voz alta, informando o que tem que ser comunicado sobre a questão do aborto, tanto em seu sentido mais básico de moralidade quanto em seu novo sentido político como parte da revolução inacabada da igualdade sexual".[81]

Concluiu observando que, naquele confronto, estavam (todas as mulheres) implementando "um marco importante na maravilhosa revolução que começou muito antes de qualquer um de nós aqui nascer e que ainda tem um longo caminho a percorrer". Em seguida evocou os exemplos "das pioneiras Mary Wollstonecraft[82] e Margaret Sanger",[83] responsáveis por dar "consciência" a todas elas, tornando-as capazes de alterar "os próprios termos do debate sobre o aborto, para afirmar o

---

resultado de uma pesquisa feita em grandes escritórios de advocacia nos Estados Unidos que retratava que a maioria se recusava a contratar mulheres por diferentes razões, entre elas: "má relação com os tribunais"; "a responsabilidade está em casa"; e "medo de explosões emocionais". Sem dúvida um indicador dos tempos, a corroborar o surgimento de tantas organizações em defesa delas (BOWMAN, Cynthia Grant. Women in the Legal Profession from the 1920s to the 1970s: What Can We Learn from Their Experience about Law and Social Change? *Maine Law Review*, v. 61, n. 1, 2017. p. 11).

[81] GOTTHEIMER, Joshua. *Ripples of Hope: Great American Civil Rights Speeches*. New York: Basic Books, 2003. p. 330.

[82] Mary Wollstonecraft era britânica, autora de *A Vindication of the Rights of Woman*, publicado em 1792. Morreu aos 38 anos, poucos dias depois de dar à luz Mary Shelley, mais tarde autora de *Frankenstein*, publicado em 1818. Sylvana Tomaselli define Wollstonecraft como uma mulher além do seu tempo, uma pensadora que, embora tenha vivido pouco, deixou um legado de enorme importância. Diz que é difícil defini-la e que, embora muitos autores afirmem tratar-se de uma feminista, ela entende que a assertiva é "discutível" e que "avaliá-la dessa maneira não era o motivo" do livro que escreveu sobre ela. Cf. TOMASELLI, Sylvana. *Wollstonecraft*: Philosophy, Passion and Politics. Princeton: Princeton University Press, 2021. p. 2.

[83] Sobre Margaret Sanger, consultar o capítulo dedicado a *Griswold v. Connecticut*. Para informações mais detalhadas sobre essa importante ativista, ver LEONARD, Devin. *Neither Snow nor Rain*: a History of the United States Postal Office. New York: Grove Press, 2017; SOHN, Amy. *The Man Who Hated Women*: Sex, Censorship, & Civil Liberties in the Gilded Age. New York: Farrar, Straus and Giroux, 2021; e, obviamente, SANGER, Margaret. *The Autobiography of Margaret Sanger*. Mineola: Dover, 2019.

direito de escolha da mulher e definir os termos" de suas próprias vidas, além de movê-las "para a plena dignidade humana". Arremata dizendo: "Hoje, avançamos a história...".[84]

Esse discurso e essa reunião em Chicago culminaram na criação da Associação Nacional para a Revogação das Leis do Aborto,[85] resultado da convicção dos participantes de "que não bastava uma reforma nas leis atinentes ao aborto, mas a revogação completa",[86] no sentido de prover nova legislação atinente ao tema. Entre as finalidades da associação, constava explicitamente a de "reconhecer o direito humano básico de a mulher limitar sua própria reprodução", bem como a de "dedicar-se à eliminação de todas as leis e práticas que obrigassem qualquer mulher a ter um filho contra sua vontade". Essas finalidades seriam alcançadas, ainda segundo a Associação Nacional para a Revogação das Leis do Aborto, com "ações políticas, sociais e jurídicas, de indivíduos e grupos preocupados em proporcionar abortos seguros por médicos qualificados para todas as mulheres, independentemente de sua condição econômica".[87]

O discurso é fonte de água cristalina e generosa acerca do papel da mulher, da opressão social, do tratamento secundário a ela dispensado, ou, nas palavras iniciais da própria Friedan: "as mulheres são as pessoas invisíveis na América hoje".

7. *ROE V. WADE*, DECISÃO DA SUPREMA CORTE, 1973

7.1 A Caricatura

"Meritíssimo, esta mulher deu à luz uma criança nua".[88] A frase compõe uma caricatura de setembro de 1915, publicada em *The Masses*, revista mensal que circulava em Nova Iorque e se intitulava como "devotada aos interesses da classe trabalhadora".[89] A citada caricatura retratava um homem gordo,[90] arrastando uma

---

[84] GOTTHEIMER, Joshua. *Ripples of Hope: Great American Civil Rights Speeches*. New York: Basic Books, 2003. p. 330.

[85] A Associação continua em atividade – desde 1969. O nome é "quase" o mesmo, com duas modificações. Passou de *National Association for the Repeal of Abortion Laws* (NARAL) para *National Abortion Rights Action League* e posteriormente (nome atual) *NARAL Pro-Choice America*. Cf. MICHALS, Debra. *Betty Friedan (1921-2006)*. Disponível em: https://www.womenshistory. org/education-resources/biographies/betty-friedan. Acesso em: 22.10.2022.

[86] STONE, Geoffrey R. *Sex and the Constitution*: Sex, Religion, and Law from America's Origins to the Twenty-First Century. New York: Liveright Publishing Corporation, 2017. p. 369.

[87] SIEGEL, Reva B.; GREENHOUSE, Linda. *Before Roe v. Wade*: Voices that Shaped the abortion debate before the Supreme Court's ruling. Mountain View: Creative Commons, 2012. p. 36-38.

[88] STONE, Geoffrey R. *Sex and the Constitution*: Sex, Religion, and Law from America's Origins to the Twenty-First Century. New York: Liveright Publishing Corporation, 2017. p. 199.

[89] A biblioteca da New York University tem uma coleção completa da revista, que circulou de 1911 a 1917.

[90] Segundo Geoffrey, o próprio Comstock (STONE, Geoffrey R. *Sex and the Constitution*: Sex, Religion, and Law from America's Origins to the Twenty-First Century. New York: Liveright Publishing Corporation, 2017. p. 199).

mulher e apresentando-a a um juiz. Ela se inseria no perfil da revista, feita por socialistas e dedicada à defesa dos menos favorecidos. O intuito era chamar atenção para os absurdos da *Comstock Era*, como ficou conhecido o período em que o conservador Anthony Comstock conseguiu: (i) que o Congresso dos Estados Unidos aprovasse uma lei proibitiva de métodos contraceptivos; (ii) que ele próprio fosse designado agente especial dos Correios; (iii) desencadear uma campanha moralizadora dos costumes; (iv) apreender toneladas de livros, revistas, jornais, panfletos considerados impuros por sua visão estreita e ultraconservadora.[91]

As leis proibitivas do aborto que grassaram e cresceram nos Estados Unidos beberam dessa fonte, embora ela não seja a única explicação para o banimento no país.

"A supressão do aborto" – observa com propriedade Leslie Reagan – "nas décadas imediatamente anteriores a *Roe v. Wade* foi única na história".[92] Isso porque o "sistema repressivo e seus resultados mortais desempenharam um papel crucial na produção de um movimento para legalizá-lo". Esse movimento "surgiu da deterioração das condições do aborto e das frustrações de mulheres e médicos", e o foco inicial da campanha foi nas "leis estaduais". Nos estados, "os reformadores expuseram as novas e devastadoras condições do aborto como intoleráveis e discriminatórias" – portanto, insustentáveis. O "movimento social" para descriminalizá-lo "aproveitou e trouxe à tona uma antiga aceitação do aborto",[93] na tentativa de sensibilizar os eleitores.

7.2 A pressão popular e a aceitação histórica

Reagan faz questão de realçar a importância da mobilização popular em torno do tema, afirmando que é equivocado pensar que a decisão em *Roe v. Wade* decorre de "cobertura da mídia em casos célebres, ou mudanças na tecnologia médica", ou, ainda, no "perfil dos juízes da Suprema Corte que votaram a favor do pedido de Roe". Afirma, inclusive, que alguns não conseguem "explicar por que membros de uma profissão socialmente conservadora, a profissão médica, iniciaram a reforma ou por que a maioria dessa profissão veio a apoiar a exigência radical da revogação"[94] do aborto.

Arremata, por fim, reafirmando que "os casos de aborto chegaram à Suprema Corte dos Estados Unidos como resultado de um movimento de base em que mulheres e médicos desempenharam um papel proeminente".[95] Embora não os enumere, ela

---

[91] Sobre Anthony Comstock, ver o capítulo dedicado a *Griswold v. Connecticut*.

[92] REAGAN, Leslie J. *When Abortion Was a Crime*: Women, Medicine, and Law in the United States, 1867-1973. Oakland: University of California Press, 2022. p. 216. Tradução nossa. No original: *The suppression of abortion in the decades immediately preceding Roe v. Wade was unique in the history of abortion.*

[93] REAGAN, Leslie J. *When Abortion Was a Crime*: Women, Medicine, and Law in the United States, 1867-1973. Oakland: University of California Press, 2022. p. 216.

[94] REAGAN, Leslie J. *When Abortion Was a Crime*: Women, Medicine, and Law in the United States, 1867-1973. Oakland: University of California Press, 2022. p. 216.

[95] REAGAN, Leslie J. *When Abortion Was a Crime*: Women, Medicine, and Law in the United States, 1867-1973. Oakland: University of California Press, 2022. p. 216.

indiretamente lista três fatores como preponderantes para o desfecho do caso *Roe v. Wade*, ou, em outras palavras, para que a Suprema Corte tomasse aquela decisão: (i) "o período particularmente repressivo", referindo-se às leis e à postura do sistema punitivo contra o aborto; (ii) o fato de a aceitação histórica do aborto estar enraizada em parte da sociedade estadunidense; e (iii) a resistência contemporânea à lei.

O mergulho em *Roe v. Wade* e a análise do voto condutor do juiz Harry Blackmun e dos principais votos, favoráveis e contrários ao resultado final, serão objeto dos parágrafos que se seguem, com a advertência de que se trata da decisão da Suprema Corte responsável por promover a maior divisão de que se tem notícia na sociedade estadunidense. No dizer de Lawrence Friedman, *Roe v. Wade* "tem sido um pomo de discórdia desde o dia em que nasceu", enfrentando ferrenha oposição católica e protestante, um tema que "polarizou a população em um grau surpreendente".[96]

7.3 Texas, 1969

Embora o caso tenha sido julgado pela Suprema Corte em janeiro de 1973, sua origem data de 1969, em Dallas, no Texas, pouco tempo depois de Norma Leah Nelson McCorvey, então com 21 anos (meses antes de completar 22), confirmar sua terceira gravidez. Antes ela havia engravidado aos 16 anos, pouco tempo depois do casamento com Elwood McCorvey, um motorista de caminhão de 21 anos, que gostava de carrões, mulheres e bebida. McCorvey abandonou Norma logo após o casamento, ainda grávida de sua primeira filha. Nessa época, fins de 1964 e primeiros meses de 1965, Norma trabalhava como garçonete até altas horas da madrugada e as primeiras contrações do parto foram sentidas em um "bar gay de nome Numbers", de onde ela foi levada diretamente para o "Dallas Osteopathic Hospital". Sua filha nasceu naquela manhã, em maio de 1965.[97]

O último ano da década de 1960 foi difícil para McCorvey, no entanto não muito diferente da maioria dos anteriores. Em 1969, ela encontrava-se solteira, sem emprego, sem pai, com problemas de relacionamento com a mãe, com antecedentes criminais e grávida de um feto não planejado. Norma bebia com frequência, usava LSD (entre outras drogas) e eventualmente se prostituía na *Cedar Spring Road*, captando clientes na rua, como dezenas de outras garotas em situação parecida com a dela.[98]

Em resumo, o feto que deu origem a um dos casos mais importantes da História da Suprema Corte dos Estados Unidos estava sendo gestado, em 1969, por uma jovem mulher, mãe de dois filhos, cheia de problemas, em uma família extremamente conturbada.

---

[96] FRIEDMAN, Lawrence M. *A History of American Law*. New York: Oxford University Press, 2019. p. 760. Tradução nossa. No original: *Roe v. Wade, on the other hand, has been a bone of contention since the day it was born. (...) The Abortion controversy has polarized the population to an astonishing degree.*

[97] PRAGER, Joshua. *The Family Roe*: an American Story. New York: W. W. Norton & Company, 2021. p. 22-23.

[98] PRAGER, Joshua. *The Family Roe*: an American Story. New York: W. W. Norton & Company, 2021. p. 33-34.

7.3.1 "Branca, jovem, grávida e à procura de um aborto"

Norma McCorvey foi apresentada primeiro à advogada Sarah Weddington, que em seguida a introduziu a Linda Coffee, que, além de advogada, era feminista e mulher "intensa". Coffee viu nela as características perfeitas para o ajuizamento de uma ação desafiando a constitucionalidade da lei proibitiva de aborto no Texas, seu Estado de origem e onde ela havia concluído o curso de Direito, na Universidade do Texas, em 1965.[99] Segundo Joshua Prager, Linda Coffee teria dito à época, em conversa com Norma, que ela possuía as características ideais para construir o caso, as quais residiam no fato de Norma estar grávida, não ter recursos financeiros para viajar para a Califórnia, desejar o aborto e não ter receio de eventual publicidade.[100]

Curiosamente, em declaração juramentada (*affidavit*) em 11 de junho de 2011, Norma McCorvey deu uma versão um tanto quanto diferente. Ela afirmou, perante o "Notário Público" de Dallas, no Texas, que não tinha noção do que era aborto quando conversou com Sarah Weddington e Linda Coffee em 1969, e que as "jovens advogadas", que "tinham a idade dela" (embora ela, Norma, "fosse uma sem-teto e morasse em um estacionamento"),[101] afirmaram que ela preenchia os "critérios". McCorvey acrescenta, em seguida, que ela não sabia o significado de critério, sobre o qual as advogadas lhe disseram, então, que (nesta ordem) ela era "branca, jovem, grávida e à procura de um aborto".[102] Esses eram os critérios.

Se, realmente, Weddington e Coffee mencionaram a condição de "branca" como critério para conseguir convencer o Judiciário a declarar inconstitucional a proibição do aborto, a frase (se é que foi dita, insista-se) precisa ser contextualizada. À primeira vista pode parecer racista, mas talvez não seja. Provavelmente elas estavam raciocinando sobre a realidade texana, vale dizer, de um Estado ultraconservador, historicamente republicano,[103] que, em fins da década de 1960, 15 anos depois de *Brown v. Board of Education*, ainda guardava muito os resquícios do período *Jim Crow*.[104] Se esse raciocínio

---

[99] PRAGER, Joshua. *The Family Roe*: an American Story. New York: W. W. Norton & Company, 2021. p. 79.

[100] PRAGER, Joshua. *The Family Roe*: an American Story. New York: W. W. Norton & Company, 2021. p. 78.

[101] MCCORVEY, Norma. Declaração prestada a Raymond J Sexton, Notário Público em Dallas, Texas. 11.06.2003. Disponível em: https://thejusticefoundation.org/wp-content/uploads/2020/05/Norma_McCorvey_Affidavit.pdf. Acesso em: 20.11.2022. Tradução nossa. No original: *I was a homeless and lived in a park. Affidavit*, perante Raymond J. Sexton.

[102] MCCORVEY, Norma. Declaração prestada a Raymond J. Sexton, Notário Público em Dallas, Texas. 11.06.2003. Disponível em: https://thejusticefoundation.org/wp-content/uploads/2020/05/Norma_McCorvey_Affidavit.pdf. Acesso em: 20.11.2022.

[103] No sentido de adesão ao Partido Republicano, vale dizer, com uma relação distante de causas sociais.

[104] EDISON, Jaden. More Black Americans Live in Texas than any other state. Two years after George Floyd's murder, many reconsider their future here. *Texas Tribune*, 16.08.2022. Disponível em: https://www.texastribune.org/2022/08/16/black-texans-future/. Acesso em: 20.11.2022. No texto, o autor registra que: "em entrevistas, os negros texanos expressaram frustração com o progresso desigual, restrições ao ensino sobre racismo nas escolas públicas e limitações à sua

estivesse correto, uma branca teria mais chances (pelo menos no Texas) de conseguir êxito na empreitada, vale dizer, êxito judicial. A frase supostamente proferida por Weddington e Coffee é pragmática, ainda mais considerando o período em que foi dita.

É nesse cenário que o caso *Roe v. Wade* começou a ser "gestado" e de lá subiu à Suprema Corte dos Estados Unidos, para, tempos depois, se transformar em um dos mais importantes julgados do tribunal e ser responsável por promover uma das mais significativas divisões culturais e religiosas da História dos Estados Unidos.

7.4 *Roe v. Wade* e a recusa da *Equal Rights Amendment*

Em 1923, o Congresso dos Estados Unidos recebeu uma proposta de Emenda à Constituição (Emenda de Direitos Iguais)[105] redigida por Alice Paul e Crystal Eastman, ambas integrantes do Movimento Sufragista das Mulheres (*Women's Suffrage Movement*), que tem origem remota na *Seneca Falls Convention*,[106] em 1848. A emenda acalenta(va)[107] a finalidade de pôr fim a qualquer tipo de discriminação entre os sexos, considerando que a Constituição dos Estados Unidos não é clara sobre a igualdade e o Judiciário nunca se manifestou de forma conclusiva sobre o tema, como bem demonstra o caso *The United States v. Virginia*, objeto de considerações no Capítulo III deste livro.

Em artigo coletivo publicado em 1997, Allison Held, Sheryl Herndon e Danielle Stager definiram com propriedade a situação dos direitos das mulheres nos Estados Unidos, ressaltando que, "nos 219 anos desde que Jefferson descreveu as mulheres como cidadãs de segunda classe, a Constituição dos Estados Unidos não reconheceu especificamente os direitos delas", e que o atraso legislativo atinente às mudanças sociais que a sociedade reclama somente será superado quando uma "Emenda de Direitos Iguais (ERA)" estabelecer "uma exigência constitucional de igualdade entre os sexos".[108]

---

representação política e acesso ao voto" (EDISON, Jaden. More Black Americans Live in Texas than any other state. Two years after George Floyd's murder, many reconsider their future here. *Texas Tribune*, 16.08.2022. Disponível em: https://www.texastribune.org/2022/08/16/black-texans-future/. Acesso em: 20.11.2022).

[105] LEPORE, Jill. *These Truths*: a History of the United States of America. New York: Norton, 2019. p. 402. No original, em inglês: *Equal Rights Amendment*.

[106] Alice Paul inclusive ajudou a fundar, em 1913, o *Congressional Union* (CU), entidade voltada para avançar na pauta dos direitos das mulheres. Essa associação adotou métodos pouco ortodoxos para a época, entre eles "interrupção de convenções partidárias" de candidatos contrários ao sufrágio feminino, "piquetes em frente à Casa Branca", manifestações (*parades*) e, por fim, um acontecimento histórico: um protesto gigantesco em frente à Casa Branca um dia antes da posse do presidente Woodrow Wilson. Cf. MCMILLEN, Sally G. *Seneca Falls and the Origins of the Women's Rights Movement*. New York: Oxford University Press, 2008. p. 235-236.

[107] Acalenta porque ainda pende de ratificação pelos estados. Acalentava porque alguns estados anularam a ratificação anterior e porque há uma discussão jurídica sobre se o (sic) "prazo de validade para ratificação" já se esgotou.

[108] HELD, Allison L.; HERNDON, Sheryl L.; STAGER, Danielle M. The Equal Rights Amendment: Why the Era Remains Legally Viable and Properly Before the States. *William & Mary Journal of Women and the Law*, v. 3, 1997. p. 113-114.

A redação original da emenda apresentada por Alice Paul, em 1923, era simples, carecendo, talvez, de melhor técnica legislativa. Dizia que "homens e mulheres devem ter direitos iguais em todos os Estados Unidos e em todos os lugares sujeitos à sua jurisdição".[109] O teor da emenda foi alterado algumas vezes no decorrer dessa longa tramitação, e o texto atual (proposto em 1971) apresenta qualidade redacional superior à do que foi apresentado há quase um século. É curto e elegante, ao dizer que "a igualdade de direitos sob a lei não deve ser negada ou abreviada pelos Estados Unidos ou por qualquer Estado em razão do sexo".[110]

A emenda foi aprovada pelo Congresso dos Estados Unidos em 1971 e 1972, primeiro pela Câmara dos Deputados (354 a 24) e em seguida pelo Senado (84 a 8),[111] respectivamente, e mais tarde conseguiu significativo apoio em estados liberais, como Massachusetts (205 a 7), conservadores, como West Virginia (31 a 0), e independentes, como Colorado (61 a 0).[112] Parte desse sucesso é creditada à Pauli Murray, que foi cofundadora da Organização Nacional pelas Mulheres e defensora tenaz do sexo feminino,[113] atuando pela causa em diversos palcos, como autora e como ativista. Murray era uma "estrategista pragmática"[114] que conquistou a admiração de Ruth Bader Ginsburg a ponto de tê-la citado como coautora da manifestação (*brief*) no caso *Reed v. Reed*,[115] embora Murray não tenha corredigido o documento.[116] A justificativa da, à época, advogada

---

[109] NEALE, Thomas H. *The Proposed Equal Rights Amendment*: Contemporary Ratification Issues. Washington, D.C.: Congressional Research Service, 2019. p. 9. Tradução nossa. No original: *Men and women shall have equal rights throughout the United States and every place subject to its jurisdiction*. Há ainda o complemento clássico de autorização para que o Congresso possa regulamentar a emenda: "O Congresso terá poder para fazer cumprir este artigo por meio de legislação apropriada". No original: *Congress shall have power to enforce this article by appropriate legislation*.

[110] NEALE, Thomas H. *The Proposed Equal Rights Amendment*: Contemporary Ratification Issues. Washington, D.C.: Congressional Research Service, 2019. p. 10. Tradução nossa. No original: *Equality of rights under the law shall not be denied or abridged by the United States or by any State on account of sex*. Há um complemento semelhante ao da redação original, autorizando o Congresso a regulamentá-la.

[111] LEPORE, Jill. *These Truths*: a History of the United States of America. New York: Norton, 2019. p. 652.

[112] LEPORE, Jill. *These Truths*: a History of the United States of America. New York: Norton, 2019. p. 652.

[113] Ela cunhou a expressão Jane Crow, uma mistura de Jane Row com Jim Crow, para caracterizar a dupla discriminação que recaia contra mulheres negras, como ela, discriminadas pela cor da pele e pelo gênero. Cf. SUK, Julie C. A Dangerous Imbalance: Pauli Murray's Equal Rights Amendment and the Path to Equal Power. *Virginia Law Review Online*, v. 107, n. 3, 2021. Disponível em: https://www.virginialawreview.org/articles/a-dangerous-imbalance-pauli--murrays-equal-rights-amendment-and-the-path-to-equal-power/. Acesso em: 25.11.2022.

[114] MAYERI, Serena. A New E.R.A. or a New Era? Amendment Advocacy and the Reconstitution of Feminism. *Northwestern University Law Review*, v. 103, n. 3, 2009. p. 1.282.

[115] *Reed v. Reed*, 404 U.S. 71 (1971).

[116] SUK, Julie C. Justice Ginsburg's Cautious Legacy for the Equal Rights Amendment. *The Georgetown Law Journal*, v. 110, n. 6, 2022. p. 1.403. Tradução nossa. No original: *RBG also listed*

Ruth Ginsburg foi de que os textos de Murray (assim como os de Dorothy Kenyon),[117] publicados na década de 1960, influenciaram-na enormemente, de modo que a menção atendia a um imperativo de justiça.

A jornada iniciada em 1923 ainda não se concluiu. A emenda até meados de 2022 ainda não havia sido ratificada, e isso se deve, em grande parte,[118] à decisão da Suprema Corte em *Roe v. Wade*. Com ela, "os conservadores começaram uma campanha de décadas para promover o originalismo, reverter Roe e derrotar o ERA".[119] No universo conservador, a frase da advogada Phyllis Schlafly de que "o ERA significava aborto"[120] ajudou a embalar a campanha contra a aprovação da emenda e sintetiza a oposição republicana ao instrumento legislativo.

Roe v. Wade promoveu um cataclisma no conservadorismo do país, um terremoto cujos efeitos continuam presentes até os dias atuais, o que se comprova com a radicalização do discurso conservador do Partido Republicano[121] e a ascensão de políticos como Newt Gingrich[122] e do empresário Donald Trump[123] à presidência do país, tudo isso

---

    pioneering Black civil rights attorney Pauli Murray and the ACLU women's rights lawyer Dorothy Kenyon as coauthors of the brief, even though neither of them had written any part of it.

[117] Então advogada da *American Civil Liberty Union* (ACLU).

[118] Em parte porque, como anota Thomas Neale, na década de 1940, e mesmo antes, havia o temor de que a aprovação da ERA pudesse impactar direitos conquistados pelas mulheres no âmbito dos estados, ou seja, elas pudessem perder algumas vantagens obtidas. Cf. NEALE, Thomas H. *The Proposed Equal Rights Amendment*: Contemporary Ratification Issues. Washington, D.C.: Congressional Research Service, 2019. p. 10. Contudo, isso não impediu a aprovação da emenda no Congresso, de modo que é correto asseverar que o grande entrave foi o resultado de *Roe v. Wade*.

[119] LEPORE, Jill. The United States Unamendable Constitution. *The New Yorker*, 26.10.2022. Disponível em: https://www.newyorker.com/culture/annals-of-inquiry/the-united-states--unamendable-constitution. Acesso em: 27.10.2022.

[120] LEPORE, Jill. The United States Unamendable Constitution. *The New Yorker*, 26.10.2022. Disponível em: https://www.newyorker.com/culture/annals-of-inquiry/the-united-states--unamendable-constitution. Acesso em: 27.10.2022.

[121] Evidentemente que o conservadorismo no século XX não tem origem com a decisão em *Roe*. Barry Goldwater – senador republicano e candidato a presidente dos Estados Unidos em 1964 – é exemplo perfeito e acabado do ultrarradicalismo que antecedeu ao julgado de 1973. Por sinal, na campanha de 1964 Goldwater teve o apoio de Ronald Reagan, que iniciava sua caminhada política. Reagan, mais tarde, já como presidente, se opôs ao aborto, embora tenha sido liberal quanto ao tema quando governou a Califórnia. Cf. SPITZ, Bob. *Reagan*: an American Journey. New York: Penguin Press, 2018. p. 310-313.

[122] Newt Gingrich mudou a face do conservadorismo norte-americano com um discurso radical, acima da média. Autor do *Contract with America*, um plano conservador que galvanizou os republicanos. Gingrich foi presidente da Câmara dos Deputados (1995-1999) e em 2012 afirmou que a Segunda Emenda era um "direito humano universal", em outras palavras, o direito de portar armas era um direito humano. Cf. LEPORE, Jill. *These Truths*: a History of the United States of America. New York: Norton, 2019. p. 699 e 765.

[123] Donald Trump sempre foi um empresário polêmico com opinião para quase tudo. Na época em que flertou com o Partido Democrata era simpático ao aborto, embora nunca tenha feito

desaguando em *Dobbs v. Jackson*, o que, ironicamente, impactou as eleições de "meio de mandato" (*midterm elections*) de 2022,[124] colocando um freio, ainda que tênue, no movimento conservador mais radical.

7.5 Estados que permitiam o aborto no início da década de 1970

Antes de comentar especificamente o voto do juiz Blackmun, é importante registrar que, em janeiro de 1970, portanto somente três anos antes da decisão de *Roe*, o aborto era legal nos Estados Unidos em pouquíssimos estados, ainda que doutrinadores divirjam sobre quais efetivamente autorizavam.

Joshua Prager afirma que apenas no Oregon (permitido o aborto, aos residentes, nos primeiros 150 dias), na Califórnia (permissão para aborto até a vigésima semana de gestação, extensiva a não residentes) e no Distrito de Columbia, prazo idêntico ao de Nova Iorque, contudo por força de decisão judicial.[125] Todavia, Linda Greenhouse informa que quatro estados (Nova Iorque, Washington, Alasca e Havaí), em janeiro de 1971, haviam repelido a criminalização do aborto e "treze outros tinham aprovado leis reformadoras expandindo as circunstâncias nas quais o aborto era permitido".[126]

---

campanha favorável à sua liberação. Quando se tornou candidato a presidente dos Estados Unidos, pelo Partido Republicano, adotou posições mais conservadoras, entre elas contra o aborto. Primeiro disse que as mulheres que se submetiam ao procedimento deveriam ser criminalizadas. Com as críticas dos conservadores por não ter citado médicos e enfermeiros como destinatários de eventual punição penal, voltou atrás e refez a declaração, cf. FLEGE-NHEIMER, Matt; HABERMAN, Maggie. Donald Trump, Abortion Foe, Eyes "Punishment" for Women, then Recants. *The New York Times*, 31.03.2016. p. 1. Disponível em: https://www.nytimes.com/2016/03/31/us/politics/donald-trump-abortion.html. Acesso em: 31.03.2016. Durante a campanha, ainda em 2016, ele prometeu indicar, para compor a Suprema Corte, juristas comprometidos em reverter *Roe v. Wade*, além de apoiar alterações legislativas para impedir que grupos que apoiam o aborto continuassem a receber recursos federais. Por fim, durante o mandato, foi o primeiro presidente dos Estados Unidos a discursar para os participantes da "Marcha pela Vida", o que contribuiu para solidificar sua posição no seio conservador. Cf. HABERMAN, Maggie. *Confidence Man*: The Making of Donald Trump and the Breaking of America. New York: Penguin Random House, 2022. p. 410.

[124] THE WASHINGTON POST EDITORIAL BOARD. Abortion rights won big. Here's what to do next. *The Washington Post*, Washington (DC), 10.11.2022. Disponível em: https://www.washingtonpost.com/opinions/2022/11/10/abortion-rights-midterm-elections-roe/. Acesso em: 10.11.2022. Do texto destaca-se a seguinte passagem: "Em Michigan, Vermont e Califórnia, os eleitores nas eleições de meio de mandato de terça-feira aprovaram de forma esmagadora iniciativas de votação que consagrarão o direito ao aborto em suas constituições estaduais. (...) Nas pesquisas de boca de urna, quase 3 em cada 10 eleitores disseram que o aborto era a questão mais importante que afetava seus votos; cerca de 4 em cada 10 eleitores disseram que estavam 'irritados' com a decisão do tribunal de junho que anulou Roe v. Wade e seus quase 50 anos de proteções constitucionais".

[125] PRAGER, Joshua. *The Family Roe*: an American Story. New York: W. W. Norton & Company, 2021. p. 77.

[126] GREENHOUSE, Linda. *Becoming Justice Blackmun*: Harry Blackmun's Supreme Court Journey. New York: Times Books, 2006. p. 72.

O juiz William Rehnquist, que mais tarde viria ser *Chief Justice* da Suprema Corte dos Estados Unidos, no voto dissidente que proferiu em *Roe*, afirma que, quando da adoção da Décima Quarta Emenda, em 1868, "trinta e seis leis de estados e territórios limitavam o aborto", e que, embora alguns estados tenham emendado ou atualizado as respectivas legislações, 21 deles mantinham (na data da decisão de *Roe*) em vigor leis proibitivas tais quais as existentes em 1868.[127]

Para um país com 50 estados, a permissão em somente três, ou quatro (ou um pouco mais do que isso), e, ainda assim, com restrições, é demonstração inequívoca de que a campanha antiaborto, iniciada em fins do século XIX, havia conquistado mentes e corações estadunidenses, de modo que é correto dizer que o "conflito em torno do aborto é um conto de polarização sem esperança, ódios pessoais e disfunção política",[128] na precisa observação de Mary Ziegler, professora da Direito e expert em história do aborto nos Estados Unidos.

7.6 O voto do juiz Harry Blackmun

Harry Andrew Blackmun nasceu no Estado do Minnesota, graduou-se pela Harvard Law School, foi indicado à Suprema Corte dos Estados Unidos pelo conservador Richard Nixon, tornou-se liberal com o passar do tempo e, dois anos e meio depois de tomar posse como juiz do tribunal mais importante do país, foi designado para elaborar o voto que expressou o sentimento da maioria em um dos casos mais relevantes da História da Suprema Corte e, certamente, o que promoveu maior divisão, mais até que *Brown v. Board of Education*, contestado mais no Sul Profundo e por bolsões no resto do país.

O primeiro parágrafo do voto de Blackmun acolhe o registro da semelhança entre "os estatutos normativos do Texas" que eram, no que concerne à criminalização da prática do aborto, "típicos daqueles que estão em vigor em muitos estados há aproximadamente um século".[129] Em seguida ele afirma reconhecer a "natureza sensível e emocional da controvérsia do aborto, das vigorosas opiniões opostas, mesmo entre os médicos, e das convicções profundas e aparentemente absolutas que o assunto inspira".[130] Continua e ressalta que a "filosofia de uma pessoa, suas experiências, sua exposição às arestas cruas da existência humana, seu treinamento religioso, suas atitudes em relação à vida e à família e seus valores e os padrões morais que ela estabelece", tudo isso, pouco mais, pouco menos, "provavelmente influenciará e colorirá a vida de alguém, pensamentos e conclusões sobre o aborto".[131] Por fim, arremata: "além disso, o crescimento

---

[127] *Roe v. Wade*, 410 U.S. 113 (1973). p. 174-177. Em nota de rodapé ele lista todos os estados e as respectivas datas de adoção de cada um dos atos normativos.

[128] PRAGER, Joshua. *The Family Roe*: an American Story. New York: W. W. Norton & Company, 2021. p. 2.

[129] *Roe v. Wade*, 410 U.S. 113 (1973). p. 116. Tradução nossa. No original: *The Texas statutes under attack here are typical of those that have been in effect in many States for approximately a century.*

[130] *Roe v. Wade*, 410 U.S. 113 (1973). p. 116.

[131] *Roe v. Wade*, 410 U.S. 113 (1973). p. 116.

populacional, a poluição, a pobreza e as conotações raciais tendem a complicar e não a simplificar o problema".[132]

Sobre a "natureza sensível e emocional" do aborto, a "filosofia" da pessoa, a influência familiar, os "valores e os padrões morais", não há o que se contestar. A interrupção de uma vida em potencial, as dificuldades e o fardo imposto à mulher grávida e futura mãe de uma criança que ela não planejou ter e não quer ter podem, como lembra John Hart Ely, "arruinar a vida de uma mulher".[133]

Ainda com relação aos primeiros parágrafos do voto do juiz Blackmun, é curioso que, no terceiro, o mais curto dos três, ele tenha se referido diretamente ao "crescimento populacional", como um fator que, entre outros, tende "a complicar e não a simplificar o problema". Aqui, encontra-se presente a crença, muito comum no século XX, de que o mundo caminhava para uma explosão populacional. Em 1974, portanto um ano depois da decisão de Roe, ficou pronto um relatório ("Memorando sobre Estudo de Segurança Nacional")[134] encomendado pelo governo dos Estados Unidos, cujo subtítulo ajuda a entender o registro de Blackmun sobre "crescimento populacional" e suas consequências: "implicações do crescimento populacional para a segurança dos Estados Unidos". Embora o documento fosse sigiloso, é provável que alguns integrantes da alta administração tenham tido informações sobre sua elaboração,[135] e, mesmo que não tivessem, o temor do crescimento populacional era algo presente nessa época, de modo que Blackmun, ao se referir ao tema, provavelmente estava sopesando o aborto também como um elemento de controle populacional, sem, contudo, atribuir ao controle populacional elemento preponderante para sua decisão.

7.6.1 Interpretação "sem predileção"

Após o registro sobre as questões "sensíveis", "sociais" e "familiares" – entre outras – que cercam o tema, Blackmun, de imediato, assinalou que a tarefa dos juízes da Corte "é resolver a questão pela medida constitucional, livre de emoção e de predileção". Disse que a Corte "procurava sinceramente fazer isso", e, ao fazê-lo, ela "investigava" e "neste voto" os juízes colocavam[136] "ênfase na história médica e médico-legal e no que essa história revela sobre as atitudes do homem em relação ao procedimento de aborto ao longo dos séculos".[137]

---

[132] *Roe v. Wade*, 410 U.S. 113 (1973). p. 116.

[133] ELY, John Hart. The Wages of Crying Wolf: a Comment on *Roe v. Wade. The Yale Law Journal*, v. 82, n. 5, 1973. p. 923. Tradução nossa. No original: *Having an unwanted child can go a long way toward ruining a woman's life.*

[134] NATIONAL SECURITY STUDY MEMORANDUM – NSSM 200. *Implications of Worldwide Population Growth For U.S. Security and Overseas Interests (The Kissinger Report).* 10.12.1974. Disponível em: https://pdf.usaid.gov/pdf_docs/PCAAB500.pdf. Acesso em: 05.02.2022.

[135] O Relatório Kissinger foi objeto de comentários quando da análise do caso *Griswold v. Connecticut.*

[136] Refere-se ao voto que ele estava a revelar. A referência aos "juízes" é porque o voto exprimia o entendimento da maioria – *in casu*, sete dos nove juízes que compõem a Corte.

[137] *Roe v. Wade*, 410 U.S. 113 (1973). p. 117.

Em reforço à postura de distanciamento de opções pessoais na interpretação constitucional, Blackmun tratou de invocar Oliver Wendell Holmes Jr., especificamente uma passagem sempre lembrada do jurista de Massachusetts no voto dissidente em *Lochner v. New York*.[138] Ao fazê-lo, optou por transcrever metade do parágrafo original, suprimindo a parte em que Holmes se referiu à Décima Quarta Emenda, ao afirmar que "uma Constituição não pretende incorporar uma teoria econômica particular, seja de paternalismo e da relação orgânica do cidadão com o Estado, seja de *laissez-faire*".[139] Em seguida completou[140] que ela "é feita para pessoas com pontos de vista fundamentalmente diferentes, e o acidente de acharmos certas opiniões naturais e familiares ou novas e até mesmo chocantes não deve concluir nosso julgamento sobre a questão de saber se os estatutos que os incorporam conflitam com a Constituição dos Estados Unidos".[141]

Comentando essa passagem, Felix Frankfurter observa que o juiz Holmes "reconhece que a atividade estatal significa necessariamente experimentação; e enquanto a própria essência das limitações constitucionais é limitar a área de experimentação, as limitações não são autodefinidas", e que a constatação sobre "limitações deve ser, como recentemente colocado pelo Juiz McKenna",[142] mediante "um julgamento da experiência em oposição a um julgamento da especulação".[143]

O prestígio e o equilíbrio de Oliver Holmes parecem cair bem em um caso controverso como *Roe*, especialmente porque Holmes é a quintessência do realismo jurídico. Por sinal, o jurista que serviu na Guerra Civil norte-americana foi mencionado tanto no voto vencedor quanto em um dos vencidos, de autoria do juiz William Rehnquist, que afirmou ter a maioria o lido de forma equivocada, tema que será tratado quando da análise desse voto dissidente.

A citação de Oliver Holmes Jr. conclui o que se pode chamar de parte introdutória do voto, e Blackmun, sem qualquer reflexão[144] sobre o texto extraído do caso julgado em 1905, dá início à análise da legislação texana a que Jane Roe atribui inconstitucionalidade.

7.6.2 O Código Penal do Texas, Jane Roe e a class action

O que interessava à Corte, disse Blackmun, sem arrodeios, eram os arts. 1191 a 1194 e 1196 do Código Penal do Estado do Texas. Foram eles que restaram impugnados pela ação ajuizada por Roe na Corte Distrital em Dallas que chegou ao Tribunal Supremo via recurso. Os artigos diziam ser crime "procurar um aborto" ou "tentar fazê-lo, exceto no

---

[138] *Lochner v. New York*, 198 U.S. 45 (1905).

[139] *Lochner v. New York*, 198 U.S. 45 (1905). p. 75-76.

[140] A partir daqui a transcrição integra o voto de Blackmun.

[141] *Roe v. Wade*, 410 U.S. 113 (1973). p. 117.

[142] Frankfurter se refere a Joseph McKenna, *Associate Justice* da Suprema Corte dos Estados Unidos de 1898 a 1925. Cf. HALL, Kermit L. *The Oxford Guide to United States Supreme Court Decisions*. 2. ed. New York: Oxford University Press, 2009. p. 625-627.

[143] FRANKFURTER, Felix. The Constitutional Opinions of Justice Holmes. *Harvard Law Review*, v. 29, n. 6, 1916. p. 692.

[144] Salvo, indiretamente, antes de transcrevê-la.

que diz respeito a 'um aborto obtido ou tentado por orientação médica com o objetivo de salvar a vida da mãe'".[145] Registrou, ainda, que "Estatutos semelhantes existem na maioria dos estados"[146] e que a legislação impugnada datava de 1854, listando as modificações posteriores até a mais recente, em 1911, data da decisão.

No item seguinte – o de número dois na organização do voto – Jane Roe é qualificada como "uma mulher solteira que residia no condado de Dallas, Texas", a qual ajuizou a ação "em março de 1970 contra o promotor distrital do condado". Trata-se de uma ação em que se buscou uma decisão "declaratória" de inconstitucionalidade dos "Estatutos Criminais do Texas" e uma "liminar para restringir o réu de fazer cumprir os estatutos".[147]

Em seguida, ainda discorrendo sobre Roe, repetiu tratar-se de mulher "solteira" que alegava encontrar-se grávida e com o desejo de "interromper a gravidez por meio de um aborto "realizado por um médico competente e licenciado, em condições clínicas seguras", argumentando, ainda, que "os estatutos do Texas eram inconstitucionalmente vagos e restringiam seu direito à privacidade pessoal, protegido pela Primeira, Quarta, Quinta, Nona e Décima Quarta Emendas". Acrescentou que a ação ajuizada por Roe era "'em nome dela e de todas as outras mulheres' em situação semelhante".[148]

O pedido, ao englobar "todas as outras mulheres", enveredava por aquilo que o direito norte-americano já conhecia desde o século XIX, mas que tomou feições mais claras e passou a se desenvolver a partir da década de 1960 como *class action*, "uma ação de natureza especial" em que o autor, a depender das circunstâncias fáticas, pode ajuizar a ação em nome de "centenas, milhares, ou mesmo milhões de pessoas",[149] que, em caso positivo, serão beneficiadas por uma única decisão, ainda que não apareçam listadas na ação como diretamente interessadas.

O curioso é que essa "nova" *class action*, no dizer de Brian Fitzpatrick, "não foi criada pelo Congresso ou por uma legislatura estadual. Não houve audiências públicas, nem editoriais de jornais, nem marchas em Washington. A ação coletiva foi criada por um obscuro comitê de advogados, professores de Direito e juízes". Vale dizer, não nasceu pelos canais ditos "normais" de produção normativa e de pressão popular e de grupos. Surgiu de um comitê sem grandes *players* e sem publicidade, daí ele ter usado a palavra "obscuro" para fielmente caracterizá-lo. Esse comitê foi designado "pelo presidente da Suprema Corte dos Estados Unidos", encarregado de "propor ao tribunal novas regras de procedimento para o sistema de tribunais federais".[150] Uma das propostas do comitê foi justamente reformar a *class action*, e, embora tenha sido uma proposta controversa,

---

145   *Roe v. Wade*, 410 U.S. 113 (1973). p. 117-118.

146   *Roe v. Wade*, 410 U.S. 113 (1973). p. 118.

147   *Roe v. Wade*, 410 U.S. 113 (1973). p. 120.

148   *Roe v. Wade*, 410 U.S. 113 (1973). p. 120.

149   FITZPATRICK, Brian T. *The Conservative Case for Class Actions*. Chicago: The University of Chicago Press, 2019. p. 7.

150   FITZPATRICK, Brian T. *The Conservative Case for Class Actions*. Chicago: The University of Chicago Press, 2019. p. 9.

ele acabou por incorporá-la. Assim, a nova ação coletiva renasce nos Estados Unidos e passa a ser utilizada com frequência, sendo copiada por vários países.

O fato de Roe ter proposto a ação coletiva não significa que o juiz de primeiro grau estava obrigado a aceitá-la. Seu processamento depende do juiz que a recebe, ela é "controlada pela Corte", no dizer de Volkomer.[151] Ele pode indeferi-la como tal e ela continua como uma ação comum (*regular civil action*). É o que poderia ter acontecido com a ação proposta por Jane Roe. Não depende de acordo das partes, mas da palavra última do juiz.[152]

O resultado do caso *Roe v. Wade* é um bom exemplo da efetividade e amplitude da *class action* estadunidense.

7.6.3   *James Hubert Hallford e John e Mary Doe*

A ação originária contou com outro interessado, e também um terceiro, um casal, que ajuizou ação semelhante, mas que foi arquivada pela Corte Distrital.

O primeiro, o médico James Hubert Hallford, que alegou ter sido preso por violação das leis de aborto do Texas e inclusive estar respondendo a dois processos em razão dessas violações. Ademais, "em muitos casos, ele, como médico, não conseguiu determinar" se as pessoas que continuavam a procurá-lo em busca de conseguir abortar "se enquadravam ou não na exceção reconhecida pelo artigo 1.196".[153] Disse que os que, como ele, se encontravam sob a legislação texana lidavam com "os estatutos vagos e incertos", e, como tal, "violadores da Décima Quarta Emenda", além de que eles violavam "os direitos dele e de seus pacientes à privacidade na relação médico-paciente e seu próprio direito de praticar medicina, direitos que ele alegou serem garantidos pela Primeira, Quarta, Quinta, Nona e Décima Quarta Emendas".[154]

A Corte acertou em não acolher os argumentos de James Hallford. Embora razoáveis, é evidente que, em se tratando de uma *class action*, o resultado fatalmente lhe seria favorável, de modo que sua ausência no polo ativo não lhe causaria prejuízo. Nesse sentido decidiu o tribunal, afirmando que o pleito deveria ser remetido "à Justiça Criminal estadual".[155]

Melhor sorte não encontrariam o senhor e a senhora "Doe", ou "The Does", na pragmática definição de Blackmun. John e Mary Doe[156] eram um casal do Texas, sem filhos. A "Sra. Doe sofria de um distúrbio 'neuroquímico'; e por isso seu médico a 'acon-

---

[151]   VOLKOMER, Walter E. *Introduction to Law*: a Casebook. Englewood Cliffs: Prentice Hall, 1994. p. 88.

[152]   VOLKOMER, Walter E. *Introduction to Law*: a Casebook. Englewood Cliffs: Prentice Hall, 1994. p. 88.

[153]   *Roe v. Wade*, 410 U.S. 113 (1973). p. 121.

[154]   *Roe v. Wade*, 410 U.S. 113 (1973). p. 121.

[155]   *Roe v. Wade*, 410 U.S. 113 (1973). p. 127.

[156]   "Doe" é o nome comumente utilizado nos Estados Unidos para, em processos judiciais, identificar quem prefere se manter anônimo(a).

selhou a evitar a gravidez até que sua condição melhorasse significativamente". Como, "por orientação médica, havia interrompido o uso de pílulas anticoncepcionais; e que se ela ficasse grávida, ela iria querer interromper a gravidez por meio de um aborto realizado por um médico competente e licenciado em condições clínicas seguras", a "reclamação" dos "Does" constituía-se em uma ação específica, embora paralela a de Jane Roe. Os "Does" pretendiam processar "em nome deles mesmos e de todos os casais em situação semelhante".[157]

A Corte Distrital do Texas consolidou e decidiu ambas as ações, que, em resumo, acolhiam três situações: "a da mulher solteira grávida, do casal sem filhos, com a esposa não grávida e o médico praticante licenciado, todos se unindo ao ataque aos estatutos criminais de aborto do Texas".[158] A decisão foi parcialmente favorável a Roe e ao médico Hallford e contrária aos "Does", por ausência de legitimidade para figurar no processo.

A Suprema Corte dos Estados Unidos confirmou a decisão da Corte Distrital no que concerne ao arquivamento da ação proposta por "John e Mary Doe", porque não eram "autores apropriados neste litígio".[159]

7.6.4   Evolução histórica do aborto, "aspecto desejável"

Após um brevíssimo resumo sobre a natureza do direito discutido na apelação, em que ele registra os argumentos dos apelantes, sobre "invasão" do direito das mulheres, a questão da liberdade e da "privacidade pessoal, conjugal, familiar e sexual considerada protegida pela Declaração de Direitos ou suas penumbras",[160] Blackmun assinala que, antes de abordar essas questões, "achamos" (no plural, no que estava certo, porque falava em nome dele próprio e de mais seis juízes da Corte) "desejável examinar brevemente, em vários aspectos, a história do aborto, para obter o conhecimento que essa história pode nos fornecer e, em seguida, examinar os propósitos e interesses do Estado por trás das leis que criminalizavam o aborto".[161]

O exame histórico do instituto jurídico presente no processo é mais do que desejável, é fundamental à decisão, ainda mais em um país de *common law* envolto em um debate polêmico e delicado como o aborto, em que se discutem duas questões absolutas, a liberdade da mulher sobre o seu próprio corpo e o suposto direito de um feto que não se sabe ao certo quando adquire vida, controvérsia que parece bem sintetizada no título do livro do Professor Laurence Tribe, *Aborto: o Choque dos Absolutos*, dedicado ao tema e já anteriormente referido aqui.[162]

---

[157] *Roe v. Wade*, 410 U.S. 113 (1973). p. 121.
[158] *Roe v. Wade*, 410 U.S. 113 (1973). p. 121-122.
[159] *Roe v. Wade*, 410 U.S. 113 (1973). p. 129.
[160] *Roe v. Wade*, 410 U.S. 113 (1973). p. 129.
[161] *Roe v. Wade*, 410 U.S. 113 (1973). p. 129.
[162] Consultar, neste capítulo, o item "Graves consequências econômicas e sociais da gravidez para as mulheres solteiras na sociedade patriarcal de meados do século XX".

A análise histórica breve, que Blackmun afirmou ser desejável, não ocorreu. O autor do voto – que, no Brasil, seria chamado de "relator" – passou longe da brevidade. Dedicou ao tema o item VI (em algarismo romano) da decisão, que corresponde a quase ⅓ de todo o voto. Contudo, não foi enfadonho; ao contrário, a incursão se revelou ponderada e, mais que isso, necessária, considerando a relevância do tema que a Corte Suprema estava a decidir.

O Título VI do voto é dividido por temas, que englobam oito itens, pela ordem: "1. Antigas atitudes. 2. O juramento de Hipócrates. 3. A *common law*. 4. A legislação codificada Inglesa. 5. O Direito americano. 6. Posição da Associação Médica Americana. 7. Posição da Associação Americana de Saúde Pública", e, por fim, "8. Posição da Associação Americana de Advogados".[163] A seguir algumas considerações sobre cada um desses itens, umas mais largas que outras.[164]

O retrospecto histórico tem início com citações das sociedades persa, grega e romana, porém, em claro sinal de bom senso, Blackmun menciona que dados relativos a esses períodos não são precisos[165] e, embora tenha reconhecido isso, tece comentários que ocupam quatro parágrafos, inclusive dedicando espaço relativamente largo[166] ao juramento de Hipócrates, o pai da Medicina, além de assinalar, em determinado momento, que "a religião antiga não proibia o aborto".

Em seguida discorre sobre o aborto no *common law*, e, na primeira linha, faz uma afirmação deveras importante no contexto do caso analisado: "É indiscutível que, no direito consuetudinário, o aborto realizado antes da 'aceleração'[167] – o primeiro movimento reconhecível do feto no útero, que ocorre geralmente da 16ª à 18ª semana de gravidez – não era um crime passível de punição".[168] Blackmun conjectura que a "ausência de um crime de direito consuetudinário para aborto antes da aceleração parece ter se desenvolvido a partir de uma confluência de conceitos filosóficos, teológicos e de direito civil e canônico anteriores sobre quando a vida começa".[169]

Tudo isso integrava conceitos vagos que se espalhavam entre o direito canônico, teologia cristã e os primórdios do direito inglês, todos eles, pouco mais, pouco menos, tateando sobre o efetivo início da vida uterina, se entre "40 e 80" dias de gravidez. Tomando como base esse prazo, ainda que um tanto quanto incerto, a sociedade construiu

---

[163] *Roe v. Wade*, 410 U.S. 113 (1973). p. 129 a 147. Tradução nossa. No original: 1. *Ancient attitudes*. 2. *The Hippocratic Oath*. 3. *The common law*. 4. *The English statutory law*. 5. *The American law*. 6. *The position of the American Medical Association*. 7. *The position of the American Public Health Association*. 8. *The position of the American Bar Association*.

[164] Optou-se em não inserir subtítulo para cada um dos oito itens. Uns terão, outros não.

[165] *Roe v. Wade*, 410 U.S. 113 (1973). p. 130.

[166] *Roe v. Wade*, 410 U.S. 113 (1973). p. 130-132.

[167] "Aceleração" é a tradução de *quickening*, expressão que significa os primeiros movimentos (alguns chamam de "pontapé") que as mães dizem sentir a partir de determinado momento da gravidez.

[168] *Roe v. Wade*, 410 U.S. 113 (1973). p. 132.

[169] *Roe v. Wade*, 410 U.S. 113 (1973). p. 133.

um "acordo" (evidentemente com fundamento no costume) de "que antes desse ponto o feto deveria ser considerado como parte da mãe, e sua destruição, portanto, não era homicídio".[170] Esse entendimento persistiu até o século XIX, embora sem uma base consensual definida. Conclui o raciocínio assinalando que "o significado da aceleração foi ecoado por posteriores estudiosos do direito consuetudinário e encontrou seu caminho no direito comum recebido"[171] nos Estados Unidos.[172]

Para além da *common law*, Blackmun tece considerações sobre o primeiro ato normativo a disciplinar o aborto na Inglaterra, A "Lei Lord Ellenborough",[173] de 1803, que "tornou o aborto de um feto prematuro um crime capital", mas estabeleceu "penalidades menores para o crime de aborto antes da aceleração", de modo que "preservou a distinção" entre a "aceleração"[174] e o aborto ocorrido antes dela. A partir dela e até 1967, a Inglaterra experimentou atos normativos que pouco mais, pouco menos, mencionavam a "aceleração" e/ou excluíam da definição de crime o aborto na hipótese de preservação da vida da mulher. Em 1967 a Lei do Aborto (*Abortion Act of 1967*) permitiu que um médico pudesse interromper a gravidez desde que (i) autorizado por dois outros médicos, nas hipóteses em que a (ii) mãe estivesse correndo risco de morte ou (iii) que existisse risco substancial de que a criança, ao nascer, pudesse sofrer de anormalidades físicas ou mentais que a deixassem com deficiência.[175]

7.6.4.1 *Quickening*, da Inglaterra do século XIII à decisão da Suprema Corte no século XX

A essa altura é importante abrir espaço para que se possa melhor compreender uma expressão inglesa que define "sinais de vida do feto" e, com isso, realçar sua centralidade na gravidez e suas consequências legais no que diz respeito à interrupção.

A palavra *quick* aparece oito vezes no voto do juiz Harry Blackmun; *quickening*, dezesseis; e *quickened*, duas vezes. Geoffrey Stone, em nota de rodapé, explica o significado de *quickening*. Segundo ele, é o momento da gravidez quando a mulher sente os primeiros movimentos fetais, usualmente no quarto mês e meio.[176]

---

[170] *Roe v. Wade*, 410 U.S. 113 (1973). p. 134.

[171] *Roe v. Wade*, 410 U.S. 113 (1973). p. 134.

[172] Blackmun usa a expressão "neste país" (*in this country*). Como se trata de um parágrafo em que ele discorre sobre a Inglaterra, fica a dúvida se a sua conclusão se refere ao país sobre o qual ele está escrevendo naquele momento específico (Inglaterra) ou sobre o país onde ele está escrevendo, Estados Unidos da América. A dúvida é razoável porque ele conclui dizendo que "encontrou seu caminho no direito comum recebido 'neste país'", de modo que tudo leva a crer que se trata do país da América do Norte.

[173] "Lord Ellenborough's Act". Lord Ellenborough, cidadão inglês, foi Governador-Geral da Índia, de 1842 a 1844. Cf. MORRIS, Henry. The Governors-General of India. Charleston: Bibliolife, 2009. v. II. p. 95.

[174] *Roe v. Wade*, 410 U.S. 113 (1973). p. 136.

[175] *Roe v. Wade*, 410 U.S. 113 (1973). p. 137-138.

[176] STONE, Geoffrey R. *Sex and the Constitution*: Sex, Religion, and Law from America's Origins to the Twenty-First Century. New York: Liveright Publishing Corporation, 2017. p. 180.

Como se trata de uma expressão que o Direito tomou emprestada do uso comum, dicionários jurídicos não costumam dispensar-lhe tratamento específico. No entanto, a conceituada *Enciclopédia Webster da Língua Inglesa* dedica-lhe espaço generoso e atribui a *quicken* (e suas variações) diversos significados, entre eles (1) "tornar-se vivo; receber vida"; (2) a entrada da mãe na fase da gravidez, em que o feto dá indícios de vida; (3) "quando o feto (no ventre) começa a manifestar sinais de vida",[177] e "vivificação".[178]

A expressão é antiga e, mesmo na época em que *Roe v. Wade* foi julgado, não era de uso comum. Em *Roe*, *quickening* (e suas variações) aparece, em ordem cronológica, como construção de autoria de Henry de Bracton, autor inglês do século XIII, cujo textos foram encontrados no Museu Britânico em 1884, aproximadamente 600 anos após terem sido escritos. Ele é citado por Blackmun cinco vezes[179] no voto, todas as menções em uma única página (134), duas no corpo do texto e três em nota de rodapé. Todas elas para, por assim dizer, divisar "o movimento do feto" (*quickening*) como sinal de vida e as repercussões desse acontecimento.

Autores ingleses posteriores a Bracton, como Edward Coke e William Blackstone, são igualmente citados por Blackmun, por terem feito a distinção das fases da gestação (antes e depois do movimento do feto) para efeito sobre as consequências legais da interrupção da gravidez.

7.6.4.2 A legislação antiaborto nos Estados Unidos

O histórico do aborto nos Estado Unidos, no voto de Blackmun, tem início quando ele assinala que "a lei em vigor em quase todos os estados, até meados do século XIX", era inspirada na *common law* inglesa e que Connecticut foi "o primeiro estado" a adotar legislação sobre o aborto, em 1821; por sinal, parte dela inspirada na Lei *Lord Ellenborough*,[180] no que tange aos sinais de vida do feto (*quickening*). Sete anos depois (1828) foi a vez de Nova Iorque promulgar uma legislação que, "em dois aspectos, serviria de modelo para os primeiros estatutos antiaborto". A lei dispensou tratamento diverso ao aborto "de um feto inanimado", em comparação a "um feto vivo". Na primeira hipótese, ela considerava como "uma contravenção", enquanto, na segunda (quando o feto já tinha dado sinais de vida), regulava como "homicídio culposo de segundo grau".

---

[177] MERRIAM-WEBSTER. *Webster's Encyclopedic Unabridged Dictionary of the English Language*. New York: Gramercy Books, 1996. p. 1.585. Nesta última definição, a de nº 3, consta "1250-1300; ME quikenen". ME é a abreviação para *Middle English*, que a própria enciclopédia define (p. 1.217) como "a Língua Inglesa do período (cerca) de 1150 a (cerca) 1475".

[178] Lembrando que *quick* é adjetivo e *quicken* é verbo.

[179] Aliás, Blackmun só se refere a ele como "Bracton", em nenhum momento esclareceu qual o primeiro nome. Detalhe: trata-se de um autor que nasceu em 1210. Curiosamente, Samuel Alito, em *Dobbs v. Jackson*, ao contestar Blackmun, cita Bracton várias vezes, e quase sempre com nome e sobrenome.

[180] Evidentemente que a legislação é fruto da influência dos escritos de Bracton, anteriormente mencionados.

Outro aspecto relevante na lei nova-iorquina foi ter incorporado "um conceito de aborto terapêutico", ao autorizá-lo para "preservar a vida da mãe", desde que "aconselhado por dois médicos",[181] para esse fim.

Por volta de 1840, quando o Texas passou a adotar "as regras do *common law*",[182] "apenas oito estados americanos" – a exemplo de Connecticut (1821) e Nova Iorque (1828) – possuíam legislação específica proibitiva do aborto. Na grande maioria dos estados, o tema era tratado nos termos e limites da *common law*, que cruzou o oceano e fincou raízes na América do Norte. Somente depois da Guerra Civil (que Blackmun chama de "Guerra entre os Estados") é que "a legislação começou a substituir o direito comum", e, continua ele, "a maioria desses estatutos iniciais lidava severamente com o aborto" após a constatação de possibilidade de vida do feto", mas era tolerante com ele antes da "vivificação",[183] ou seja, antes de se determinar a existência de sinais de vida.

A distinção entre o aborto nos meses iniciais da gravidez (antes dos primeiros movimentos do feto) e aquele em que o feto já demonstrou sinais de vida era, como visto, tratada de forma diversa tanto pela *common law* quanto pelos primeiros atos normativos, tanto na Inglaterra quanto nos Estados Unidos.

Essa parte do voto – dedicada às raízes históricas, ao *common law* e às primeiras manifestações no direito inglês e mais tarde estadunidense – é concluída por Blackmun em grande estilo e com fina coerência, reiterando que, "na época da adoção da Constituição e durante a maior parte do século XIX",[184] o aborto era visto com mais parcimônia e "a mulher desfrutava de um direito substancialmente mais amplo de interromper uma gravidez do que na maioria dos estados hoje", referindo-se, por óbvio, a 1973. Acrescenta que essa situação se verificava "pelo menos no que diz respeito ao estágio inicial da gravidez, e, muito possivelmente, sem tal limitação, a oportunidade

---

[181] *Roe v. Wade*, 410 U.S. 113 (1973). p. 138.

[182] *Roe v. Wade*, 410 U.S. 113 (1973). p. 138. Blackmun, nessa passagem, não parece ter sido muito claro. Talvez até tenha cometido uma pequena contradição. Ele diz textualmente que "Em 1840, quando o Texas recebeu a lei comum, apenas oito estados americanos tinham estatutos que tratavam do aborto" (*By 1840, when Texas had received the common law, only eight American States had statutes dealing with abortion*). Isso leva a crer que ele se refere à *common law*. Entretanto, nessa frase ele insere uma nota de rodapé, a de nº 32, e se refere a uma lei, sem mencionar o número, afirmando que se trata da lei de 20 de janeiro de 1840 (*Act of Jan. 20, 1840*). Ocorre que antes, à página 119 do voto, ele diz textualmente: "O Texas promulgou pela primeira vez, em 1854, uma lei criminalizando o aborto" (*Texas first enacted a criminal abortion statute in 1854*). Desse modo, fica a dúvida sobre o que efetivamente tratava tal lei de 1840, era sobre o aborto? Contudo, nessa hipótese, como fica a de 1854, foi a primeira ou segunda? Se a de 1840 não era lei aprovada e promulgada, por que ele citou dia, mês e ano? No voto dissidente (*Roe v. Wade*, 410 U.S. 113, 1973. p. 176), William Rehnquist afirma que em 1868 (ver nota de rodapé mais acima), ano em que a Décima Quarta Emenda foi promulgada, a lei antiaborto do Texas era a de 1859, o que faz supor que tenha ocorrido modificação na de 1854, mencionada por Blackmun.

[183] *Roe v. Wade*, 410 U.S. 113 (1973). p. 139.

[184] *Roe v. Wade*, 410 U.S. 113 (1973). p. 140.

de fazer essa escolha estava presente neste país até o século XIX".[185] Ademais, deixa implícito que, "mesmo depois",[186] a legislação "continuou por algum tempo a tratar de forma menos punitiva o aborto obtido no início da gravidez",[187] vale dizer, a gradação que Henry de Bracton relata ter existido na Inglaterra dos anos 1200 (século XIII), que atravessou o Atlântico e se instalou nas colônias, permaneceu, ainda que tímida, mesmo depois que o estágio inicial da gravidez deixou de ser relevante para não punir o aborto.

7.6.4.2.1 O papel da Associação Médica dos Estados Unidos

O juiz Blackmun, ao discorrer sobre os médicos e sua Associação Nacional, vai direto ao ponto, sem arrodeios. Registra que a Associação Médica Americana (AMA)[188] ajudou a disseminar "o clima antiaborto predominante no país no final do século XIX"; ela, como representante da classe, e a própria classe se uniram nesse desiderato. "A profissão", continua ele, "pode ter desempenhado um papel significativo na promulgação de uma rigorosa legislação criminal sobre o aborto durante esse período".[189]

A afirmação preliminar de Blackmun, logo no primeiro parágrafo do item dedicado à "posição da Associação Médica dos Estados Unidos", se harmoniza com o que disse Geoffrey Stone em texto já visitado nesta obra, sobre médicos, sua associação e o aborto. Segundo Stone, logo após ser criada, em 1847, a associação dos médicos tratou de assegurar "dominância" na política "nacional de saúde" e, um pouco mais tarde, por influência do ginecologista Horatio Storer, implementou a "cruzada médica contra o aborto" e, em 1857, conseguiu convencer a Associação Médica a criar um "Comitê Criminal do Aborto".[190]

Blackmun dedica considerável espaço ao relatório produzido por esse comitê, publicado em 1859, com algumas recomendações sobre o aborto dirigidas à comunidade médica. Após "deplorar o aborto", o documento lista três causas responsáveis pela "desmoralização geral". A primeira diz respeito à "ignorância popular amplamente difundida sobre o verdadeiro caráter do crime – uma crença, mesmo entre as próprias mães, de que o feto não está vivo até depois do período de vivificação". A segunda recai sobre a "própria profissão", frequentemente considerada descuidada da vida fetal...". A terceira seria a "espantosa extensão" do crime de aborto, fruto, em

---

[185] *Roe v. Wade*, 410 U.S. 113 (1973). p. 140-141.

[186] O que se supõe ser início do século XX.

[187] *Roe v. Wade*, 410 U.S. 113 (1973). p. 141. Tradução nossa. No original: *Even later, the law continued for some time to treat less punitively an abortion procured in early pregnancy*.

[188] O nome oficial é "Associação Médica Americana". No texto também será utilizado "Associação Médica dos Estados Unidos", a fim de evitar repetição de palavra e afastar dúvidas quanto ao país em que ela é sediada, considerando a amplitude do termo "americana".

[189] *Roe v. Wade*, 410 U.S. 113 (1973). p. 141.

[190] STONE, Geoffrey R. *Sex and the Constitution*: Sex, Religion, and Law from America's Origins to the Twenty-First Century. New York: Liveright Publishing Corporation, 2017. p. 187.

parte, de "graves defeitos" da legislação, "tanto da *common law* quanto da codificada", especificamente "no que diz respeito à existência independente e real da criança antes do nascimento, como um ser vivo". "Esses erros" conduziam, "na maioria dos casos", para impossibilitar condenações "e decorriam exclusivamente de dogmas médicos equivocados e desmentidos".[191]

Além de tudo isso, o relatório afirmava que, "com estranha inconsistência, a lei reconhece plenamente o feto no útero e seus direitos inerentes, para fins civis; enquanto pessoal e criminalmente afetado, ela falha em reconhecê-lo".[192]

O comitê não se limitou a apontar as causas do problema que ele dizia existir. Foi além. Apresentou sugestões que posteriormente restaram adotadas pela associação, começando por protestar "contra a destruição injustificável da vida humana", e "conclamando as legislaturas estaduais a revisar suas leis de aborto", além de solicitar a cooperação "das sociedades médicas estaduais 'para insistir no assunto'".[193]

A adoção em massa de leis estaduais criminalizando o aborto parece ter arrefecido o ânimo da Associação Médica com relação ao tema. Deram-se por satisfeitos, tanto que o juiz Blackmun registra que, "exceto pela condenação periódica dos abortos criminosos", a Associação Médica não propôs nenhuma outra ação formal até 1967, o que significa um prazo de aproximadamente um século sem se pronunciar sobre o tema. Nesse ano (1967), a AMA reiterou, por meio de seu "Comitê de Reprodução Humana", que fosse implementada "uma política declarada de oposição ao aborto induzido, exceto quando há 'evidência médica documentada' de uma ameaça à saúde ou à vida da mãe", ou questões relativas ao feto com "deformidade física incapacitante ou deficiência mental",[194] além da gravidez "resultante de estupro ou incesto".[195] Pela proposta de 1967, essas exceções deveriam vir atestadas por "dois outros médicos 'escolhidos por sua reconhecida competência profissional'".[196]

Três anos depois, em 1970, é o último registro constante no voto de Blackmun sobre a Associação Médica Americana e o aborto. Nesse ano, um relatório de seu Conselho de Administração produziu uma constatação óbvia: a "polarização da profissão médica nesta questão controversa". E diz mais: que o tema promovia divisões dentro da associação e da carreira, além de constatar uma "notável mudança no testemunho"[197] entre os membros sobre o aborto.

Algumas razões, não uma somente, conduziram a Associação Médica a assumir a postura contrária ao aborto desde praticamente sua fundação – em 1847. É possível

---

[191] *Roe v. Wade*, 410 U.S. 113 (1973). p. 141.
[192] *Roe v. Wade*, 410 U.S. 113 (1973). p. 141.
[193] *Roe v. Wade*, 410 U.S. 113 (1973). p. 142.
[194] Há, aqui, harmonia de entendimento com a decisão do STF, proferida mais de meio século depois, na ADPF nº 54.202.
[195] *Roe v. Wade*, 410 U.S. 113 (1973). p. 142.
[196] *Roe v. Wade*, 410 U.S. 113 (1973). p. 143.
[197] *Roe v. Wade*, 410 U.S. 113 (1973). p. 143.

especular sobre religião, raça, reserva de mercado e a sede por lucro, componente indissociável de muitos da espécie humana, de John Rockefeller[198] a Gordon Gekko.[199]

7.6.4.2.1.1 Aborto e "risco à continuidade da raça branca"

Laurence Tribe, fazendo coro a outros autores, observa que alguns médicos, começando por Horatio Storer, propagavam, em meados do século XIX, a ideia de que o aborto, além de imoral, de ir contra as leis de Deus etc., colocava em risco a continuidade da raça branca.[200] Parte da classe médica alegava que os imigrantes não europeus raramente praticavam aborto e, com isso, eles se perpetuariam e se multiplicariam, sendo, em médio e longo prazos, maioria nos Estados Unidos. Em outras palavras, esses profissionais praticavam uma espécie de medicina alarmista, fazendo coro e propagando ideias conservadoras, racistas e desfundamentadas.

A "cruzada contra o aborto" de meados do século XIX, encetada pela AMA, acrônimo de Associação Médica Americana (*American Medical Association*), restou lembrada pelo Dr. Joseph Taber Johnson em uma reunião da Sociedade Obstétrica e Ginecológica de Washington, D.C., em 7 de junho de 1895. Nostálgico, o Dr. Johnson conclamou os colegas "a se juntarem a uma nova cruzada contra o aborto". Assim o fazia porque o aborto em 1895 era "tão frequente como sempre foi" nos Estados Unidos. Ademais, completou, estava "aumentando de forma alarmante; não apenas se acredita que isso seja verdade nas cidades, mas os distritos rurais mais remotos também parecem estar infectados".[201] Prossegue alertando que o "pior" era que as mulheres "acreditavam que os abortos precoces antes dos primeiros sinais eram inofensivos". Acresce que a culpa para a existência dessa crença, que ele define como "densa ignorância", era "da profissão médica", que falhava em alertar a

---

[198] John Rockefeller é considerado o primeiro bilionário norte-americano. Em novembro de 1917 ele próprio estimava que sua fortuna atingia a cifra de 3 bilhões de dólares, incluindo o que já havia doado para parentes e entidades filantrópicas. Oito décadas depois, em 1997, esse valor atualizado equivalia a U$30 bilhões, o que o colocava, se vivo estivesse, como o segundo mais rico do mundo, atrás somente de Bill Gates (CHERNOW, Ron. *Titan*: the Life of John D. Rockefeller, Sr. New York: Vintage Books. 2004. p. 623-624).

[199] Gordon Gekko é o personagem central do filme *Wall Street* (1987), dirigido por Oliver Stone, cuja interpretação ajudou a consagrar Michael Douglas, inclusive ele conquistou o Oscar de melhor ator. O filme (que teve uma sequência em 2010) eternizou o personagem Gekko e uma frase por ele pronunciada: "A ganância é boa" (*Greed is good*). O personagem teria sido inspirado no bilionário norte-americano Carl Icahn . Cf. BENOIT, David. Billionaire Carl Icahn Says He Isn't a Genius, Took Advantage of a Broken System. *The Wall Street Journal*, 15.02.2022. Disponível em: https://www.wsj.com/articles/billionaire-carl-icahn-says-he-isnt-a-genius--took-advantage-of-a-broken-system-11644953885?mod=Searchresults_pos1&page=1. Acesso em: 18.12.2022.

[200] TRIBE, Laurence H. *Abortion*: the Clash of Absolutes. New York: W. W. Norton & Company, 1992. p. 32.

[201] REAGAN, Leslie J. *When Abortion Was a Crime*: Women, Medicine, and Law in the United States, 1867-1973. Oakland: University of California Press, 2022. p. 80.

população: "'[é] dever moral e cristão de nossa profissão corrigir' a 'crença popular' sobre a vida do feto".[202]

Concluiu com um pedido dirigido particularmente aos "especialistas em obstetrícia e ginecologia" a fim de ajudar a "reeducar o público e suprimir o aborto".[203]

Do que se viu, parece razoável assinalar que nos Estados Unidos de meados do século XIX, os médicos,[204] no que tange ao aborto, estavam organizados em quatro categorias não excludentes. A primeira estava imbuída em criar reserva de mercado, afastando parteiras e enfermeiras da prática de aborto, nos casos excepcionais em que se admitia. Já a segunda categoria abrangia os que tinham por prioridade construir uma aliança com segmentos conservadores e/ou religiosos, fazendo coro à legislação que criminaliza o aborto. Por sua vez, a terceira contava com aqueles que buscavam proeminência em sua respectiva área, como a "obstetrícia e a ginecologia", que, no dizer de Leslie Reagan "aspiravam obter maior autoridade sobre a gravidez e o parto, e elevar o status de sua especialidade".[205]

Importante insistir, essas categorias, por óbvio, pelo que buscavam, elas não eram excludentes, poderiam e muito provavelmente se manifestavam em um único profissional.

Outros usaram a criminalização do aborto como instrumento para obter ganhos mais expressivos, aqui a quarta categoria, que se manifestou mais tardiamente, após os estados começarem a criminalizar a interrupção da gravidez. Sobre esse aspecto, o autorizado relato de Linda Greenhouse, já antes referida,[206] de que, "entre 1951 e 1962, noventa e dois por cento dos abortos ocorridos na cidade de Nova Iorque tiveram como destinatárias mulheres brancas". Nesse período de dez anos, 3/4 das mortes decorrentes de aborto vitimaram mulheres negras.[207] A equação é simples de ser resolvida: as de melhor condição social conseguiam atestados de iminência de suicídio em razão da gravidez indesejada e faziam abortos com médicos e hospitais particulares, ao passo que as mulheres "de cor", quando conseguiam, faziam abortos clandestinos e, por isso, morriam proporcionalmente em maior número.

A criminalização do aborto fez surgir um "duplo padrão",[208] fruto da desproporcionalidade de tratamento entre mulheres de família abastadas e as de baixa renda, que

---

[202] REAGAN, Leslie J. *When Abortion Was a Crime*: Women, Medicine, and Law in the United States, 1867-1973. Oakland: University of California Press, 2022. p. 80.

[203] REAGAN, Leslie J. *When Abortion Was a Crime*: Women, Medicine, and Law in the United States, 1867-1973. Oakland: University of California Press, 2022. p. 80.

[204] Importante insistir, embora seja óbvio, que não eram todos os médicos que pensavam assim, mas fica claro, por outro lado, que a grande maioria compartilhava esse entendimento da AMA e dos líderes citados, Horatio Storer e Joseph Taber Johnson, entre outros.

[205] REAGAN, Leslie J. *When Abortion Was a Crime*: Women, Medicine, and Law in the United States, 1867-1973. Oakland: University of California Press, 2022. p. 82.

[206] Ver, neste capítulo, o item "4.3 Aborto seguro para o topo da pirâmide".

[207] SIEGEL, Reva B.; GREENHOUSE, Linda. *Before Roe v. Wade*: Voices that Shaped the abortion debate before the Supreme Court's ruling. Mountain View: Creative Commons, 2012. p. 127.

[208] CLARK, Tom C. Religion, Morality, and Abortion: a Constitutional Appraisal. *Loyola of Los Angeles Law Review*, v. 2, n. 1, 1969. p. 6-7.

não tinham condições de abortar, seja porque não podiam pagar médicos e clínicas particulares, seja porque não tinham condições de se deslocarem a outros estados que admitiam o aborto em hospitais públicos.

Ficam juntas no mesmo item porque o juiz Blackmun foi mais econômico, no voto, ao comentar a posição de ambas, embora tenha discorrido sobre cada uma delas em itens separados. Quando se ocupou da Associação de Medicina, ele foi bem mais extenso.

A Associação de Saúde Mental adotou um padrão para a implementação do aborto, entre as recomendações está a de "simplificar e agilizar a prestação de serviços de aborto", que não deve sofrer atrasos. Diz que "a consulta psiquiátrica não deve ser obrigatória", e que a "contracepção e/ou esterilização devem ser discutidas com cada paciente de aborto" Tratou-se, no geral, de recomendações técnicas, direcionadas a maior conforto e segurança da paciente.

Sobre a *American Bar Association*, que é a equivalente ao Conselho Federal da Ordem dos Advogados do Brasil, Blackmun praticamente se limitou a reproduzir integralmente um anteprojeto de lei elaborado em 1972 por um dos braços da associação e aprovado pela entidade.[209] Não se tem notícia se a tal proposta foi encaminhada ao Legislativo. Ela não avança em propor uma liberação total do aborto, limita-se a enumerar as exceções então já conhecidas e praticadas em alguns estados: gravidez de risco, proteção à vida da mulher, autorização em caso de estupro ou incesto.

Por fim, o juiz Blackmun registra que o anteprojeto acolhe uma "nota introdutória esclarecedora", na qual consta que a proposta se inspirou, em grande parte, na legislação do Estado de Nova Iorque.[210]

7.6.5   *A doutrina corrobora Harry Blackmun*

Autores que se ocuparam de escrever sobre o tema corroboram Blackmun no que diz respeito à evolução histórica do aborto nos Estados Unidos, especialmente sobre o *quickening*, o que não significa, por óbvio, que há unanimidade de entendimento.

Leslie Reagan, autoridade no tema e autora de obra já citada, oferece uma perspectiva interessante sobre o aborto nos Estados Unidos no século XVIII e início do XIX que corrobora e reforça alguns dos aspectos históricos mencionados no voto do "relator". Corrobora, reforça, mas também oferece outra perspectiva, ao afirmar que "gravidez e aborto" eram compreendidos pela *common law* como um "desenvolvimento humano, como um processo, e não como um momento absoluto". Ademais, diz que "o termo aborto se referia apenas aos abortos espontâneos (...) após os primeiros sinais de vida intrauterina".[211]

---

[209]   *Roe v. Wade*, 410 U.S. 113 (1973). p. 146.

[210]   *Roe v. Wade*, 410 U.S. 113 (1973). p. 147. Tradução nossa. No original: *Enlightening Prefatory Note*.

[211]   REAGAN, Leslie J. *When Abortion Was a Crime*: Women, Medicine, and Law in the United States, 1867-1973. Oakland: University of California Press, 2022. p. 8.

7.6.5.1   Feto e vida – entendimento nos séculos XVIII e XIX

O que no século XX passou a ser identificado por "aborto precocemente induzido" não era, ainda segundo Leslie Reagan, "chamado de 'aborto'" no século XVIII e início do XIX. A interrupção de uma gravidez precoce era definida como se tivesse "escapado" ou a menstruação tivesse sido "restaurada". Nessa época, "na concepção e no primeiro estágio da gravidez antes do nascimento, ninguém acreditava que existisse uma vida humana; nem mesmo a Igreja Católica tinha essa visão".[212] Em outras palavras, o feto só era considerado "vida" após determinado estágio da gravidez, o que se convencionou com os seus primeiros movimentos.

Embora não reconhecesse ao sexo feminino o direito de votar e ser votado, a sociedade patriarcal estadunidense desse período (ou pelo menos parte dela) entendia que a gravidez dizia respeito à mulher. Por fim, uma frase de Leslie Reagan parece sintetizar bem o entendimento da sociedade sobre o aborto nesse período: "A ética popular em relação ao aborto e ao direito consuetudinário baseava-se na experiência feminina de seus próprios corpos".[213]

Ancorado no clássico escrito por William Blackstone,[214] Geoffrey Stone oferece panorama parecido ao de Blackmun e Leslie Reagan. O prolífico autor de (entre outros livros) *Constitutional Law*, é categórico ao afirmar que "no século XVIII e início do XIX a visão predominante era de que não haveria vida humana até a vivificação".[215] Citando especificamente Blackstone, ressalta que "na contemplação da lei a vida 'começa assim que uma criança é capaz de se mexer no útero da mãe'". Em linha parecida, vale-se de "James Wilson, um dos autores da Constituição americana", ao afirmar que, legalmente, "a vida começa quando a criança é capaz de se mexer no útero".[216] Na sequência, um relato que é certamente um dos mais importantes registros sobre o *quickening*, ao reiterar que "os tribunais americanos seguiram a tradicional lei consuetudinária inglesa ao considerar que o aborto antes do parto era legal, desde que a mãe desse seu consentimento".[217]

---

[212]   REAGAN, Leslie J. *When Abortion Was a Crime*: Women, Medicine, and Law in the United States, 1867-1973. Oakland: University of California Press, 2022. p. 8.

[213]   REAGAN, Leslie J. *When Abortion Was a Crime*: Women, Medicine, and Law in the United States, 1867-1973. Oakland: University of California Press, 2022. p. 8.

[214]   *Blackstone's Commentaries* (1765).

[215]   STONE, Geoffrey R. *Sex and the Constitution*: Sex, Religion, and Law from America's Origins to the Twenty-First Century. New York: Liveright Publishing Corporation, 2017. p. 184. A frase é parecida com outra que ele utilizou à página 180 desse livro, e já mencionada aqui nesta obra, no item "2. Prática disseminada, tolerada e moralmente aceita", constante deste capítulo. Convém cotejá-las: "No século XVIII e início do XIX não havia leis proibindo a contracepção ou o aborto antes do feto demonstrar sinais de vida" (tradução nossa). No original (p. 180): *In the eighteenth and early nineteenth centuries, there were no laws prohibiting either contraception or abortion before quickening.* Ainda, no original (p. 184): *In the eighteenth and early nineteenth centuries, the prevailing view was that there was no human life until quickening.*

[216]   STONE, Geoffrey R. *Sex and the Constitution*: Sex, Religion, and Law from America's Origins to the Twenty-First Century. New York: Liveright Publishing Corporation, 2017. p. 184.

[217]   STONE, Geoffrey R. *Sex and the Constitution*: Sex, Religion, and Law from America's Origins to the Twenty-First Century. New York: Liveright Publishing Corporation, 2017. p. 184.

7.6.5.2 Métodos inortodoxos para interrupção da gravidez

Reforça, por fim, listando alguns autores[218] no campo da saúde pública nos Estados Unidos do século XIX que escreveram trabalhos sobre interrupção de gravidez indesejada, com receitas nada ortodoxas de produtos naturais e métodos para "restaurar o fluxo menstrual por métodos como sangria", bebida resultante de "mistura de ferro e quinino, exercícios violentos, duchas higiênicas com conhaque muito quente e fortes pancadas no estômago", tudo isso para conseguir "dilatar o colo do útero", irritá-lo e possivelmente conseguir "a ruptura da bolsa amniótica".

Ambos os autores (Leslie e Geoffrey) reforçam a percepção de que a sociedade estadunidense desse período não via a interrupção da gravidez de forma absoluta, mas "como um processo", e, como tal, constituído por etapas, algumas sancionadas criminalmente, outras não. Ao fim e ao cabo, essa foi a linha adotada pela Suprema Corte dos Estados Unidos no caso *Roe v. Wade*. Admitiu a possibilidade do aborto sem considerá-lo absoluto, ou, em outras palavras: protegeu a gravidez sem considerá-la absoluta.

É fora de dúvida que os aspectos históricos[219] tiveram peso na decisão. Evidentemente que não foram os únicos ou os mais importantes, mas foram relevantes, contribuíram para o resultado, lembrando, com Obama, que "a história não pode ser escrita adequadamente do ponto de vista do presente, mas requer a perspectiva do tempo decorrido para que seja capturada de forma confiável, mesmo que sempre contestável".[220]

Blackmun, ao emoldurá-la no seu voto, com um recuo de praticamente dois séculos, conseguiu capturá-la de modo que ela servisse aos propósitos da decisão em *Roe v. Wade*.

7.6.6 A criminalização do aborto em três atos

O enfrentamento da evolução histórica do tema "aborto" é concluído com os comentários à atuação da Associação Americana de Saúde Pública e da Associação

---

[218] *William Buchan's Domestic Medicine* (1782); Samuel K. Jennings, *The Married Lady's Companion* (1808); e Dr. Thomas Ewell, *Letter to Ladies* (1817).

[219] O que nos remete a um depoimento carregado de emoção e significado do Professor Laurence Tribe, da Harvard Law School, sobre seu ex-aluno Barack Obama e a importância que ele, Obama, emprestava aos ciclos históricos para explicar, *a posteriori*, o desenvolvimento de determinada época. Disse Tribe: "Uma das coisas mais impressionantes sobre o presidente Obama quando ele era apenas Barack para mim, como meu estudante de direito constitucional e assistente de pesquisa na HLS em 1989-91, foi o profundo apreço de Barack pela história e pela impossibilidade de apreciar plenamente seu desenvolvimento enquanto ela está em processo de confecção" (TRIBE, Laurence. The Steadiness and Grace of President Obama. *Harvard Law and Policy Review*, 14.11.2016. Disponível em: https://harvardlpr. com/2016/11/14/laurence-tribe-the-steadiness-and-grace-of-president-obama/. Acesso em: 14.12.2022).

[220] TRIBE, Laurence. The Steadiness and Grace of President Obama. *Harvard Law and Policy Review*, 14.11.2016. Disponível em: https://harvardlpr.com/2016/11/14/laurence-tribe-the--steadiness-and-grace-of-president-obama/. Acesso em: 14.12.2022.

Nacional dos Advogados. Blackmun, no entanto, continua, no voto, a dialogar com a história do aborto, mas não com a intensidade do item VI supracomentado, especificamente dedicado ao tema.

No item seguinte, o de nº VII, ele diz que "três razões" se apresentam como as mais robustas ("avançadas") para "explicar historicamente"[221] a promulgação de leis que criminalizaram o aborto no século XIX e igualmente para justificar a manutenção desses atos normativos durante todos esses anos, vale dizer, até 1973. Ele discorre, separadamente, sobre cada uma das razões.

7.6.6.1   Primeiro e segundo atos

A primeira razão que poderia explicar a profusão de leis que tornaram o aborto uma conduta criminalmente punível é de que elas foram "produto de uma preocupação social vitoriana para desencorajar a conduta sexual ilícita".[222] Blackmun repele o argumento, seja porque "parece que nenhum tribunal ou comentarista levou o argumento a sério", seja porque, se isso fosse procedente, a lei do Texas proibitiva do aborto faria distinção "entre mães casadas e solteiras", e ela não o faz.

A segunda razão parece mais palpável e talvez faça um pouco mais de sentido considerando a realidade da medicina no período. Atribui-se (pelo menos em parte) que as leis que criminalizavam o aborto em meados do século XIX decorriam da constatação do perigo que ele representava, no que Blackmun concorda, assinalando que "isso era particularmente verdadeiro antes do desenvolvimento da antissepsia",[223] e que as técnicas antissépticas foram baseadas nas "descobertas de Lister, Pasteur e outros, anunciadas pela primeira vez em 1867, mas não foram geralmente aceitas e empregadas até a virada do século".[224] Nesse período, "a mortalidade por aborto era alta, mesmo depois de 1900, e talvez até o desenvolvimento de antibióticos na década de 1940".

---

[221]   *Roe v. Wade*, 410 U.S. 113 (1973). p. 147.

[222]   *Roe v. Wade*, 410 U.S. 113 (1973). p. 148. Tradução nossa. No original: *It has been argued occasionally that these laws were the product of a Victorian social concern to discourage illicit sexual conduct*. A menção a *Victorian social concern* diz respeito ao período em que a "Rainha Victoria" comandou a Inglaterra, de 1837 a 1901. Essa época ficou conhecida, além da longevidade do reinado, pela aderência a rígidos princípios morais e religiosos, que, de resto, influenciaram parte do mundo. Ruth Goodman escreveu um livro sobre o tema em que oferece um quadro amplo desse controverso período da história inglesa, inclusive com relatos da forma como as crianças (ricas e pobres) eram educadas, em um sistema rígido que até mesmo admitia punição física. Durante a *Victorian Era* o ensino tonou-se compulsório na Inglaterra, a partir de 1870/1880, variando a adoção a depender da região. Cf. GOODMAN, Ruth. *How to Be a Victorian*: a Dawn-to-Dusk Guide to Victorian Life. New York: Liveright Publishing Corporation, 2014. p. 291-292.

[223]   *Roe v. Wade*, 410 U.S. 113 (1973). p. 148-149.

[224]   *Roe v. Wade*, 410 U.S. 113 (1973). p. 149. A resistência às inovações da Ciência acompanha a humanidade de longa data, como demonstram esse relato a Revolta da Vacina no Rio de Janeiro (1904) do início do século XX e, mais recentemente, a recusa em aceitar a vacina durante a pandemia da covid-19.

Ademais, "as técnicas utilizadas àquela época não eram tão seguras quanto as de hoje",[225] o que teria conduzido o Estado a promulgar leis criminalizando o aborto. Em outras palavras, "a lei criminal do aborto era para proteger a mulher grávida, ou seja, impedi-la de se submeter a um procedimento que colocasse sua vida em sério risco".[226]

É um argumento que deve ser levado em conta e teria sido muito melhor caso tivesse mencionado estatística confiável, de modo que entendesse o período e as razões da adoção da citada legislação. De qualquer maneira, apresenta-se razoável, porque as condições de higiene no século XIX, evidentemente, não se comparam com o progresso que se alcançou em meados do século XX. Blackmun inclusive insere nota de rodapé citando brevemente o livro *A Hundred Years of Medicine*, como fonte de sua assertiva acerca das condições precárias em que o aborto era realizado e no perigo que isso representava para as mulheres no século XIX.[227]

Parece correto assinalar a impossibilidade de se estabelecer uma causa direta entre o índice de mortalidade de abortos e a adoção da lei. Ademais, é possível contra--argumentar que a clandestinidade se apresentou como componente para o alto índice de mortalidade entre as mulheres que optaram por abortar.

Clandestinidade entendida sob dois aspectos: o primeiro, antes da adoção das leis proibitivas, residia na pressão – sobre a grávida – religiosa, moral e familiar contrária à interrupção da gravidez; o segundo, já com as leis em vigor, proibia a interrupção da gravidez e a ameaçava com punições severas. O primeiro de ordem moral, o segundo por imposição do Estado. Em ambos, o resultado foram abortos feitos sem condições mínimas de higiene e, consequentemente, com índice maior de mortalidade.

Ao argumento das precárias condições de assepsia e da falta de segurança nas técnicas empregadas no aborto no século XIX, seguiu-se o reconhecimento de efetiva melhora nesses quesitos à medida que o século seguinte avançava. Nesse momento do voto, Blackmun redige um parágrafo, relativamente longo, com argumentos irretocáveis e com poder de síntese somente encontrado nos grandes autores.

Como se trata de uma análise de texto, o que ele resumiu em um longo parágrafo aqui será desdobrado em cinco, com comentários laterais acerca dos argumentos e dos dados utilizados por Blackmun. O parágrafo tem início com o registro de que "técnicas médicas modernas alteraram a situação" e que os recorrentes e "vários *amici* referem-se a dados médicos que indicam que o aborto no início da gravidez, ou seja, antes do final do primeiro trimestre, embora não isento de riscos, é hoje relativamente seguro";[228] além disso, "as taxas de mortalidade para mulheres submetidas a abortos

---

[225] Referindo-se, por óbvio, a 1970.

[226] *Roe v. Wade*, 410 U.S. 113 (1973). p. 149.

[227] A nota de rodapé é a de nº 43, constante da página 148, exatamente como se segue: C. Haagensen & W. Lloyd, *A Hundred Years of Medicine* 19 (1943).

[228] Refere-se, por óbvio, aos primeiros anos da década de 1970.

precoces, onde o procedimento é legal, parecem ser tão baixas quanto ou menores do que as taxas de parto normal".[229]

O dado é poderoso no sentido de afastar o argumento de política de saúde pública para proibição do aborto. Se a taxa de mortalidade no parto é igual "ou menor do que as taxas de parto normal", a proibição não se sustentaria com fundamento nesse temor. Em outras palavras, o dado não corrobora a vedação legal da interrupção da gravidez.

O parágrafo continua com Blackmun esgrimindo que, como "consequência" da diminuição da taxa de mortalidade no aborto, "qualquer interesse do Estado em proteger a mulher de um procedimento inerentemente perigoso, exceto quando seria igualmente perigoso para ela renunciar a ele, praticamente desapareceu".[230] Vale dizer, eventual perigo não residiria somente no aborto, porque estatisticamente teria sido demonstrado que o próprio parto é tão ou mais perigoso quanto, de modo que a proibição, nos primeiros meses, perdeu razão de ser.[231]

A conclusão do parágrafo é no sentido de, muito embora o perigo tenha diminuído, ou seja, a taxa de mortalidade no aborto tenha se equiparado à do parto, o Estado mantinha interesses na permanência de "padrões médicos na área de saúde". Havia legítimo interesse jurídico estatal em "garantir que o aborto, como qualquer outro procedimento médico, fosse realizado em circunstâncias que assegurassem a máxima segurança para a paciente".[232] Esse interesse, completa Blackmun, "obviamente se estendia pelo menos ao médico executor e à sua equipe, às instalações envolvidas e à disponibilidade de cuidados pós-operatório",[233] como garantia a qualquer "complicação ou emergência" que eventualmente surgisse.

Em suma, observou que "a prevalência de altas taxas de mortalidade em 'fábricas de aborto' ilegais fortalece, em vez de enfraquecer, o interesse do Estado em regulamentar as condições em que os abortos são realizados". Ademais, completou renovando o alerta sobre o aumento do risco para a mulher à medida que a gravidez avança, hipótese em que o Estado se apresenta como detentor de "um interesse definido em proteger a própria saúde e segurança da mulher quando um aborto é proposto em um estágio avançado da gravidez".[234]

"Fábrica de aborto ilegal" é um pleonasmo, porque "fábrica de aborto" por si só já denota ilegalidade. De qualquer modo, a intenção provavelmente era enfatizar a ilegalidade e, nesse sentido, ele acertou, como acertou também no que diz respeito à

---

[229] *Roe v. Wade*, 410 U.S. 113 (1973). p. 149. Segue-se uma nota de rodapé com uma lista de publicações da área médica, englobando os Estados Unidos, a Inglaterra e inclusive o Japão e a então Tchecoslováquia, dos anos 1961 a 1970.

[230] *Roe v. Wade*, 410 U.S. 113 (1973). p. 149.

[231] O dado estatístico é importante e se constitui em elemento fundamental na decisão judicial, vale dizer, em *Roe v. Wade*.

[232] *Roe v. Wade*, 410 U.S. 113 (1973). p. 149-150.

[233] *Roe v. Wade*, 410 U.S. 113 (1973). p. 150.

[234] *Roe v. Wade*, 410 U.S. 113 (1973). p. 150. Tradução nossa.

ênfase ao risco que a falta de estrutura na implementação do aborto significava para a mulher, durante e depois do procedimento.

Sobre taxa de mortalidade, alguns dados parecem confirmar os argumentos, a preocupação e as conclusões[235] do juiz Harry Blackmun. Pesquisas realizadas na década de 1950, pelo Kinsey Institute, órgão fundado em 1947, vinculado à Universidade de Indiana e dedicado à pesquisa sobre "sexualidade, gênero e reprodução"[236] apontavam que mulheres negras e brancas de baixa renda, em sua grande maioria, utilizavam-se de técnicas de autoaborto, comprovadamente mais perigosas e, por isso, causadoras de complicações e internações, quando comparadas com abortos feitos por médicos ou até mesmo parteiras.[237]

Embora os dados do período que compreende o início do século XX até os anos 1950 "não sejam muito confiáveis",[238] estima-se que, durante essa época, "uma em cada três gravidez"[239] terminava em aborto. Ainda que se trate de um cálculo pouco confiável, é um número elevado, o que robustece os argumentos de Blackmun,[240] considerando que parte significativa dos abortos foi implementada sob o manto da ilegalidade e, na grande maioria das vezes, em condições precárias de higiene.

Além dessa pesquisa feita pelo Instituto Kinsey, em 1950, outra, realizada em 1931 e 1932, levada a cabo pela médica Regine Kronacker Stix, que "entrevistou quase mil mulheres", constatou que 91% dos abortos praticados por médicos, assim como 86% dos feitos por parteiras, não apresentaram infecções e hemorragias posteriores. Por outro lado, somente 24% das mulheres que praticaram autoabortos não tiveram complicações.[241]

Laurence Tribe (discorrendo sobre o período de 1950 a 1970) foi categórico e preciso ao assinalar que "médicos, enfermeiros e trabalhadores de emergência de hospitais" que conviveram com a "brutalidade imposta pelos abortos ilegais buscavam agora liberalizar as leis do aborto"[242] justamente porque a criminalização conduzia a abortos clandestinos que não raro resultavam em infecções e mortes, afetando, com maior incidência pobres e minorias. Além desses profissionais de saúde, Tribe aponta

---

[235] Conclusões relativas ao item sob análise, não ao voto em si.

[236] Disponível em: https://kinseyinstitute.org/.

[237] REAGAN, Leslie J. *When Abortion Was a Crime*: Women, Medicine, and Law in the United States, 1867-1973. Oakland: University of California Press, 2022. p. 137-138.

[238] TRIBE, Laurence H. *Abortion*: the Clash of Absolutes. New York: W. W. Norton & Company, 1992. p. 34.

[239] TRIBE, Laurence H. *Abortion*: the Clash of Absolutes. New York: W. W. Norton & Company, 1992. p. 34.

[240] Argumentos relativos tanto aos riscos para a mulher que se submetia às "fábricas de aborto" quanto, como consequência, ao legítimo interesse do Estado em regular a situação

[241] REAGAN, Leslie J. *When Abortion Was a Crime*: Women, Medicine, and Law in the United States, 1867-1973. Oakland: University of California Press, 2022. p. 138.

[242] TRIBE, Laurence H. *Abortion*: the Clash of Absolutes. New York: W. W. Norton & Company, 1992. p. 40.

o Clero como "testemunha da humilhação, dor e morte causada pelas leis criminosas do aborto". Ademais, a condição do Clero, como testemunha, ocorria justamente por razões já comentadas em diferentes passagens deste trabalho.

À época, com o aborto reprimido – primeiro pela sociedade e mais tarde pelo Estado –, era natural que as mulheres tivessem "medo de admitir não apenas ter feito um aborto, mas, de fato, ter se envolvido em qualquer atividade sexual sem a intenção de levar à gravidez". Esse receio conduzia a que muitas delas só se sentissem à vontade, seguras, em desabafar com "os membros do Clero que viam e ouviam em primeira mão as histórias de violência brutal, abortos clandestinos que muitas mulheres mantinham em segredo até mesmo de suas amigas e familiares".[243] Tribe relata, ainda, que, em maio de 1967, 21 membros do Clero publicaram um "anúncio, veiculado na primeira página do *New York Times*, oferecendo-se para encaminhar mulheres a médicos que eles sabiam estar realizando abortos seguros e legítimos". Eram "infratores gentis, encaminhando mulheres para médicos em Porto Rico, na Grã-Bretanha e até mesmo nos Estados Unidos".

7.6.6.2 Terceiro ato

O terceiro e último ato do item de n° VII do voto versa sobre "o interesse do Estado – alguns o chamam de dever – em proteger a vida pré-natal".[244]

Essa parte do voto é dedicada à infindável discussão sobre o momento do início da vida humana, se desde o momento em que o "espermatozoide" do homem adentra o "óvulo" ou "ovo" da mulher (o que a Ciência define como "gametogênese"),[245] se somente depois que o feto emite os primeiros sinais de vida (*quickening*), ou, ainda, uma visão mais radical, apenas depois do parto. Blackmun dá início à discussão e, mais adiante (em outro item), retorna a ela, já com seu entendimento sobre o tema.

São três parágrafos, um grande, um médio e um de uma única linha. Primeiro ele discorre sobre o argumento da existência de vida concomitante à fecundação.

---

[243] TRIBE, Laurence H. *Abortion*: the Clash of Absolutes. New York: W. W. Norton & Company, 1992. p. 40.

[244] *Roe v. Wade*, 410 U.S. 113 (1973). p. 150.

[245] "Para começar, cientificamente algo muito radical ocorre entre os processos de gametogênese e fertilização – a mudança de uma simples parte de um ser humano (isto é, um esperma) e uma parte simples de outro ser humano (isto é, um ovócito – geralmente referido como um 'óvulo' ou 'ovo'), que simplesmente possuem 'vida humana', para um ser humano novo, geneticamente único, recém-existente, individual e vivo (um zigoto humano embrionário unicelular). Isto é, após a fertilização, partes dos seres humanos foram realmente transformadas em algo muito diferente do que eram antes; eles foram transformados em um ser humano único e completo. Durante o processo de fertilização, o esperma e o ovócito deixam de existir como tal, e um novo ser humano é produzido" (IRVING, Dianne N. When do Human Beings Begin? "Scientific" Myths and Scientific Facts. *International Journal of Sociology and Social Policy*, v. 19, n. 3/4, p. 22-36 (in press), 1999. Disponível em: https://www.semanticscholar.org/paper/When-do-human-beings-begin-scientific-myths-and-Irving/b93551522ffeaefa-ff4481ecc92f6a13dc781303. Acesso em: 26.12.2022).

Depois dá voz aos que se posicionam contra esse entendimento e, por fim, faz um brevíssimo arremate.

No primeiro, ele afirma a existência de uma teoria (esboçada por uma das partes, obviamente o Estado do Texas) que repousa no entendimento "de que uma nova vida humana está presente desde o momento da concepção", e essa nova vida (embrião ou feto) teria toda a proteção legal, cedendo espaço unicamente na hipótese de sua existência colocar em risco a vida da mãe. Em seguida ele aproveita para fazer uma consideração de ordem prática, um recado indireto de não aderência ao entendimento da vida simultânea à concepção: "Logicamente, é claro, um interesse legítimo do estado nesta área não precisa permanecer ou cair na aceitação da crença de que a vida começa na concepção ou em algum outro ponto antes do nascimento vivo".[246]

Ao colocarem o feto como o centro da discussão, os defensores dessa linha argumentativa relegam o papel ou a situação da mulher. Em outras palavras, a defesa era no sentido de que o aborto não deveria ser permitido porque há vida desde a concepção. Os que se opunham a essa abordagem apontavam "para a ausência de histórico legislativo em apoio à alegação" e que "a maioria das leis estaduais foi criada exclusivamente para proteger a mulher", vale dizer, não tinha por objetivo proteger o feto. Ademais, a medicina havia avançado bastante nessa seara de modo que essa "preocupação diminuiu, pelo menos com relação ao aborto no início da gravidez", e, assim, "com relação a esses abortos, as leis não podiam mais ser justificadas por nenhum interesse do Estado".[247]

Blackmun vê com simpatia esse argumento e diz que nele há "algum suporte acadêmico para essa visão do propósito original". Isso, porque, completa, "os poucos tribunais estaduais chamados a interpretar suas leis no final do século XIX e início do século XX se concentraram no interesse do Estado em proteger a saúde da mulher, em vez de preservar o embrião e o feto".[248] Acresce que os "proponentes dessa tese" afirmam que, no Texas, "por estatuto ou interpretação judicial, a própria mulher grávida não pode ser processada por autoaborto ou por cooperar em um aborto realizado nela por outra pessoa".

Arremata, concluindo o parágrafo, que "eles[249] afirmam que a adoção da 'aceleração' como critério distintivo recebido da *common law* e de leis estaduais é um reconhecimento tácito" de que o aborto tardio conduz "a maiores riscos à saúde", além do "repúdio implícito à teoria de que a vida começa na concepção".[250]

Conclui o item VII assinalando "que é com esses interesses, e com o peso a eles atribuído",[251] que versa o caso que a Corte estava a julgar.

---

[246] *Roe v. Wade*, 410 U.S. 113 (1973). p. 150.

[247] *Roe v. Wade*, 410 U.S. 113 (1973). p. 151.

[248] *Roe v. Wade*, 410 U.S. 113 (1973). p. 151.

[249] "Eles", os apelantes, Jane Roe e companhia.

[250] *Roe v. Wade*, 410 U.S. 113 (1973). p. 151-152.

[251] *Roe v. Wade*, 410 U.S. 113 (1973). p. 152.

7.6.7 Direito à privacidade em Roe

O item VIII do voto é dedicado à análise do "direito à privacidade", engenhosa construção[252] do juiz William Douglas ao elaborar o voto principal (opinião da Corte) no caso *Griswold v. Connecticut*, julgado menos de uma década antes de *Roe*.

A primeira linha desse item acolhe uma declaração verdadeira que, simultaneamente, prima pela objetividade. Diz que "a Constituição não menciona explicitamente nenhum direito à privacidade". Entretanto, assinala que, em "uma linha de decisões, (...) remontando talvez" a um caso julgado em 1891,[253] "a Corte reconheceu que o direito à privacidade pessoal, ou a garantia de certas áreas ou zonas de privacidade, existe de acordo com a Constituição".[254] Lista em seguida uma série de decisões da Corte e manifestações de "juízes individuais" que, "em contextos variados", "encontraram, de fato, pelo menos as raízes desse direito" na Primeira Emenda, em 1969;[255] na Quarta e Quinta Emendas, em 1968,[256] 1967,[257] 1886[258] e 1928;[259] "nas penumbras do *Bill of Rights*", 1965;[260] na Nona Emenda, 1965;[261] e "no conceito de liberdade garantido pela primeira seção da Décima Quarta Emenda", 1923.[262]

O inventário de ações julgadas pela Suprema Corte ou objeto de voto por um de seus integrantes relacionadas "às raízes" do direito à privacidade não se esgota nas mencionadas anteriormente, ele tem seguimento e parece-nos razoável reproduzi-lo aqui, ao menos para propiciar uma noção da amplitude do conceito, adaptável a situações das mais diversas. Essas decisões (Blackmun se refere às supracitadas e às demais que ele passa a elencar) "deixam claro que apenas os direitos pessoais podem ser considerados 'fundamentais' ou 'implícitos no conceito de liberdade ordenada',[263] e, desse modo,

---

[252] Sobre a teoria do "direito à privacidade", o livro enfrenta a questão da autoria cotejando o voto de Oliver Holmes em *Olmstead v. United States* (1928) e o de William Douglas em *Griswold*. E o faz inclusive (talvez de forma pioneira) atribuindo primazia (ou maior completude) a Douglas, preenchendo lacuna que parece ter sido deixada por UROFSKY, Melvin. *William O. Douglas as a Common Law Judge. Duke Law Journal*, v. 41, 1991. Sobre o tema, consultar o capítulo dedicado à Griswold, no item intitulado "Oliver Holmes em 1928 e William Douglas em 1965".

[253] *Union Pacific R. Co. v. Botsford*, 141 U.S. 250, 251 (1891).

[254] *Roe v. Wade*, 410 U.S. 113 (1973). p. 152. Tradução nossa. No original: *the Court has recognized that a right of personal privacy, or a guarantee of certain areas or zones of privacy, does exist under the Constitution.*

[255] *Stanley v. Georgia*, 394 U.S. 557, 564 (1969).

[256] *Terry v. Ohio*, 392 US 1, 8-9 (1968).

[257] *Katz v. United States*, 389 US 347, 350 (1967).

[258] *Boyd v. United States*, 116 US 616 (1886).

[259] *Olmstead v. United States*, 277 U.S. 438, 478 (1928).

[260] *Griswold v. Connecticut*, 381 U.S. 479, 484-485.

[261] *Griswold v. Connecticut*, 381 U.S. 479, 486.

[262] *Meyer v. Nebraska*, 262 U.S. 390, 399 (1923).

[263] Citando *Palko v. Connecticut*, 302 U.S. 319, 325 (1937).

podem ser incluídos no âmbito da "garantia de privacidade pessoal".[264] Disse mais:[265] que igualmente deixam claro que o direito (à privacidade) "tem alguma extensão para atividades relacionadas ao casamento",[266] à "procriação,[267] à contracepção,[268] às relações familiares,[269] e à criação e à educação infantil.[270]

Após inventariar os precedentes que – pouco mais, pouco menos – têm relação com o direito à privacidade, Harry Blackmun passou, em seguida, a expor sua teoria de adequação desse direito à mulher grávida em busca de interromper a gravidez.[271]

Para ele, era indiferente que o direito à privacidade fosse fundamentado "no conceito de liberdade pessoal e restrições à ação do Estado da Décima Quarta Emenda", ou "na reserva de direitos assegurada na Nona Emenda"; em qualquer das duas hipóteses, ele se apresentava "amplo o suficiente para abranger a decisão da mulher de interromper ou não a gravidez".[272]

A Corte Distrital, autora da decisão que estava sendo revista na Suprema Corte, preferia enquadrar o aborto no âmbito da Nona Emenda. Blackmun, particularmente, entendia que o melhor amparo ao direito era aquele assegurado pela Cláusula do Devido Processo Legal, agasalhada na Décima Quarta Emenda. Essa emenda, de 1868, considerada uma das mais importantes alterações no texto constitucional dos Estados Unidos, foi concebida, principalmente, para proteger e garantir cidadania plena[273] aos ex-escravos diante da resistência de alguns estados (especialmente dos

---

[264] *Roe v. Wade*, 410 U.S. 113 (1973). p. 152.

[265] *Roe v. Wade*, 410 U.S. 113 (1973). p. 152. Tradução nossa. No original: *They also make it clear that the right has some extension to activities relating to.*

[266] *Loving v. Virginia*, 388 U.S. 1, 12 (1967).

[267] *Skinner v. Oklahoma*, 316 U.S. 535, 541-542 (1942).

[268] *Eisenstadt v. Baird*, 405 U.S. 438, at 453-454 (1972).

[269] *Prince v. Massachusetts*, 321 U.S. 158, 166 (1944).

[270] *Pierce v. Society of Sisters*, 268 U.S. 510, 535 (1925).

[271] Conforme se verá, próximo à conclusão do voto, Blackmun menciona de novo essa lista de casos que se relacionam com o direito à privacidade, para assinalar que eles acolhem características que o diferem do caso *Roe*, porque "a gestante não pode ficar isolada em sua privacidade. Ela carrega um embrião e, posteriormente, um feto". Em outras palavras, a Corte entendia que a grávida estava autorizada a abortar, mas não em qualquer circunstância. Cf. *Roe v. Wade*, 410 U.S. 113 (1973). p. 159.

[272] *Roe v. Wade*, 410 U.S. 113 (1973). p. 153. Tradução nossa. No original: *This right of privacy (...) is broad enough to encompass a woman's decision whether or not to terminate her pregnancy.*

[273] Formalmente, pode-se dizer que ela garantiu. Entretanto, a dinâmica histórica impôs dificuldades enormes aos afrodescendentes. A reação de alguns estados do Sul (não só eles, mas principalmente eles) ao fim da escravidão ficou conhecida como *Jim Crow Laws*, conjunto de normas segregacionistas que procuraram manter uma espécie de escravidão material. Antes mesmo de a Suprema Corte se pronunciar em *Plessy v. Ferguson*, 163 U.S. 537 (1896) já havia decisões judiciais de órgãos inferiores apontando para a legalidade de escolas separadas entre brancos e negros. Em 1877, em New Orleans, o juiz William B. Woods decidiu, "em três parágrafos", que não havia contrariedade à XIV Emenda. Um pouco antes, em São Francisco

que se rebelaram contra a União e causaram a Guerra Civil); ela acolhe, no seu texto, como dito anteriormente, as cláusulas da Cidadania Plena, do Devido Processo Legal e da Igualdade, entre outras.

Pragmático, apontou para o "evidente prejuízo que o Estado imporia à gestante ao negar totalmente" a escolha do aborto. A negativa imporia "danos específicos e diretos clinicamente diagnosticáveis, mesmo no início da gravidez". Afirmou que "a maternidade ou filhos adicionais podem impor à mulher uma vida e um futuro angustiantes", além da possibilidade de comprometimento "psicológico iminente", bem como a probabilidade de afetar "a saúde mental e física (...) pelo cuidado da criança".[274]

Minucioso, buscou fundamento em todos os ângulos, sem aparentemente temer críticas de grupos conservadores ou de ser tachado de insensível. Disse que era preciso considerar "o sofrimento, para todos os envolvidos, associado à criança indesejada, e há o problema de trazer uma criança para uma família já incapaz, psicologicamente ou de outra forma, de cuidar dela". Identificava, ainda, que, em outros casos, como no de Jane Roe, "dificuldades adicionais e o estigma contínuo da maternidade solteira podem estar envolvidos", de modo que "todos esses são fatores que a mulher e seu médico responsável necessariamente irão considerar em consulta".[275]

Rechaçou, em seguida, o argumento do "recorrente e alguns *amici*" no sentido de que "o direito da mulher é absoluto" e ela pode "interromper sua gravidez a qualquer momento, de qualquer maneira e por qualquer motivo que ela escolher". Foi claro e direto: "Com isso não concordamos". Disse também não serem "convincentes" os argumentos dos recorrentes de que Texas não teria "nenhum interesse válido em regular a decisão sobre o aborto, ou nenhum interesse forte o suficiente para apoiar qualquer limitação sobre a determinação exclusiva da mulher".[276]

Lembrou que a Corte tinha precedentes (não os listou) que, a par de reconhecerem "o direito à privacidade", igualmente "reconhecem que algumas regulamentações estaduais em áreas protegidas por esse direito são apropriadas". Assim, "em algum momento da gravidez", afigurava-se "suficientemente convincente" sustentar "a regulamentação dos fatores que governam a decisão do aborto. O direito de privacidade envolvido, portanto, não pode ser considerado absoluto".[277] Inclusive, a Corte, no passado, "recusou-se a reconhecer um direito ilimitado" dessa natureza.[278]

---

na Califórnia, igualmente decisão judicial com idêntico entendimento. Cf. IRONS, Peter. *Jim Crow's Children*: the Broken Promise of the Brown Decision. New York: Penguin Books, 2002. p. 99-101.

[274] *Roe v. Wade*, 410 U.S. 113 (1973). p. 153.

[275] *Roe v. Wade*, 410 U.S. 113 (1973). p. 153.

[276] *Roe v. Wade*, 410 U.S. 113 (1973). p. 153.

[277] *Roe v. Wade*, 410 U.S. 113 (1973). p. 154.

[278] Foram eles: *Jacobson v. Massachusetts*, 197 U.S. 11 (1905) (vacinação); *Buck v. Bell*, 274 U.S. 200 (1927) (esterilização).

7.6.8 Blackmun, Posner e Scalia: Consequencialismo, "pragmatismo jurídico, voltado para o futuro" e supremacia do originalismo

A exegese que Harry Blackmun imprimiu nessa parte do voto foi no sentido de considerar o impacto da legislação proibitiva do aborto sobre a vida da mulher grávida, obrigada pelo Estado a ter um filho indesejado. Os argumentos – que integram a decisão – têm fundamento e conexão com a realidade de gravidez não planejada. São pragmáticos porque afastam consequências potencialmente nefastas contra quem é negado o direito de decidir sobre o seu próprio corpo. A decisão lista e minudencia dificuldades que a grávida enfrentará após o parto, pondera o problema e resta por concluir, pragmaticamente, que as consequências se estendem no campo psicológico, econômico, afetivo, familiar.

O filho indesejado, não planejado, criado por uma mulher solteira, única responsável pelos cuidados, produz um impacto considerável em sua na vida, aliás na de ambos, mãe e filho. A ausência paterna impõe danos; a falta de registro do pai na certidão de nascimento,[279] a dificuldade econômica de criar uma criança sem contribuição financeira do pai,[280] tudo isso representa impacto psicológico de elevada monta. Por outro lado, a gravidez e os cuidados que a criança exige nos primeiros anos de vida impõem à mulher (grávida e depois mãe) a impossibilidade da continuidade dos estudos, além

---

[279] Essa providência nem sempre é conseguida com rapidez. No Brasil há dois exemplos contundentes: o do vice-presidente da República José Alencar, que usou de sua força econômica e política para adiar o quanto pôde o reconhecimento de uma filha, inclusive se recusando a se submeter ao exame de DNA (STJ reconhece professora como filha de José Alencar, diz advogado. *G1*, 01.09.2015. Disponível em: https://g1.globo.com/minas-gerais/noticia/2015/09/stj-reconhece-professora-como-filha-de-jose-alencar-diz-advogado.html). A filha do vice-presidente e um dos mais importantes empresários brasileiros e a filha do maior jogador de futebol de todos os tempos, com renome mundial, cresceram criadas por mães solteiras, sem qualquer ajuda financeira ou amparo sentimental dos pais. As mães provavelmente não quiseram ou não puderam abortar. Curiosamente, as cinzas do vice-presidente da República (que se recusou a fazer exame de DNA para comprovar a eventual paternidade de uma moça pobre, carente, que recorreu a todas as instâncias judiciais, que protelou o quanto pôde o reconhecimento) foram depositadas na Igreja de Nossa Senhora da Glória, no município de Zona da Mata, distrito de Muriaé, em Minhas Gerais. Cf. FONSECA, Marcelo da; MELO, Alessandra. Cinzas do ex-vice-presidente Alencar são depositadas em igreja de Muriaé. *O Estado de Minas*, 14.05.2011. Atualizado em 22.04.2013. Disponível em: https://www.em.com.br/app/noticia/especiais/jose-alencar/2011/05/14/internas_jose_alencar,227613/cinzas-de-ex-vice-presidente-alencar-sao-depositadas-em-igreja-de-muriae.shtml. Acesso em: 03.01.2023. Há outro caso envolvendo o ex-jogador de futebol Edson Arantes do Nascimento (Pelé), que igualmente usou de todos os meios jurídicos possíveis para não reconhecer a paternidade de Sandra Regina, filha havida de relação extraconjugal do jogador com sua empregada doméstica, Anísia Machado. "Pelé recorreu 13 vezes", diz a matéria do jornal *Folha de S.Paulo*. Cf. CAMPOS, Mariana. Filha de Pelé morre aos 42 anos de câncer. *Folha de S.Paulo*. 18.10.2006. Disponível em: https://www1.folha.uol.com.br/fsp/cotidian/ff1810200612.htm. Acesso em: 03.01.2023.

[280] Muitos se recusam, não são honestos em fornecer a renda real. Há dificuldade em encontrar patrimônio, o processo é lento até se conseguir a decisão final.

da diminuição considerável das opções no mercado de trabalho. Essas questões não passaram despercebidas no voto, conforme se verificou anteriormente.

Roe v. Wade revela uma preocupação da Corte Suprema, e de Blackmun em particular, que transcende o texto frio das leis proibitivas do aborto e aponta, como dito, para uma solução prática, um consequencialismo responsável da decisão. Desse modo, é inevitável relacionar essa parte do voto com a doutrina de Richard Posner, especialmente sua obra de referência sobre o tema "pragmatismo, direito e democracia", já mencionada aqui, quando da análise do caso *Griswold*. Para o professor de Direito da Universidade de Chicago, "o pragmatismo jurídico é voltado para o futuro. O formalismo é retrospectivo, fundamentando a legitimidade de uma decisão judicial em ser dedutível de uma regra ou princípio previamente estabelecido".[281] À vista disso, no caso *Roe v. Wade*, descortina-se um "pragmatismo jurídico (...) voltado para o futuro", para o futuro da mulher que não deseja, por razões várias, ter um filho.

Para satisfazer "o formalista", no dizer de Posner, "a decisão deve ter pedigree", o que se configura em uma "abordagem que dá ao passado poder sobre o presente". Em seguida ele explica que "o pragmatista valoriza a continuidade com atos e decisões passadas, mas porque tal continuidade é de fato um valor social, não porque ele tenha um senso de dever para com o passado".[282]

A fraseologia posneriana às vezes é cruel, um simples exercício de retórica, mas também é – na maioria das vezes – irretocavelmente verdadeira e deliciosa de se ler e ouvir. Afirmar que, para "satisfazer o formalista, a decisão deve ter pedigree", é perfeito; e o complemento igualmente calibrado e irrespondível, quando afirma que essa abordagem (a do pedigree) "dá ao passado poder sobre o presente". É evidente que nem sempre o passado tem ou deve ter "poder" sobre o presente, até porque o passado é importante, e, por isso, há uma interpretação histórica do direito, e ele próprio reconhece isso. Contudo, a frase merece reflexão, especialmente para os originalistas, e a insistência, não raro descabida, da defesa do passado como única via interpretativa da Constituição, a exemplo de Antonin Scalia invocando Blackstone, ao dizer que o juiz e político inglês "deixou bem claro" a supremacia do originalismo,[283] de modo que os "defensores da evolução do significado em textos legais não podem apontar nenhum comentarista contemporâneo que discordasse dele".

Pelo que se depreende, a inexistência de contestação contemporânea a Blackstone é sinal da pureza de sua doutrina. Flagrante exagero do juiz conservador católico nova-iorquino.

---

[281] POSNER, Richard A. *Law, Pragmatism, and Democracy*. Cambridge: Harvard University Press, 2003. p. 71. Tradução nossa. No original: *Legal pragmatism is forward-looking. Formalism is backward-looking, grounding the legitimacy of a judicial decision in its being deducible from an antecedently established rule or principle.*

[282] POSNER, Richard A. *Law, Pragmatism, and Democracy*. Cambridge: Harvard University Press, 2003. p. 71.

[283] Nas palavras dele, "o significado original governava" (SCALIA, Anthony; GARNER, Bryan A. *Reading Law*: the Interpretation of Legal Texts. Saint Paul: Thomson West, 2012. p. 404).

O que é a "supremacia do originalismo", ou o "governo do significado original" senão a exigência de "pedigree na decisão", ou a tentativa de dar "ao passado poder sobre o presente"? Desse modo, a crítica de Posner ao originalismo é adequada, embora não se possa e não se deva descartar por completo a importância da história na tomada de decisão, como Scalia faz ao desconsiderar a doutrina da evolução constitucional, sem lhe atribuir qualquer tipo de valor.

Ainda com Posner, com Blackmun e com o pragmatismo, há outra passagem no livro *Direito, Pragmatismo e Democracia*, que tem estreita relação com o caso *Roe v. Wade*. O autor do polêmico *Sex and Reason* (1992) observou que vem afirmando "que os juízes americanos tendem a ser pragmáticos" e pode-se inclusive "pensar que até *Roe v. Wade* é uma decisão pragmática", provavelmente, "baseada na ponderação das consequências dos resultados alternativos". Entretanto, ele enxergava alguns defeitos na decisão, relativos à natalidade (dando a entender que a prejudicaria), "às práticas sexuais, sem falar nas consequências teológicas e outras morais do feticídio". Ele reconhecia, porém, que elas "talvez fossem especulativas demais para serem consideradas". Posner não se demora muito em analisar *Roe* e conclui asseverando que "o pragmatismo da Corte era unilateral"; sinalizando discordância da decisão, afirmou que "devemos ter cuidado ao usar 'pragmático' como um elogio. Existem decisões pragmáticas ruins, assim como boas".[284]

7.6.9 *Blackmun aproxima-se da conclusão de sua obra*

Ao se aproximar da conclusão, e ao dar início à terceira[285] e última parte do voto, ainda no item VIII, Harry Blackmun faz uso do verbo "concluir" na primeira pessoa do plural e diz que: "Concluímos, portanto, que o direito à privacidade pessoal inclui a decisão do aborto, mas que esse direito não é absoluto e deve ser considerado contra importantes interesses estatais na regulamentação".[286]

Esse é o começo do fim do voto, e, a partir dessa passagem, após minucioso levantamento histórico do aborto, após todas as considerações relativas à saúde pública, à opinião de entidades interessadas, à viabilidade do feto e da saúde mental da mulher, aos efeitos econômicos da gravidez indesejada, Blackmun enfrenta de forma mais consistente o direito à privacidade e as questões constitucionais que o circundam.

Assinala a existência de precedentes, considerando que fazia pouco tempo que "cortes federais e estaduais" julgaram contestações à lei do aborto e chegaram à idêntica conclusão, em sua maioria, concernente à inconstitucionalidade das leis estaduais, "pelo menos em parte, por causa da imprecisão ou por causa da amplitude e restrição de

---

[284] POSNER, Richard A. *Law, Pragmatism, and Democracy*. Cambridge: Harvard University Press, 2003. p. 125.

[285] "Terceira e última parte" considerando toda a extensão do voto, em outras palavras, o "terço" final do voto, não a divisão por partes em algarismo romano, que o livro tem utilizado até aqui.

[286] *Roe v. Wade*, 410 U.S. 113 (1973). p. 154.

direitos".[287] Embora os resultados fossem "divididos, a maioria desses tribunais concorda que o direito à privacidade, seja qual for sua base, é amplo o suficiente para abranger a decisão sobre o aborto". Em seguida ele insiste que esse "direito" não era "absoluto" e estava "sujeito a algumas limitações; e que em algum momento os interesses do Estado quanto à proteção da saúde, dos padrões médicos e da vida pré-natal se tornam dominantes". Arremata dizendo que "concordamos com essa abordagem".[288] Vale dizer, a Corte, por sua maioria (7 × 2), estava de acordo com essa linha de pensamento e o que ela representava.

Sobre os argumentos da apelante (Roe) e do apelado (Wade), disse que a Corte discordava de ambos. Da primeira porque advogava um "direito absoluto que impede qualquer imposição estatal de penalidades criminais na área"; do segundo pelo argumento de "que a determinação do Estado de reconhecer e proteger a vida pré-natal desde e após a concepção constitui um interesse imperioso do Estado".[289]

Vale dizer, dois extremos que não encontravam amparo na história jurídica do país e muito menos no texto constitucional.

A alegação de que o feto é uma "pessoa", nos termos da Décima Quarta Emenda, não encontrou ressonância na Corte. Isso, porque "a Constituição não define 'pessoa'" com essa conotação. "A Décima Quarta Emenda contém três referências à 'pessoa',"[290] que vão desde "definir 'cidadãos'" até "pessoas nascidas ou naturalizadas nos Estados Unidos". A palavra também é contemplada "tanto na Cláusula do Devido Processo quanto na Cláusula de Proteção Igualitária", bem como para listar qualificações para "Deputados, Senadores, Presidente da República", entre outras. A Constituição, entretanto, só se refere a pessoa "após o nascimento". Por "tudo isso", e com a "observação, *supra*, de que durante a maior parte do século XIX as práticas legais de aborto eram muito mais livres do que são hoje", Blackmun se diz convencido de que a "palavra 'pessoa', conforme usada na Décima Quarta Emenda, não inclui o nascituro". Esse entendimento estava "de acordo com os resultados alcançados nos poucos casos em que a questão foi apresentada de forma direta".[291] Nesse sentido, ele lista várias decisões de tribunais inferiores que corroboravam o entendimento de que a Décima Quarta Emenda não incluía o nascituro.

Com esses argumentos, o caminho para liberar o aborto estava pavimentado. No entanto, faltava ainda analisar as razões apresentadas pelo Estado do Texas, o que ele fez em seguida, momento em que aproveitou para dizer possível ao Estado erigir alguns limites, o principal deles de ordem temporal.

Nesse sentido, registrou que "a gestante não pode ficar isolada em sua privacidade". Por uma razão simples, "ela carrega um embrião e, posteriormente, um feto", nos termos das "definições médicas (...) sobre o útero humano". A essa altura do voto, Blackmun

---

[287] *Roe v. Wade*, 410 U.S. 113 (1973). p. 154.
[288] *Roe v. Wade*, 410 U.S. 113 (1973). p. 155.
[289] *Roe v. Wade*, 410 U.S. 113 (1973). p. 156.
[290] *Roe v. Wade*, 410 U.S. 113 (1973). p. 157.
[291] *Roe v. Wade*, 410 U.S. 113 (1973). p. 158.

faz uma comparação com outros julgados da Suprema Corte relativos ao tema "direito à privacidade" e conclui que *Roe v. Wade* é fundamentalmente diferente de "intimidade conjugal, ou posse de material obsceno no quarto, ou casamento, ou procriação, ou educação", situações enfrentadas, respectivamente em "Eisenstadt e Griswold, Stanley, Loving, Skinner e Pierce e Meyer".[292] Nesse contexto, afigurava-se "razoável e apropriado que um Estado decida que em algum momento outro interesse, o da saúde da mãe ou da potencial vida humana, se torna significativamente envolvido".

Em outras palavras, diferentemente de *Griswold v. Connecticut* (1965), a limitação ao direito à privacidade na hipótese da mulher grávida que busca o aborto é real e tem fundamento na saúde da mãe e/ou do feto. Em *Griswold*, dadas as características (intimidade conjugal), o escrutínio do Estado é menor. Idêntica conclusão se aplica as outras ações listadas.

Rechaçou o argumento do Estado do Texas de que "a vida começa na concepção e está presente durante toda a gravidez e que, portanto, o Estado tem um interesse imperioso em proteger essa vida desde e após a concepção". Afirmou que o tema é de difícil solução, e, em um misto de pragmatismo e humildade, afirmou que não era "preciso resolver a difícil questão de quando a vida começa". Reiterou que, quando "aqueles treinados nas respectivas disciplinas de Medicina, Filosofia e Teologia são incapazes de chegar a qualquer consenso, o Judiciário, neste ponto do desenvolvimento do conhecimento do homem, não está em posição de especular sobre a resposta".[293] Conclui asseverando que "os nascituros nunca foram reconhecidos na lei como pessoas em sentido amplo",[294] ou seja, atribuiu aos apelados mera retórica e especulação sobre o início da vida humana.

Sem consenso na "Medicina, Filosofia e Teologia" quanto ao momento inicial da vida humana, e considerando que os "nascituros nunca foram reconhecidos na lei" (refere-se a antes das leis estaduais proibitivas do aborto), Blackmun afirmou que, "diante de tudo isso, não concordamos que, ao adotar uma teoria de vida, o Texas possa anular os direitos da gestante que estão em jogo". Não obstante, reiterava "que o Estado tem importante e legítimo interesse em preservar e proteger a saúde da gestante" e outro "interesse importante e legítimo em proteger a potencialidade da vida humana".[295]

A saúde da mãe e a proteção à "vida potencial" do feto foram desdobradas em dois parágrafos, antecedidos pelo registro de que os interesses da gestante e do feto são "separados e distintos" e crescem "em substancialidade à medida que a mulher se aproxima do termo e, em um ponto durante a gravidez, cada um se torna 'convincente'".[296]

---

[292] *Roe v. Wade*, 410 U.S. 113 (1973). p. 159. Esses casos encontram-se mencionados anteriormente, em nota de rodapé.

[293] *Roe v. Wade*, 410 U.S. 113 (1973). p. 159.

[294] *Roe v. Wade*, 410 U.S. 113 (1973). p. 162.

[295] *Roe v. Wade*, 410 U.S. 113 (1973). p. 162.

[296] *Roe v. Wade*, 410 U.S. 113 (1973). p. 162-163. Tradução nossa. No original: *These interests are separate and distinct. Each grows in substantiality as the woman approaches term and, at a point during pregnancy, each becomes "compelling".*

Reconheceu o interesse do Estado, que o definiu como "importante e legítimo", para a "saúde da mãe". Esse interesse tinha um "ponto 'obrigatório', à luz do conhecimento médico atual", situando-se "aproximadamente no final do primeiro trimestre". Por sua vez, a conclusão sobre o trimestre residia em um "fato médico agora estabelecido, de que até o final do primeiro trimestre a mortalidade no aborto pode ser menor do que a mortalidade no parto normal". Aqui ele aponta explicitamente para o "razoável", afirmando que, "a partir desse ponto, um Estado pode regulamentar o procedimento de aborto desde que o regulamento se relacione razoavelmente com a preservação e proteção da saúde materna".[297]

Assim, o Estado poderia regular aspectos relevantes ao procedimento do aborto, como local onde ele deveria ser feito, condições para fazê-lo, se em hospital ou em clínica, entre outros regramentos.

O registro sobre mortalidade no aborto que indicava ser menor do que a verificada no parto normal já havia sido explorado por Blackmun na fundamentação do voto, de modo que, nesse momento, ele retoma como parte do dispositivo. Esses dados foram corroborados depois por pesquisas do Instituto Kinsey e pela doutrina, conforme se viu de menções aos livros de Leslie Reagan[298] e Laurence Tribe.[299]

Sobre o "importante e legítimo interesse do *Estado na vida potencial*", Blackmun reiterou o marco temporal, que ele, naquela parte do voto, preferiu denominar de "o ponto 'convincente'". O ponto convincente era a "viabilidade", já por ele referida outras vezes, como o momento em que o feto "presumivelmente adquire a capacidade de ter uma vida significativa fora do útero da mãe".[300] Completou ressaltando que "a regulamentação estatal protetora da vida fetal após a viabilidade tem, portanto, justificativas lógicas e biológicas". Desse modo, se houvesse interesse do Estado em proteger a vida fetal "após a viabilidade", ele estaria devidamente autorizado "a proscrever o aborto durante esse período, exceto quando for necessário para preservar a vida ou a saúde da mãe".[301]

A essa altura Blackmun indica se sentir autorizado a bater o primeiro prego com ares de definitividade sobre a lei do Texas proibitiva do aborto, e (palavras dele), ao "medir" o "art. 1.196 do Código Penal do Texas" contra os "padrões" que ele acabara de expor, o texto legal se apresentava "muito amplo". Em outras palavras, por sua amplitude, e considerando tudo aqui que a Corte analisara e havia registrado na decisão, o art. 1.196 ultrapassava o razoável e abalroava valores constitucionais, como o direito à privacidade da grávida.

Em continuidade, a Corte disse, com todas as letras, que, considerando que a lei "não faz distinção entre abortos realizados no início da gravidez e aqueles realiza-

---

[297] *Roe v. Wade*, 410 U.S. 113 (1973). p. 163.

[298] REAGAN, Leslie J. *When Abortion Was a Crime*: Women, Medicine, and Law in the United States, 1867-1973. Oakland: University of California Press, 2022. p. 138.

[299] TRIBE, Laurence H. *Abortion*: the Clash of Absolutes. New York: W. W. Norton & Company, 1992. p. 40.

[300] *Roe v. Wade*, 410 U.S. 113 (1973). p. 163.

[301] *Roe v. Wade*, 410 U.S. 113 (1973). p. 163-164.

dos posteriormente, e limita a um único motivo, 'salvar' a vida da mãe", a lei não se sustentava de pé. Ademais, por tudo o que já havia sido dito ao longo do processo, o Tribunal afirmava que o ato normativo não reunia condições de "sobreviver ao ataque constitucional"[302] promovido pela apelante.

A conclusão, que ele intitula "resumir e repetir", é didaticamente compacta, com dois itens e alguns desdobramentos. Como se trata de uma espécie de reiteração do que já restou dito, é desnecessário maiores considerações, visto que elas já restaram implementadas ao longo deste trabalho, da análise do voto.

Primeiro ele aponta violação à Cláusula do Devido Processo Legal da Décima Quarta Emenda à Constituição dos Estados Unidos, porque "a lei estadual de aborto do Texas" criminaliza o aborto e exclui do tipo penal "apenas um procedimento salvador da vida em nome da mãe, sem levar em conta o estágio da gravidez e sem reconhecer os outros interesses envolvidos".

Em seguida ele escalona três fases (a, b, c) que dizem respeito ao tempo da gravidez e suas consequências para o aborto e eventual proibição do Estado. A primeira é "a fase anterior aproximadamente ao final do primeiro trimestre", cuja decisão e efetivação devem ser deixadas "a critério do médico e do médico assistente da gestante".

A "etapa subsequente" é próxima "ao final do primeiro trimestre". A decisão autoriza o Estado a disciplinar (autorizando ou proibindo) o aborto no "interesse da saúde da mãe", sempre "de forma razoavelmente relacionada à saúde materna".[303]

Por fim, o item c refere-se ao "estágio subsequente à viabilidade", isto é, trata-se da etapa em que o embrião já dá sinais de vida, e o Estado, "ao promover seu interesse na potencialidade da vida humana", se assim desejasse, estava autorizado a "regulamentar e até proibir o aborto, exceto quando necessário, em condições apropriadas de julgamento médico, para preservação da vida ou saúde da mãe",[304] hipótese em que a interrupção estaria autorizada mesmo depois da viabilidade, ou seja, em qualquer fase da gravidez, desde que comprovado o risco à saúde da grávida.

O segundo item é dedicado a autorizar o Estado a "definir o termo 'médico'", quem, de acordo com a legislação, pode ser considerado médico e, como tal, autorizado a praticar o aborto.

Assinala que a posição da Corte era "consistente com os pesos relativos dos respectivos interesses envolvidos, com as lições e exemplos da história médica e jurídica, com a indulgência da lei comum e com as exigências dos problemas profundos dos dias atuais". Ressaltou que a decisão do tribunal não impunha amarras ao Estado, que estava "livre para colocar restrições crescentes ao aborto à medida que o período de gravidez aumenta".[305] Registrou a importância que a decisão deposita no médico e no

---

[302] *Roe v. Wade*, 410 U.S. 113 (1973). p. 164. Tradução nossa. No original: *The statute, therefore, cannot survive the constitutional attack made upon it here.*

[303] *Roe v. Wade*, 410 U.S. 113 (1973). p. 164.

[304] *Roe v. Wade*, 410 U.S. 113 (1973). p. 165.

[305] *Roe v. Wade*, 410 U.S. 113 (1973). p. 165.

"seu julgamento profissional", deixando claro que a decisão sobre o aborto "em todos os seus aspectos é inerente e principalmente uma decisão médica, e a responsabilidade básica por ela deve ser do médico". Eventual abuso do "privilégio de exercer o julgamento médico adequado, os recursos usuais, judiciais e intraprofissionais, estão disponíveis".[306]

Ao final, ressaltou que o entendimento da Corte era pela inconstitucionalidade do art. 1196 e que isso significava que as leis que disciplinavam o aborto no Texas, "como uma unidade, devem cair". Ressalvou que a exceção prevista no art. 1196, que autorizava o aborto na hipótese de risco à saúde da grávida, não era alcançada pela inconstitucionalidade decretada na decisão.

Como se vê, a constitucionalidade do aborto foi reconhecida, prevalecendo a tese do trimestre, sobre a qual o juiz Blackmun teceu longas considerações de ordem histórica. A regra trimestral, como demonstrado, não é estática, admite exceções que dizem respeito à vida da grávida ou à sua saúde. Há quem, mesmo concordando com o direito ao aborto e com o resultado do julgamento em *Roe*, critique a regra e afirme tratar-se de "uma fórmula trimestral bastante complicada".[307] Há aparente exagero de Balkin ao dizê-la "complicada". Ela foi o resultado possível, razoável, fincada no *common law*, na história constitucional e no pragmatismo em busca de uma solução viável e conforme o texto constitucional. Ademais, por largo espaço de tempo, beneficiou milhões de mulheres, que puderam viver melhor, sem a obrigatoriedade de dar à luz e cuidar de uma criança indesejada.

7.7   "A Suprema Corte precisa usar a história. A questão é como"

William Baude é Professor de Direito Constitucional da Universidade de Chicago e tem se dedicado aos temas "originalismo" e "história do Direito". Trata-se de um conservador moderado que nos parece útil ao estudo aqui proposto. Em agosto de 2022 ele publicou um artigo no jornal *The Washington Post* intitulado "É claro que a Suprema Corte precisa usar a história. A questão é como". Nele o autor tece considerações interessantes que, embora não tenham tido essa intenção, podem ser úteis ao estudo de um caso como *Roe v. Wade*, que causou enorme divisão na sociedade nos Estados Unidos e conserva a capacidade de continuar sendo objeto de discussão, mesmo depois de ter sido superado como precedente, em junho de 2022.

Essa utilidade cresce de importância primeiro pelo espaço que Harry Blackmun dispensou à evolução histórica sobre como o aborto era percebido pela sociedade e as questões legais que o envolviam, desde a *common law* inglesa até os estatutos estaduais de fins do século XIX. Segundo porque o caso que defenestrou Roe, *Dobbs v. Jackson*, é citado nesse artigo mais de uma vez e, em uma dela, embora ele "pareça" bater palmas para Dobbs, igualmente aponta incongruências na decisão.

---

[306]   *Roe v. Wade*, 410 U.S. 113 (1973). p. 166.

[307]   BALKIN, Jack M. Abortion and Original Meaning. *Constitutional Commentary*, v. 24, 2007. p. 341. Disponível em: https://scholarship.law.umn.edu/concomm/432. Acesso em: 11.01.2023.

Baude diz que o "termo" (como o "ano judiciário" é denominado nos Estados Unidos) da Suprema Corte referente a 2021-2022 foi "sísmico" e "notável não apenas pelas decisões a que chegou, mas também como chegou a elas: fazendo uso extensivo da história".[308] Ainda que isso possa parecer "um desenvolvimento ruim", como "atrasar o relógio do progresso social e exigir que os juízes" façam algo para o qual eles não foram treinados, em verdade não se trata de algo censurável. A chave para o futuro não é saber "se o tribunal deve usar a história, mas como".

A razão pela qual o tribunal usa a história é porque ela "está intimamente ligada ao direito" e ele a utiliza "por razões legais e práticas". Ademais, continua o Professor da Chicago Law School, "a Constituição e estatutos foram promulgados no passado e alterados no passado e, portanto, entender seu conteúdo é um esforço inerentemente histórico". Baude deixa escapar sua adesão ao originalismo na frase que se segue: "A história, praticada adequadamente, também pode fornecer objetividade, dando aos juízes uma base para decidir além de suas opiniões pessoais e das controvérsias do dia".

Depois de afastar críticas de historiadores que por vezes apontam inconsistências em algumas interpretações históricas encetadas pela Corte,[309] Baude observa que "a verdadeira questão não é se o tribunal deveria usar a história, mas se há partes juridicamente relevantes da história que estão faltando". Nesse momento do voto, ele diz que, "em Dobbs, o tribunal dificulta o reconhecimento de direitos que não estão explicitamente enumerados na Constituição", ou seja, nega-se a reconhecer o aborto como constitucional porque ele não está mencionado na Constituição, principal argumento dos que a ele se opõem. Aqui ele se refere ao "tribunal" com a composição de 2022, a que revogou *Roe* e julgou procedente *Dobbs*. No entanto, ele próprio tece uma crítica a essa interpretação histórica da Corte, porque ela "relega a uma nota de rodapé" outra cláusula da Constituição, a que "protege os 'privilégios ou imunidades dos cidadãos dos Estados Unidos' contra o cerceamento do estado". Além disso, a história sugere, continua ele, "que esses privilégios ou imunidades incluem inúmeros direitos dos cidadãos, talvez até mesmo direitos que são reconhecidos ao longo do tempo. Nesse caso, a análise de *Dobbs* está incompleta".

Ao mencionar a incompletude de *Dobbs*, Baude demonstra – pelo menos nesse aspecto – ser o intérprete moderado mencionado anteriormente, embora conservador e originalista. Ele usa, contra[310] *Dobbs*, o mesmo veneno que Samuel Alito utilizou para derrubar *Roe*: a história legal dos Estados Unidos.

---

[308] BAUDE, William. Of course the Supreme Court needs to use history. The question is how. *The Washington Post*. 08.08.2022. Disponível em: https://www.washingtonpost.com/opinions/2022/08/08/supreme-court-use-history-dobbs-bruen/. Acesso em: 09.08.2022.

[309] Ele diz, em termos, que a Corte interpreta a História não como uma profunda conhecedora do tema, mas em uma perspectiva jurídica, peculiar.

[310] Importante observar "contra" em determinada linha argumentativa, porque, no próprio artigo, ele exalta a decisão de Samuel Alito, sobre outro aspecto.

7.7.1 Tushnet, Baude, Holmes e Aharon Barak

O vício (ou a técnica) de manipular precedentes ou fatos históricos para servir de fundamento à decisão que se está a tomar não passou despercebido a Mark Tushnet, que, em *Taking Back the Constitution*, afirmou que um voto do juiz Alito[311] servia para demonstrar "como o material originalista pode ser, e é, (manipulado) exatamente da mesma maneira que o precedente é manipulado – às vezes tratando exemplos específicos como confinados a seus fatos, em vez de ilustrações de um princípio geral". A manipulação da doutrina originalista ocorre, por exemplo, quando "conservadores se alinham oportunisticamente entre um originalismo de aplicações originais esperadas e quase imperceptíveis e um originalismo de construção constitucional completamente desarticulada".[312]

A julgar pelo que aponta William Baude, talvez fosse correto dizer que Samuel Alito, ao decidir *Dobbs v. Jackson*, e apontar falhas históricas em *Roe* sem considerar e "proteger os 'privilégios ou imunidades dos cidadãos dos Estados Unidos' contra o cerceamento do estado", praticou aquilo que Tushnet definiu com muita propriedade (sem se referir a *Dobbs*)[313] como "um originalismo de construção constitucional completamente desarticulada".

Aharon Barak, ex-presidente da Suprema Corte de Israel, é um pensador respeitado internacionalmente e autor de importante obra sobre interpretação jurídica, de resto já mencionada por aqui. Em dado momento ele discorre sobre "fontes externas e antecedentes sociais e históricos" e acaba por produzir reflexões interessantes sobre o tema, que ajudam a compreender o processo decisório da Corte Warren em *Roe v. Wade*, muito embora não tenha se ocupado especificamente desse tema ou feito qualquer relação com a Suprema Corte dos Estados Unidos.

Em *Purposive Interpretation in Law*, Barak é categórico ao assinalar que "um autor cria um texto legal dentro de uma sociedade cujo contexto social e histórico influencia o propósito desse texto". Isso, acresce o autor, "é particularmente verdadeiro para estatutos e constituições; as necessidades sociais motivam as pessoas a aplicá-los, e examinar essas necessidades nos ajuda a entender o propósito e conteúdo desses documentos".[314]

Imediatamente depois Aharon Barak redige uma frase lapidar, que bem sintetiza um ato normativo e que merece figurar em parágrafo específico, curto, de modo que seja mais bem apreciada. Disse ele: "uma norma jurídica é uma criatura de seu ambiente".[315]

---

[311] Referia-se a um caso sobre porte de arma, garantido pela Segunda Emenda, expandido pela Suprema Corte

[312] TUSHNET, Mark. *Taking Back the Constitution*: Activist Judges and the Next Age of American Law. New Haven: Yale University Press, 2020. p. 32.

[313] Até porque o livro de Tushnet é de 2020, anterior à decisão *Dobbs v. Jackson*, que é de 2022.

[314] BARAK, Aharon. *Purposive Interpretation in Law*. Princeton: Princeton University Press, 2007. p. 161.

[315] BARAK, Aharon. *Purposive Interpretation in Law*. Princeton: Princeton University Press, 2007. p. 161. Tradução nossa. No original: *We noted that a legal norm is a creature of its environment.*

Qual o alcance e significado de "ambiente"? Ele próprio explica. O ambiente "inclui não apenas as necessidades imediatas, mas também o ambiente distante, como o contexto social e histórico da sociedade que produziu o texto". O arremate é igualmente preciso, dando forma final ao raciocínio, ao dizer que tudo isso "são os pressupostos sociais e culturais fundamentais que enquadram o texto; a história social e intelectual em que o texto opera; a cultura e as convenções intelectuais em torno da concepção do texto; e o 'modo de vida nacional'".[316]

Com o juiz Oliver Holmes, ele conclui o raciocínio: "Uma página de história vale um volume de lógica". Em seguida acresce com suas próprias palavras: "A história de um sistema, incluindo sua história social e cultural, ajuda a formular o objetivo de uma normativa".[317]

8. CONCLUSÃO PARCIAL

A cidade de Chicago é famosa por seus arranha-céus, por ter dado guarida a Al Capone e, principalmente, pela beleza dos seus lagos, em um Estado, Illinois, pontilhado por eles.

Em 1969, quando Richard Daley ainda era prefeito de Chicago, eleito para o cargo em 1955 e reeleito sucessivamente até o seu falecimento em 1976, a cidade testemunhou – com relação aos direitos das mulheres e ao aborto, mais especificamente – aquilo que a língua inglesa define com a precisão que a caracteriza: *a turning point*, ou seja, uma alteração decisiva, positiva, para melhor, uma curva, um salto para cima, um momento de mudança ante a situação até então vigente. Entretanto, que mudança seria essa? Acreditamos que é possível afirmar tratar-se de uma mudança de postura, de pensamento, de organização. Um engajamento maior que restou conseguido em uma conferência dedicada ao aborto, no ano de 1969. Observe que a decisão da Suprema Corte data de 22 de janeiro de 1973, três anos e onze meses depois do grande Encontro de Chicago.

Evidentemente que a Revolução Francesa não se explica somente pela queda da Bastilha, ou a invasão alemã à Polônia em 1º de setembro de 1939 não fornece todos os detalhes e não se constitui na única razão da deflagração da Segunda Guerra Mundial. Guardadas as devidas proporções, a "Primeira Conferência Nacional sobre Leis do Aborto", organizada pela Illinois Citizens for the Medical Control of Abortions, é o resultado de um somatório de queixas individuais ou de pequenos grupos contra a discriminação de gênero, no trabalho, com relação ao salário, contra a inexistência de licença remunerada à gestante, as quais foram se avolumando com o decorrer dos anos.

Vale dizer, a política antiaborto praticada nos Estados Unidos, nefasta sob diversos aspectos, e que ganhou impulso, como visto nos parágrafos pretéritos, a partir das

---

[316] BARAK, Aharon. *Purposive Interpretation in Law*. Princeton: Princeton University Press, 2007. p. 161.

[317] BARAK, Aharon. *Purposive Interpretation in Law*. Princeton: Princeton University Press, 2007. p. 161. Tradução nossa. No original: *The history of a system, including its social and cultural history, helps formulate the purpose of a normative.*

primeiras décadas do século XX, despertou nas mulheres a necessidade de se organizarem, o que restou implementado de forma paulatina, até que, mais tarde, desaguou na criação (entre outras) da "Organização Nacional pelas Mulheres", da "Organização Nacional em Defesa do Bem-Estar" e, mais à frente, da Conferência de Chicago, que se pode dizer que tem dois eixos de funda relevância: (i) o discurso de Betty Friedan e (ii) a criação da "Associação Nacional para a Revogação das Leis do Aborto". A partir daí, as mulheres passam a atuar de forma mais concatenada, de modo que parece adequado afirmar que Chicago significou a junção de vários rios; rios femininos, que singravam o país já há alguns anos e que desembocaram no Illinois dos grandes lagos, mais precisamente em fevereiro de 1969.

A postura da Associação Médica Americana – retratada no voto de Harry Blackmun e nos textos de autores de proa – era mais do que comunhão com essas categorias, havia um interesse comum, inclusive por ela emulado, especialmente a reserva de mercado e a aliança com a parte conservadora e financeiramente bem nutrida da sociedade estadunidense. Conforme se viu neste capítulo, o aborto ilegal era "vendido" a peso de ouro. A ilegalidade do aborto, defendida por médicos e por suas associações, os favorecia, porque as famílias de posses sempre estiveram dispostas a retribuir financeiramente à altura do "problema", para terem acesso a um aborto seguro, em hospitais ou clínicas dotadas de toda a estrutura e segurança possíveis.

Ao se aliar com a religião, ao dar as mãos ao conservadorismo, ao pressionar por uma legislação punitiva ao aborto, ao obter lucros com abortos clandestinos e "seguros", ao permitir e talvez até estimular o comportamento do "duplo padrão" a que se referiu o juiz Tom Clark, o histórico da classe médica definitivamente não servia, ao tempo da decisão de *Roe v. Wade*, como parâmetro de argumento favorável à manutenção das leis proibitivas.

Embora Blackmun não tenha citado Felix Frankfurter, a construção do seu voto, a citação a Holmes e o resultado do caso *Roe v. Wade* parecem convergir, no sentido da "experiência em oposição à especulação". Há dois outros aspectos no voto de Blackmun que conversam com a doutrina de Oliver Holmes: o realismo jurídico e o recuo histórico na tentativa, bem-sucedida, de demonstrar que o aborto, com as limitações temporais devidas, encontravam amparo na constituição e na *common law*, de modo que sua proibição pura e simples, sem exceções, não se apresentava razoável e não possuía raízes na história legal da Inglaterra ou da América pré e pós-Declaração de Independência.

Sintética, precisa e razoável, a doutrina de Aharon Barak parece se encaixar perfeitamente na construção de Blackmun em *Roe*, visto que o juiz estadunidense procurou e conseguiu demonstrar a leniência da sociedade – do século XIII, na Inglaterra, e de até fins do século XIX, nos Estados Unidos – com o aborto praticado nos primeiros meses de gravidez, dentro de um – para usar as palavras de Barak – "contexto social e histórico" que influenciou o direito de então, no sentido de como as pessoas lidavam com o aborto e toleravam-no, dentro de certos parâmetros.

Em seguida, ainda com fundamento histórico e atento ao contexto social, Blackmun demonstrou que, em dado momento, a preocupação da sociedade ao aprovar leis que impediam o aborto dizia respeito à taxa de mortalidade entre grávidas na interrupção da gravidez. Em outras palavras, as leis proibiam o aborto para proteger a mulher grávida. Inexistia qualquer preocupação com o feto, que, de regra, só passava a ser sujeito de direito quando emitia sinais de vida (*quickening*), geralmente em torno dos três meses de gestação.

A decisão em *Roe v. Wade* é um misto de tudo isso e desagua na evolução histórica da *common law*, do direito estadual codificado, na autonomia da mulher e no direito à privacidade, que decorre das penumbras que emanam do *Bill of Rights*. Blackmun certamente[318] não leu Barak, mas capturou tudo isso muito bem.

A linha histórica traçada sobre o aborto, por Harry Blackmun, em *Roe v. Wade*, pode até ser equivocada como afirmou Samuel Alito, em *Dobbs*, mas ela, a todas as luzes, é honesta ao reconstruir o caminho e demonstrar como o aborto era tratado na Inglaterra do século XIII, o seu desenvolvimento na *common law*, a "migração" para a América colonial e, a partir daí, a codificação que surgiria quando o século XIX dava seus últimos suspiros.

O texto do juiz Blackmun tem início, meio e fim. É coerente, não flerta com exageros, não alberga contradições e as conclusões são harmônicas com o que foi narrado. Essa é uma das razões de o voto ter conquistado maioria na Suprema Corte de 1973 em um assunto tão polêmico quanto o aborto. Essa é uma das razões de ele ter se mantido de pé durante quase meio século.

Em *Roe*, a Suprema Corte colocou mais um tijolo na construção da cidadania plena para as mulheres, ajudando a enterrar um período sombrio, em que elas se encontravam subjugadas, por pais ou maridos, relegadas pela sociedade, por leis opressivas e – como ficou patente na *Comstock Era* – interpretações pouco inteligentes. O Tribunal Supremo dos Estados Unidos ajudou a sepultar os aspectos mais sombrios da Nova Iorque de Sanger e da New Haven de Griswold.

A superação de *Roe v. Wade* por *Dobbs v. Jackson* diminui o brilho da primeira, isso não se pode negar. Para além de diminuir o brilho, a alteração afeta direta e concretamente as mulheres, porque as envolve em uma nuvem de incerteza, como se estivessem no período pré-1973. A sensação de pular em um precipício sem saber ao certo se a aterrisagem será segura. No entanto, ainda assim, não desfaz a história de quase 50 anos, não apaga a relevância da decisão relatada pelo juiz Blackmun, não anula o benefício proporcionado a milhões de mulheres estadunidenses que puderam, durante "meio século", ter controle sobre seu próprio corpo e ser (com algumas limitações de todo razoáveis) soberanas na decisão de manter ou não a gravidez.

Mais importante ainda, *Roe* continua servindo como inspiração à luta que se avizinha perene para manter o direito ao aborto nos estados-membros em que a legislação permite; para reivindicar que legisladores estaduais repilam tentativa de implementar legislação restritiva ao direito um dia assegurado em *Roe v. Wade*; e, finalmente, reverter *Dobbs*, na Suprema Corte, tarefa dificílima que depende de alteração legislativa ou da

---

[318] São de gerações distintas e o livro de Barak em que essa frase se encontra reproduzida é de 2005.

composição da Corte, ou, ainda, implementação de uma lei federal inspirada em *Roe*, esta, sim, uma medida palpável, que a Câmara dos Deputados conseguiu em 15 de julho de 2022 (menos de um mês após a decisão *Dobbs v. Jackson*), mas que não obteve êxito no Senado, em razão da maioria numericamente frágil dos democratas, derrotados pelo bloqueio republicano, conhecido como *filibuster*, polêmico recurso do processo legislativo na Câmara Alta dos Estados Unidos.

Roe v. Wade foi seriamente alvejada em uma tarde de 24 de junho de 2022. Seis tiros certeiros, deflagrados pela ala conservadora da Corte que 49 anos antes a pariu. Ela foi partícipe da revolução cultural e social que entendeu constitucional o direito ao aborto. Ela foi partícipe da involução que o alvejou e sufocou. Ela, não o Legislativo ou o Executivo. Os tiros deixaram-na quase que mortalmente ferida. *Roe v. Wade* respira com muita dificuldade e com a ajuda de aparelhos, mas continua a inspirar estados e pessoas na grande nação ao norte do Rio Grande.

É a decisão que coroa um período particularmente ativo da Suprema Corte dos Estados Unidos, ou, no dizer de Jack Balkin, "a decisão canônica de uma era", tal qual, a seu tempo, *Brown v. Board of Education*.

Roe v. Wade, conforme fartamente demonstrado, buscou fundamento histórico, flertou com o originalismo, ouviu a voz das ruas e usou o princípio constitucional (direito à privacidade) como âncora. É o exemplo perfeito e acabado do sincretismo constitucional estadunidense.

Capítulo III
UNITED STATES V. VIRGINIA (1996). A SUPREMA CORTE E O PRINCÍPIO DA IGUALDADE DE TRATAMENTO ENTRE HOMENS E MULHERES

A Suprema Corte e o princípio da igualdade de tratamento entre homens e mulheres. *United States v. Virginia*. Inadmissibilidade de instituição de ensino custeada pelos cofres públicos proibir matrícula de mulheres. Irrelevância da tradição ou da especificidade de a escola ser militar. Discriminação não amparada na Constituição. Necessidade de demonstração de "importante objetivo governamental para excepcionalmente admitir-se a utilização de meios discriminatórios empregados".

1. OS AGITADOS ANOS 1960

A década de 1960 foi intensa para os Estados Unidos da América. Em 1961 toma posse o mais jovem[1] presidente eleito, o primeiro católico e o primeiro nascido no

---

[1] Theodore Roosevelt foi o mais jovem a tomar posse, aos 42 anos. John Kennedy foi o mais jovem eleito a ser empossado, aos 43 anos. Teddy Roosevelt foi empossado aos 42 em decorrência do assassinato do Presidente William McKinley, em 1901, de quem era vice. Cf. MATUZ, Roger. *The Presidents Fact Book*. Revised and Updated by Bill Harris & Thomas J. Craughwell. New York: Black Dog & Leventhal Publishers, 2017. p. 403. McKinley foi assassinado por Leon Czolgosz, autointitulado anarquista, que, com o ato, almejava impulsionar a causa que defendia. Alvejou o presidente duas vezes, que viria a óbito dias depois em decorrência de complicações do atentado. Cf. MERRY, Robert W. *President McKinley*: Architect of the American Century. New York: Simon & Schuster, 2018. p. 479.

século XX, John Fitzgerald Kennedy.[2] Da posse de Kennedy a 1969, o país que inaugurou a "nova ordem mundial"[3] testemunhou a desastrosa invasão da Baía dos Porcos, em Cuba, o envolvimento exponencial na guerra do Vietnã, o Movimento dos Direitos Civis, o "Domingo Sangrento", a marcha de Selma (AL) e Washington (DC), a Lei dos Direitos Civis, o Nobel de Martin Luther King, os assassinatos de John Kennedy, Luther King, Malcom X e Robert Kennedy, a beatlemania, o Woodstock, a corrida espacial e a chegada do homem à Lua.

Em 1960 – consoante já comentado no caso *Griswold v. Connecticut* –, a pílula anticoncepcional passou a ser comercializada nos Estados Unidos, o que causou enorme impacto na sociedade norte-americana, à época ainda mais conservadora. Com ela, mudaram-se hábitos, a mulher passou a ter mais liberdade e, inevitavelmente, surgiram conflitos familiares e legais.

Outra barreira igualmente restou rompida nos anos 1960, a da aceitação, pelas faculdades de Direito, nos Estados Unidos, de mulheres como professoras. Antes de 1960, algumas mulheres já haviam ministrado e estavam ministrando aulas em universidades norte-americanas, mas o número era diminuto e algumas tinham regras explícitas, outras diretrizes veladas contrárias à presença feminina nas *Law Schools*. Tome-se o exemplo da Harvard Law School: em 1956, ano em que Ruth Bader Ginsburg ingressou como estudante, dos 500 alunos matriculados somente 9 eram mulheres, e todos os professores eram "da mesma raça e sexo",[4] vale dizer, homens e brancos. Nove anos depois, em 1967, as mulheres representavam 1,7% entre professores de Direito. No início dos anos 1970, o número de mulheres estudantes de Direito era da ordem de 8,6% e o de professoras havia "crescido" para 2,2%.[5]

Esse salto civilizatório é o fio condutor para que Ruth Bader Ginsburg se tornasse, em 1972, a primeira mulher Professora Titular de Direito na Columbia Law School, instituição em que ela concluiu o curso de Direito empatada com outro aluno como a primeira da turma.[6] A partir de então, a nova-iorquina do Brooklyn, filha de pai

---

[2] LOGEVALL, Fredrik. *JFK: Coming of Age in the American Century, 1917-1956.* New York: Random House, 2020. p. 33 e 133.

[3] A "nova ordem mundial" costuma ser definida como o período imediatamente posterior ao término da Segunda Guerra Mundial (1939-1945), em que os Estados Unidos emergiram como potência econômica, militar e com enorme influência nos organismos internacionais (FMI, Banco Mundial) e na cultura "pop". Até quando ela vai durar é uma questão em que se põe dúvida, na precisa observação de Robert Kagan: *(...) historians will undoubtedly view the period from the end of World War II until some yet to be determined moment as an American order* (KAGAN, Robert. *The World America Made.* New York: Vintage Books, 2012. p. 8).

[4] *All professors, in those now ancient days, were of the same race and sex* (GINSBURG, Ruth Bader. The Changing Complexion of Harvard Law School. *Harvard Women's Law Journal*, v. 27, 2004. p. 303).

[5] BERGER, Linda L.; CRAWFORD, Bridget J.; STANCHI, Kathryn M. Feminist Judging Matters: How Feminist Theory and Methods Affect the Process of Judgment. *University of Baltimore Law Review*, Baltimore, v. 47, 2018. p. 169.

[6] GINSBURG, Ruth Bader; HARTNETT, Mary; WILLIAMS, Wendy W. *My Own Words.* New York: Simon & Schuster, 2016. p. xxiii.

imigrante ucraniano e avós maternos poloneses, construiu sólida carreira jurídica e se notabilizou pela defesa dos direitos das minorias e das mulheres e pela igualdade entre os sexos. Isso se verificou tanto na academia quanto na *American Civil Liberties Union* (ACLU), instituição em que atuou como advogada em 1971 e, a partir de 1972[7] até o fim dessa década, como *general counsel*.[8]

O olhar acurado e preocupado contra a discriminação de gênero Bader Ginsburg levou para a Corte de Apelações do Distrito de Columbia e, em seguida, para a Suprema Corte dos Estados Unidos.

2.   VIRGINIA MILITARY INSTITUTE[9]

Quis o destino que o primeiro caso relatado por Ruth Bader Ginsburg na Suprema Corte versasse sobre discriminação contra a mulher. E não era "qualquer" discriminação, tratava-se de uma situação que se estendia por quase 150 anos e era "patrocinada" pelo Estado.

O Estado da Virginia tem enorme importância histórica. É uma das Treze Colônias que deram início ao processo de independência e teve papel decisivo nos primeiros anos de consolidação do país. Quatro dos cinco primeiros presidentes dos Estados Unidos são da Virgínia,[10] bem como o mais importante *Chief Justice* da História da Suprema Corte dos Estados Unidos, John Marshall,[11] o autor do voto que tornou possível e efetivo o controle jurisdicional difuso de constitucionalidade das leis.[12] Foi sede, durante a Guerra Civil, da capital dos Estados Confederados, que ficava em Richmond.[13] O Estado tem relevância, ainda, por, juntamente com Maryland, "acolher"[14] a capital, Washington-DC,

---

[7]   GINSBURG, Ruth Bader; HARTNETT, Mary; WILLIAMS, Wendy W. *My Own Words*. New York: Simon & Schuster, 2016. p. 114-115.

[8]   *Counsel, Lawyer* e *Attorney*, ou ainda *Attorney at Law*, são expressões praticamente sinônimas que, nos Estados Unidos, a depender da frase, podem significar "advogado", "consultor", "procurador". Nos Estados Unidos também é possível o advogado ser identificado como *Esquire* – nessa hipótese, sempre ao final do último nome (sobrenome), exemplo: Franklin Delano Roosevelt, *Esquire*, ou simplesmente ESQ.

[9]   Alguns parágrafos deste capítulo foram parcialmente utilizados na parte final de SOUTO, João Carlos; MELLO, Patrícia Perrone Campos. Suprema Corte dos Estados Unidos: lições do "term" 2019-2020 e uma breve homenagem a Ruth Bader Ginsburg. *Revista de Direito Internacional*, v. 19, p. 381-399, 2022.

[10]   George Washington, Thomas Jefferson, James Madison e James Monroe (CHENEY, Lynne. *The Virginia Dynasty*: Four Presidents and the Creation of the American Nation. New York: Penguin Books, 2020).

[11]   Natural da Virgínia, de família de poucas posses e primogênito com 14 irmãos. Cf. UNGER, Harlow Giles. *John Marshall*: the Chief Justice who Save the Nation. Boston: Da Capo Press, 2014. p. 10.

[12]   *Marbury v. Madison*, 5 U.S. 137 (1803).

[13]   ASH, Stephen V. *Rebel Richmond: Life and Death in the Confederate Capital*. Chapel Hill: University of North Carolina Press, 2019.

[14]   Washington DC é uma área territorial autônoma, como era o Rio de Janeiro, como é Brasília, embora não goze da ampla autonomia que o Distrito Federal usufrui desde a promulgação da Constituição Federal de 1988.

e por ter em seu território a sede de importantes instituições, como o Pentágono e a CIA, respectivamente em Arlington e Langley.

Outra referência do Estado da Virginia é o Virginia Military Institute, o primeiro *college*[15] militar estadual fundado no país, em 1839, e um dos mais tradicionais. Conhecido pela sigla VMI, é a mais importante instituição[16] de ensino da cidade de Lexington, título que divide com a Washington and Lee University, esta última no passado foi presidida[17] por Robert E. Lee, general confederado que liderou o Sul agrário na Guerra Civil contra o Norte, por assim dizer, "industrializado". Desde fins do século XIX, o VMI goza de grande prestígio nos Estados Unidos, mas, até 1996, era uma escola militar exclusiva para homens. Essa característica o conduziu ao *docket* da Suprema Corte dos Estados Unidos, depois de uma caminhada processual de pouco mais de um lustro.

2.1 Admissão restrita a homens

Durante mais de 150 anos, o Virginia Military Institute impôs uma regra curta e clara: só admitia homens. Ao que tudo indica, essa norma interna nunca havia sido questionada antes, até que, a partir de 1988, começaram a surgir solicitações de informação sobre matrícula, formuladas por jovens do sexo feminino interessadas em ingressar no colégio. Entre 1988 e 1990, o VMI recebeu 347 pedidos de informação. Nenhuma jovem do sexo feminino recebeu resposta alguma,[18] não obstante tratar-se de uma instituição de ensino custeada pelos cofres públicos – *in casu*, pelos contribuintes do Estado da Virginia.

Evidentemente que o número elevado de pretendentes conduziria, mais cedo ou mais tarde, a que pelo menos uma dentre as interessadas preteridas resolvesse tomar "providências legais", seja motivada pela vontade em ser aluna do Virginia Military Institute, seja pelo descaso da não resposta. Assim, uma delas adotou medidas concretas contra o VMI. Curiosamente, em vez de contratar um advogado ou pedir apoio a uma "clínica" de defesa de minorias de universidade ou, ainda, entidade civil do tipo American Civil Liberties Union, a interessada, sobre quem nunca se publicou a identidade, salvo que era residente na Carolina do Norte, fez uma reclamação perante o

---

[15] Um *College* é uma instituição de ensino superior, equivalente a uma "faculdade". Pode integrar uma universidade ou se constituir em uma única unidade. Cf. MERRIAM-WEBSTER. *Webster's Encyclopedic Unabridged Dictionary of the English Language*. New York: Gramercy Books, 1996. p. 404. O VMI entra nessa categoria. O "Código dos Estados Unidos" (*U.S. Code*), conjunto de normas que engloba legislação sobre diversas áreas (civil, penal, militar, comércio, nacionalidade etc.), prevê a existência de seis *Senior Military Colleges*: Texas A&M University, Norwich University, The Virginia Military Institute, The Citadel, Virginia Polytechnic Institute and State University e The University of North Georgia (10 USC § 2111a (f)). Os graduados nessas instituições podem seguir carreira militar ou civil. Na segunda hipótese se enquadram como "oficiais da reserva" (cf. 10 U.S. Code § 2103 e 10 USC § 2111a (d)).

[16] "Instituição", "colégio", "escola" e *College* serão expressões utilizadas neste texto para designar o Virginia Military Institute, além, evidentemente, da sigla VMI.

[17] HART, Jane Sherron De. *Ruth Bader Ginsburg, a Life*. New York: Vintage Books, 2020. p. 333.

[18] *United States v. Virginia*, 518 U.S. 515, 523 (1996).

Departamento de Justiça dos Estados Unidos, que ajuizou ação perante uma das cortes federais sediadas na Virgínia (U.S. District Court), alegando que tal comportamento (proibição do ingresso de pessoas do sexo feminino) violava a garantia constitucional de igualdade[19] e a Lei dos Direitos Civis.[20]

Antes de analisar o caso propriamente dito, sua relevância, implicações e os bastidores da decisão, é indispensável tecer algumas considerações sobre o *environment* no Virginia Military Institute e, por extensão, na Virgínia, a cultura da "superioridade" masculina e da suposta inaptidão feminina para "suportar" o nível de exigência física e psíquica do VMI e seus mais de 100 anos de cultura e ensino para homens.

O Virginia Military Institute não era, em 1996, uma escola "normal" no sentido de comum, típica, como encontrada em diversos países ocidentais. Àquela época, como hoje, existiam diversas instituições dedicadas unicamente ao ensino de meninas ou unicamente ao de meninos. Nessa condição, o VMI era a única pública nos Estados Unidos; para além disso, somente ela era marcadamente militar – entenda-se o "marcadamente" pelos aspectos da cultura da masculinidade e pelos laços históricos e culturais que, como visto, antecedem a Guerra Civil e, por conseguinte, a abolição da escravidão.

2.2 O peso da tradição e a crença na superioridade masculina

Artes, Ciências e Engenharia compunham o currículo escolar, implementado em ensino de alta qualidade. No entanto, o que o distinguia dos demais colégios e proporcionava-lhe o traço incomum, distintivo, eram os treinos extremamente duros, os períodos de isolamento e o convívio nos acampamentos (*barracks*).[21]

Ao escrever um livro magnífico sobre Ruth Bader Ginsburg, Jane Sherron De Hart traçou um amplo panorama do Virginia Military Institute, dedicando ao centro de ensino e ao caso julgado pela Suprema Corte algumas páginas bem construídas e com o ambiente daquela época. Os próximos quatro parágrafos bebem nessa fonte.

Em 1996, os calouros eram, como continuam sendo nos dias que correm, denominados *rats*, "a forma de vida mais inferior" (*the lowest form of life*) e viviam quase que em um sistema de castas, "à disposição dos veteranos, em grande parte não supervisionados, que podiam invadir um banheiro comunitário a qualquer momento, gritando, insultando ou pedindo flexões por uma infração percebida". Esse comportamento acolhia o propósito de "despojar os membros de sua individualidade" e inculcar-lhes "novos valores de honra, dever e disciplina alcançados por meio do sofrimento comunitário".[22]

---

[19] XIV Emenda, *equal protection clause*.

[20] Título VI do *Civil Rights Act*, projeto de lei aprovado na década de 1960, sancionado por Lyndon Johnson em 02.07.1964, após intensa batalha no Capitólio. A lei é fruto do movimento liderado por Martin Luther King. Cf. GOODWIN, Doris Kearns. *Lyndon Johnson and the American Dream*. New York: Thomas Dunne Books, 2019. p. 190-192.

[21] HART, Jane Sherron De. *Ruth Bader Ginsburg, a Life*. New York: Vintage Books, 2020. p. 333.

[22] HART, Jane Sherron De. *Ruth Bader Ginsburg, a Life*. New York: Vintage Books, 2020. p. 333.

Westley, personagem central de *The Princess Bride*, afirmara à princesa que "a vida é dor, e qualquer pessoa que diga algo diferente está vendendo alguma coisa".[23] Os alunos do Virginia Military Institute certamente concordavam com o herói camponês, uma vez que o sofrimento em nome de novos valores, como honra, dever e disciplina, durava, em média, sete meses, até que os alunos do primeiro ano experimentassem o "ritual final", como "ratos". Nesse ritual, conhecido como "fuga", eles rastejariam "juntos por 25 a 30 metros de lama fria e profunda". Em seguida eram "instruídos a escalar uma colina íngreme e perigosa na parte mais fria do inverno, enquanto os veteranos os chutavam para trás, espalhando lama em seus olhos, ouvidos e boca". Exaustos, os "ratos" eram obrigados a seguir lutando na tentativa de alcançar o cume, tarefa que, na parte final, recebia o auxílio de um aluno veterano, que lhe estendia "uma mão amiga ou pé para permitir que eles chegassem ao topo".[24]

Hart lembra que "aqueles que sobreviveram ao sistema podem ter odiado o lugar durante o primeiro ano", mas, por "um século e meio, cada turma de formandos emergiu intensamente leal à instituição que os tornou 'homens VMI'". Essa tradição, passada por gerações, desempenhou importante papel na resistência da instituição, dos ex-alunos e alunos descendentes de alunos descendentes. Dificuldade em aceitar alteração no sistema que só admitia homens no VMI. "Para esse grupo extenso de irmãos, lealdade significava manter o instituto da forma como era quando o experimentaram pela primeira vez".[25]

O VMI foi palco de escaramuças durante a Guerra Civil, alguns cadetes participaram de batalhas empunhando a bandeira confederada, outros tantos (com idade variando de 15 a 17 anos)[26] ficaram em uma lista de reserva à espera de tomar parte na luta, inclusive o instituto foi parcialmente incendiado[27] em uma das batalhas. Essa proximidade com a causa "sulista" pode ter influenciado a permanência de certo racismo, travestido em apego extremado à tradição. Esses fatos, essa história, conduziram o VMI a não aceitar negros como alunos, situação que perdurou até 1968, portanto 14 anos depois do julgamento de *Brown v. Board of Education* (1954), decisão da Suprema Corte que declarou inconstitucional a segregação nas escolas e, consequentemente, determinou a integração de brancos e afrodescendentes em sala de aula. O VMI ainda testemunhou alguns conflitos raciais mesmo depois de 1968, o principal deles em 1972,[28] fruto da cultura impregnada em parte da Virgínia de apoio aos valores e à causa confederada.

Vinte e oito anos depois, em 2020, o Virginia Military Institute ganhava as páginas dos jornais, com a renúncia do seu diretor-geral, J. H. Binford Peay III, em razão de

---

[23]   GOLDMAN, William. *The Princess Bride*. Boston: Mariner Books, 2017. p. 149.

[24]   HART, Jane Sherron De. *Ruth Bader Ginsburg, a Life*. New York: Vintage Books, 2020. p. 333.

[25]   HART, Jane Sherron De. *Ruth Bader Ginsburg, a Life*. New York: Vintage Books, 2020. p. 334.

[26]   FOOTE, Shelby. *The Civil War*: a Narrative, Red River to Appomattox. New York: Vintage Books, 1974. p. 247-248.

[27]   FOOTE, Shelby. *The Civil War*: a Narrative, Red River to Appomattox. New York: Vintage Books, 1974. p. 310.

[28]   FOOTE, Shelby. *The Civil War*: a Narrative, Red River to Appomattox. New York: Vintage Books, 1974. p. 310.

acusações de "racismo sistêmico" no VMI e pouco interesse da direção de escola em apurar atos racistas contra minorias, imigrantes e, especialmente, negros.[29] Binford Peay era general do Exército dos Estados Unidos, encontrava-se na reserva e comandava o VMI desde 2003. Renunciou porque fora pressionado pelo governador da Virgínia, Ralph Northam, e pelo Poder Legislativo estadual.

O cenário pintado por Jane De Hart, sumarizado anteriormente, conduz a algumas suposições, uma porção delas, se não todas, ancoradas em forte presunção de realidade. É difícil precisar se a dureza dos treinamentos era uma exigência "natural" do ambiente militar, exclusivamente masculino, ou, ainda, se decorria de herança de um período em que o esforço físico do dia a dia, o treinamento puxado, a exigir força e persistência, se constituía em uma espécie de prova determinante de masculinidade, da exuberância e da superioridade fálica a pairar sobre tudo e sobre todas. Talvez, quem sabe, todos esses ingredientes atuassem em conjunto, pouco mais, pouco menos, para caracterizar o Virginia Military Institute como lugar dos fortes, dos determinados, de heróis mitológicos de outrora, ou da pop art, Marvel e DC Comics, que surgiriam somente mais de um século depois.

A ação judicial intentada pelo Departamento de Justiça desafia esse ambiente de testosterona propositada – e talvez – artificialmente elevada, como a demonstrar que o Virginia Military Institute é o lugar – tomando emprestado o título de famoso filme – "onde os fracos não têm vez".[30] Nesse cenário de "masculinidade", "tradições", *bonds* etc., desenrola-se a batalha judicial para efetivar o mandamento constitucional (XIV Emenda) e o cumprimento da legislação em vigor desde a década de 1960, Lei dos Direitos Civis.

De um lado, Antonin Scalia, defendendo, em síntese, respeito à tradição, autocontenção judicial e deferência ao legislador. De outro, Ruth Bader Ginsburg, sua amiga desde os tempos da *U.S. Court of Appeals for the D.C. Court*, companheira de ópera e de viagens internacionais,[31] ícone da defesa da igualdade entre homens e mulheres, arguindo, igualmente em síntese, discriminação de gênero, contrariedade à cláusula de igualdade albergada na Constituição dos Estados Unidos. Ambos os votos serão analisados em momento oportuno.

3.   A DECISÃO DA CORTE DISTRITAL E DA CORTE DE APELAÇÕES

Em 1990, um ano, portanto, depois do sesquicentenário de criação do VMI, uma estudante de segundo grau da Carolina do Norte apresentou reclamação, perante o

---

[29]   PHILIPPS, Dave. Head of Virginia Military Institute Resigns Amid Review of Racism on Campus. *The New York Times*, 26.10.2020. Disponível em: https://www.nytimes.com/2020/10/26/us/vmi-systemic-racism.html. Acesso em: 02.01.2022.

[30]   O título em Inglês é *No Country for Old Men*, lançado em 2007, com roteiro e direção dos irmãos Coen, Joel e Ethan Coen. Conquistou quatro Oscars, inclusive o de melhor filme; dois Globos de Ouro; e três BAFTAs (*British Academy Film Awards*), o mais importante prêmio cinematográfico do Reino Unido. O filme é baseado no romance homônimo de autoria de Cormac McCarthy, de 2005.

[31]   GINSBURG, Ruth Bader; HARTNETT, Mary; WILLIAMS, Wendy W. *My Own Words*. New York: Simon & Schuster, 2016. p. 41-42.

Departamento de Justiça dos Estados Unidos, sobre o comportamento da instituição acerca da admissão de mulheres. Após análise, o Departamento de Justiça ajuizou ação na Justiça Federal contra o Estado da Virginia e o VMI, alegando que o ensino público destinado a um único sexo violava a garantia constitucional de igualdade e a Lei dos Direitos Civis.

Para ser mais preciso, foram propostas duas ações, uma pelo governo dos Estados Unidos e outra pela Virgínia e pelo VMI.[32] Obviamente que o governo federal intentava a modificação nas regras de admissão e o Estado da Virginia que fosse mantida a trajetória de mais de um século do VMI, permanecendo como escola unicamente destinada ao público masculino.

O Estado da Virginia e a porção de seus moradores que defendiam a manutenção do VMI com ensino exclusivamente para homens tinham grandes esperanças de que a Justiça decidisse favoravelmente, mantendo o *status quo*. A esperança residia em um catálogo óbvio: na tradição de quase um século e meio, no fato de a escola funcionar muito bem, no prestígio que ela gozava na sociedade virginiana, no poder de pressão dos seus ex-alunos e, por fim, no perfil do juiz responsável pelo julgamento do caso.

O juiz federal era quase um "aliado" do VMI. Conservador, indicado pelo presidente Ronald Reagan, o que é praticamente um pleonasmo, porque não se poderia imaginar que o ex-astro de Hollywood pudesse indicar um liberal para ser juiz na Virgínia.[33] Jackson L. Kiser, o juiz, tinha histórico de recusar ações relativas à discriminação de gênero, por entender ausente o interesse de agir.[34]

---

[32] A identificação final (oficial) do caso na Suprema Corte é *United States v. Virginia*, 518 U.S. 515. No entanto, efetivamente foram propostas duas ações. Inclusive, na argumentação oral, o *Chief Justice* Rehnquist faz a tradicional abertura dos trabalhos com os seguintes dizeres: *We'll hear argument first this morning in Number 94-1941, United States v. Virginia, and Virginia v. United States*. Cf. Official Transcript Proceedings Before the Supreme Court of the United States. *Oral Argument of Paul Bender on Behalf of the United States*. Alderson Reporting Company. Washington, D.C., 1996. p. 3. Disponível em: https://www.supremecourt.gov/pdfs/transcripts/1995/94-1941_94-2107_01-17-1996.pdf. Acesso em: 26.12.2021.

[33] Costuma-se dizer, nos Estados Unidos, que o mandato de um presidente da República produz efeitos muito além dos quatro ou oito anos em que ele esteve à frente do Poder Executivo. Em nenhuma outra área essa frase é tão verdadeira quanto no Poder Judiciário, e provavelmente em nenhuma outra democracia no mundo. A razão é simples, nos regimes democráticos ocidentais é comum o presidente indicar "somente" os integrantes da Corte Suprema. Na maior economia do mundo, o chefe do Poder Executivo, além dos *justices* da Suprema Corte, indica ainda (por livre escolha) todos os juízes federais de primeiro (*United States district judges*) e de segundo grau (*judges of Court of Appeals*), como é o caso do juiz Jackson L. Kiser, indicado em 1981, que permaneceu como juiz até 2020, ano do seu falecimento. Ronald Regan, por sua vez, concluiu o mandato em 20 de janeiro de 1989, e, em certo sentido, a "doutrina Reagan" permaneceu viva e presente na Corte Distrital ocidental da Virgínia 21 anos depois do término do mandato presidencial.

[34] HART, Jane Sherron De. *Ruth Bader Ginsburg, a Life*. New York: Vintage Books, 2020. p. 336.

Especificamente no que diz respeito à ação contra o VMI, o magistrado entendeu que não havia prejuízo para o sexo oposto porque o Estado da Virginia contava com outras instituições que poderiam prover ensino de nível idêntico ao VMI, citou inclusive o Instituto Politécnico da Virgínia, com seus cursos de engenharia, entre outros. Ademais, ponderou que a presença de mulheres no Virginia Military Institute certamente "distrairia os alunos homens de seus estudos", diluiria a força do método adversativo, atenuaria as exigências de aptidão física e exigiria modificação do quartel para criar maior privacidade. A presença feminina promoveria alterações de tal monta que a "experiência" que os alunos sempre encontraram desapareceria; completou dizendo que o "VMI marcha na batida de um baterista diferente, e eu vou permitir que continue assim".[35]

A decisão de primeiro grau sobrevalorizou a instituição de ensino "destinada" às mulheres e as subvalorizou ao assumir que todas elas (mulheres) eram incapazes de cumprir o programa do VMI, que isso causaria tumulto e quebraria a espinha dorsal do instituto de mais de 150 anos. Generalizações nunca se apresentaram como bons métodos, em praticamente qualquer ramo do conhecimento humano. Generalizar em decisão judicial e com viés discriminatório é ainda mais grave, é repugnante. O preconceito nunca foi bom conselheiro, jamais o será. A decisão do juiz Kiser é mais um exemplo da interseção entre a eleição presidencial nos Estados Unidos e o prolongamento da política por meio da ação do Poder Judiciário.

O resultado do julgamento confirmou o que já se esperava, a decisão de primeiro grau foi favorável ao VMI. A linha de raciocínio do juiz Jackson Kiser, encontraria, anos mais tarde, suporte (no também indicado por Ronald Reagan) *Justice* Antonin Scalia,[36] tanto nas perguntas formuladas durante a "argumentação oral" quanto no voto dissidente, em que Kiser é citado mais de duas dezenas de vezes não pelo nome, mas como *the District Court*.

Superando expectativas de alguns, a Corte de Apelação do 4º Circuito, sediada em Richmond, Virgínia, reverteu a decisão e determinou que o Estado solucionasse a violação constitucional. Em resposta, foi proposto um programa paralelo, com a criação de uma escola exclusivamente para mulheres, o Virginia Women's Institute for Leadership (VWIL), o que, em segunda apreciação, recebeu o carimbo de constitucional, tanto da Corte Distrital quanto da Corte de Apelação. A última, embora concordando no mérito e afirmando que a oferta de educação para gênero único era um objetivo legítimo, criou um teste adicional, perguntando se os alunos do VMI e as alunas do VWIL receberiam benefícios "substancialmente comparáveis".[37]

O Tribunal de Apelação decidiu por maioria. Entre os vencidos, merece breve registro – até porque parcialmente incorporado nas razões de Ginsburg – o voto do

---

[35] HART, Jane Sherron De. *Ruth Bader Ginsburg, a Life*. New York: Vintage Books, 2020. p. 337.

[36] Indicado por Reagan duas vezes. A primeira para juiz da Corte de Apelação do Circuito do Distrito de Columbia, em 1982, e, quatro anos depois, para a Suprema Corte dos Estados Unidos, com a vaga aberta pela indicação de William Rehnquist para *Chief Justice*, substituindo Warren Burger.

[37] Voto, Ruth Bader Ginsburg, *United States v. Virginia*, 518 U.S. 515 (1996).

juiz James Dickson Phillips Jr. ao afirmar que o órgão, em seu julgamento, não impôs ao Estado da Virginia o ônus de mostrar uma "justificativa extremamente persuasiva"[38] para a ação. Vale dizer, o argumento utilizado pelo governo e aceito pelo tribunal não era suficientemente persuasivo para justificar o deferimento. A criação de colégio (VWIL) exclusivo para o sexo feminino, arrematou o juiz Phillips, se apresentava como uma medida excludente, incompatível com a finalidade de criar um novo tipo de oportunidade educacional para mulheres ou para diversificar o sistema de ensino superior da *Commonwealth*. Tinha simplesmente o propósito de permitir que a VMI continuasse a excluir mulheres de seus quadros.[39]

4. *UNITED STATES V. VIRGINIA*, MÚLTIPLO E HISTÓRICO

O caso *United States v. Virginia* é histórico porque suprimiu um sistema de ensino criado em 1839, portanto com mais de um século e meio de existência, custeado pelo Estado da Virginia e no qual somente era permitido que homens fossem alunos, vedava-se a presença feminina porque julgavam-se incapazes todas as mulheres.

É histórico porque significou mais uma barreira rompida de discriminação de gênero, mais um preconceito derrubado, não o último, mas um importante tijolo na construção do edifício da igualdade entre homens e mulheres. Histórico porque juízes conservadores se uniram a juízes liberais para varrer dos Estados Unidos da América a última escola custeada pelo poder público destinada a um único sexo.

Histórico porque foi o primeiro caso relatado pela juíza Ruth Bader Ginsburg. Ela que, seguramente, em toda a História da Suprema Corte, foi a integrante que mais se dedicou à causa da igualdade de gênero e a que possuía, quando tomou posse, o *curriculum* mais extenso nessa área.

Relevante historicamente porque o avanço conseguido, a barreira rompida e o tijolo colocado na luta pela igualdade de gênero decorreram de **decisão judicial** e não de ato legislativo, o que demonstra a relevância do Tribunal Supremo na tentativa de corrigir o sistema a fim de diminuir a desigualdade entre homens e mulheres.

4.1 Argumentação oral e diálogo com os juízes da Suprema Corte

4.1.1 *Considerações do representante da União*

A estrutura do Poder Executivo federal dos Estados Unidos acolhe um "ministério" que a um só tempo exerce atribuições que no Brasil são repartidas entre a Procuradoria-Geral da República, a Advocacia-Geral da União e o Ministério da Justiça. O órgão é o *Department of Justice*, mais conhecido pela sigla DOJ, chefiado pelo *Attorney General*, o segundo cargo mais relevante no âmbito do Executivo da União, logo após o secretário de Estado.

---

[38] Citação feita pelo juiz Phillips, extraída de parte da decisão proferida pela Suprema Corte em *Mississippi Univ. for Women v. Hogan*, 458 U.S. 718 (1982).

[39] *United States v. Virginia*, 518 U.S. 515 (1996), 529.

O Departamento de Justiça é organizado de tal forma que a atuação da "União"[40] perante a Suprema Corte – como autora, ré ou interessada – é toda ela conduzida pelo *Solicitor General* (Procurador-Geral), ou por quem ele designe para desempenhar a tarefa.

A "argumentação oral" (*oral arguments*)[41] no caso VMI, em nome dos Estados Unidos, ficou a cargo do vice-Procurador-Geral, Paul Bender. As considerações por ele tecidas e o "diálogo" travado com os juízes Anthony Kennedy, David Souter, Ruth Bader Ginsburg, Sandra O'Connor e, especialmente, Antonin Scalia merecem reflexão, por pelo menos quatro razões: (i) o diálogo foi rico; (ii) contribuiu para melhor entender o *environment* jurídico estadunidense na segunda metade da última da década do século XX; (iii) tomar conhecimento das dúvidas e ponderações de alguns dos membros da Suprema Corte; e (iv) demonstrar a dinâmica da argumentação oral no Tribunal Supremo.

Relevante antecipar que Bender foi muito preciso, cirúrgico, ao construir sua linha de raciocínio. A constante troca de perguntas e respostas possibilitou uma, por assim dizer, evidência. O juiz Scalia foi tão cirúrgico quanto Bender e, mais que isso, demonstrou que mesmo ele, tão competente e tão admirado, trazia consigo, nesse episódio, o germe da crença na incapacidade feminina para desempenhar algumas atividades, entre elas a de ser aluna em um ambiente "hostil" e "masculino" como o Virginia Military Institute. Qualquer conclusão diferente do parágrafo pretérito quanto às considerações do juiz Scalia durante o "diálogo" mantido com o procurador Bender, provavelmente restará dissipada com o voto por ele proferido, igualmente objeto de comentários na análise do caso *United States v. Virginia*.

Bender iniciou lembrando que, desde a fundação, em 1839, o VMI se mantém como instituição custeada pelo poder público, tendo recebido, em 1989-1990, dez milhões de dólares do Estado da Virginia, aproximadamente 35% de todo o seu orçamento para aquele ano. Lembrou ainda que parte da administração do VMI é indicada pelo governador e aprovada pelo Legislativo da Virgínia[42] e, com o passar dos anos, ele "ampliou enormemente sua missão educacional" de modo que não é mais um lugar somente

---

[40] Nos Estados Unidos é muito raro, quase inexistente, se referir ao governo federal em juízo como "União". É sempre "The United States", qualquer que seja a posição processual em que se encontre.

[41] Trata-se, em verdade, de um misto de sustentação oral e inquirição. No Brasil, o advogado, quando admitido a sustentar perante o pleno do Supremo Tribunal Federal, esclarece pontos controvertidos, joga luz sobre temas fundamentais e a atuação se esgota naquele recinto e com o ato em si. Na Suprema Corte dos Estados Unidos, o advogado faz suas considerações, mas a qualquer momento pode ser (em verdade, será) interrompido com perguntas de alguns juízes. A sustentação oral feita pelo Paul Bender é muito exemplificativa disso: aproximadamente com cinco minutos de explanação, o juiz Scalia começou a indagar e teve início uma troca de perguntas, respostas, esclarecimentos. Desse modo, na Suprema Corte, o advogado é admitido para sustentar oralmente com a finalidade de tirar dúvidas dos juízes, utilizando-se, inclusive, de situações hipotéticas para ilustrar melhor o caso e suas repercussões.

[42] Official Transcript Proceedings Before the Supreme Court of the United States. *Oral Argument of Paul Bender on Behalf of the United States.* Alderson Reporting Company. Washington, D.C., 1996. p. 3. Disponível em: https://www.supremecourt.gov/pdfs/transcripts/1995/94-1941_94-2107_01-17-1996.pdf. Acesso em: 26.12.2021.

"para produzir cadetes" para as Forças Armadas. Ainda segundo Bender, apenas cerca de 15% dos graduados do VMI seguem a carreira militar, os demais passam a compor profissões no direito, na medicina, na engenharia e – muitos – no serviço público.

4.1.2   "Estereótipo" masculino

Após essas considerações iniciais, Bender adentra em ponto nevrálgico da exposição, e pode-se dizer do caso em si: a manutenção da exclusividade de ensino para o sexo masculino decorria de estereótipo construído ao longo dos anos no sentido de suposta incapacidade feminina em atuar em certas áreas "reservadas" aos homens. Ele inclusive diz que os especialistas que se manifestaram no julgamento de primeiro e segundo graus (Corte Distrital e Corte de Apelações) estavam influenciados por esse tipo de pensamento "estereotipado".

É o que se verá adiante, fruto da exposição de Paul Bender e do diálogo com os juízes da Corte Suprema.

A inevitabilidade de uma instituição exclusivamente masculina, observa Bender, poderia fazer sentido em meados do século XIX, naquela quadra (1996) não mais. Tratou-se de uma exigência do momento em que ele foi inicialmente estabelecido, considerando que "os militares naquela época eram todos do sexo masculino". Em 1996, isso não era mais verdadeiro, "porque a missão do VMI se ampliou" e, "durante os 150 anos ou mais de existência", o instituto desenvolveu o que todos reconhecem ser "um método único, adversativo de educação". Em que pesem as qualidades, o procurador dos Estados Unidos assinala que o método "era (é) e havia sido desenvolvido em um contexto exclusivamente masculino e estereotipadamente uma forma de educação masculina".[43] Por enfatizar a adversidade, a competição, o estresse, o desenvolvimento de um caráter forte, o método único do VMI se tornou um ativo muito valioso em dois aspectos: "demonstra que a pessoa que possui o diploma teve sucesso em um ambiente altamente adversativo",[44] e isso é valorizado pelas empresas quando estão em busca de contratar alguém.

O ouvinte (durante a "argumentação oral") e o leitor atentos já perceberam que a intenção do ilustre advogado dos Estados Unidos, até aqui, foi demonstrar que a instituição de ensino foi se modernizando e se adaptando com o tempo, e, ao ter se transformado em um centro de ensino de excelência, formando e encaminhando jovens para as universidades, não seria razoável mantê-la exclusivamente para o ensino

---

[43]   *It is – was developed in an all-male context, and it is stereotypically a male form of education* (Official Transcript Proceedings Before the Supreme Court of the United States. *Oral Argument of Paul Bender on Behalf of the United States.* Alderson Reporting Company. Washington, D.C., 1996. p. 4. Disponível em: https://www.supremecourt.gov/pdfs/transcrip ts/1995/94-1941_94-2107_01-17-1996.pdf. Acesso em: 26.12.2021).

[44]   Official Transcript Proceedings Before the Supreme Court of the United States. *Oral Argument of Paul Bender on Behalf of the United States.* Alderson Reporting Company. Washington, D.C., 1996. p. 4. Disponível em: https://www.supremecourt.gov/pdfs/transcrip ts/1995/94-1941_94-2107_01-17-1996.pdf. Acesso em: 26.12.2021.

masculino. Evidente que esse não é o único ou o principal argumento, mas certamente é (foi) robusto o bastante para ter merecido a atenção da maioria que se filiou ao voto da juíza Ruth Bader Ginsburg.

O primeiro juiz a interpelar (interromper) o expositor (Bender) foi Anthony Kennedy, que perguntou ao advogado, em termos, qual era o entendimento dele sobre as conclusões do Tribunal de Apelação[45] quanto à extensão de alteração no "método adversativo"[46] em razão da admissão de mulheres? Sem titubear, Bender respondeu que a principal mudança versaria sobre questões de "privacidade", como uso do "banheiro, tomar banho e vestir-se sem ser visto pelos membros do sexo oposto".[47] As perguntas relacionadas ao "método adversativo" decorriam, ainda segundo Bender, de uma visão estereotipada – compartilhada pela Corte Distrital e pela Corte de Apelações – no sentido de não se poder administrar "o método adversativo para as mulheres", como se elas não fossem capazes de sobreviver a ele.

Antecipando, em parte, como seria seu voto, Scalia insistiu, indagando se todos os "depoimentos de experts"[48] que opinaram sobre a necessidade de alteração do método adversativo estavam errados e em seguida foi direto, formulando uma pergunta aparentemente exótica, porque relacionada ao significado de uma palavra relativamente comum:[49] "O que significa estereotipado? Quando alguém diz algo sobre alguma coisa, o que torna isso estereotipado?".

Bender conseguiu responder de forma muito didática. Disse que "significa o que os depoentes realmente disseram, que não é que todas as mulheres não possam fazer isso".[50] Entretanto, a constatação de que a maioria das mulheres não pode fazer isso não

---

[45] Refere-se à *Court of Appeals* do 4º Circuito, com sede em Richmond, Virginia, que julgara o caso em grau de recurso.

[46] A expressão "método adversativo" foi utilizada com larga frequência na argumentação oral e anteriormente foi objeto de referência indireta aqui no texto. Em síntese, o "método adversativo", tal qual referido na argumentação e nas perguntas, diz respeito ao esforço físico, muscular, à pressão psicológica a que, "estereotipadamente", se imaginava que a mulher não seria capaz de resistir.

[47] *United States v. Virginia* (Official Transcript Proceedings Before the Supreme Court of the United States. *Oral Argument of Paul Bender on Behalf of the United States*. Alderson Reporting Company. Washington, D.C., 1996. p. 5. Disponível em: https://www.supremecourt.gov/pdfs/transcripts/1995/94-1941_94-2107_01-17-1996.pdf. Acesso em: 26.12.2021).

[48] Scalia se refere no singular *expert testimony* (Official Transcript Proceedings Before the Supreme Court of the United States. *Oral Argument of Paul Bender on Behalf of the United States*. Alderson Reporting Company. Washington, D.C., 1996. p. 6. Disponível em: https://www.supremecourt.gov/pdfs/transcripts/1995/94-1941_94-2107_01-17-1996.pdf. Acesso em: 26.12.2021) e igualmente no plural *experts* (Official Transcript Proceedings Before the Supreme Court of the United States. *Oral Argument of Paul Bender on Behalf of the United States*. Alderson Reporting Company. Washington, D.C., 1996. p. 7-8, entre outras. Disponível em: https://www.supremecourt.gov/pdfs/transcripts/1995/94-1941_94-2107_01-17-1996.pdf. Acesso em: 26.12.2021).

[49] Talvez Scalia tivesse imbuído de ironia quando indagou "O que significa estereotipado?".

[50] *United States v. Virginia* (Official Transcript Proceedings Before the Supreme Court of the United States. *Oral Argument of Paul Bender on Behalf of the United States*. Alderson Reporting

induz que o Estado tenha o direito constitucional de excluir todas as mulheres, mesmo aquelas que podem.

O didatismo de Paul Bender não foi suficiente para aplacar, em Scalia, a determinação (ou preconceito) de demonstrar que o ingresso de mulheres no VMI importaria em prejuízo para a instituição. Insistiu que a presença feminina iria "interferir com o tipo de relação entre os alunos que produz o método adversativo", de modo "que homens e mulheres não se envolveriam no mesmo tipo de adversidade", porque a "diferença sexual faria a diferença".[51] Aqui a pergunta é simultaneamente uma justificativa, esta, sem sucesso. Scalia tenta justificar sua posição favorável à manutenção do VMI como escola só para homens, valendo-se, mais uma vez, do provável prejuízo que o método adversativo sofreria caso as mulheres fossem autorizadas a frequentar o VMI.

4.1.3 A capacidade feminina de enfrentar o método adversativo do VMI

Inclusive há um déficit argumentativo justamente pela dificuldade que ele (Scalia) enfrentou – e qualquer outro enfrentaria, apesar dos predicados intelectuais que ele possuía – em defender o indefensável, vale dizer, que a presença feminina tumultuaria o VMI e o faria perder qualidade, tudo isso fundamentado, se não totalmente, em grande parte, porque o sexo feminino, segundo Scalia, não estaria apto a enfrentar a adversidade ("método adversativo") do Virginia Military Institute.

Na sequência, Bender cotejou a situação do VMI (que diz respeito à discriminação entre sexos) com a questão racial, sabidamente polêmica nos Estados Unidos, em decorrência de todo o histórico de segregação racial (*Separate but Equal*) institucionalizado[52] anos depois da Guerra Civil até meados das décadas de 1950-1960, quando a Suprema

---

Company. Washington, D.C., 1996. p. 7. Disponível em: https://www.supremecourt.gov/pdfs/transcripts/1995/94-1941_94-2107_01-17-1996.pdf. Acesso em: 26.12.2021).

[51] *United States v. Virginia*. Pergunta, Antonin Scalia (Official Transcript Proceedings Before the Supreme Court of the United States. *Oral Argument of Paul Bender on Behalf of the United States*. Alderson Reporting Company. Washington, D.C., 1996. p. 7. Disponível em: https://www.supremecourt.gov/pdfs/transcripts/1995/94-1941_94-2107_01-17-1996.pdf. Acesso em: 26.12.2021). Diante do inusitado da argumentação, e até mesmo porque um pouco confusa, fruto talvez do improviso do debate oral, convém que se reproduza no original: *it was not that women can't do it, it was that it would interfere with the kind of relationship among the students that produces the adversative method, that men and women would not engage in the same kind of adversariness that men and men or, perhaps, women and women would, that the sexual difference would make a difference.*

[52] Explique-se: nunca houve uma lei federal admitindo expressamente a segregação racial nos Estados Unidos, embora alguns estados-membros passaram a legislar sobre o tema a partir de fins do século XIX. Em 1896 a Suprema Corte julgou constitucional lei do Estado da Louisiana, de 1890, que disciplinava a separação de negros e brancos em vagões de trem, caso *Plessy v. Ferguson* (1896). Com o precedente, a segregação passou a ser institucionalizada e ampliada nos Estados Unidos. Cf. LUXENBERG, Steve. *Separate*: the Story of *Plessy v. Ferguson*, and America's Journey From Slavery to Segregation. New York: W. W. Norton & Company, 2019. p. 431-35.

Corte julgou *Brown v. Board of Education* (1954). Observou que uma instituição não seria capaz de afirmar-se livre de discriminação se insistisse com o argumento de que a presença de pessoas negras no VMI causava desconforto aos estudantes brancos e, com isso, eles não se sentiriam confortáveis em aplicar o "método adversativo"; emendou que idêntica situação se aplicaria a "alunos brancos em uma instituição totalmente negra que adotasse o método adversativo".[53]

Ruth Bader Ginsburg indagou se a proposta de duas escolas (VMI e VWIL)[54] era algo "preditivo", porque isso nunca houvera sido tentado antes. Em seguida, Anthony Kennedy, em linha parecida, perguntou se ele defendia que a Corte fizesse um "julgamento preditivo" (*predictive judgment*), no sentido de que o tribunal decidiria sobre hipóteses acerca do melhor resultado possível. Bender rechaçou de plano essa possibilidade. O cenário aventado pelos dois juízes era distante do problema real que ele sumarizou de modo preciso, ressaltando que a Corte foi convocada a "decidir se uma instituição do Estado pode modelar seu programa com a exclusão de mulheres na suposição de que há certas coisas que as mulheres não podem fazer em geral".[55] O procurador dos Estados Unidos vai além, porque ele identifica, além do estereótipo referido há pouco ("elas não podem fazer em geral"), outro, aquele em que "há certas coisas que os homens não farão com as mulheres porque pensam que as mulheres não são capazes".

Para homenagear a expressão "benderiana", a primeira "modelagem" é mais ampla ("há certas coisas que as mulheres não podem fazer em geral"), enquanto a segunda é menos abrangente, mas igualmente estereotipada (os homens não farão "com" as mulheres por saberem (suposição) que elas são incapazes).

A linha de argumentação é parecida com a utilizada "minutos"[56] antes, entretanto com uma roupagem um pouco diferente. Talvez ainda mais didática e mais incisiva, porque ele realça a ação do Estado como indutor de discriminação ao assumir (presumir) a incapacidade de o sexo feminino – sem qualquer tipo de exceção – enfrentar um programa educacional desenhado para o gênero mais forte, o homem. Em outras palavras, pode o Estado construir um programa educacional que exclui um gênero (feminino) supondo que esse gênero não tem condições de desempenhar determinada atividade? Aqui, outra observação relevante à construção da resposta: a exclusão de gênero decorre de presunção de incapacidade construída na primeira metade do século XIX.

---

[53] *United States v. Virginia* (Official Transcript Proceedings Before the Supreme Court of the United States. *Oral Argument of Paul Bender on Behalf of the United States*. Alderson Reporting Company. Washington, D.C., 1996. p. 8. Disponível em: https://www.supremecourt.gov/pdfs/transcripts/1995/94-1941_94-2107_01-17-1996.pdf. Acesso em: 26.12.2021).

[54] Ela se refere à criação da escola só para mulheres, mas com a promessa de que seria idêntica ao VMI.

[55] *United States v. Virginia* (Official Transcript Proceedings Before the Supreme Court of the United States. *Oral Argument of Paul Bender on Behalf of the United States*. Alderson Reporting Company. Washington, D.C., 1996. p. 8. Disponível em: https://www.supremecourt.gov/pdfs/transcripts/1995/94-1941_94-2107_01-17-1996.pdf. Acesso em: 26.12.2021).

[56] "Minutos" porque se trata de sustentação oral, intercalada com respostas a perguntas formuladas pelos juízes.

Adiante, respondendo a mais uma indagação de Antonin Scalia, Bender observa que o que se discute no processo "não é simplesmente uma instituição do mesmo sexo para homens e uma instituição do mesmo sexo para mulheres", mas situações díspares, colégios diferentes, desiguais "no tratamento de seus alunos, em seus objetivos, em seus sentimentos sobre a capacidade de homens e mulheres". Em seguida emenda, quase que resumindo tudo o que havia dito até aquele momento: "o que temos aqui é uma instituição do mesmo sexo para homens que foi concebida como um lugar para ensinar valores masculinos, que só os homens podem aprender". Por fim, arremata afirmando que a tradição do VMI atende a uma lógica de que só "os homens podem sofrer adversidade e sucesso".

O que se viu nos parágrafos pretéritos demonstra o esforço de Bender em enfatizar que o VMI deixou de ser uma instituição unicamente voltada para formar "militares" e passara a ter presença em diversos segmentos da sociedade, preparando jovens para, no futuro, ocupar espaços importantes, de modo que não havia justificativa plausível para mantê-lo exclusivamente como uma instituição de ensino nos moldes do século XVIII ou XIX. E mais: que a recusa em transformá-la em uma instituição voltada para atender ambos os sexos calcava-se no estereótipo da mulher incapaz de desenvolver atividades semelhantes às dos homens, no que ele, Bender, estava absolutamente correto. Aliás, a palavra "estereótipo", ou derivações ("estereotipadas"), aparece treze vezes, na argumentação oral, de forma quase quantitativamente equilibrada na intervenção do próprio Paul Bender, na de Antonin Scalia e na de Theodore B. Olson, advogado do Virginia Military Institute.

As considerações de Bender constantes do parágrafo anterior delineiam e desaguam em um neologismo que encapsula tudo o que se reproduziu até aqui: "machismo estrutural".

Para afastar qualquer dúvida e que fique muito claro: a discussão que permeia a argumentação oral, sobre a mulher "poder ou não poder", constante dos parágrafos anteriores, refere-se ao tal "método adversativo", de modo que o estereótipo residia em uma cultura enraizada de superioridade masculina, que se refletiu na avaliação dos "especialistas", no sentido de admitir que a presença do sexo feminino no VMI significaria ter que promover alterações profundas no método de ensino, com prejuízo para a instituição (VMI), seus alunos e sua reputação, assertiva que o governo dos Estados Unidos, por seu Departamento de Justiça, não aceitava, por açodada e estereotipada.

4.1.4   *Richard Nixon e as mulheres no governo*

A Casa Branca, sede do Executivo federal dos Estados Unidos, foi palco de declarações do seu então ocupante que bem ilustram a dificuldade enfrentada e denunciada por Paul Bender. Duas décadas antes de a Suprema Corte julgar *United States v. Virginia*, o então presidente Richard Milhous Nixon travou um diálogo perturbador com John Mitchell, seu amigo de longa data e à época exercendo o importante cargo de Procurador-Geral. A troca de ideias versava sobre o preenchimento do cargo de juiz da Suprema Corte, que se encontrava vago em razão do pedido de aposentadoria do juiz

Hugo L. Black, em 17 de setembro de 1971, e da iminente aposentadoria do juiz John Marshall Harlan II, que se efetivaria seis dias depois. Na conversa, Nixon observou que uma mulher não "deveria estar em qualquer cargo do governo", e o entendimento dele sobre esse tema era "principalmente porque elas são erráticas e emocionais". Em seguida arrematou: "Os homens também são erráticos e emocionais, mas o ponto é que é mais provável que uma mulher seja".[57]

Por fim, completou, ainda se dirigindo a John Mitchel, afirmando que, embora fosse contrário à indicação de uma mulher para a Suprema Corte, poderia se inclinar a fazê-lo "apenas" porque talvez conquistasse 2% a mais de votos, de modo que, "francamente", ele achava que, naquele momento, era preciso "pegar cada meio ponto percentual que pudermos".[58]

Os comentários do conservador Richard Nixon, o primeiro e único presidente dos Estados Unidos a renunciar ao mandato, é um microcosmo da carga de preconceito de muitos, e de alguns homens públicos em particular, sobre o estado da mulher na sociedade. Trata-se da conversa entre o chefe do Executivo federal e um dos seus principais secretários (ministros), em que o primeiro afirma textualmente que uma mulher não "deveria estar em qualquer cargo do governo".

Exemplo (sic) "perfeito" de machismo estrutural, que tem conexão com outra manifestação igualmente antiga e presente, com maior ou menor intensidade, em todos os continentes: a discriminação racial. São patologias próximas, secularmente enraizadas em algumas culturas, e sobre elas serão tecidas algumas considerações no item seguinte.

A cultura da superioridade masculina – estampada na "tradição" mais que secular do VMI em proibir mulheres como alunas e na postura do juiz Antonin Scalia em buscar argumentos para justificar que o Estado da Virginia continuasse a manter uma instituição de ensino com essas características – guarda certa semelhança com a "supremacia branca", que, "com o tempo, tornou-se uma espécie de religião", como anota Michelle Alexander, ao discorrer especificamente sobre o racismo e o encarceramento em massa na América. Fé na ideia, prossegue a autora, "de que as pessoas da raça africana eram bestiais, que os brancos eram inerentemente superiores, e que a escravidão era, de fato, para o próprio bem dos negros".[59]

Ainda, Michelle Alexander ressalta que a crença na superioridade "serviu para aliviar a consciência branca e reconciliar a tensão entre a escravidão e os ideais

---

[57] DEAN, John W. *The Rehnquist Choice*: the Untold Story of the Nixon Appointment that Redefined the Supreme Court. New York: Touchstone (Simon & Schuster), 2011. p. 113. Tradução nossa. No original: *I don't think a woman should be in any government job whatever. I mean, I really don't. The reason why I do is mainly because they are erratic, and emotional. Men are erratic and emotional too, but the point is a woman is more likely to be.*

[58] DEAN, John W. *The Rehnquist Choice*: the Untold Story of the Nixon Appointment that Redefined the Supreme Court. New York: Touchstone (Simon & Schuster), 2011. p. 113.

[59] ALEXANDER, Michelle. *The New Jim Crow*: Mass Incarceration in the Age of Colorblindness. New York: The New Press, 2020. p. 28.

democráticos defendidos pelos brancos no chamado Novo Mundo",[60] vale dizer, um escapismo cínico que utilizou a religião como muleta para aplacar o peso na consciência e apagar o pecado.

As semelhanças entre a crença na inferioridade do escravo (e a consequente superioridade da raça branca) e a incapacidade do sexo feminino em suportar o "método adversativo" do Virginia Military Institute parecem bastante evidentes. Desnecessário grande esforço para identificar que os dois casos se alimentam de fonte idêntica, a do preconceito. Ambos ancorados na existência de uma raça (branca) e de um sexo (masculinos) superiores e, por isso, intocáveis e imunes a qualquer tipo de mudança.

Por uma feliz coincidência, ambos restaram institucionalmente defenestrados (ou enfraquecidos) por decisão da Suprema Corte dos Estados Unidos. É bem verdade que a escravidão é fruto de medidas legislativas[61] e, principalmente, da teimosia e obstinação do 16º presidente, Abraham Lincoln (1861-1865), para quem a aprovação da emenda constitucional banindo a escravidão era *a king's cure for all evils.*[62] Lincoln não anteviu (e sequer teve tempo porque foi assassinado logo após o fim da Guerra Civil) o triste fenômeno da segregação racial. Sem a decisão proferida no caso *Brown v. Board of Education* (1954) a discriminação racial institucionalizada (herança e resquício da escravidão) ainda estaria presente ou teria se prolongado por muito mais tempo.

Nos Estados Unidos, um julgado da Suprema Corte é comumente estudado, debatido, comentado, sob a perspectiva do resultado e dos votos dos juízes que compõem o Tribunal Supremo. Parte mais alargada dos comentários é reservada para a maioria, para o voto condutor, e algumas considerações para os vencidos. Evidentemente que essa não é uma regra absoluta. Um bom exemplo de que o contrário pode acontecer é o voto vencido da juíza Ruth Bader Ginsburg em *Ledbetter v. Goodyear Tire & Co.*,[63] que tem sido objeto de intensa análise, seja pela qualidade, seja porque resultou em

---

[60] ALEXANDER, Michelle. *The New Jim Crow*: Mass Incarceration in the Age of Colorblindness. New York: The New Press, 2020. p. 28.

[61] A primeira medida normativa foi uma *Executive Order* (espécie de "Medida Provisória") que recebeu o nome de *Emancipation Proclamation* (igualmente conhecida como *Emancipation 95*), adotada em setembro de 1862, a qual tornava os escravos livres a partir de 1º de janeiro de 1863. Inseguro com a continuidade futura da "Emancipação" via *Executive Order* (vale dizer, possibilidade de ser alterada com facilidade), Lincoln propôs, logo após a sua reeleição, a XIII Emenda, que bania a escravidão. A medida foi aprovada pelo Congresso dos Estados Unidos em 31 de janeiro de 1865, com 119 votos favoráveis e 56 contrários; ratificada em 6 de dezembro do mesmo ano, o que é extraordinário para os padrões norte-americanos, considerando que a ratificação exige aprovação por 3/4 dos estados-membros, art. V da Constituição Federal de 1787 (LEPORE, Jill. *These Truths*: a History of the United States of America. New York: Norton, 2019. p. 304).

[62] "A cura real para todos os males" (GOODWIN, Doris Kearns. *Team of Rivals*: the Political Genius of Abraham Lincoln. New York: Simon & Schuster, 2005. p. 686).

[63] 560 U.S. 618, 2007.

um movimento que culminou com alteração legislativa e alçou Lilly Ledbetter à figura de projeção nacional, para além dos quinze minutos de Andy Warhol.

Por outro lado, é bastante raro encontrar comentários sobre o debate oral; a academia parece não muito interessada nessa importante etapa processual. Ele, o debate oral, frequentemente desperta o interesse dos jornais impressos – geralmente no dia seguinte – ou, à noite, nos programas jornalísticos, em ambos os casos com análises de jornalistas que cobrem a Suprema Corte ou mesmo de juristas, professores etc.

Seria arriscado dizer que o debate oral no caso *United States v. Virginia* é uma singularidade. É possível que tantos outros acolham idêntica intensidade. O que se pode afirmar com ares de certeza é que o procurador dos Estados Unidos, Paul Bender, foi protagonista de uma das páginas mais intensas, ricas e importantes da Casa de John Marshall. Bender resistiu e se impôs a um verdadeiro bombardeio de perguntas e interrupções vindo de todos os lados, em um caso polêmico em que se pretendeu, e se conseguiu, desconstituir uma decisão[64] e tradição de quase um século e meio.

Paul Bender merece crédito em letras garrafais pelo resultado a que chegou a Suprema Corte. Os comentários tecidos *supra* não são frutos de generosidade, pelo contrário, ainda não alcançam a grandiosidade do trabalho que ele desenvolveu quando resistiu, explicou e convenceu – com didatismo e riqueza de detalhes poucas vezes vistos – quanto à razão pela qual o Virginia Military Institute não poderia continuar sendo uma instituição de ensino exclusivamente masculina. Paul Bender é autor de importante colaboração para avançar a agenda de gênero nos Estados Unidos da América.

4.2   O voto de Antonin Scalia

4.2.1   *Autocontenção judicial e necessidade de resposta legislativa*

O juiz Antonin Scalia foi a única voz dissonante no tribunal na defesa da manutenção do Virginia Military Institute, tal como ele foi pensado e implementado em 1839, quando ainda se praticava a escravidão no país, antes, portanto, da Guerra Civil e antes mesmo do julgamento pela Suprema Corte do caso *Dred Scott v. Sandford* (1857),[65] de tenebrosa memória, quando ela considerou o negro como "coisa", por não fazer parte do "povo", sem direito, portanto, a litigar em juízo e pleitear sua liberdade.

Ledo engano quem imagina que Antonin Scalia se posicionou contra a presença feminina no VMI somente para marcar posição ou para se contrapor à relatora. Não, não foi por esses motivos. Scalia bradou e, por assim dizer, "gritou" porque acreditava que o colégio funcionaria melhor se continuasse unicamente para homens, e o fez com toda a força dos seus pulmões, como se fosse um barítono em uma ópera escrita por

---

[64]   Da Corte de Apelações do IV Circuito.

[65]   60 U.S. 407.

Roger Scruton,[66] encenada em uma casa de show listada no "livro verde"[67] como não permitida a entrada de "negros", a partir do final da década de 1930, especialmente no Sul dos Estados Unidos.

A ala conservadora do Judiciário federal nos Estados Unidos, em sua esmagadora maioria indicada por presidentes vinculados ao Partido Republicano, é adepta do exercício de uma jurisdição restritiva, limitada, a fim de não "invadir" atribuições dos demais poderes, especialmente do Legislativo. Esse comportamento é definido nos Estados Unidos como *self-restraint*, ou autocontenção, o juiz deve estar atento para não proferir decisão judicial que "crie" direito, porque – defendem os conservadores – essa é atribuição do legislador.

São muitos os exemplos nesse sentido, e de longa data. Brett Kavanaugh, na época juiz "júnior" da Suprema Corte dos Estados Unidos, no fim do *term* (ano judiciário) 2019-2020, ao se manifestar no caso *Bostock v. Clayton County*, que versava sobre discriminação contra orientação sexual, trilhou justamente esse caminho. Reconheceu que não era justo que pessoas fossem discriminadas com base em sua "orientação sexual", entretanto, como a Lei dos Direitos Civis mencionava discriminação contra "raça e sexo", entre outras, não se poderia estender, por decisão judicial, para as hipóteses de "orientação sexual". Justamente o pleito formulado por Gerald Bostock contra Clayton County, no sentido de que fosse reconhecida a discriminação no ambiente de trabalho, em violação à Lei dos Direitos Civis de 1964, por ele ter se assumido homossexual.[68]

---

[66] Roger Scruton não escrevia ópera, foi intelectual, conservador, autor de alguns livros que merecem ser lidos, independentemente da preferência política do leitor. A menção a Scruton é por sua proximidade filosófica com Scalia.

[67] Em meados da década de 1930, um pouco antes de a Segunda Guerra ser deflagrada, um carteiro de Nova Iorque, Victor H. Green, escreveu um livro (*The Negro Motorist Green Book*), um guia, destinado a pessoas de cor negra, com dicas de como se "comportar", em quais locais poderiam se hospedar, fazer refeições, onde conseguiriam abastecer ou consertar o automóvel. Na *Jim Crow Era* negros eram proibidos de frequentar diversos estabelecimentos nos Estados Unidos. O livro se transformou em um *best-seller*, tanto que foi editado desde 1936 até a década de 1960. Em 2018 estreou o filme *Green Book*, com enorme sucesso de público e crítica, dirigido por Peter Farrelly.

[68] O juiz Brett Kavanaugh, em dado momento, registrou: "Nós somos juízes, não membros do Congresso. (...) Sob a separação de poderes prevista na Constituição, nosso papel como juízes é interpretar e seguir a lei como está escrita, independentemente de gostarmos do resultado". Cf. *Bostock v. Clayton County*, 590. U.S. __ (2020). A recusa em construir uma interpretação que acolhesse o pleito de Gerald Bostock beira o absurdo. Kavanaugh reconhece a injustiça, o caso que se analisava tinha enorme proximidade com a Lei dos Direitos Civis de 1964; a Suprema Corte cinco anos antes já havia decidido pela constitucionalidade da união homoafetiva (*Obergefell v. Hodges*, 576 U.S. 644 -2015) e, ainda assim, ele entende que, em razão do silêncio da norma (Lei dos Direitos Civis), a discriminação sofrida por Bostock só poderia ser resolvida com a atuação do legislador. O apego ao textualismo impede que o conservador Kavanaugh possa construir uma ponte entre a discriminação de gênero e a Décima Quarta Emenda, como o fez a Corte no caso Obergefell. Curiosamente, o juiz que elaborou o voto em Obergefell foi Anthony Kennedy, de quem Kavanaugh foi *clerk* e a

4.2.2 A Corte avalia "tudo sob o Sol"

Nos primeiros parágrafos do seu voto, Scalia mesclou críticas diretas e indiretas aos métodos de interpretação que a Corte Suprema havia utilizado no julgamento de outros casos, dizendo-lhes por vezes falhos, sem rigor científico, ou contrários à Constituição, às tradições seculares do país; e o fez com o intuito de reforçar que, naquele caso específico, ela incidia em equívoco semelhante.

Afirmou que dedicaria "a maior parte" de sua análise "a avaliar a opinião da Corte" com fundamento na "atual jurisprudência de proteção igualitária", que atribuía ao tribunal liberdade "para avaliar tudo sob o Sol aplicando um dos três testes: escrutínio de 'base racional', escrutínio intermediário, ou escrutínio rigoroso".[69] Em seguida deixou bem claro que devotava a esses "testes" pouco respeito, porquanto eles não "são mais científicos do que seus nomes sugerem", eram, em verdade – ainda segundo o ilustre juiz –, instrumentos aleatórios, dependentes dos próprios juízes da Corte, que decidiam "qual teste será aplicado em cada caso".[70]

Após apontar, com fina ironia,[71] a subjetividade e falta de rigor científico dos testes, capazes de avaliar "tudo sob o Sol", Scalia sintetizou o que ele entendia por "direitos fundamentais", termo que deveria ser limitado a "interesses tradicionalmente protegidos por nossa sociedade".[72]

Digno de nota que a crítica scaliniana não se fez acompanhar de uma alternativa "científica" aos tais métodos que avaliam tudo sob o Sol. Ao contrário, ele invocou – como se verá a seguir – as "tradições" como ponto de partida para avaliar se uma lei ou política pública rasga a Constituição.

---

quem ele substituiu na Suprema Corte. É dele, Kennedy, a frase "essa liberdade não pode mais ser negada a eles", referindo-se ao direito dos homossexuais de contrair matrimônio com pessoas do mesmo sexo e à obrigação do Estado em respeitar e não criar embaraços a esse direito constitucional.

[69] *United States v. Virginia*, 518 U.S. 515, 567 (1996).

[70] *United States v. Virginia*, 518 U.S. 515, 567 (1996).

[71] A ironia quase sempre estava presente nos votos e nas manifestações do juiz Scalia. Entretanto, evidentemente que não era o único a lançar mão desse recurso. Em janeiro de 2022, os três liberais da Corte (Stephen Breyer, Sonia Sotomayor e Elena Kagan), em decisão *per curiam* (em que não há identificação dos autores do voto da maioria e da minoria, a Corte se expressa em conjunto), sobre o ato normativo do Poder Executivo que obrigava a vacinação ou alternativamente o uso de máscara e testagem, a Corte, por maioria (6 a 3), derrubou parcialmente a determinação. A dissidência foi sarcástica, como se pode constatar: "Quem decide quanta proteção e de que tipo os trabalhadores americanos precisam do COVID-19? Uma agência com expertise em saúde e segurança no trabalho, atuando por autorização do Congresso e do Presidente? Ou um tribunal, sem qualquer conhecimento de como proteger os locais de trabalho e isolado da responsabilidade por qualquer dano que cause?" (*National Federation of Independent Business v. Department of Labor, Occupational Safety and Health Administration*, 595 U.S. ___ (2022)).

[72] *United States v. Virginia*, 518 U.S. 515, 567 (1996). A frase em aspas foi mencionada em *United States v. Virginia*, mas é oriunda de outro caso, julgado em 1989, *Michael H. v. Gerald D.*, 491 US 110, relatado pelo próprio Scalia.

Reiterou a relevância das "tradições" ao enumerar as razões pelas quais o VMI deveria continuar como instituição de ensino destinada exclusivamente a homens. Primeiro assinalou a ausência de autorização constitucional para que a Justiça decidisse a respeito, porque, segundo ele, qualquer mudança nesse sentido deveria ser feita por via legislativa. Disse, em seguida, que a "constituição totalmente masculina do VMI" se enquadrava em uma "tradição de governo". Fundado pela "Comunidade da Virgínia em 1839 e mantido continuamente por ela desde então, o VMI sempre admitiu apenas homens", uma política educacional comum nos Estados Unidos, em alguns estados e mesmo no governo federal, como eram exemplos "West Point, a Academia Naval de Annapolis e até a Academia da Força Aérea", todos eles admitiram "apenas homens na maior parte de sua história".[73]

A admissão de mulheres nessas instituições, a partir de 1976 – arrematou –, "não ocorreu por decisão judicial, mas porque o povo, por meio de seus representantes eleitos, decretou uma mudança". Prossegue afirmando que "a tradição de ter escolas militares para homens financiadas pelo governo" encontrava-se "tão arraigada nas tradições" dos Estados Unidos "quanto na tradição de enviar apenas homens para o combate militar". Concedia que "o povo pode decidir mudar uma tradição",[74] mas somente por meio de "processos democráticos".[75] Disse, ainda, que a imposição à Virgínia e ao resto do país da proibição de educação a pessoas do mesmo sexo em escolas financiadas pelo Estado, sem ter passado (a proibição) por um processo democrático, é demonstração que não se tratava da "interpretação de uma Constituição, mas a criação de uma".[76]

Mais adiante abordou o "método adversativo", objeto de longas considerações quando da argumentação oral apresentada por Paul Bender e do "debate"[77] que se seguiu; e o fez afirmando que, além de ser uma escola dedicada ao ensino de somente um sexo, o VMI era também diferente em outro aspecto, "porque emprega um método educacional distinto, algumas vezes referido como 'adversativo'",[78] definido (não por ele diretamente, mas por texto de terceiro citado no voto) como sendo um procedimento de "rigor físico, estresse mental, igualdade absoluta de tratamento, ausência de privacidade, regulação minuciosa do comportamento e doutrinação", que se constituíam em "valores desejáveis e atributos salientes da experiência educacional no VMI".[79]

Ainda tomando por base fonte externa (decisão da Corte Federal de primeiro grau), Scalia disse ser "incontestável" que, "se o estado estabelecesse um programa do tipo

---

[73] *United States v. Virginia*, 518 U.S. 515 (1996). p. 569.
[74] A pletora de menção à palavra "tradição" consta do original.
[75] *United States v. Virginia*, 518 U.S. 515 (1996). p. 569.
[76] *United States v. Virginia*, 518 U.S. 515 (1996). p. 570.
[77] O voto, de algum modo, é uma reiteração do diálogo mantido com o representante do governo federal, mais alongado, por certo.
[78] *United States v. Virginia*, 518 U.S. 515 (1996). p. 577.
[79] *United States v. Virginia*, 518 U.S. 515 (1996). p. 577.

VMI para mulheres [isto é, adversativo], o programa atrairia um número insuficiente de participantes", com fatal comprometimento do seu funcionamento, acrescentando que a Corte Distrital concluiu que, se a Virgínia incluísse mulheres no VMI, a escola "acabaria concluindo pela necessidade de abandonar completamente o sistema adversativo", de modo que "as opções de Virgínia eram um método adversativo que exclui mulheres ou nenhum método adversativo".[80]

Ademais, disse, de novo valendo-se da decisão judicial de primeiro grau, que a educação para um único sexo associada a um método educacional distinto representa "contribuições legítimas para a diversidade no sistema de ensino superior da Virgínia".[81] Difícil conceber que a educação custeada pelos cofres do Estado, destinada exclusivamente a um sexo, sem que o outro (o feminino) tenha oportunidade de usufruir da estrutura e prestígio do VMI, possa ser considerada "contribuições legítimas para a diversidade no sistema".

Curioso que o quadro pintado em parte pela Corte Distrital, corroborado por Scalia, conduziria a um xeque-mate, porque, se instalado, inviabilizaria completamente o método adversativo, considerado por muitos (Scalia incluso) parte da alma do Virginia Military Institute. Vale dizer, o método era insubstituível e algumas mulheres "certamente" não conseguiriam conviver com ele (caso o VMI passasse a admitir alunas do sexo feminino), que deixaria de existir com enorme prejuízo para a instituição e para o Estado da Virgínia. Para rechaçar o entendimento da maioria, o juiz flerta – em flagrante exagero – com uma espécie de catástrofe educacional na Virgínia.

Coerente com a catástrofe anunciada e, aparentemente, só por ele identificada, o juiz Antonin Scalia afirmou que "os inimigos da educação para solteiros venceram". Embora se saiba que cortes supremas, em qualquer lugar do mundo, por vezes testemunhem trocas de farpas entre seus integrantes, é igualmente notório que esse não costuma ser um comportamento comum na Suprema Corte dos Estados Unidos, de modo que rotular os que votaram pela inconstitucionalidade da política adotada pelo Virginia Military Institute como "inimigos" da educação destinada a um único sexo parece, a todas as luzes, um tanto quanto exagerado.

Além de atribuir à maioria a condição de estar aliada aos inimigos da educação destinada a um único sexo, Scalia foi um pouco mais longe, afirmou que bastou "persuadir sete juízes (cinco seriam suficientes) de que sua visão de mundo está consagrada na Constituição" e eles, os tais inimigos, "efetivamente impuseram essa visão a todos os 50 estados".[82] O que era lamentável, continua, porque "especialistas em educação" têm "apoiado o entendimento de que benefícios educacionais substanciais fluem de um ambiente de gênero único, seja masculino, seja feminino, que não pode ser replicado em um ambiente misto".[83]

---

80   *United States v. Virginia*, 518 U.S. 515 (1996). p. 578.
81   *United States v. Virginia*, 518 U.S. 515 (1996). p. 578.
82   *United States v. Virginia*, 518 U.S. 515 (1996). p. 597.
83   *United States v. Virginia*, 518 U.S. 515 (1996). p. 597.

A afirmação de que "benefícios educacionais substanciais" não podem ser replicados em "ambiente misto" soa exagerada. É como se dissesse que a sociedade faria melhor se implantasse um ensino segregado entre homens e mulheres, prática comum no século XVIII e XIX. O ataque ao ensino misto e a postura de enxergar unicamente virtudes no ensino para um único sexo reforçam a impressão de que Scalia, nesse processo, perdeu o equilíbro e esgrimiu argumentação confusa, exagerada, como na passagem, mencionada parágrafos *supra*, em que ele afirmou que a Corte não estava interpretando uma Constituição, mas criando uma.

Trata-se de argumentos desconexos, que não estão à altura de sua trajetória jurídica, de respeitado pensador do Direito, ainda que bastante contestado pelo acendrado conservadorismo. Ademais, como bem lembrou a juíza Ruth Bader Ginsburg, "o tempo provou o quanto errado ele estava", porque, desde a decisão, o "VMI tem sido uma tremenda história de sucesso (...) melhorando em todos os sentidos".[84]

Antonin Scalia era um homem culto, com poder de argumentação bem acima da média, às vezes um pouco impaciente, mas, no geral, educado, que sabia conjugar a insatisfação com determinado argumento ou tese contrária, dentro ou fora do tribunal, com razoável *fair play*. Um dos juízes mais preparados de toda a História da Suprema Corte dos Estados Unidos. Um erudito, denso, convicto, seguro e intransigente defensor de suas ideias, suas crenças.

Feito o indispensável registro, e considerando suas intervenções na sustentação oral de Paul Bender, bem como o que restou consignado no voto divergente, arriscaria dizer que Scalia era um misto de intelectual de linhagem elevada, mas com pitadas "trumpinianas". Evidentemente que o seu cérebro pendia muito mais para um Kelsen, um Bobbio ou qualquer outro grande pensador do que para o empresário do ramo do entretenimento e de hotéis que um dia foi dono de cassinos. Mas que os dois nova-iorquinos[85] têm traços parecidos, embora tênues, isso eles têm: cristãos conservadores, retrógrados, avessos à alteração do *status quo*, pouco preocupados – para não dizer indiferentes – aos anseios das minorias.[86]

A propósito, o conservadorismo de Scalia é por demais conhecido, como demonstrou com certa naturalidade Robert Barnes em texto publicado no dia do seu falecimento, ao assinalar que o juiz era "oponente ferrenho do aborto, da ação afirmativa e do que ele denominava de 'agenda homossexual'".[87]

---

[84] RUTH BADER GINSBURG: the Last Interview and Other Conversations. New York: Melville House Publishing, 2020. p. 187. Obs.: O livro não tem autor ou coordenador, somente os nomes de cada um dos entrevistadores.

[85] Antonin Gregory Scalia nasceu em Trenton, Nova Jersey, e mudou-se para Nova Iorque com 3 anos – lá se estabeleceu e fez família. Donald John Trump nasceu e cresceu em Nova Iorque.

[86] O caso VMI é exemplo dessa indiferença. *Ledbetter v. Goodyear Tire & Co.* é outro exemplo contundente, que será objeto de análise mais à frente.

[87] Ainda com Robert Barnes: "seu rigor intelectual, estilo extravagante e ânsia de debater seus detratores energizaram estudantes de Direito, professores e intelectuais conservadores, que se sentiam em menor número que os liberais" (BARNES, Robert. Supreme

Scalia e Trump convergem em alguns temas polêmicos, desfraldando a bandeira conservadora em assuntos como pena de morte,[88] ações afirmativas,[89] Poder Executivo forte, porte de armas,[90] relações homoafetivas[91] e posição da mulher na sociedade.

Antonin Scalia tinha a estatura intelectual de um Kilimanjaro, frequentava ópera, graduou-se pela Harvard Law School, foi Professor de Direito da Universidade de Chicago, escreveu livros, proferiu dezenas de palestras, dentro e fora dos Estados Unidos. Contudo, no fundo, compartilhava algumas posições filosóficas próximas as do apresentador de TV e empresário que se tornou político e teve como primeiro cargo público o de presidente dos Estados Unidos da América.

4.3 Ruth Bader Ginsburg, um voto de muitos significados

Dos nove membros que compõem a Suprema Corte oito participaram do julgamento. Sete deles apoiaram as razões apresentadas pela "relatora", Ruth Bader Ginsburg, um votou contra, o juiz Antonin Scalia. O juiz Clarence Thomas preferiu não participar do julgamento porque seu filho à época era aluno do VMI.[92]

Nos dez primeiros parágrafos do seu voto,[93] Ginsburg trata de explicar o que é o Virginia Military Institute, como ele funciona, seu papel na Guerra Civil, a excelência do ensino e a relevância adquirida ao longo dos anos. Trata-se de uma síntese muito bem construída sobre o instituto, sua história remota e presente.

Diz que "a missão distintiva do VMI é produzir 'cidadãos-soldados', homens preparados para a liderança na vida civil e no serviço militar", e que o "método adversativo" foi "modelado nas escolas públicas inglesas", sendo "característico da instrução militar", e, com isso, tem tido "um sucesso notável em sua missão de pro-

---

Court Justice Antonin Scalia dies at 79. *The Washington Post*, 13.02.2016. Disponível em: https://www.washingtonpost.com/politics/supreme-court-justice-antonin-scalia-dies-at-79/2016/02/13/effe8184-a62f-11e3-a5fa-55f0c77bf39c_story.html. Acesso em: 14.02.2022).

[88] A Suprema Corte decidiu, em 2005, que pena de morte para menores de idade era inconstitucional (*Roper v. Simmons,* 543 U.S. 551). A Corte ficou dividida. Além de ficar com a minoria, Scalia elaborou voto discordando do entendimento majoritário.

[89] Votou contra legislação da Cidade de Richmond, na Virgínia, que criou um sistema para beneficiar minorias nas hipóteses de seleção de interessados em participar de obras públicas (*City of Richmond v. J.A. Croson Co.*, 488 U.S. 469 (1989)).

[90] *Amplitude da Segunda Emenda, direito de usar armas. District of Columbia v. Heller,* 554 U.S. 570 (2008), decisão 5 a 4, Scalia foi o Relator.

[91] Em *Lawrence v. Texas*, 539 U.S. 558 (2003), Scalia escreveu um voto dissentindo da maioria, que havia decidido pela inconstitucionalidade de leis que criminalizavam a sodomia entre homossexuais.

[92] RUTH BADER GINSBURG: the Last Interview and Other Conversations. New York: Melville House Publishing, 2020. Entrevista a Bill Moyers. p. 187.

[93] No processo, o voto de Antonin Scalia precede o de Ruth Bader Ginsburg. No presente trabalho, optou-se primeiro em analisar o de Scalia e em seguida o voto que contou com a maioria dos membros da Corte.

duzir líderes; entre seus ex-alunos estão generais militares,[94] membros do Congresso e executivos de negócios", e que a lealdade dos graduados se constata pelo fato de o VMI ter "o maior índice de doação[95] por aluno de todas as instituições públicas de graduação do país". [96]

Bader Ginsburg – ainda nos parágrafos introdutórios – arremata com duas observações merecedoras de reflexão, ao afirmar que "nem o objetivo de produzir cidadãos-soldados nem a metodologia de implementação do VMI são inerentemente inadequados para as mulheres". No que ela tem toda a razão, até porque, acresça-se, métodos similares de exigência física já estavam sendo aplicados às mulheres em instituições federais como *West Point* e *Annapolis*.

Em seguida Ginsburg acrescentou que "o impressionante histórico da escola na produção de líderes tornou a admissão desejável para algumas mulheres"; não obstante, a "Virgínia optou por preservar exclusivamente para os homens as vantagens e oportunidades que uma educação VMI oferece".[97]

Os argumentos preliminares de Ginsburg sintetiza, com precisão cirúrgica, o âmago da discussão em juízo. Como se fosse uma fotografia nítida e abrangente, a juíza demonstrou que, por um lado, a proibição promovia a discriminação (porque o método de ensino não era "inerentemente inadequado para as mulheres") e que a elas (mulheres) estava sendo negado acesso a um ensino público de excelência, sem que houvesse razão para isso.

O voto reproduz passagens da decisão de primeiro grau (Corte Distrital), dentre elas a que reconhece que "às mulheres são [de fato] negada uma oportunidade educacional única que está disponível apenas no VMI".[98] Em outras palavras, a estrutura e a qualidade de ensino que o VMI oferecia em 1996 o sexo feminino não encontrava em outra instituição pública do Estado da Virginia.

Essa constatação, por si só, já seria suficiente para caracterizar violação à cláusula de igualdade prevista na Décima Quarta Emenda da Constituição dos Estados Unidos, que, como bem lembra Akhil Reed Amar, se aplica a "todos os cidadãos" (*all the citizens*),[99] incluindo, obviamente, as mulheres. Contudo, como se sabe, desde a adoção da referida emenda, em 1868, houve resistência em reconhecer "todos" os direitos ao

---

[94] É importante reforçar que o VMI sempre foi uma instituição de ensino voltada para formar cidadãos para a vida civil e militar, nunca foi exclusivamente militar, e inclusive somente 15% dos seus graduados optam pelas Forças Armadas (*United States v. Virginia*, 518 U.S. 515, (1996). p. 522).

[95] É uma tradição nos Estados Unidos que ex-alunos doem recursos financeiros para instituições de ensino às quais foram vinculados. Cria-se um vínculo e o termo *alma mater* é comumente usado para designar a instituição a qual alguém se declara mais ligado.

[96] *United States v. Virginia*, 518 U.S. 515, 520 (1996).

[97] *United States v. Virginia*, 518 U.S. 515, 520 (1996).

[98] *United States v. Virginia*, 518 U.S. 515, 520 (1996). p. 524.

[99] AMAR, Akhil Reed. *The Bill of Rights*: Creation and Reconstruction. New Heaven: Yale University Press, 1998. p. 260.

sexo feminino, a exemplo da negativa do direito ao voto, estabelecido somente com outra emenda, a Dezenove, aprovada em 1920.

Há também menções (no voto de Ginsburg) à decisão proferida pela Corte de Apelações, a exemplo da determinação para que o Estado da Virginia adotasse uma de três opções: "Admitir mulheres no VMI; estabelecer instituições ou programas paralelos; ou abandonar o apoio do Estado".[100] A última hipótese conduziria o VMI para a iniciativa privada, vale dizer, sem receber recursos do Estado, considerando que não há óbice a ensino para um único sexo em escolas particulares. A opção escolhida foi a de estabelecer uma nova instituição de ensino, que deveria acolher somente mulheres, o que se concretizou com a criação do Virginia Women's Institute for Leadership (VWIL), que funcionaria em uma instituição já existente, a Mary Baldwin College. No entanto, a criação do VWIL ficou muito aquém da qualidade de ensino ofertada pelo VMI, devido a instalações inferiores, diminuto número de professores com doutorado, oferta de cursos que não contemplava Engenharia, falta de prestígio local e nacional, entre outras carências.[101]

Ainda na Corte de Apelações do 4º Circuito, o juiz Phillips (autor de voto dissidente) assinalou que a Commonwealth[102] somente satisfaria o requisito constitucional da igualdade se "abrisse simultaneamente instituições de graduação de gênero único com programas curriculares e extracurriculares substancialmente comparáveis, financiamento, planta física, administração e serviços de apoio e recursos de faculdade e biblioteca". Entretanto, ele reconhecia que o programa proposto pelo VWIL, em comparação com o VMI, ficou "muito aquém (...) de fornecer benefícios educacionais tangíveis e intangíveis substancialmente iguais para homens e mulheres".[103] Em outra passagem do voto, Ginsburg anotou que o Estado da Virginia "deliberadamente não fez do VWIL um instituto militar", inclusive o prédio que o abrigava não tinha "estilo militar".[104]

Uma (Corte Distrital) e outra (Corte de Apelações), ainda que se posicionando favoravelmente à manutenção do VMI como escola destinada exclusivamente ao sexo masculino, forneceram argumentos que colaboraram para o resultado final na Suprema Corte, oposto ao que esposaram. É o que se constata dos dois parágrafos anteriores, a demonstrar, por linhas oblíquas, que ensino público segregador de gênero era de difícil defesa e não tinha mais espaço na sociedade estadunidense.

O argumento da suposta destruição do método adversativo em razão da admissão de mulheres no VMI não passou despercebido no voto de Ruth Ginsburg. Em linhas gerais, a posição dela é semelhante à de Paul Bender quando rechaçou idêntica alegação formulada por Antonin Scalia, durante a sustentação oral.

---

[100] *United States v. Virginia*, 518 U.S. 515 (1996). p. 525-526.

[101] *United States v. Virginia*, 518 U.S. 515 (1996). p. 526.

[102] O nome oficial do Estado da Virginia é *Commonwealth of Virginia*. É comum usar um ou outro, ou, ainda, o nome completo. Cf. CHENEY, Lynne. *The Virginia Dynasty*: Four Presidents and the Creation of the American Nation. New York: Penguin Books, 2020. p. 196.

[103] *United States v. Virginia*, 518 U.S. 515 (1996). p. 529-530.

[104] *United States v. Virginia*, 518 U.S. 515 (1996). p. 548.

Por já ter sido objeto de comentários, não há necessidade de revisitar longamente o tema, bastando registrar que, para Ginsburg, esse argumento (de "que a admissão de mulheres rebaixaria a estatura do VMI e destruiria o sistema adversativo") era difícil de se comprovar e uma "previsão pouco diferente de outras 'profecias autorrealizáveis'", todas elas utilizadas com o claro propósito de rotineiramente "negar direitos ou oportunidades" ao sexo feminino.

Bader Ginsburg listou alguns exemplos da resistência e de mitos criados ao longo do tempo sobre sexo feminino e mercado de trabalho. Lembrou que, quando "as mulheres buscaram pela primeira vez exercer a advocacia" e ter "acesso à educação jurídica, preocupações da mesma ordem foram expressas". Cita, inclusive, um exemplo antigo, de 1876, do "Tribunal de Apelações Comuns do Condado de Hennepin, Minnesota", que negara tanto a possibilidade de "educação jurídica" quanto as mulheres atuarem como advogadas, sob o argumento de que elas "treinam e educam os mais jovens"[105] e essa atividade era mais importante.

Receio semelhante – de acordo com um relatório de 1925 – explicava a resistência da Faculdade de Direito de Columbia, em Nova Iorque, à admissão de mulheres, na condição de alunas. A explicação para a negativa era no mínimo curiosa, mas fundada em pragmatismo econômico puro e insensível. O corpo docente – enfatizava o relatório – "nunca sustentou que as mulheres não poderiam dominar a aprendizagem jurídica", mas temia que, em sendo elas admitidas na Columbia Law School, "os graduados mais viris e de sangue vermelho" acabariam escolhendo a Harvard Law School!!",[106] para não ter que conviver com o sexo feminino em sala de aula.

Idêntica postura verificava-se nas Escolas de Medicina. Edward H. Clarke, da Harvard Medical School, foi, segundo Ginsburg, "o orador mais conhecido da comunidade médica contra o ensino superior para mulheres" e autor de "influente livro", *Sex in Education*, publicado em 1873, com 17 edições. A ele é atribuída a frase: "Deus me livre de ver homens e mulheres ajudando uns aos outros para mostrar com o bisturi os segredos do sistema reprodutivo..."),[107] além de ter assinalado que os "efeitos fisiológicos do estudo árduo e da competição acadêmica com os meninos interfeririam no desenvolvimento dos órgãos reprodutivos das meninas".[108] Outro autor, e também professor de Medicina, Charles Delucena Meigs, afirmou, em 1848, que, "após cinco ou seis semanas de 'disciplina mental e educacional', uma mulher saudável 'perderia (...) o hábito da menstruação'".[109]

Em resumo, com Ginsburg, quando da criação do VMI e nos anos que se seguiram, o ensino superior "era considerado perigoso para as mulheres; refletindo opiniões

---

[105] *United States v. Virginia*, 518 U.S. 515 (1996). p. 542.
[106] *United States v. Virginia*, 518 U.S. 515 (1996). p. 543-544. Ginsburg cita como fonte a revista *The Nation* de 18 de fevereiro de 1925, p. 173.
[107] *United States v. Virginia*. p. 536 e 544.
[108] *United States v. Virginia*. p. 536.
[109] *United States v. Virginia*. p. 536.

amplamente difundidas sobre o lugar apropriado"[110] do sexo feminino, postura que se refletia na política de ingresso das primeiras instituições de ensino superior, "Harvard em Massachusetts, William e Mary na Virgínia, que admitiam apenas homens".[111]

Tudo isso às vésperas do século XX e proferido por professores de universidades renomadas, o que reforça a constatação de que a resistência da presença feminina no Virginia Military Institute decorria de uma cultura enraizada que disseminava uma suposta fragilidade da mulher para assumir certas posições na sociedade. Cultura que continuou a fazer eco à medida que o século XX avançava, prolongando-se até o suspiro final, sendo superada (pelo menos no caso do VMI) somente por decisão judicial.

Ruth Bader Ginsburg elegeu *United States v. Virginia* um dos mais importantes casos julgados pela Suprema Corte concernente ao avanço dos direitos civis e o considerava, ainda, o seu voto mais relevante proferido no Tribunal Supremo em se tratando de questões relativas à *women's rights arena*.[112]

Assim que foi escolhida para "relatar" o caso, Ginsburg montou, por assim dizer, um gabinete dentro do gabinete. Após a sustentação oral, reuniu seus assessores e escolheu um deles para coordenar as pesquisas (geralmente relacionadas a precedentes) e ficar responsável por alinhavar o esboço (*draft*) do voto para a versão final – a cargo da juíza.

Dois detalhes ficaram acertados desde logo. A argumentação seria construída em torno do tema "igualdade de gênero em instituições públicas", e não especificamente sobre o "futuro da educação dirigida a um único sexo".[113] Isso porque a igualdade de gênero se encaixava com facilidade no princípio da igualdade previsto na Décima Quarta Emenda, especialmente porque o caso VMI resultava de ato de Estado-membro. Se se tratasse genericamente de se discutir a educação dirigida a um único sexo, vale dizer, se seria constitucional ou não, o tema enfrentaria enorme resistência, dentro e fora da Corte.

A segunda questão que Bader Ginsburg percebeu desde logo é que o voto não poderia enveredar pelo escrutínio estrito porque se sabia, de antemão, que, com esse critério de validação, o apoio seria diminuto no tribunal, a começar pela juíza Sandra O'Connor e pelo juiz Anthony Kennedy.[114] Em vez de afastá-los, a estratégia, em verdade, buscou dois casos em que ambos os juízes tiveram voz ativa. Um – *Mississippi Univ. for Women v. Hogan* – foi relatado por O'Connor e decidido em 1982, oportunidade em que a Corte julgou inconstitucional regra da universidade (financiada com recursos do Mississippi) proibitiva de pessoa do sexo masculino cursar Enfermagem.[115] O outro – *J.E.B. v. Alabama* – foi julgado em 1994 e relatado pelo juiz Harry Blackmun (com o voto favorável do juiz Kennedy), caso em que o tribunal decidiu que a impugnação de membros de júri somente em razão de gênero, sem qualquer outro motivo, contrariava

---

[110]   *United States v. Virginia*. p. 536.
[111]   *United States v. Virginia*. p. 537.
[112]   ROSEN, Jeffrey. *Conversations with RBG*: Ruth Bader Ginsburg on Life, Love, Liberty, and Law. New York: Picador, 2020. p. 73-74.
[113]   HART, Jane Sherron De. *Ruth Bader Ginsburg, a Life*. New York: Vintage Books, 2020. p. 341.
[114]   HART, Jane Sherron De. *Ruth Bader Ginsburg, a Life*. New York: Vintage Books, 2020. p. 341.
[115]   458 U.S. 718 (1982).

o princípio da igualdade agasalhado na Décima Quarta Emenda, porque "gênero simplesmente não pode servir como um substituto para o preconceito".[116]

Aproximadamente 15[117] esboços de voto foram escritos e freneticamente discutidos com os membros da Corte. Os que mais se envolveram foram Anthony Kennedy e, ironicamente, Antonin Scalia. Do último Ginsburg recebeu algumas versões, uma delas "um maço de papel arremessado" sobre sua mesa – nas palavras dele (Scalia), era para que ela tivesse condições de respondê-lo "o mais cedo possível". Embora a dita versão tenha "arruinado" o seu fim de semana, Ginsburg ficou-lhe grata por ter tido tempo "extra" para refletir e contestar as observações.[118] Sobre Kennedy, Ginsburg confidenciou que preferiu alterar uma conclusão que ela achava perfeita somente porque ele não endossou.[119]

O testemunho de Ruth Bader Ginsburg merece reflexão, ainda que lateral, porquanto não se constitua objeto do presente estudo. No entanto, o fato é que o compartilhamento de votos, tal como relatado, reforça a convicção de que o processo decisório na Suprema Corte dos Estados Unidos se apresenta bem mais razoável do que o praticado, desde sempre, pelo Supremo Tribunal Federal. No Brasil, a construção do voto tem sido praticamente um ato isolado de cada ministro, um voo solo, com raríssimas exceções de atuação conjunta, na acepção estrita do termo. A construção compartilhada propicia maiorias mais consolidadas, diminui a possibilidade de atritos e mesmo de conflitos e "colega" de tribunal não é surpreendido com o voto do qual ele não fazia ideia para qual direção apontaria.

4.3.1 *"A justificativa deve ser genuína, não hipotética ou inventada"*

4.3.1.1 Padrão de aferição de validade da norma adotado pela Suprema Corte

A frase que dá título ao presente item é de autoria da juíza Ruth Bader Ginsburg e compõe o voto em *United States v. Virginia*. Ela, a frase, diz muito. Para além de um conjunto de palavras dentro de uma opinião, ela tem raízes no padrão de aferição de validade da norma adotado há um bom tempo pela Suprema Corte.

São três os "testes" (*standards*) dos quais a Corte se utiliza ao analisar uma norma, decisão ou comportamento, nas hipóteses de *judicial review*: (i) revisão de base racional (menos rigoroso), (ii) escrutínio intermediário (teste mediano) e (iii) escrutínio estrito (mais rigoroso). Aliás, eles já foram mencionados neste trabalho quando se reproduziu uma passagem do voto do juiz Antonin Scalia, afirmando que, com eles (testes), a Corte era capaz de "avaliar tudo sob o Sol".[120] Scalia lança mão da técnica de desacreditar o

---

[116] 511 U.S. 127 (1994). p. 143.

[117] HART, Jane Sherron De. *Ruth Bader Ginsburg, a Life*. New York: Vintage Books, 2020. p. 342.

[118] RUTH BADER GINSBURG: the Last Interview and Other Conversations. New York: Melville House Publishing, 2020. p. 187. Obs.: o livro não tem autor ou coordenador, somente os nomes de cada um dos entrevistadores.

[119] HART, Jane Sherron De. *Ruth Bader Ginsburg, a Life*. New York: Vintage Books, 2020. p. 342.

[120] *United States v. Virginia*, 518 U.S. 515 (1996). p. 567.

método (o argumento) quando ele é usado em situações que não se apresentam simpáticas a quem não aceita decisão que lhe é contrária.

Como visto no item anterior, o escrutínio estrito não tinha espaço como método de interpretação no caso VMI. A única alternativa plausível era o escrutínio intermediário, que efetivamente foi o utilizado, conforme se verá nos parágrafos seguintes.

O escrutínio intermediário (*intermediate scrutiny*) é um critério de verificação (teste), pelo qual se indaga se a existência da norma atende a um importante propósito. Em outras palavras, o ato normativo para continuar existindo precisa demonstrar que sua adoção atende a critérios relevantes. A postura do VMI – em uma análise preliminar e anterior à propositura da ação pelo governo dos Estados Unidos – aparentemente contrariava a Décima Quarta Emenda, por violação ao princípio da igualdade (*Equal Protection Clause*).

A Décima Quarta Emenda, adotada em 1868, é uma das mais extensas da Constituição dos Estados Unidos e, como já explicado anteriormente, destina-se à proteção de direitos fundamentais, entre eles o da igualdade de todos perante a lei, medida tomada principalmente para proteção dos negros e de estrangeiros (naturalizados), logo após o fim da Guerra Civil. A Suprema Corte tem entendimento consolidado[121] de que temas relativos a raça e nacionalidade necessariamente são submetidos ao escrutínio estrito, por entender que se trata de uma classificação suspeita e, por isso, o nível de exigência sobre a norma é maior. O governo é obrigado a demonstrar que o ato é razoável, necessário e não contraria garantia constitucional prevista na referida emenda.

Além de raça e nacionalidade, a cláusula de igualdade alcança, entre outras situações, as questões de gênero, que suscitam a verificação de constitucionalidade do ato pela via do escrutínio intermediário, indagando se o ato (lei, conduta) cria distinção entre pessoas e se há tratamento diferenciado em decorrência do sexo. Por exemplo: suponha que o Estado do Mississippi aprove uma lei estabelecendo critérios para contratação de "guardas penitenciários", como altura e peso. Há um consenso de que, pela atividade desenvolvida, é desejável que eles tenham compleição física avantajada, desde que a exigência prevista no edital de contratação não seja descabida. Entretanto, essa lei hipotética não poderia exigir que os contratados fossem exclusivamente do sexo masculino, porque, embora algumas mulheres não se adequem ao serviço, não se pode inferir que "todas as" mulheres seriam incapazes de atuar em penitenciárias, até porque alguns homens igualmente não atenderiam aos requisitos.

O exemplo do parágrafo anterior (exigência de contratação de pessoas do sexo masculino) resultaria em ação por discriminação de gênero, violação da XIV Emenda e o critério de verificação de constitucionalidade seria o *intermediate scrutiny* (escrutínio intermediário), em que o Estado teria que demonstrar que o ato normativo que proíbira a contratação em virtude de gênero, vale dizer, que violou o direito fundamental

---

[121] *Adarand Constructors, Inc. v. Peña*, 515 U.S. 200 (1995). Dessa decisão merece destaque a seguinte passagem: "Todas as classificações raciais, impostas por qualquer ator governamental federal, estadual ou local, devem ser analisadas por um tribunal de revisão sob estrito escrutínio" (p. 227).

à igualdade entre os sexos, foi implementado em razão de uma necessidade superior e específica, situação muito mais difícil de ser provada.

Com as adaptações necessárias, essa é a situação analisada em *U.S. v. Virginia*, sintetizada por Ginsburg de forma precisa nesta passagem que impõe seja transcrita por inteiro, em que ela se refere à postura da Suprema Corte a partir do julgamento do caso *Reed*:[122]

> Em 1971, pela primeira vez na história de nossa Nação, este Tribunal decidiu a favor de uma mulher que se queixava de que seu Estado lhe havia negado a proteção da igualdade. Reed v. Reed, 404 U.S. 71. (...) Desde Reed, a Corte reconheceu repetidamente que nem o governo federal nem o estadual atuam de forma compatível com o princípio da igualdade de proteção quando uma lei ou política oficial nega às mulheres, simplesmente porque elas são mulheres, cidadania plena – oportunidades iguais de aspirar, alcançar, participar de contribuir para a sociedade com base em seus talentos e capacidades individuais.[123]

Ainda com Ginsburg, no "pós-Reed", o tribunal passou a "fiscalizar cuidadosamente a ação oficial que fecha uma porta ou nega oportunidade às mulheres (ou aos homens)". Mais que isso, a jurisprudência da Corte evoluiu "desde 1971" no sentido de que "classificações de gênero revelam uma forte presunção de que são inválidas".[124] Nessa linha, a Corte tem decidido – e Ginsburg fez questão de ressaltar – que, ao se deparar com uma situação de "tratamento diferenciado ou da negação de oportunidade[125] para a qual se busca reparação", o "tribunal revisor deve determinar se a justificativa apresentada é 'extremamente persuasiva'", e, nessa hipótese, o "ônus da justificação recai inteiramente sobre o Estado", vale dizer, ele (Estado) tem que provar (com ônus "elevado" e exigência muito maior) que a medida (lei, ato normativo) é necessária e não contraria a Constituição e os parâmetros estabelecidos pela Corte.

Em outras palavras, e com fundamento em outros precedentes,[126] o Estado precisa demonstrar que a classificação por ele adotada e objeto de impugnação (como no VMI) serve a "'importantes objetivos governamentais e que os meios discriminatórios empregados' estão 'substancialmente relacionados com a realização desses objetivos'". Depois de desenvolver todo esse raciocínio esquadrinhado nos parágrafos pretéritos, Ginsburg enfatiza a necessidade de a "justificativa ser genuína" e "não *post hoc* ou inventada em resposta ao litígio", alertando, ainda, que a tal justificativa "não deve depender de generalizações exageradas sobre os diferentes talentos, capacidades ou preferências de homens e mulheres".

---

[122] Ela está a se referir à *Reed v. Reed*, 404 U.S. 71 (1971), o primeiro caso em que a Suprema Corte afirmou que a Décima Quarta Emenda à Constituição dos Estados Unidos proíbe discriminação em razão do sexo da pessoa.

[123] *United States v. Virginia*, 518 U.S. 515 (1996). p. 532.

[124] *United States v. Virginia*, 518 U.S. 515 (1996). p. 532.

[125] Refere-se a "tratamento diferenciado ou negação de oportunidade" de gênero.

[126] *Mississippi Univ. for Women*, 458 U.S. 718 (1982); e *Wengler v. Druggists Mut. Ins. Co.*, 446 U.S. 142 (1980).

Sem reparos à observação de Ruth Bader Ginsburg. Ela deixa claro que qualquer limitação concernente a gênero não pode ser fruto de um capricho ou de uma invencionice fundada direta ou indiretamente em um preconceito, porque, não se pode negar, há aqueles que são preconceituosos e sequer têm consciência de que o são.

Reed v. Reed é um marco na jurisprudência da Suprema Corte. O critério estabelecido nesse julgado é razoável, poder-se-ia dizer "quase" objetivo porque fixou uma fronteira clara, que não pode ser trespassada, uma linha divisória de proteção e proibição. Proteção ao gênero (homem, mulher[127]) contra discriminação de gênero e proibição dirigida aos governos federal e estadual para que não ultrapassem o marco divisor. O rompimento dessa linha imaginária significaria violar o sistema de precedentes, desencadeando reação dos atores envolvidos e/ou prejudicados. Nessa hipótese, o ato normativo violador da igualdade de gênero certamente não teria continuidade, prevalecendo a rede de proteção da Décima Quarta Emenda, da Cláusula de Igualdade e dos precedentes[128] iniciados com "Reed" e confirmados *a posteriori*.

4.3.2 A pouco notada intertextualidade entre os votos de Charles Evans Hughes e Ruth Bader Ginsburg

A Suprema Corte dos Estados Unidos julgou, em 1937, *West Coast Hotel Co. v. Parrish*,[129] um caso emblemático, que pôs fim àquilo que ficou conhecido como *Lochner era*, período em que o Tribunal Supremo invalidou atos normativos que regulavam o comércio e as relações entre patrões e empregados, em uma postura que, para além de endossar o *laissez-faire*, se caracterizava como usurpação de poder – *in casu*, do Legislativo.[130]

Considera-se que esse período de liberdade contratual "ampla, geral e irrestrita"[131] durou até 1937, justamente com a decisão proferida em *West Coast Hotel Co. v. Parrish*.[132]

---

[127] Mais tarde ampliado para a comunidade LGBTQIAPN+.

[128] Embora o sistema legal norte-americano empreste grande importância aos precedentes (*stare decisis*), não existe garantia de que ele não será superado. É uma garantia importante, mas não significa que não seja intransponível. Revogá-lo é uma tarefa difícil, por razões que não cabem ser aqui pormenorizadas.

[129] 300 U.S. 379 (1937).

[130] A terminologia *Lochner Era* advém do caso *Lochner v. New York*, julgado em 1905, em que a Suprema Corte declarou inconstitucional (por violação à liberdade contratual) lei do Estado de Nova Iorque que fixava período máximo de horas de trabalho para padeiros. Embora o caso tenha sido julgado no início do século XX, considera-se que o período *Lochner* é anterior, remonta ao fim do século XIX. Cf. TRIBE, Laurence H. *American Constitutional Law*. 3. ed. New York: Foundation Press, 2000. v. 1. p. 1.343-1.344.

[131] "Ampla, geral e irrestrita" foi o mote utilizado pela oposição no Brasil de 1979 para exigir anistia "ampla, geral e irrestrita" aos presos políticos e/ou exilados políticos, porquanto o governo militar concedera anistia limitada. Cf. RODEGHERO, Carla Simone. *Anistia ampla, geral e irrestrita*: história de uma luta inconclusa. Santa Cruz do Sul: Universidade de Santa Cruz do Sul, 2011.

[132] Cf. SCHWARTZ, Bernard. *A History of the Supreme Court*. New York: Oxford University Press, 1993. p. 244.

Coube ao presidente da Suprema Corte, Charles Evans Hughes, a redação do voto em nome da maioria, voto que significou o *overruling* da citada Era Lochner. A certa altura ele asseverou: "o que pode estar mais próximo do interesse público do que a saúde das mulheres e sua proteção contra empregadores trapaceiros e inescrupulosos?".[133]

Parafraseando o grande juiz – que também governou o Estado de Nova Iorque – o que pode estar mais próximo ao interesse público do que a educação de qualidade para o sexo feminino, em condições de igualdade daquela ofertada aos homens?

Parece evidente que o texto de 1937 (*West Coast Hotel Co. v. Parrish*) e o de 1996 (*United States v. Virginia*) conversam entre si, se não em muitos aspectos, pelo menos naquilo que é mais essencial.

A decisão que antecedeu o início da Segunda Guerra Mundial afastou (mitigou) o descaso com a classe trabalhadora, com as minorias, com – para lembrar Juan Domingo Perón – os "descamisados" daquele período particularmente duro em que o país ainda sofria com as consequências da Grande Depressão, e a Suprema Corte – antes de *West Coast Hotel* – enamorava-se com o grande capital e com o liberalismo econômico enraizado em parte da sociedade norte-americana.

Em 1996, a Corte deu mais um passo para diminuir o fosso do tratamento dispensado entre os sexos. O tribunal caminhou para solucionar um problema que se arrastava por décadas, qual seja, a proibição de admissão de mulheres em uma faculdade de excelência como o Virginia Military Institute; e o fez de modo muito corajoso, com o apoio de conservadores[134] e com a oposição de um dos mais talentosos conservadores, o juiz Antonin Scalia.

Os casos conversam, ainda que indiretamente, o que não diminui a intertextualidade. No primeiro, a Corte reverteu um precedente (*Lochner v. New York*) e restaurou a autoridade do Legislativo. No segundo, ela corrigiu a inércia do Legislativo do Estado da Virginia e criou precedente (*stare decisis*) para todo o país. Pelas mãos de Ginsburg, ela foi ainda mais protagonista do que em *West Coast Hotel Co. v. Parrish*, porque avançou com a agenda em busca da igualdade entre homens e mulheres e o fiel cumprimento do mandamento constitucional previsto na Cláusula de Igualdade da Décima Quarta Emenda.

5.   O "PRECEDENTE" *UNITED STATES V. VIRGINIA* EM DUAS SABATINAS NO SENADO DOS ESTADOS UNIDOS

A importância de *United States v. Virginia* pode ser mensurada levando-se em conta alguns aspectos, como citações em decisões judiciais e artigos acadêmicos e, ainda, menções na apreciação pelo Senado dos nomes de indicados para a Suprema Corte.

---

[133]   300 U.S. 379 (1937). p. 398.

[134]   O resultado de *U.S. v. Virginia* confirma que o conservadorismo nem sempre é ruim ou significa atraso. Uma decisão pode ser conservadora e ser positiva. Por outro lado, juízes conservadores podem votar e construir consensos com os liberais. Diz Antonio Prata, com o talento que lhe é peculiar: "Conservadorismo e progressismo não são bons nem maus por si só. Tudo depende do que se pretende conservar, onde se quer progredir" (PRATA, Antonio. Conservadores do mundo: uni-vos! *Folha de S.Paulo*, 26.03.2022. Disponível em: https://www1.folha.uol.com.br/colunas/antonioprata/2022/03/conservadores-do-mundo-uni-vos.shtml. Acesso em: 26.03.2022).

A decisão que varreu do mapa a tradição mais que centenária do Virginia Military Institute foi diretamente mencionada em outubro de 2020, na sabatina da juíza Amy Coney Barrett, indicada por Donald Trump, e também na de Ketanji Brown Jackson, indicada por Joe Biden, em abril de 2022. Isso para citar somente as duas indicações mais recentes, que, por sinal, quebram paradigmas. A de Coney Barrett um paradigma, por assim dizer, "contemporâneo", porque é a primeira vez em mais de uma década que alguém se torna juiz da Corte mais importante do país sem ter obtido a graduação em Direito em Harvard ou na Yale Law School;[135] Coney Barrett estudou na University of Notre Dame.[136]

No caso de Ketanji Brown Jackson, a quebra de paradigma é ainda mais impressionante e de maior impacto, porque nunca antes uma mulher negra havia sido indicada para compor a Suprema Corte dos Estados Unidos. A indicação de Biden, concretizada em fevereiro de 2022, é a primeira em mais de dois séculos de existência da Corte.[137]

Paradigmas à parte, o fato concreto consiste em duas juízas, integrantes de cortes de apelações, indicadas para o tribunal mais relevante do país, ambas sendo questionadas sobre *United States v. Virginia*, por senadores dos dois principais partidos, com perguntas de fundo ideológico e de interesses díspares.

5.1 Amy Coney Barrett – 2020

Os democratas tentando, em vão, descobrir se o "originalismo" de Amy Coney Barrett de alguma forma poderia ser ameaça a decisões como *United States v. Virginia*. Os republicanos em busca de saber se Ketanji Brown Jackson é entusiasta da *living Constitution* ou, nas hipóteses de relações raciais, da *critical race theory*.

---

[135] KOWARSKI, Ilana. Where Supreme Court Justices Earned Law Degrees. *US News and World Report*, 07.04.2022. Disponível em: https://www.usnews.com/education/best-graduate-schools/top-law-schools/articles/where-supreme-court-justices-earned-law-degrees. Acesso em: 14.04.2022. Ver também: STRAUSS, Valerie. The "cloistered" Harvard-Yale law monopoly on the Supreme Court. *The Washington Post*, 10.07.2018. Disponível em: https://www.washingtonpost.com/news/answer-sheet/wp/2018/07/10/the-cloistered-harvard-yale-law-monopoly--on-the-supreme-court/. Acesso em: 20.07.2018. Com a aposentadoria do juiz John Paul Stevens, em junho de 2010, até a posse de Amy Coney Barrett, em 27 de outubro de 2020, todos os juízes da Suprema Corte dos Estados Unidos eram graduados pela Harvard Law School ou pela Yale Law School. É bem verdade que Ruth Bader Ginsburg concluiu o curso de Direito na Columbia Law School, em Nova Iorque, mas sua origem é Harvard, vale dizer, começou a estudar Direito em Harvard. Mudou-se de Cambridge para a cidade que nunca dorme porque seu esposo passou a atuar em um grande escritório de advocacia tributária. Cf. DALIN, David G. *Jewish Justices of the Supreme Court*: From Brandeis to Kagan – Their Lives and Legacies. Lebanon (NH): University Press of New England, 2017. p. 249.

[136] MCGURN, William. Amy Coney Barrett and the Ivies. *The Wall Street Journal*, 12.10.2020. Disponível em: https://www.wsj.com/articles/amy-coney-barrett-and-the-ivies-11602540286. Acesso em: 12.10.2020.

[137] GREENHOUSE, Linda. What Kind of Story Will Ketanji Brown Jackson Tell Her Fellow Justices? *The New York Times*, 04.03.2022. p. 7. Disponível em: https://www.nytimes.com/2022/03/04/opinion/supreme-court-biden-jackson.html?action=click&module=RelatedLinks&pgtype=Article. Acesso em: 04.03.2022.

Especificamente sobre *United States v. Virginia*, é sintomático que, passados mais de 20 anos desde o histórico acórdão, ainda esteja presente, em alguns, um desejo – disperso, meio escondido, meio envergonhado – em modificá-la, não obstante o acerto da decisão, o que se comprova pelo prestígio preservado desde que as mulheres passaram a ser admitidas no Virginia Military Institute.

Em 2020, o senador Sheldon Whitehouse, democrata de Rhode Island, indagou, por escrito,[138] a Amy Barrett se ela achava que o "originalismo" apoiava a "opinião majoritária da juíza Ginsburg em *United States v. Virginia*". A resposta foi simples, curta e direta, disse ela: "*United States v. Virginia* é um precedente da Suprema Corte protegido pela doutrina do *stare decisis*".

Sem se referir diretamente a *U.S. v. Virginia*, em seguida ele perguntou se "o originalismo apoia que qualquer discriminação com base em gênero seja considerada inconstitucional sob a Cláusula[139] de Igualdade de Proteção".[140] Barrett respondeu que, em "*United States v. Virginia*, a Suprema Corte considerou que a política de admissões apenas para homens do Virginia Military Institute violou a Cláusula de Proteção Igual da Décima Quarta Emenda". Essa decisão, completou a juíza graduada pela Universidade de Notre Dame, "assim como muitas outras decisões da Suprema Corte que submetem classificações baseadas no sexo a um escrutínio intensificado, são precedentes" que reclamam o "respeito sob a doutrina do *stare decisis*".[141]

Importante destacar que o fato de ser precedente e se submeter ao *stare decisis* não significa imutabilidade, seja porque a Corte tem assim considerado, seja porque a própria Amy Coney Barrett, convicta, faz questão de deixar muito claro, como bem demonstra resposta à indagação da senadora *Dianne Goldman Feinstein, democrata da Califórnia, que havia perguntado sobre em que circunstâncias ela seguiria ou não precedente da Suprema Corte. A juíza respondeu que*, "ao longo da história", nenhum *juiz* "manteve a posição de que anular um caso nunca é apropriado". Se assim o fosse,

---

[138] Perguntas escritas, formuladas por senadores, são comuns na avaliação senatorial de juízes nos Estados Unidos.

[139] A Cláusula de Igualdade de Proteção (*Equal Protection Clause*) está prevista na 14ª Emenda, de 1868. Essa cláusula se dirigiu principalmente aos estados, que, depois da Abolição da escravidão, deram início a um processo de discriminação sistemática, sobretudo no Sul do país. A Suprema Corte diminuiu seu alcance em *Plessy v. Ferguson* (1897) e corrigiu o erro ao julgar, por unanimidade, inconstitucional a segregação (*Brown v. Board of Education*), em 1954.

[140] SENATE JUDICIARY COMMITTEE. *Nomination of Amy Coney Barrett to the U.S. Supreme Court.* Questions for the Record. Submitted October 16, 2020. Pergunta do Senador Sheldon Whitehouse. Disponível em: https://www.judiciary.senate.gov/imo/media/doc/Barrett%20 Responses%20to%20QFRs.pdf. Acesso em: 10.04.2022.

[141] SENATE JUDICIARY COMMITTEE. *Nomination of Amy Coney Barrett to the U.S. Supreme Court.* Questions for the Record. Submitted October 16, 2020. Resposta da juíza Amy Coney Barrett à pergunta formulada pelo senador Sheldon Whitehouse. Disponível em: https://www.judiciary.senate.gov/imo/media/doc/Barrett%20Responses%20to%20QFRs.pdf. Acesso em: 10.04.2022.

"decisões errôneas como *Plessy v. Ferguson* ainda poderiam ser a lei do país". Coney Barrett arremata afirmando que "aplicaria fielmente a doutrina do *stare decisis* como articulada pela Suprema Corte, sob a qual os tribunais não rompem precedentes estabelecidos sem uma razão muito boa para fazê-lo".[142]

A condicionante "sem uma razão muito boa para fazê-lo" é abstrata o bastante para se imaginar uma miríade de possibilidades de alteração de decisões "polêmicas" da Suprema Corte que, no entender do intérprete, não se enquadrem naquilo que se convencionou chamar de "superprecedente". Felizmente, a abertura que Amy Coney Barrett parece enxergar, ou desejar (ou ambas as coisas), não é assim tão fácil de ser implementada. Primeiro porque o sistema legal estadunidense preza e preserva o precedente. Segundo porque, a depender dele, de seu teor e sua importância, é preciso muito mais do uma "boa" razão para o *overruling*; é preciso amadurecimento da ideia, posição doutrinária favorável e robusta, e, principalmente, convencimento dos pares, vale dizer, de cinco dentre nove juízes. Todos esses ingredientes, pouco mais, pouco menos, serão decisivos para a superação do precedente.

5.2 Ketanji Brown Jackson – 2022

Quase dois anos depois de Amy Coney Barrett, a presença de *United States v. Virginia* no Comitê Judiciário do Senado era renovada na análise de outra indicada para a Corte de John Marshall. Dessa feita na sabatina da juíza Ketanji Brown Jackson, como já observado, a primeira mulher negra indicada para o Tribunal Supremo.

O *script* de 2020 foi repetido em 2022, embora com outra tonalidade e desiderato. Se na de Barrett a preocupação (de senadores democratas) residia em saber se o caso envolvendo o Virginia Military Institute poderia sofrer retrocesso, indagação que alcançava, por óbvio, casos similares (apesar de não mencionados), na de Brown Jackson o foco era outro. A artilharia dos republicanos mirou o mesmo caso, no entanto com o objetivo de saber se a postura adotada por Ruth Bader Ginsburg (RBG) no *United States v. Virginia* poderia ser repetida por Ketanji Brown Jackson (KBJ) em situações semelhantes, vale dizer, até que ponto Brown Jackson se filiava à teoria da *living Constitution* e, por conseguinte, desconsiderava o textualismo?[143] Em outras palavras, qual o grau de aderência à primeira (teoria) e de distância da segunda?

---

[142] SENATE JUDICIARY COMMITTEE. *Nomination of Amy Coney Barrett to the U.S. Supreme Court*. Questions for the Record. Submitted October 16, 2020. Resposta da juíza Amy Coney Barrett à pergunta formulada pela senadora *Dianne Goldman Feinstein*. Disponível em: https://www.judiciary.senate.gov/imo/media/doc/Barrett%20Responses%20to%20QFRs.pdf. Acesso em: 10.04.2022.

[143] Duas frases proferidas pela juíza Ketanji Brown Jackson, durante a sabatina no Senado, foram responsáveis por uma enxurrada de artigos e notas de jornais nos dias que se seguiram. Ela afirmou, com todas as letras, que a "Constituição era fixa (estática) no seu significado" (*I believe that the Constitution is fixed in its meaning*) e completou, com uma frase mais longa, no sentido de que acreditava ser "apropriado olhar para a intenção original, o significado público original das palavras..." (*I believe that it's appropriate to look at the original intent, original public meaning*) (BARNETT, Randy E. Ketanji Brown Jackson and the Triumph of

O senador republicano Ben Sasse, do Nebraska, formulou uma pergunta curta e objetiva à juíza Jackson: "7. *United States v. Virginia* foi decidido corretamente?".[144] A indagação, como outras formuladas pelo senador Sasse e por outros senadores,[145] a exemplo de Chuck Grassley (Iowa) – também republicano e conservador como seu colega de bancada –, tinha destino e motivação certos: testar a aderência ou não da indicada à teoria da "contenção judicial" e, a depender das respostas, colher dados, deslizes, para explorar o seu (sic) "radicalismo". Essa observação é reforçada pelo teor de outras perguntas,[146] relativas a *Roe v. Wade* e *Brown v. Board of Education*, elaboradas por ambos os senadores.

Originalism. *The Wall Street Journal*, 24.03.2022. Disponível em: https://www.wsj.com/articles/ketanji-brown-jackson-and-the-triumph-of-originalism-public-meaning-testimony-hearing--supreme-court-11648151063. Acesso em: 24.03.2022). Ao que parece, Brown Jackson usou o "originalismo" com recurso retórico, como "um" dos elementos de interpretação, a ser conjugado com outros. É o que se depreende de resposta à pergunta formulada pelo Senador Mike Lee, Republicano do Estado de Utah, sobre qual seria sua filosofia jurídica. Brown Jackson respondeu que não tinha uma filosofia jurídica de "*per se*, a não ser aplicar o mesmo método de análise minuciosa para cada caso, independentemente das partes". Sobre a pergunta do senador Lee, consultar UNITED STATES SENATE COMMITTEE ON THE JUDICIARY QUESTIONNAIRE FOR JUDICIAL NOMINEES. *Attachments to Question 12 (a) Ketanji Brown Jackson Nominee to be Associate Justice of the Supreme Court of the United States*. Disponível em: https://www.judiciary.senate.gov/imo/media/doc/Jackson%20SJQ%20Attachments%20Final.pdf. Acesso em: 06.04.2022. Especificamente sobre o "originalismo" de Brown Jackson, há um artigo do Professor Vermeule, escrito em parceria, que merece ser lido, embora um pouco descortês com a juíza: CASEY, Conor; VERMEULE, Adrian. If every judge is an originalist, originalism is meaningless. *The Washington Post*. 25.03.2022. Disponível em: https://www.washingtonpost.com/outlook/2022/03/25/if-every-judge-is-an-originalist-originalism-is-meaningless/. Acesso em: 25.03.2022.

[144] No original: 7. *Was United States v. Virginia correctly decided?* Importante ressaltar que o citado senador não indagou somente sobre esse caso, outros (todos sensíveis, vale dizer, polêmicos) também foram objeto de perguntas. Consultar: UNITED STATES SENATE COMMITTEE ON THE JUDICIARY QUESTIONNAIRE FOR JUDICIAL NOMINEES. *Attachments to Question 12 (a) Ketanji Brown Jackson Nominee to be Associate Justice of the Supreme Court of the United States*. Disponível em: https://www.judiciary.senate.gov/imo/media/doc/Jackson%20SJQ%20Attachments%20Final.pdf. Acesso em: 06.04.2022. O número da página deixa de ser mencionado porque não há um sequenciamento no documento pesquisado, algumas páginas com número, outras (a maioria) sem.

[145] Por escrito e principalmente nas perguntas presenciais. Alguns deles inclusive tiveram comportamento descortês – e às vezes até um tanto quanto agressivo – com a juíza Ketanji Jackson, entre eles Tom Cotton, Ted Cruz e Josh Hawley. Com variação nas abordagens, esses senadores afirmaram (ou insinuaram) que ela era (em suas sentenças ou atuação como defensora pública) condescendente com criminosos, "especialmente" com pedófilos, além de ser supostamente fiel à educação radicalizada, referindo-se à denominada *Critical Race Theory*. Cf. WEISMAN, Jonathan; ULLOA, Jazmine. *Judging a Judge on Race and Crime, G.O.P. Plays to Base and Fringe. The New York Times*, 23.03.2022. Section A. p. 1.

[146] Embora não tenha mencionado *U.S. v. Virginia*, o Senador Grassley fez a seguinte pergunta: "*Brown v. Board of Education* foi decidido corretamente?". Idêntica indagação foi repetida sobre casos polêmicos, tais como: *Loving v. Virginia* (1967), *Griswold v. Connecticut* (1965),

Ketanji Jackson foi elegante e precisa na resposta, igualmente por escrito. Disse que, na condição de juíza federal (cargo que ela desempenhava quando sabatinada) em exercício, "todos os pronunciamentos da Suprema Corte são obrigatórios", no sentido do dever de segui-los. Acrescentou que, de acordo com o "Código de Conduta para Juízes dos Estados Unidos", ela tinha o dever de se "abster de criticar a lei[147] que rege suas decisões", porque do contrário criaria "a impressão de que o juiz teria dificuldade em aplicar a lei obrigatória às suas próprias decisões". Assinalou, por fim, que outros candidatos a cargos judiciais igualmente concluíram ser "inapropriado comentar os méritos ou deméritos dos precedentes vinculantes da Suprema Corte".[148]

A postura da juíza Jackson, nesse particular, encontra-se em harmonia com a jurisprudência da Corte e com a tradição do *common law*. Em *Halliburton Co. v. Erica P. John Fund, Inc.*, a Corte sediada em Washington reiterou – pelas mãos do *Chief Justice* John Roberts – a relevância do precedente e a exigência de uma "justificativa especial" para superá-lo, sem ela a decisão anterior deve prevalecer: "Antes de derrubar um precedente há muito estabelecido, no entanto, exigimos 'justificativa especial', não apenas um argumento de que o precedente foi decidido erroneamente".[149]

Em resumo, e com todas as letras: *United States v. Virginia* é precedente e como tal deve ser considerado, não há que se cogitar seu *overruling*, ainda que isso seja possível, dentro das balizas de há muito fixadas pela Suprema Corte, balizas que, convém ressaltar, militam em favor da manutenção do precedente.

6. CONCLUSÃO PARCIAL

Antonin Scalia e Ruth Bader Ginsburg costuraram dois votos diametralmente opostos, que revelam como cada um deles enxergava as atribuições da Corte, os métodos de interpretação, a posição da mulher e o evolver da sociedade norte-americana de forma bastante antagônicas, embora, como já observado, fossem grandes amigos.

Roe v. Wade (1973), *Planned Parenthood v. Casey* (1992), *District of Columbia v. Heller* (2008). A motivação, como dito, era clara: suscitar polêmica e eventualmente pinçar algumas palavras na resposta a fim de satisfazer o eleitorado conservador nesses estados.

[147] "Lei" porque a decisão da Suprema Corte vincula como se lei fosse, embora não tenha a formalidade do ato oriundo do Poder Legislativo.

[148] Consultar: UNITED STATES SENATE COMMITTEE ON THE JUDICIARY QUESTIONNAIRE FOR JUDICIAL NOMINEES. *Attachments to Question 12 (a) Ketanji Brown Jackson Nominee to be Associate Justice of the Supreme Court of the United States.* Disponível em: https://www.judiciary.senate.gov/imo/media/doc/Jackson%20SJQ%20Attachments%20Final.pdf. Acesso em: 06.04.2022. O número da página deixa de ser mencionado porque não há um sequenciamento no documento pesquisado, algumas páginas com número, outras (a maioria) sem.

[149] *Halliburton Co. v. Erica P. John Fund, Inc.*, 573 U.S. 258 (2014). A decisão foi favorável à autora, a empresa Halliburton, e tomada pela unanimidade dos integrantes da Corte. No entanto, houve divergência pontual com relação à abordagem e a trechos do voto do *Chief Justice* John Roberts, por isso é considerado o placar de 6 a 3, com votos complementares (*concurrence*) de autoria de Ruth Bader Ginsburg (com apoio de Sonia Sotomayor e Stephen Breyer) e de Clarence Thomas (apoiado por Antonin Scalia e Samuel Alito).

O voto de Scalia, ainda que ele não tenha dito, e, em verdade, não é comum dizê--lo ou organizá-lo, tem quatro grandes eixos. No primeiro, ele realça a tradição como valor histórico, fundamental e com repercussão jurídica. Já o segundo versa sobre os critérios de interpretação (escrutínio de "base racional", escrutínio intermediário, e escrutínio rigoroso) que ele critica, trata-os com ironia, mas conclui assinalando que, no caso envolvendo o Virginia Military Institute, é equivocada a via escolhida pela Suprema Corte. O terceiro eixo, por sua vez, tem relação com a vantagem (sempre no entendimento de Scalia) da educação, das instituições de ensino destinadas a um único sexo. Por fim, no quarto eixo, Scalia enfatiza o "método adversativo", que diz respeito ao ensino, essencial ao VMI e a ele umbilicalmente ligado, sua marca registrada; símbolo da masculinidade que seria ameaçado (o símbolo, a marca, o método) caso ele restasse alterado para se adaptar ao sexo feminino.

Em nenhum momento, reitere-se, Scalia faz uma divisão estanque do voto de modo que enfrente esse ou aquele argumento. Eles vão se sucedendo, sem partes definidas, sem subtítulos, mas a leitura espaçada do voto conduz à conclusão mencionada no parágrafo anterior. Os tais quatro eixos se entrelaçam; em alguns momentos caminham juntos, como se constata na parte do voto em que critica os métodos de interpretação e fala da importância da tradição e de o Judiciário não invadir competência legislativa.

Antes mesmo de assumir a vaga de William Rehnquist na Suprema Corte, o juiz Scalia já era conhecido[150] pelo seu acendrado conservadorismo, certa feita definido como estilo "Antigo Testamento".[151] *United States v. Virginia* é um dos vários exemplos a confirmar essas observações e simultaneamente fornecer um panorama real desse ultraconservadorismo do juiz de profunda devoção católica, pai de nove filhos, um deles padre. No caso envolvendo o VMI, ele afirmou que a Corte utilizava "testes" (*scrutinies*) muito amplos concernentes à aferição de constitucionalidade e, por isso, encontrava-se dotada de jurisdição que lhe possibilitava "avaliar tudo sob o Sol". As tradições precisavam ser mantidas, especialmente em uma instituição como o VMI, com mais de um século e meio de existência. Ademais, a admissão de pessoas do sexo feminino significava a destruição de um ensino de alta qualidade e de treinamento de alta performance. O sexo feminino não suportaria o "método adversativo"; com isso, ele teria que ser alterado, o VMI perderia parte de sua alma ou ela por inteiro.

O apego ao passado, o exagero vernacular e o texto de tintas fortes fazem parecer que, nesse voto, Scalia, também conhecido pelo apelido de "Nino", se vestiu de Henri Matisse

---

[150] Menos de um ano de sua posse como juiz da Suprema Corte dos Estados Unidos, Scalia já era definido como um "ultraconservador". Mesmo considerando que, antes de ter assento no tribunal máximo do Judiciário estadunidense, Scalia já vinha atuando como juiz da Corte de Apelação em Washington, é digno nota que sua marca conservadora já fosse conhecida nacionalmente. Cf. MANN, Judy. Say no to Bork. *The Washington Post*, 08.07.1987. Disponível em: https://www.washingtonpost.com/archive/local/1987/07/08/say-no-to-bork/f3bec959-9bff-4f31-b0a8-4d26669356f1/. Acesso em: 02.01.2023.

[151] DOWD, Maureen. Nino's Opéra Bouffe. *The New York Times*, 29.06.2003. Disponível em: https://www.nytimes.com/2003/06/29/opinion/nino-s-opera-bouffe.html. Acesso em: 30.06.2003.

e seu fovismo de cores fortes, com o vermelho sempre presente, na definição do gênio francês do início do século XX.[152] Diferentemente do autor de *Jeu de boules*,[153] a "obra" de Scalia, vale dizer, o voto no caso VMI, não fez história e não deixou trilha de sabedoria.[154]

Ruth Bader Ginsburg disse, com o *black robe*, aquilo que já vinha dizendo desde que se tornou advogada, professora de Direito e defensora das minorias, especialmente das mulheres.

A heroína de carne, osso e corpo franzino elaborou um voto bem redigido, objetivo, rico em detalhes e argumentos. Talvez não seja épico, talvez não integre a galeria dos mais importantes da Suprema Corte, mas seguramente é um voto que ostenta a condição de ser mais um tijolo na construção do experimento constitucional dos Estados Unidos da América.

Essas qualidades facilitaram a costura de apoios entre os conservadores.

Ainda que não o faça de forma explícita, o voto chama a atenção para a crueldade da discriminação, *in casu*, de gênero, ao suprimir às mulheres, durante mais de um século, direito constitucional a ter acesso a ensino público de qualidade, oportunizado somente a pessoas do sexo masculino. Nesse particular, a decisão da Corte tem um impacto social bastante significativo, além de contribuir no aspecto psicológico coletivo de muitas mulheres: autoestima, sensação de igualdade, de conquista, de vitória, de ampliação das oportunidades de educação e crescimento profissional.

O fato concreto é que a tradição que se pretendia perpetuar, vocalizada no voto de Antonin Scalia, era um anacronismo sem espaço em uma América que 40 anos antes já havia superado[155] a segregação racial, igualmente pelas mãos da Suprema Corte, em *Brown v. Board of Education* (1954). Voto solitário, rancoroso, com um quê de misoginia e incapaz de encontrar seguidores nas hostes conservadoras de uma Corte à época, como hoje, dominada por eles.

Prevaleceu a Constituição, as razões elencadas por Ginsburg, que conseguiu demonstrar que a tradição não poderia servir como biombo para perpetuação de

---

[152] "Fauvismo é quando o vermelho está presente" (BRODSKAIA, Nathalia. *The Fauves*. New York: Parkstone Press International, 2020. p. 28). Tradução nossa. No original: *Fauvism is when there is a red*. Fauvismo e fovismo são expressões sinônimas.

[153] *Jogo de bocha*, de Matisse, quadro pintado em 1908. Trata-se de uma das obras mais importantes da arte fauvista.

[154] Antonin Scalia é autor de votos importantes e tem efetiva e larga contribuição ao Direito. Contudo, é autor de votos marcadamente contra minorias e direitos sociais. *United States v. Virginia Military Institute* é um deles.

[155] Superado do ponto de vista legal em decorrência da decisão da Suprema Corte, que varreu a discriminação institucionalizada nas escolas, com repercussão positiva em outras áreas. É sabido que em outros aspectos do cotidiano dos afrodescendentes políticas discriminatórias permaneceram, o que se confirma com o Movimento dos Direitos Civis da década de 1960 deflagrado por ações como a de Rosa Parks e liderado por Martin Luther King, entre outros. Ainda nos anos que correm a discriminação se faz presente em bolsões de vários estados-membros, o que parece indicar que a luta contra a segregação é permanente e está longe de se considerar ultimada.

privilégios originários de uma época em que o negro era considerado coisa e sequer podia litigar em juízo (*Dred Scott v. Sandford*, 1857), de modo que não fazia sentido (150 anos depois e algumas conquistas) a manutenção de escolas públicas destinadas a um único sexo, fundamentadas em generalizações que não encontravam mais espaço às vésperas do século XXI.

United States v. Virginia não resolve em definitivo a discriminação contra mulheres nos Estados Unidos, sequer almejou essa pretensão. Ainda há muito a se fazer, do mesmo modo que *Brown v. Board of Education* não varreu a discriminação racial, mas foi e continua sendo um passo importante, concreto, real, para a integração entre brancos e negros nos Estados Unidos, propiciando uma inserção mais ampla do afrodescendente na vida social e econômica do país.

Uma e outra (discriminação de raça e gênero) são culturais, integram os hábitos e a história de grupos sociais em diferentes países; anormalidade de diferentes tons e intensidade.

Essa constatação não diminui a certeza de que o caso VMI é mais um degrau vencido em uma escada que se apresenta com outros degraus ainda a serem alcançados para que se possa abrandar a distância ou, quem sabe, chegar à sonhada igualdade plena.

É tarefa de todos, da sociedade e dos poderes constituídos. A Suprema Corte dos Estados Unidos tem sido um ator importante, consoante se acredita tenha sido demonstrado neste trabalho.

Capítulo IV
LEDBETTER V. GOODYEAR TIRE. DECISÃO ULTRACONSERVADORA, TEXTUALISMO LEVADO ÀS ÚLTIMAS CONSEQUÊNCIAS E DESCONSIDERAÇÃO DE PRECEDENTES DO TRIBUNAL. VOTO DISSIDENTE QUE FEZ HISTÓRIA E INFLUENCIOU ALTERAÇÃO LEGISLATIVA DE FUNDA RELEVÂNCIA

1. CHARLES GOODYEAR

Charles Goodyear é um dos grandes inventores norte-americanos, químico autodidata, dedicou sua vida a experimentos com o látex. "Passava os dias mexendo, fervendo, amassando", havia se transformado "em um laboratório ambulante"; "Goodyear era borracha".[1] Contudo, diferentemente dos outros, ou de grande parte deles, o senhor Goodyear levou uma vida de dificuldades, seja em razão das contingências da vida, seja por desorganização financeira.[2]

---

[1] SLACK, Charles. *Noble Obsession*: Charles Goodyear, Thomas Hancock, and the Race to Unlock the Greatest Industrial Secret of the Nineteenth Century. New York: Hyperion Books, 2002. p. 7.
[2] SLACK, Charles. *Noble Obsession*: Charles Goodyear, Thomas Hancock, and the Race to Unlock the Greatest Industrial Secret of the Nineteenth Century. New York: Hyperion Books, 2002. p. 8.

Concluiu sua jornada aos 59 anos, pobre e sem o reconhecimento em vida de sua mais relevante criação, a borracha vulcanizada,[3] cuja patente obteve nos Estados Unidos em 1844. Nesse ano, o inglês Thomas Hancock – seu contemporâneo e adversário – conseguiu idêntica patente na Inglaterra, naquilo que os historiadores conjecturam ter ingredientes robustos de apropriação indevida, considerando que Goodyear ingenuamente entregou a fórmula para um conhecido de Hancock.[4]

2. *GOODYEAR TIRE & RUBBER CO.*

A fabricante de pneus Goodyear Tire & Rubber Company foi fundada em 1898, 38 anos depois da morte de Charles Goodyear, por uma pessoa que ele nunca conheceu e em uma cidade que ele nunca visitou, respectivamente, Franklin Seiberling e Akron, Ohio.[5] O nome da companhia é uma homenagem àquele que em vida pesquisou, persistiu, lutou e revolucionou um setor da indústria que ainda permanece fundamental para a economia do planeta.

Charles Goodyear fez história na primeira metade do século XIX com suas invenções, sendo a principal delas a vulcanização, modificação da borracha natural emprestando-lhe mais elasticidade, dureza e resistência. No início do século XXI, a companhia de pneus Goodyear esteve do lado errado da história. Não se pode asseverar que sempre esteve, mas pelo menos em uma ocasião, quando fez vistas grossas para discriminação de gênero no ambiente de trabalho, permitindo que uma funcionária sofresse bullying, recebesse remuneração inferior aos seus colegas homens e não tivesse acesso à promoção, em 19 anos de atividade na empresa.

3. CLÁUSULA DE IGUALDADE, SEGREGAÇÃO RACIAL E DE GÊNERO

O século XXI avançava para completar sua primeira década e a Suprema Corte dos Estados Unidos proferia decisão que rasgava a XIV Emenda e flertava com o passado sombrio, aquele do período imediatamente posterior ao fim da Guerra Civil.

---

[3] Em apertada síntese, Goodyear foi o primeiro a conseguir modificar e "estabilizar" o látex e, com isso, produzir um tipo de borracha mais resistente, capaz de suportar as mudanças de temperatura, dentre outras vantagens. Trata-se de uma das descobertas mais importantes da história da humanidade, aquela que literalmente faz o mundo se mover.

[4] Charles Slack, referindo-se ao período anterior ao registro da patente, formula perguntas que Hancock provavelmente deve ter feito: "como o americano não obteve nenhuma patente de tal descoberta? Como ele poderia ser tão tolo a ponto de ceder amostras sem proteção?". O autor admite que a versão que atribui a Hancock ter-se aproveitado da fórmula descoberta por Goodyear tem sido objeto de "debate, defensividade, acusações raivosas e negações que se estendem pelo Atlântico e vice-versa". Ao final afirma que "Thomas Hancock olhou para as amostras em suas mãos e viu o futuro do mundo industrial olhando para ele" (SLACK, Charles. *Noble Obsession*: Charles Goodyear, Thomas Hancock, and the Race to Unlock the Greatest Industrial Secret of the Nineteenth Century. New York: Hyperion Books, 2002. p. 6).

[5] SLACK, Charles. *Noble Obsession*: Charles Goodyear, Thomas Hancock, and the Race to Unlock the Greatest Industrial Secret of the Nineteenth Century. New York: Hyperion Books, 2002. p. 2.

Em 2007, a Corte sediada em Washington-DC usou de textualismo estrito, no melhor estilo Antonin Scalia, embora pelas mãos de Samuel Alito, para desacolher pedido de quebra do princípio da Cláusula de Igualdade, formulado por Lilly Ledbetter contra a fabricante de pneus Goodyear, naquilo que se tornou conhecido como o caso *Ledbetter v. Goodyear Tire*, um marco a realçar a permanência da discriminação de gênero nos Estados Unidos.

Antes de discorrer especificamente sobre esse caso, convém situar a Cláusula de Igualdade (*Equal Protection of Laws*), acolhida na XIV Emenda à Constituição dos Estados Unidos. É importante ter um panorama desse princípio no direito estadunidense, advertindo-se que descabe análise alongada sobre a manifestação do Constituinte Derivado, seja porque é uma das mais consequenciais emendas aprovadas à Constituição de 1787, seja porque não é o objetivo deste trabalho.

A vitória dos estados do Norte sobre os do Sul e a aprovação da emenda constitucional (XIII) que aboliu a escravidão são os resultados mais conhecidos e festejados do fim da Guerra Civil. Entretanto, a resistência dos vencidos e a cultura da suposta superioridade racial impregnada nas mentes e nos corações de muitos, do Norte e, especialmente, do Sul, diminuíram a amplitude da vitória unionista contra os confederados. O resultado é conhecido: a adoção de instrumentos normativos que buscaram e, em grande parte, conseguiram solapar a ideia de uma efetiva abolição da escravatura e/ou de igualdade racial.

A segregação racial, adverte Steve Luxenberg, já existia bem antes do início da Guerra Civil, e, por mais paradoxal que possa parecer, ela tem origem no Norte, porque "a escravidão exigia contato próximo, coerção e até intimidade para sobreviver e prosperar";[6] em outras palavras, o Sul pautava-se pelo pragmatismo econômico e, para prosperar, não convinha segregar. Segundo ele, o termo apareceu pela primeira vez em Boston, em 2 de outubro de 1838, no jornal *Salem Gazette*, ao contar a história de dois marinheiros brancos bêbados, acusados de danificar bens da empresa de trens Eastern Railroad, que, em retaliação pelo dano, os obrigou a viajar no "carro de lixo ou Jim Crow, no final do trem".[7] O autor conjectura que a naturalidade com que o jornal se refere a *Jim Crow* é sinal de "que o rótulo já estava em circulação entre passageiros e tripulantes de ferrovias".[8]

O laureado historiador Comer Vann Woodward comungava desse entendimento, no sentido da inexistência de segregação durante a escravidão. Aliás, Woodward, ao

---

[6]   LUXENBERG, Steve. *Separate*: the Story of *Plessy v. Ferguson*, and America's Journey From Slavery to Segregation. New York: W. W. Norton & Company, 2019. p. 4. *Separation had no role in the South before the Civil War. Slavery required close contact, coercion, and even intimacy to survive and prosper.*

[7]   LUXENBERG, Steve. *Separate*: the Story of *Plessy v. Ferguson*, and America's Journey From Slavery to Segregation. New York: W. W. Norton & Company, 2019. p. 9.

[8]   LUXENBERG, Steve. *Separate*: the Story of *Plessy v. Ferguson*, and America's Journey From Slavery to Segregation. New York: W. W. Norton & Company, 2019. p. 9.

que tudo indica, foi o primeiro a afirmar que, durante a escravidão, negros e brancos viviam praticamente integrados em razão da atividade laboral e que o sistema (econômico) obrigava o contato inter-racial, ainda que provavelmente não fosse desejado por ambos, vale dizer, brancos e negros.[9]

A segregação institucionalizada, a qual ganhou escala em fins do século XIX,[10] com a disseminação das *Jim Crow Laws*,[11] tem DNA semelhante à discriminação de gênero: alimentam-se do atraso, da intolerância e do preconceito. Curiosamente, em momentos distintos, obtiveram o beneplácito da Suprema Corte dos Estados Unidos, a segregação racial em *Plessy v. Ferguson*[12] e a de gênero em *Bradwell v. Illinois*,[13] felizmente, ambos, já superados.

4. GADSDEN, ALABAMA, "SUL PROFUNDO"

O Estado do Alabama integra o *Deep South*,[14] expressão cunhada para designar os estados localizados mais ao Sul dos Estados Unidos que se perfilharam contra a União na Guerra Civil, vale dizer, estados escravocratas que ainda mantêm postura mais conservadora do que os do Norte, a exemplo de Massachusetts, Nova Iorque, Nova Jersey, Illinois, Vermont, Delaware, entre outros.

Esse "Sul Profundo" é o palco onde se desenrolou o drama de Lilly Ledbetter, mulher, branca, nascida e criada no Alabama, Estado eminentemente agrário, voltado desde cedo para a cultura do algodão, considerado, em meados do século XIX, o "rei" do Sul, "impossível de ser desafiado por nenhum outro poder no planeta" (*No power on earth dares to make war on cotton. Cotton is king*).[15]

Ledbetter nasceu em 1938, portanto quase 80 anos após o fim da Guerra Civil. Nessa época, um ano antes de a Segunda Guerra Mundial ser deflagrada, a economia

---

[9] WOODWARD, C. Vann. *The Stranger Career of Jim Crow*. New York: Oxford University Press, 2002. p. 12.

[10] Muito embora já existisse desde 1838, como afirma Steve Luxenberg.

[11] Jim Crow Laws (Leis *Jim Crow*, em tradução livre) têm esse nome em razão do comediante Thomas Dartmouth Rice, nova-iorquino nascido em 1808. Rice era branco e se apresentava em várias cidades "interpretando" o personagem que ele próprio criara: "Jim Crow", "estúpido e desajeitado", com sotaque característico e que cometia erros gramaticais. A caricatura (cara pintada de preto e a boca exageradamente branca) fez sucesso, especialmente entre os que defendiam a escravidão e/ou a segregação. Outros comediantes o seguiram com idêntica performance. A legislação segregacionista que surgiu logo após o fim da Guerra Civil (*Reconstruction Era*) foi alcunhada de *Jim Crow Laws*. Cf. FOY, Steven L. *Racism in America*: a Reference Handbook. Santa Barbara: ABC-CLIO, 2020, p. 32.

[12] 163 U.S. 537 (1896).

[13] 83 U.S.130 (1873).

[14] Carolina do Sul, Geórgia, Alabama, Mississippi e Louisiana. Cf. MERRIAM-WEBSTER. *Webster's Encyclopedic Unabridged Dictionary of the English Language*. New York: Gramercy Books, 1996. p. 521.

[15] MCPHERSON, James M. *Battle Cry of Freedom*: the Civil War Era. New York: Ballantine Books, 1989. p. 100.

do Alabama ainda girava em torno do "ouro branco",[16] e Ledbetter, antes mesmo de ingressar no ensino infantil (*first grade*), já colhia algodão nos campos de seu Estado natal. Sua vida, até mesmo depois de casar e ter filhos, foi sempre relacionada e cercada pela cultura algodoeira.[17]

Em 1979, aos 41 anos, Ledbetter passou a integrar os quadros da poderosa Goodyear Tire & Rubber Company, multinacional dedicada à fabricação de pneus, que se instalou no Alabama por volta de 1929, após esforços de George G. Crawford, empreendedor e visionário que buscou alterar o perfil socioeconômico do Estado.[18] Como consequência, a Goodyear instalou sua fábrica em Gadsden, uma pequena cidade localizada ao Norte, bem próxima à divisa com a Geórgia. Lilly Ledbetter exerceu o cargo de supervisora desde o início até o fim da relação contratual, vale dizer, de 1979 a 1998, atuando boa parte desse tempo como gerente de área,[19] posição majoritariamente ocupada por homens que desempenhavam idêntica função a ela atribuída.[20]

5. EQUIVALÊNCIA SALARIAL, PRESCRIÇÃO, DECISÕES JUDICIAIS DIVERGENTES E RECURSO À SUPREMA CORTE

A equivalência salarial entre os gerentes durou certo tempo, até que os do sexo masculino começaram a receber reajustes maiores do que aqueles concedidos a Ledbetter. No final de 1997, a diferença entre o salário dela e o dos outros 15 homens que exerciam idêntica função chegava a 40%.[21] Em julho de 1998, após se desligar da empresa, Ledbetter, alegando discriminação sexual no local de trabalho, protocolou reclamação na "Comissão de Igualdade e Oportunidade de Emprego" (*Equal Employment Opportunity Commission*), agência federal criada pelo *Civil Rights Act* de 1964, no governo do Presidente Lyndon Johnson,[22] e encarregada de promover a

---

[16] É comum, pelo menos nos Estados Unidos, se referir ao algodão como "ouro branco": "O algodão era frequentemente comparado ao ouro branco" Cf. KESSON, Anna Arabindan. *Black Bodies, White Gold*: Art, Cotton, and Commerce in the Atlantic World. Durham: Duke University Press Books, 2021. p. 8.

[17] *All my life I'd been surrounded by one continuous cotton field* (LEDBETTER, Lilly; ISOM, Lanier Scott. *Grace and Grit*: My fight for Equal Pay and Fairness at Goodyear and Beyond. New York: Three Rivers Press, 2012. p. 15).

[18] ATKINS, Leah Rawls et al. *Alabama*: the History of a Deep South Sate, Bicentennial Edition. 3. ed. Tuscaloosa: University Alabama Press, 2018. p. 452.

[19] Jane Sherron De Hart, em *Ruth Bader Ginsburg, a Life*, afirma, em aparente equívoco, que Ledbetter "trabalhou dezenove anos como gerente" (*Ledbetter had worked for nineteen years as a manager at a Goodyear Tire and Rubber plant in Gadsden*). Essa afirmação contradiz o voto da própria Ginsburg, que assevera que ela atuou *for most of those years* como gerente. Muito improvável que em 1979, no interior do Alabama, uma mulher fosse admitida em uma empresa já como gerente, de modo que parece equivocado o registro de Jane Sherron (HART, Jane Sherron De. *Ruth Bader Ginsburg, a Life*. New York: Vintage Books, 2020. p. 395).

[20] *Ledbetter v. Goodyear Tire*, 560 U.S. 618 (2007), voto dissidente, Ruth Bader Ginsburg.

[21] *Ledbetter v. Goodyear Tire*, 560 U.S. 618 (2007).

[22] JOHNSON, Paul. *A History of the American People*. New York: Harper Collins, 1997, p. 953.

igualdade que lhe dá título. A essa reclamação seguiu-se, meses depois, o ajuizamento de ação contra a Goodyear, com fundamento no Título 29, Capítulo VIII, § 206, letra *d*, do Código dos Estados Unidos, com a redação dada pela Lei de Isonomia Salarial de 1963 (*Equal Pay Act of 1963*, EPA), que proíbe discriminação no trabalho em razão do sexo.[23]

A Corte Distrital[24] onde a ação foi ajuizada decidiu favoravelmente a Ledbetter, ao entendimento, em síntese, de que ela apresentou evidências que, durante a relação de trabalho, vários supervisores deram-lhe avaliações ruins por ela ser mulher. Como resultado dessas avaliações, seu salário não aumentou tanto quanto deveria se ela tivesse sido avaliada de forma justa, e essas decisões de pagamento anteriores continuaram a afetar o valor de seu pagamento durante todo o seu emprego; desse modo, próximo ao término do seu contrato com a Goodyear, ela estava recebendo significativamente menos do que qualquer um de seus colegas homens.[25]

Na apelação, a Goodyear buscou circunscrever o direito de Ledbetter aos 180 dias anteriores à data em que ela buscou abrigo na "Comissão de Igualdade e Oportunidade de Emprego", vale dizer, de setembro de 1997 a março de 1998. Eventual direito anterior a setembro de 1997[26] não se enquadraria no pedido de reconhecimento – formulado pela autora – de violação da Lei de Igualdade Salarial.[27] A estratégia da Goodyear era simples e direta: convencer o Judiciário de que o suposto direito de Ledbetter estaria fulminando pela prescrição.

O plano deu certo porque a Corte de Apelação do 11º Circuito,[28] com sede em Atlanta e jurisdição sobre os estados da Flórida, do Alabama e da Geórgia, acolheu a argumentação da empresa, ao concluir que não havia evidências suficientes para provar que a Goodyear agiu com intenção discriminatória e que a acusação contra a empresa fora afetada pelo tempo (*time-barred*), considerando que o Título VII da Lei dos Direitos Civis de 1964 dispõe que uma acusação de discriminação "deve ser apresentada dentro de [180] dias após a suposta prática ilegal ter ocorrido".[29] Com essas razões, o Tribunal de Apelação reformou a decisão da Corte Distrital, isentando a Goodyear de qualquer responsabilidade.

---

[23]   *Ledbetter v. Goodyear Tire*, 560 U.S. 618 (2007), voto vencedor, *Associate Justice* Samuel Alito.

[24]   "Corte Distrital dos Estados Unidos, do Distrito Norte do Alabama." As cortes distritais estão disciplinadas no Código dos Estados Unidos, Título 27, § 133; a identificação oficial é a seguinte: *28 U.S.C. § 133*. Essas cortes são órgãos federais de primeiro grau de jurisdição e estão presentes em todos os estados. Algumas unidades federativas, a exemplo do Texas, também utilizam a nomenclatura "Corte Distrital" para definir seus órgãos judiciais de primeiro grau.

[25]   *Ledbetter v. Goodyear Tire*, 560 U.S. 618 (2007), relatório constante do voto vencedor do *Associate Justice* Samuel Alito.

[26]   O prazo era de 26 de setembro de 1997 a 25 de março de 1998.

[27]   *Ledbetter v. Goodyear Tire*, 560 U.S. 618 (2007), voto vencedor, Samuel Alito.

[28]   O nome oficial é *The United States Court of Appeals for the Eleventh Circuit*. A citação abreviada é "11th Cir".

[29]   *Ledbetter v. Goodyear Tire*, 560 U.S. 618 (2007), voto dissidente, Ruth Bader Ginsburg.

A Suprema Corte[30] concedeu o *certiorari* porque identificou "desacordo entre os tribunais de apelação quanto à aplicação adequada do período de prescrição"[31] em casos semelhantes. Justamente uma das hipóteses[32] de aceitação do recurso, que, como sabido, é absolutamente discricionário, no sentido de o tribunal encontrar-se desvinculado de qualquer tipo de fundamentação quando se recusa a recebê-lo, situação bem diferente da realidade brasileira, em que a fundamentação é exigência constitucional (art. 93, IX, da CF/1988).

6. MAIORIA CONSERVADORA PELAS MÃOS DE UM "TRENTONIAN" ULTRACONSERVADOR

Coube ao *Trentonian*[33] Samuel Alito expressar a opinião da Corte; e ele honrou os conservadores com assento no tribunal. Antonin Scalia, seu colega de filosofia jurídica e católico como ele, não faria melhor. Como se costuma dizer em palestras, Alito, logo após resumir o caso desde a origem, foi direto ao ponto, "sem maiores delongas". Lembrou que a "Lei dos Direitos Civis de 1964 tornou ilegal discriminar qualquer indivíduo com relação à sua remuneração (...) por causa do (...) sexo desse indivíduo".[34] Ato contínuo, realçou o outro lado da moeda, a parte da legislação que fixa prazo para a reclamação administrativa e suas consequências para o ajuizamento. "Tal cobrança", disse ele, "deve ser apresentada dentro de um período especificado (180 ou 300 dias, dependendo do Estado) 'após a alegada prática ilegal de emprego ter ocorrido'", e, se "o interessado não apresentar perante a EEOC uma reclamação oportuna, não será possível contestar essa prática no Judiciário".[35] O "relator", como se vê, enfatiza aspecto que a Goodyear já havia utilizado na segunda instância, o de que a reclamação fora protocolada a destempo na "Comissão de Igualdade e Oportunidade de Emprego" (EEOC, na sigla em inglês).

Rechaçou, por suposta contrariedade a precedente, o argumento da recorrente de que cada salário por ela recebido equivaleria a uma (nova) violação da legislação (Título VII da Lei dos Direitos Civis de 1964) proibitiva de discriminação. Em

---

30   Alguns parágrafos deste capítulo foram parcialmente utilizados na parte final de SOUTO, João Carlos; MELLO, Patrícia Perrone Campos. Suprema Corte dos Estados Unidos: lições do "term" 2019-2020 e uma breve homenagem a Ruth Bader Ginsburg. *Revista de Direito Internacional*, v. 19, p. 381-399, 2022.

31   *Ledbetter v. Goodyear Tire*, 560 U.S. 618 (2007), voto vencedor, Samuel Alito.

32   O *Writ of Certiorari* é disciplinado pela Regra nº 10 do Regimento da Suprema Corte dos Estados Unidos (*Judiciary Act of* 1925). As tais "hipóteses" de aceitação são premissas que se subordinam à premissa maior: absoluta discricionariedade da Corte em receber ou não o *certiorari*.

33   *Trentonian* vem de "Trenton", capital do Estado de New Jersey, onde Samuel Alito nasceu. *The Trentonian* é o nome de um dos jornais diários da cidade.

34   *Ledbetter v. Goodyear Tire*, 560 U.S. 618 (2007), voto, Samuel Alito.

35   As aspas constantes dos trechos reproduzidos referem-se, simultaneamente, ao voto do juiz Alito e a partes do Título VII da Lei dos Direitos Civis de 1964, incorporado ao Código dos Estados Unidos – *in casu*, a citação exata do ato normativo é: *42 U.S. Code*, § 2000 e–2(a)(1) e, ainda, §2000e–5(f)(1).

outras palavras, a ilegalidade estaria sendo renovada continuamente, a cada salário pago, não importando o mês, sempre agasalhando uma contrariedade à legislação de regência, porque se conectava com a discriminação que ela sofrera desde longa data, ao ser preterida às promoções que os colegas do sexo masculino obtiveram ao longo do tempo.

Para Samuel Alito, a pretensão esbarrava em decisão anterior da Corte, de 1977, em que uma comissária de voo (Carolyn Evans) havia sido compulsoriamente desligada da United Air Lines[36] porque a companhia aérea se recusava a empregar comissários de bordo casados.[37] Alguns anos depois ela foi recontratada, entretanto sem computar o período anterior para fins de antiguidade na nova relação contratual. Insatisfeita, "ajuizou uma ação argumentando que, embora qualquer processo com base na discriminação original estivesse prescrito, a recusa da companhia aérea em lhe dar crédito por seu serviço anterior deu 'efeito presente a [seu] ato ilegal passado e, assim, perpetuou as consequências de discriminação proibida'".[38]

O voto dissidente, de Ruth Bader Ginsburg, esgrimou entendimento diverso, no sentido da inaplicabilidade do caso *United Air Lines, Inc. v. Evans* como impeditivo de acolhimento ao pleito de Ledbetter. Em momento oportuno serão tecidas considerações mais específicas sobre as razões elencadas por Ginsburg.

6.1 "Aplicamos a lei conforme escrita"

Adiante, Alito reitera que tal qual decidido em Evans, efeitos recentes de uma possível discriminação anterior (não reclamada no tempo previsto em lei) por si só "não têm consequências jurídicas presentes". Arremata, em seguida, registrando que Ledbetter deveria ter protocolado a cobrança na "Comissão de Igualdade e Oportunidade de Emprego" dentro de 180 dias após a implementação de cada decisão supostamente discriminatória de pagamento. Por não ter feito, "os cheques de pagamento que foram emitidos para ela durante os 180 dias anteriores à reclamação administrativa"[39] não serviam como base para sanar a falha anterior.

Nos três últimos parágrafos, Samuel Alito reitera, resumidamente, as razões expendidas ao longo do voto, rechaçando a argumentação da recorrente e realçando o textualismo jurídico como meio e fim.

Sobre a afirmação de Ledbetter de que a discriminação salarial é mais difícil de detectar do que outras formas de discriminação no emprego, ele repeliu porque a Corte não teria como avaliar argumentos dessa natureza e porque não se inseria entre as

---

[36] "Air Lines", separado. Esse era o nome da empresa e assim o processo foi identificado, muito embora, no voto dissidente da juíza Ruth Bader Ginsburg, o *Airlines* foi grafado unido, em uma ocasião.

[37] *United Air Lines, Inc. v. Evans*, 431 U.S. 553 (1977).

[38] *Ledbetter v. Goodyear Tire*, 560 U.S. 618 (2007), voto, Samuel Alito. Aspas internas da argumentação de Carolyn Evans.

[39] *Ledbetter v. Goodyear Tire*, 560 U.S. 618 (2007).

prerrogativas do tribunal mudar[40] a maneira como a legislação trata do tema. E mais: os argumentos da recorrente não encontravam suporte na lei e eram inconsistentes com os precedentes da Corte. "Nós aplicamos o estatuto conforme escrito, e isso significa que qualquer prática de trabalho ilegal, incluindo aquelas envolvendo compensação, deve ser apresentada à EEOC[41] dentro do prazo prescrito pelo estatuto",[42] concluiu.

Ora, não se trata de "mudar a legislação", mas de proceder à interpretação que considere as circunstâncias e especificidades do caso, buscando solução que se harmonize com o princípio constitucional de igualdade de todos perante a lei (XIV Emenda), flagrantemente violado quando se constata que Ledbetter trabalhou por quase duas décadas na Goodyear, em ambiente hostil, e foi sempre avaliada de forma prejudicial. Acresça-se o preconceito contra as mulheres presente em todo o país, especialmente em um Estado como Alabama, conservador desde tempos imemoriais e onde o *Separate but Equal* encontrou terreno fértil em uma sociedade patriarcal e cristã conservadora que fomentou e elegeu políticos como George Wallace, autor da frase "Segregation now! Segregation tomorrow! Segregation Forever",[43] dita em discurso de posse no cargo de governador.[44] O governador Wallace é símbolo de um Estado e de uma América racista, impiedosa, insensível com minorias, especialmente com os negros e lateralmente com as mulheres, como Lilly Ledbetter.

6.1.1   Liberalismo econômico, textualismo e construtivismo estrito

É conhecida a inclinação de parte da Suprema Corte – pelo menos sua composição mais conservadora desde a *Rehnquist Court*[45] até os dias atuais – por teses que vocalizam o pensamento econômico liberal e favorecem as grandes corporações, *vide City of Richmond v. J.A. Croson Co (1989),*[46] *Citizens United v. Federal Election Commission*

---

[40]   Para que não haja dúvida de que Alito usou o verbo "mudar", segue o texto original desse trecho do voto: *and it is not our prerogative to change the way in which Title VII balances the interests of aggrieved employees...* O Título VII refere-se à Lei dos Direitos Civis de 1964, já mencionada (*Ledbetter v. Goodyear Tire*, 560 U.S. 618 (2007)).

[41]   Sigla em inglês para "Comissão de Igualdade e Oportunidade de Emprego".

[42]   *Ledbetter v. Goodyear Tire*, 560 U.S. 618 (2007), voto, Samuel Alito.

[43]   CARTER, Dan T. *From George Wallace to Newt Gingrich*: Race in the Conservative Counterrevolution, 1963-1994. Louisiana: Louisiana State University Press, 1999. p. 1.

[44]   A posse ocorreu em 14 de janeiro de 1963 e, conforme relata Mary Palmer, 194 bandas se apresentaram em uma "parada" que durou cinco horas, com a presença de dois ex-governadores e um outro que discursou por telefone. Nenhuma banda com negros foi convidada a desfilar. No entanto, o assunto de maior impacto foi o discurso, que sequestrou atenção nacional e foi comentado nas principais redes de TV e jornais, tornando-o uma figura conhecida em todo o país. Ver: PALMER. Mary S. *George Wallace*: an Enigma – the Complex Life of Alabama's Most Divisive and Controversial Governor. Point Clear: Intellect Publishing, 2016. p. 69-70.

[45]   William Rehnquist, *Associate Justice* (1972-1986) e *Chief Justice* (1986-2005) da Suprema Corte dos Estados Unidos, indicado, respectivamente, por Richard Nixon e Ronald Reagan. É comum referir-se ao período em que um *Chief Justice* comandou a Corte acrescentando seu nome.

[46]   488 U.S. 469 (1989). Em 1983, o equivalente à Câmara de Vereadores de Richmond, Virgínia, adotou regulamento que exigia que as empresas com contratos de construção na cidade

(2010)[47] e, mais recentemente, *Cedar Point Nursery v. Hassid*,[48] entre outras. Esse tema foi tratado com maestria por Posner, Landes e Epstein, em artigo seminal publicado em 2013 na *Minnesota Law Review*, intitulado "Como os negócios se desenvolvem na Suprema Corte". Nele os autores afirmam, com fundamento em dados, quadros e rankings, que "a Corte Roberts é de fato altamente pró-negócios – os conservadores extremamente e os liberais apenas moderadamente liberais".[49]

Há juízes que, pela formação acadêmica, experiência de vida ou, ainda, por terem advogado para grandes empresas antes de integrarem o Poder Judiciário, comumente defendem o liberalismo na economia e o conservadorismo nos costumes,[50] é o caso de John Roberts,[51] por exemplo. Evidente que não há uma relação direta de causa e efeito, porém esses dados (trajetória profissional e acadêmica) ajudam a entender a postura da Corte Suprema em alguns casos, como os citados no parágrafo anterior e esse entre *Ledbetter v. Goodyear*, em que a maioria do tribunal fechou os olhos para o gênero feminino, historicamente colocado à margem da sociedade.

O argumento que embasa a decisão dispensa escafandros.

Trata-se de demonstração de apego ao textualismo scaliano aplicado aos *statutes*, vale dizer, à legislação infraconstitucional, sem margem para construção, salvo a inter-

---

subcontratassem 30% de seus negócios para empresas de propriedade de afrodescendentes. A Suprema Corte entendeu que permitir que alegações de discriminação no passado servissem como base para cotas raciais subverteria valores constitucionais e, com isso, declarou inconstitucional o dispositivo.

[47] 558 U.S. 310 (2010). A maioria considerou possível que empresas possam efetuar doações eleitorais ilimitadas a candidatos a cargos eletivos. A decisão procedeu a interpretação ampla e generosa da 1ª Emenda (*Free Speech clause*) e favorece os candidatos apoiados por grandes corporações.

[48] 594 U.S. ___ (2021). Uma lei da Califórnia concedia às organizações trabalhistas o "direito de ter acesso" à propriedade de um empregador agrícola para solicitar apoio para sindicalização. A Corte (voto de John Roberts) entendeu que esse ato se "constitui uma tomada física de *per se*" e que as cláusulas constitucionais que proíbem o governo de tomar propriedade privada para uso público "sem justa compensação" se aplicam à hipótese. Ademais, o direito dos proprietários de excluir terceiros de suas terras é "um dos direitos mais preciosos" da propriedade.

[49] EPSTEIN, Lee; LANDES, William M.; POSNER, Richard A. How Business Fares in the Supreme Court. *Minnesota Law Review*, Saint Paul, v. 97, 2013. p. 1449. No original: *These rankings suggest, consistent with Figure 3, that the Roberts Court is indeed highly pro-business – the conservatives extremely so and the liberals only moderately liberal.*

[50] Que fique claro, este autor não está a levantar suspeitas sobre como os juízes da Suprema Corte decidem. O que se está a dizer é que, pela formação acadêmica, filosófica, profissional, há uma tendência natural em se inclinar pelos argumentos de uma parcela da sociedade que se convencionou chamar de "motor da economia".

[51] John Roberts, que é *Chief Justice* desde 2005, integrou (como advogado empregado e, anos depois, como sócio) o escritório de advocacia *Hogan and Hartson*, com sede em Nova Iorque, voltado para atender grandes corporações e que mais tarde viria a se fundir com o britânico Lovells, passando a se chamar *Hogan and Lovells*. Cf. BISKUPIC, Joan. *The Chief*: the Life and Turbulent Times of Chief Justice John Roberts. New York: Basic Books, 2019. p. 90.

pretação literal da norma; ou até mesmo ao *strict constructionism*, segundo Antonin Scalia: "uma forma degradada de textualismo que coloca em descrédito toda a filosofia".[52] Nesse texto,[53] Scalia afirmou que não era um "construcionista estrito" e que "ninguém deveria ser, embora seja melhor, suponho, do que um não textualista".

O juiz da Suprema Corte, falecido em fevereiro de 2016, não define de forma precisa o que é "construtivismo estrito", mas ele deixa pistas ao assinalar que "um texto não deve ser interpretado de forma estrita e não deve ser interpretado com indulgência; deve ser interpretado razoavelmente, para conter tudo o que significa de maneira justa".[54] Em seguida emenda com um exemplo de construtivismo estrito dizendo-o absurdo, em que "quatro termos antes"[55] seus "colegas" julgaram um caso em que alguém havia sido acusado de tentar adquirir uma quantidade de cocaína. O comprador havia oferecido em troca uma arma descarregada, que inclusive mostrou ao vendedor de drogas. Scalia "lamentava dizer" que o tribunal considerou que o réu estava sujeito ao aumento da pena, pois fez uso de uma "arma de fogo durante e em relação a um crime de tráfico de drogas".

A maioria (6 a 3) da Corte votou por condenar o réu por tráfico com a agravante de porte de arma de fogo. O papa do textualismo discordou, votou com a minoria, mas observou não poder afirmar se os "colegas em maioria votaram da maneira que votaram porque eles são textualistas de construção estrita, ou porque eles não são textualistas de forma alguma". Por fim, arremata: "um textualista adequado, o que quer dizer meu tipo de textualista, certamente teria votado pela absolvição". A frase "usar uma arma" tem a conotação do seu uso para os fins aos quais as armas são normalmente usadas, "isto é, como uma arma".[56]

A todas as luzes, interpretar a legislação de igualdade remuneratória, conquista feminina desde a década de 1960, como o fez Samuel Alito, reduzindo o alcance da norma e imprimindo um construtivismo estrito, equivale ao julgado que Scalia repu-

---

[52] SCALIA, Antonin. *A Matter of Interpretation*: Federal Courts and the Law. Princeton: Princeton University Press, 1997. p. 23. Tradução nossa. No original: *Textualism should not be confused with so-called strict constructionism, a degraded form of textualism that brings the whole philosophy into disrepute.*

[53] Convém transcrevê-lo parcialmente de modo que facilite o cotejo entre "textualismo", "construtivismo estrito" (ambos ou pelo menos um deles presente no voto de Samuel Alito) e, mais à frente, na análise do voto de Ruth Bader Ginsburg, "intencionalismo", ou "intenção legislativa".

[54] SCALIA, Antonin. *A Matter of Interpretation*: Federal Courts and the Law. Princeton: Princeton University Press, 1997. p. 23.

[55] O parâmetro é o ano em que ele escreveu o texto. "Termo" (*Term*) é a expressão utilizada para definir, por assim dizer, o ano judiciário da Suprema Corte, que tem início na primeira segunda-feira de outubro e se estende até fins de junho ou eventualmente início de julho do ano seguinte (BLACK, Henry Campbell et al. *Black's Law Dictionary*. 6. ed. St. Paul: West Publishing Company, 1991. p. 1.025).

[56] SCALIA, Antonin. *A Matter of Interpretation*: Federal Courts and the Law. Princeton: Princeton University Press, 1997. p. 24.

diou sobre "compra de drogas e uso de arma de fogo". Parece evidente, ou no mínimo razoável, concluir que cada pagamento de salário inferior ao dos gerentes do sexo masculino equivaleu a uma lesão que tem origem remota em cada decisão de não a promover, unicamente pela condição de ser mulher, e esses pagamentos se conectavam e não poderiam ser atingidos pela prescrição.

6.1.2   Gregório de Matos Guerra e Samuel Alito

Gregório de Matos Guerra, poeta baiano seiscentista, fora apelidado de o "Boca do Inferno", por seus textos satíricos[57] e poemas cortantes sobre a cidade de São Salvador da Baía de Todos os Santos e a sociedade baiana de então. De tão satíricos e cortantes, Gregório de Matos amargou exílio em Angola, de onde retornou pouco antes de falecer.

Ledbetter v. Goodyear Tire foi julgado pela boca do conservadorismo jurídico estadunidense, pelo textualismo quase messiânico, a boca do cristianismo[58] que Matos Guerra conhecia tão bem e satirizava como poucos.

Ao juiz Samuel Alito o Tribunal Supremo atribuiu a tarefa de redigir o voto que expressou a vontade da maioria do colegiado; e o "mais consistente conservador da Corte"[59] cumpriu o ofício, negando à gerente da *Goodyear Tire & Rubber Co.* aquilo que a um julgador sem apego a extremismos hermenêuticos certamente pareceria justo e razoável.[60] Em 2016, nove anos depois da decisão em Ledbetter, a Suprema Corte dos Estados Unidos julgou o caso *Hurst v. Florida*[61] e estabeleceu que a Sexta Emenda exige que um júri, não um juiz, encontre cada elemento necessário para impor a sentença de morte. O voto foi de autoria da juíza Sonia Sotomayor; a ela se juntaram todos os demais juízes – inclusive o conservador Antonin Scalia e o ultraconservador Clarence Thomas – à exceção de Samuel Alito, que votou pela manutenção da decisão que condenara Timothy Hurst à pena capital.[62]

Hurst v. Florida (2016) diz muito sobre *Ledbetter v. Goodyear Tire* (2007). Ambos explicam, pouco mais, pouco menos, como age, como pensa, como vota Samuel Alito,

---

[57]   BOSI, Alfredo. *Colony, Cult and Culture*. Translation Robert P. Newcomb. North Dartmouth: University of Massachusetts Dartmouth, 2008. p. 13-45.

[58]   Nada contra o cristianismo. Aqui se trata de uma crítica ao textualismo exacerbado que na Suprema Corte dos Estados Unidos – pelo menos no período em que Scalia lá esteve – andou de mãos dadas com a filosofia religiosa da Igreja de Pedro.

[59]   GOROD, Brianne J. Justice Sam Alito: the Court's Most Consistent Conservative. *Yale Law Journal Forum*, v. 126, 2016. p. 364. Disponível em: www.yalelawjournal.com/forum/sam--alito-the-courts-most-consistent-conservative. Acesso em: 05.01.2021.

[60]   Nessa categoria é possível incluir o *Chief Justice* Roger Brooke Taney, que em 1857 conduziu a Corte a dizer que "negros, mesmo aquele que já haviam obtido a liberdade, não eram e não poderiam tornar-se cidadãos dos Estados Unidos" (*Dred Scott v. Sandford*, 60 U.S. 393 (1857). Cf. SCHWARTZ, Bernard. *A History of the Supreme Court*. New York: Oxford University Press, 1993. p. 115.

[61]   577 U.S. 92. (2016).

[62]   *Hurst v. Florida*, 577 U.S. 92 (2016). A decisão foi tomada por 8 a 1, favorável ao recurso de Timothy Hurst.

e como tem sido deletério[63] o conservadorismo da Suprema Corte dos Estados Unidos pós-*Chief Justice Earl Warren era*.

7. O VOTO DE RUTH BADER GINSBURG E AS RAZÕES DOS VENCIDOS

Onze anos depois de ter relatado o caso *United States v. Virginia* (1996), que consolidou[64] sua reputação de defensora da igualdade de tratamento entre os sexos, Ginsburg produziu outro voto de profunda relevância. Embora nesse caso tenha sido vencida, pelo placar de 5 a 4, *a posteriori* o resultado foi amplamente favorável porque seu voto criou uma comoção em parte do país, ancorada na realidade fática vivida pela autora, Lilly Ledbetter.

Ginsburg dissentiu, e o fez de forma vigorosa. Primeiro porque leu o voto[65] em sessão, o que é raro na Suprema Corte. Segundo porque foi incisiva, sem, entretanto, perder a compostura. Asseverou que, para mostrar o quanto o tribunal se desviou da interpretação do Título VII, ela se via compelida a revisitar, "com fidelidade ao objetivo central da Lei", "as evidências apresentadas por Ledbetter no julgamento", referindo-se ao julgamento de primeira instância, na Corte Distrital. Afirmou que Ledbetter provou ao júri a parcialidade e a discriminação dos seus superiores.

Nesse sentido, Ginsburg sublinhou o depoimento do supervisor que admitiu perante a Corte Distrital que o salário da autora durante o período de um ano foi abaixo do mínimo pago a funcionários em posição idêntica, e que a disparidade se deveu a

---

[63] Evidente que nem todas as decisões conservadoras podem ser assim adjetivadas; ambos os lados (liberais e conservadores) produzem equívocos. Contudo, parece possível afirmar que decisões equivocadas, de cunho conservador, têm tido, ao longo da história, uma carga de repercussão negativa maior do que os erros judiciais praticados por juízes liberais. Tomem-se os exemplos de decisões restringindo o direito ao voto ou mantendo a possibilidade de manipulação de mapas eleitorais (*gerrymandering*); autorizando doação ilimitada de grandes corporações a candidatos a cargos eletivos (*Citizens United v. Federal Election Commission*, 558 U.S. 310, 2010); não impondo limites a armas automáticas e de grosso calibre (Segunda Emenda) ou à manutenção de leis proibitivas da prática da sodomia (*Bowers v. Hardwick*, 478 U.S. 186, 1986).

[64] Consolidou na Corte, porque a trajetória de Ginsburg nessa seara vem de longe. A igualdade de gênero é uma de suas marcas registradas, talvez a mais relevante. Nesse sentido, Amanda Tyler lembra que o primeiro livro de casos jurídicos especificamente sobre discriminação contra a mulher é de autoria de Ginsburg, escrito em conjunto com Herma Hill Kay e Kenneth Davidson, intitulado *Sex-Based Discrimination: Text, Cases and Materials*, de 1974. Nessa época, ainda segundo Tyler, "Ginsburg já havia iniciado uma carreira de contencioso que levaria com o tempo à comparação de seu trabalho pela igualdade de gênero com o trabalho que o juiz Thurgood Marshall havia empreendido para desmantelar a segregação" (GINSBURG, Ruth Bader; TYLER, Amanda L. *Justice, Justice Thou Shalt Pursue*: a Life's Work Fighting for a More Perfect Union. Oakland: University of California Press, 2021. p. 3). Ainda sobre a trajetória professional de Ginsburg, consultar ROSEN, Jeffrey. *Conversations with RBG*: Ruth Bader Ginsburg on Life, Love, Liberty, and Law. New York: Picador, 2020.

[65] O voto não foi lido por inteiro, e sim um resumo: *Bench Announcement*, ainda assim, é uma prática incomum.

uma fraca performance de Ledbetter. Apontou flagrante incoerência nessa narrativa, lembrando que, nesse mesmo período, ela recebeu um prêmio pela sua excepcional performance no trabalho. Ainda, ressaltou que o júri[66] constatou que outro supervisor que a avaliou em 1997 era abertamente preconceituoso contra mulheres.

Ao insistir na tese dos 180 dias como limite para ajuizamento de ação reivindicando direitos violados, a maioria conservadora – no entendimento de Ginsburg – demonstrou desconhecer a realidade das relações de trabalho nos Estados Unidos. Isso, porque o empregado, segundo ela, lidava com uma dificuldade comum a todos eles, a de saber quanto ganha seu colega, de modo que impor o prazo exíguo de 180 dias para reclamar não era consentâneo com a realidade fática. Em seguimento, Bader Ginsburg afirmou que informação sobre equivalência salarial não é rotineiramente comunicada aos empregados.[67] Citou inclusive um exemplo em que "uma demandante não sabia quanto seus colegas ganhavam até que uma lista impressa de salários apareceu em sua mesa, sete anos depois que seu salário inicial foi definido menor do que os salários de seus colegas de trabalho".[68]

7.1 "Disparidades de remuneração costumam ficar ocultas"

A nova-iorquina indicada por Bill Clinton na década de 1990 dá seguimento à sua linha de raciocínio ressaltando que as realidades do local de trabalho revelam por que a discriminação sofrida por Ledbetter não se enquadrava na categoria de atos discretos, singulares, "fáceis de identificar". "O trabalhador", continua ela, "sabe imediatamente se lhe foi negada uma promoção ou transferência, se foi despedido ou se foi recusado o emprego". Promoções, transferências, contratações e demissões são atos públicos, do conhecimento de todos. Desse modo, essas decisões do empregador têm caráter aberto e definitivo, o que propicia ao empregado adotar as medidas legais pertinentes. Situação totalmente diferente quando se trata de disparidades de remuneração, que, "em contraste, costumam ficar ocultas". Não é incomum, como ilustram as decisões, que a administração se recuse a publicar os níveis de pagamento dos funcionários ou que os funcionários mantenham seus próprios salários sem conhecimento dos demais colegas.[69]

O raciocínio desenvolvido no parágrafo anterior – para além de razoável – é verdadeiro. De fato, em um ambiente de trabalho, a informação sobre admissão, exoneração, promoção e transferências são públicas. Por outro lado, a remuneração de cada um

---

[66] Nos Estados Unidos, há júri para ações cíveis, tal como previsto na Constituição Federal, Sétima Emenda.

[67] GINSBURG, Ruth Bader; HARTNETT, Mary; WILLIAMS, Wendy W. *My Own Words*. New York: Simon & Schuster, 2016. p. 288.

[68] *Ledbetter v. Goodyear Tire*, 550 US 618 (2007), voto dissidente, Ruth Ginsburg.

[69] Esse foi um dos argumentos utilizados pelo advogado Kevin Russel, da clínica de contencioso da Stanford Law School, uma das instituições que figuraram como *amici curiae* favoráveis a Ledbetter. Ele afirmou que poderia levar anos para ela descobrir que o seu salário era inferior ao de outros colegas em idêntica posição na empresa. Ver HART, Jane Sherron De. *Ruth Bader Ginsburg, a Life*. New York: Vintage Books, 2020. p. 396.

não é um dado comumente compartilhado, de modo que a aplicação pura e simples da letra fria da lei se apresentava como um divórcio entre a situação fática e o princípio da igualdade. Ela, inclusive, já havia sido vítima de discriminação salarial quando atuava como professora na Rutgers Law School.[70]

Ginsburg aduziu outro argumento igualmente interessante: o de que "as disparidades salariais, do tipo experimentado por Ledbetter, têm uma relação mais estreita com as reivindicações de ambiente de trabalho hostil do que com as acusações de um único episódio de discriminação".[71] Vale dizer, a apreciação do caso jamais poderia se ater exclusivamente a interpretação "estrita" da lei, e sim considerar todos os aspectos que o cercavam, como, principalmente, o ambiente hostil.[72]

O voto de Ruth Ginsburg não dá margem a dúvidas. Ela enxerga a lei, o pleito, o caso, com muita clareza, tal como se buscou demonstrar até aqui. É bem verdade, conforme assinala o *Associate Justice* Brett Kavanaugh, que "a clareza de um juiz é a ambiguidade de outro juiz",[73] no sentido da dificuldade de encontrar pontos de vista convergentes com relação ao texto da lei, especialmente quando ela é dúbia, dando margem a interpretações díspares. Nessa perspectiva, ele completa referindo-se à tarefa de determinar o "nível de ambiguidade" em alguns textos normativos: "É difícil para os juízes (ou qualquer outra pessoa) realizar esse tipo de tarefa de forma neutra, imparcial e previsível".[74]

---

[70] Ginsburg começou a lecionar na Faculdade de Direito de Rutgers em 1963. Informada pelo reitor de que teria uma diminuição salarial, ela em um primeiro instante concordou, mas, ao ser informada do montante, protestou e indagou sobre os descontos aos demais professores. Descobriu que o dela seria bem superior ao de um colega do sexo masculino. Indagado, o reitor disse-lhe: "ele, era casado e sustenta mulher e dois filhos"; ela, por sua vez, completou o reitor, tinha marido com bom salário trabalhando em Nova Iorque (RUTH BADER GINSBURG: the Last Interview and Other Conversations. New York: Melville House Publishing, 2020. p. 97). Obs.: o livro não tem autor, sequer "organizador". Só o nome da editora, a data e o local das entrevistas e a identificação de cada um dos entrevistadores. As entrevistas foram conduzidas em anos distintos.

[71] *Ledbetter v. Goodyear Tire*, 560 U.S. 618 (2007), voto, Ruth Bader Ginsburg.

[72] Esse tema, "ambiente hostil", mereceu atenção de Ginsburg na fundamentação do voto. Sobre as repercussões jurídicas desse fenômeno, ela reproduziu passagens de outra decisão da Suprema Corte (*National Railroad Passenger Corporation v. Morgan*, 536 U.S. 101, 2002), em que o tribunal assentou que "não importa, para fins legais, que alguns dos atos componentes do ambiente de trabalho hostil caiam fora do período previsto em lei. Desde que um ato que contribui para a reivindicação ocorra dentro do prazo de apresentação do pedido, todo o período de tempo do ambiente hostil pode ser considerado por um tribunal para fins de determinação de responsabilidade" (*Ledbetter v. Goodyear Tire*, 550 US 618 (2007), voto dissidente, Ruth Ginsburg).

[73] KAVANAUGH, Brett M. Fixing Statutory Interpretation (Book Review). *Harvard Law Review*, v. 129, 2016. p. 2.137. Tradução nossa. No original: *One judge's clarity is another judge's ambiguity. It is difficult for judges (or anyone else) to perform that kind of task in a neutral, impartial, and predictable fashion.*

[74] KAVANAUGH, Brett M. Fixing Statutory Interpretation (Book Review). *Harvard Law Review*, v. 129, 2016. p. 2.137.

7.2 Oliver Holmes em Ledbetter

Aliás, sobre interpretação "estrita da lei", Bader Ginsburg poderia ter aduzido a máxima "proposições gerais não decidem casos concretos",[75] cuja autoria é de Oliver Wendell Holmes Jr., em voto igualmente dissidente proferido em *Lochner v. New York*. Vale dizer, o apego de Samuel Alito e da maioria à letra fria e ampla da lei não passa da aderência a uma proposição geral que – na sábia definição de um dos mais refinados juristas que compuseram a Suprema Corte dos Estados Unidos – "não decide caso concreto", porque a decisão (em Lochner) dependia "de um julgamento ou intuição mais sutil do que qualquer premissa maior articulada".[76]

A frase de Holmes parece ter sido costurada para vestir Ledbetter.

Na leitura do voto no plenário do tribunal – prática incomum, conforme já observado –, assinalou, com uma ponta de ironia, que a lei havia sido "criada para governar as práticas de emprego do mundo real", e esse mundo o tribunal ignorou[77] ao decidir contrariamente a Ledbetter, reforçando que as disparidades salariais costumam ocorrer aos poucos e somente com o tempo é possível reunir evidências da discriminação no trabalho. Ademais, completou, não era "a primeira vez que o Tribunal ordenava uma interpretação restrita do Título VII, incompatível com o amplo propósito de reparação do estatuto".[78] Nesse sentido, lembrou que a decisão (em Ledbetter) do tribunal se baseava em um precedente que havia sido anulado por alterações legislativas encetadas pelo Congresso em 1991.

A menção à alteração legislativa em 1991 tinha um propósito: dizer, como efetivamente disse, que "hoje" (referia-se ao dia da leitura do voto) a bola está novamente na quadra do Congresso. Como em 1991, o Legislativo tinha "motivos para corrigir a leitura parcimoniosa do Tribunal"[79] a respeito do Título VII da Lei dos Direitos Civis. Nesse ponto, Bader Ginsburg foi profética, porque o Legislativo ouviu seu apelo, sua indignação, e não tardou o surgimento de um projeto de lei corrigindo aquilo que se configurava como uma decisão equivocada, de um conservadorismo fundamentalista a merecer correção legislativa, que será objeto de considerações mais adiante.

8. "ATRIBUIÇÃO DE PROPÓSITO"

O processo interpretativo na maior economia do mundo não se reduz ao "textualismo" ou à "intenção original", sua versão próxima e por vezes tomada como sinônimo.

---

[75] *Lochner v. New York*, 198 U.S. 45 (1905). p. 76. Tradução nossa. No original: *General propositions do not decide concrete cases.*

[76] *Lochner v. New York*, 198 U.S. 45 (1905). p. 76.

[77] GINSBURG, Ruth Bader; HARTNETT, Mary; WILLIAMS, Wendy W. *My Own Words*. New York: Simon & Schuster, 2016. p. 288.

[78] GINSBURG, Ruth Bader; HARTNETT, Mary; WILLIAMS, Wendy W. *My Own Words*. New York: Simon & Schuster, 2016. p. 289.

[79] GINSBURG, Ruth Bader; HARTNETT, Mary; WILLIAMS, Wendy W. *My Own Words*. New York: Simon & Schuster, 2016. p. 289.

Antonin Scalia costumava separar um de outro, ressaltando que o *originalism* é uma "subespécie" do *textualism*, que significa ser "governado" pelo texto, de modo que sem relevância se o resultado de uma decisão judicial foi o desejado ou a história legislativa do ato normativo. O que importa é o texto. Por seu turno, originalismo – em uma definição direta e rasa – é imprimir ao texto o significado que ele tinha quando foi adotado, não uma definição moderna posterior.[80]

Ele vai muito além do método adotado por Samuel Alito no caso sob comento: textualismo com flerte com o *strict constructionism*, a forma mais "degradada" de textualismo, consoante autorizada lição de Scalia, anteriormente mencionada. Se não tivesse "tão comprometida"[81] com o liberalismo econômico, com o Estado mínimo e com a ideia recorrente de que o grande capital quase sempre tem razão, de que o ambiente favorável à produção de riquezas é mais relevante que as condições no ambiente do trabalho, e, ainda, de que quanto menor o conjunto de regras imposta ao capital, melhor para o país, se desse menos importância a tudo isso, por certo a Suprema Corte teria dado mais atenção ao "propósito" da norma e imprimido, nesse caso específico de Ledbetter, aquilo que nos Estados Unidos se denomina de *purposivism*.

Os métodos de interpretação, o peso que se empresta a cada um deles, conjugados com os casos concretos, constituem um dos pontos mais controversos da Ciência Jurídica, lava vulcânica em constante ebulição. Controvérsia que se fez presente em *Ledbetter v. Goodyear Tire & Rubber Co.*, com o resultado do julgamento e a posterior reação legislativa.

A ênfase exagerada ao texto frio da lei não é o melhor método, como acentua, em termos, Stephen Breyer, ao lembrar que a interpretação jurídica, especificamente de leis (*statutory interpretation*), contrasta "uma abordagem baseada em texto literal com outra que coloca mais ênfase na finalidade legal e na intenção do Congresso".[82] Juízes, prossegue ele, "devem dar atenção primária ao propósito de uma lei", especialmente "em casos difíceis", em que a linguagem não é clara e, por isso, requer interpretação mais cuidadosa e elaborada. Em seguida arremata – como se estivesse

---

[80] Essa é, em termos, a definição dada por Scalia, na entrevista concedida ao jornalista Chris Wallace, então âncora do *Fox News Sunday*, em 29 de junho de 2012. Disponível em: https://www.youtube.com/watch?v=BOmM6qBnbrl. Acesso em: 20.06.2018.

[81] Convém explicar porque o termo pode suscitar controvérsias, ainda mais se tratando de uma Corte de Justiça: "comprometida" não no sentido pejorativo da palavra. O comprometimento é filosófico, é de crença política, é do DNA de alguns dos seus integrantes; não se trata de acusação de corrupção ou o que o valha. Aliás, desde Abe Fortas, *Associate Justice* indicado por Lindon Johnson, que não se conhece acusação de corrupção contra juiz da Suprema Corte. Fortas foi obrigado a renunciar (1969) ante a iminência de abertura de processo de impeachment. Entre outros pecados, recebeu vultosa quantia em dinheiro para proferir algumas palestras, no que ficou conhecido como *large fee for short lectures* (IRONS, Peter. *A People's History of the Supreme Court*: The Men and Women Whose Cases and Decisions Have Shaped Our Constitution. New York: Penguin Books, 2000. p. 423).

[82] BREYER, Stephen. *Active Liberty*: Interpreting Our Democratic Constitution. New York: Vintage Books, 2006. p. 85.

antevendo[83] o caso *Ledbetter v. Goodyear* – que a "ênfase exagerada no texto pode desviar os tribunais, divorciando a lei da vida – na verdade, criando lei que prejudica aqueles que o Congresso pretendia ajudar" (*It shows how overemphasis on text can lead courts astray, divorcing law from life- indeed, creating law that harms those whom Congress meant to help*).[84]

Advirta-se que não há incoerência ou erro na frase "criando lei que prejudica aqueles a que o Congresso pretendia ajudar". No *common law*, é pacífico o entendimento de que os tribunais "criam" lei; em certo sentido, o precedente tem status de lei, é materialmente considerado como tal. Tome-se como exemplo a expressão *law of the land*, que, nos Estados Unidos, significa "conjunto de leis que consiste em decisões judiciais, estatutos e tratados"[85] e nesse sentido foi utilizada pela juíza Amy Coney Barrett, que, ao ser perguntada,[86] durante sua sabatina, se seguiria fielmente e "sem falha" obedecendo os precedentes, respondeu que nenhum integrante da Suprema Corte ao longo da história manteve posição de que anular um precedente nunca é apropriado. Caso contrário, decisões errôneas como *Plessy v. Ferguson*[87] ainda poderiam ser *the law of the land*.[88]

O livro *Active Liberty*, de Breyer, já foi definido como instrumento para oferecer "conforto aos liberais que querem que seu lado tenha um lutador no ringue com Scalia".[89] A alegoria é válida e, por certo, tem um quê de verdade, mas o "livrinho"[90] é muito mais que isso, é um libelo em prol da interpretação propositiva, um contraponto ao discurso acadêmico e à prática judicial textualistas, que durante anos teve em Antonin Scalia seu principal defensor. É um "grito de alerta" de um jurista com sólida formação acadêmica forjada em mais de uma década ministrando aulas na Harvard Law School; um humanista na Academia e no Judiciário, tanto na Corte de Apelação do Primeiro Circuito (1980-1994) quanto na Suprema Corte dos Estados Unidos, onde se encontra desde 1994.

---

[83] A primeira edição de *Active Liberty: Interpreting Our Democratic Constitution* é de 2005. A edição utilizada aqui é de 2006, ambas anteriores ao julgamento do caso Ledbetter, que ocorreu em 2007.

[84] BREYER, Stephen. *Active Liberty*: Interpreting Our Democratic Constitution. New York: Vintage Books, 2006. p. 85.

[85] *Law of the land. Body of law consisting of court decisions, statutes, and treaties* (BLACK, Henry Campbell et al. *Black's Law Dictionary*. 6. ed. St. Paul: West Publishing Company, 1991. p. 613).

[86] Pergunta formulada pela Senadora *Dianne Feinstein*, Democrata da Califórnia.

[87] Em *Plessy v. Ferguson*, conforme já comentado, a Suprema Corte "legalizou" a segregação racial.

[88] NOMINATION of Amy Coney Barrett to the U.S. Supreme Court. *Questions for the Record*. Submitted 16.10.2020. Disponível em: https://www.judiciary.senate.gov/imo/media/doc/Barrett%20Responses%20to%20QFRs.pdf. Acesso em: 01.12.2021.

[89] BAZELON, Emily. Take That Nino – Breyer dukes it out with Scalia. *Slate*, 12.09.2005. Disponível em: https://slate.com/news-and-politics/2005/09/breyer-dukes-it-out-with-scalia.html. Acesso em: 05.12.2021.

[90] É quase um livro de bolso – a depender do formato, tem 161 páginas.

Tudo o que se disse até aqui sobre o equívoco da decisão da Suprema Corte em *Ledbetter v. Goodyear* reforça a sensação, ou, mais que isso, a certeza, de que a busca pelo "propósito" da norma, pelo caminhar, pelas etapas do processo legislativo, se não confirmam, por certo atribuem relevância ao *purposivism* como método hermenêutico capaz de construir resultados mais razoáveis quando se está diante de um *hard case*,[91] ou de uma situação de inegável repercussão social.

As ponderações de Ruth Bader Ginsburg, o cuidado na construção do voto, a preocupação social e a indignação com o caminho escolhido pela maioria ao exigir de Ledbetter tarefa impossível,[92] tudo isso e muito mais desaguam na observação precisa de Aharon Barak ao defender genericamente o *purposivism* como método hermenêutico: "a interpretação intencional é baseada em pressupostos de discussão objetivos que refletem a intenção do autor do texto e os valores do sistema jurídico".[93]

Porque citado duas vezes nos parágrafos anteriores e por demonstrar fina sintonia com o caso Ledbetter, e, ainda, por se constituir em contraponto à forma equivocada, conservadora e insensível como a Suprema Corte o conduziu (*Ledbetter v. Goodyerar*), o método de interpretação propositiva, mais do que merece, exige (porque, reitere-se, apropriado a tudo o que se viu) algumas considerações, tomando por base a doutrina de Aharon Barak, um dos maiores estudiosos do tema e autor de obra seminal.

De início, registre-se que Barak assevera que "o papel do juiz é proteger a democracia e preencher a lacuna entre o direito e as necessidades da sociedade".[94] Apesar de concordar com ele, parece apropriada uma ressalva: proteger a democracia é tarefa de todos, não só do Judiciário, embora ele seja o intérprete último da Constituição e dos valores democráticos nela encapsulados.

Duas outras observações do magistrado e doutrinador israelense merecem reflexão, quando ele assinala que compete aos juízes "dar às disposições legais um significado que preencha a lacuna inevitável entre a norma jurídica e a realidade social" e em seguida quando diz que o "legislador aprova a legislação para atingir determinado propósito", cabendo aos juízes "usar a finalidade subjetiva da legislação como critério para interpretá-la".[95]

Trata-se, a todas as luzes, de um dos temas mais complexos da Ciência Jurídica, vale dizer, qual critério interpretativo deve ser utilizado nesse ou naquele caso. Qual se

---

[91]   Aqui parece oportuno o alerta de Breyer: "(...) juízes devem prestar atenção primária ao propósito de uma lei em casos de difícil interpretação em que a linguagem não é clara" (BREYER, Stephen. *Active Liberty*: Interpreting Our Democratic Constitution. New York: Vintage Books, 2006. p. 85).

[92]   A reclamação, no prazo de 180 dias, sob pena de prescrição, da discriminação salarial praticada pela Goodyear na fábrica de Gadsden, Alabama.

[93]   BARAK, Aharon. *Purposive Interpretation in Law*. Princeton: Princeton University Press, 2007. p. XII.

[94]   BARAK, Aharon. *Purposive Interpretation in Law*. Princeton: Princeton University Press, 2007. p. 339.

[95]   BARAK, Aharon. *Purposive Interpretation in Law*. Princeton: Princeton University Press, 2007. p. 339.

adequa melhor, o mais legítimo, o menos invasivo, o que mais "respeita" a separação e a divisão dos poderes, tema polêmico desde sempre, como bem observou James Madison, no Capítulo 47 de *O Federalista*, que se tratava de "uma das principais objeções dos mais respeitáveis adversários à Constituição".[96] Ainda sobre esse tema (separação de poderes), o quarto presidente dos Estados Unidos disse que "nenhuma verdade política é certamente de maior valor intrínseco".[97]

Especificamente no que diz respeito ao caso *Ledbetter v. Goodyear*, tudo leva a crer que o melhor caminho é aquele apontado por Aharon Barak e todos os que veem no propositivismo[98] um método de interpretação razoável para situações específicas. A Suprema Corte escolheu outro caminho, o da interpretação literal e estrita, um textualismo que flerta com o construtivismo estrito, conforme observado anteriormente.

Para concluir estas considerações sobre a interpretação propositiva como alternativa ao textualismo implementado por Samuel Alito, oportuna mais uma observação de Aharon Barak ao reconhecer que, quando o Legislativo aprova uma lei, a lei dele se separa, mas isso não conduz a que se negue "o papel do propósito subjetivo na interpretação", porque, arremata, "ignorar o propósito subjetivo na interpretação é interpretar com base em palavras, em oposição a objetivos".

Ora, exigir que Ledbetter, ou qualquer pessoa na condição em que ela se encontrava, soubesse que estava sendo lesada por ato do empregador a cada lesão impingida, vale dizer, a cada pagamento a menor concretizado, é um total despropósito, "é interpretar" em completa negação aos "objetivos" da norma, negacionismo hermenêutico parecido com aquele que despreza a Ciência e a Medicina.

9. ECOS DE *LOCHNER V. NEW YORK* (1905) EM *LEDBETTER V. GOODYEAR TIRE* (2007)

A decisão da Suprema Corte no recurso de autoria de Joseph Lochner contra o Estado de Nova Iorque, em 1905, pode ser mensurada por ter criado um neologismo, *Era Lochner*, a designar o período em que o tribunal mais importante dos Estados Unidos emprestou relevância demasiada à liberdade contratual, identificando nela assento constitucional e repelindo lei estadual que estabelecia carga horária máxima de dez horas diárias para padeiros. Lochner – imigrante alemão com negócios na cidade de Utica (NY) –, após sofrer revés na Justiça de Nova Iorque (na primeira e segunda

---

[96] HAMILTON, Alexander; MADISON, James; JAY, John. *The Federalist Papers*. New York: New American Library (Signet Classics), 2003. p. 297.

[97] HAMILTON, Alexander; MADISON, James; JAY, John. *The Federalist Papers*. New York: New American Library (Signet Classics), 2003. p. 298.

[98] Interpretação teleológica parece ser a melhor tradução para *purposive interpretation* ou *purpositivism*. O próprio Barak aponta nesse sentido, ao dizer que a terminologia é "nova", tem origem em fins da década de 1960 e início da de 1970, e que teria aparecido "simultaneamente" no *common law* norte-americano, inglês, canadense, australiano e neozelandês" e em Israel igualmente nesse período (BARAK, Aharon. *Purposive Interpretation in Law*. Princeton: Princeton University Press, 2007. p. 85).

instâncias), encontrou seu porto seguro na Suprema Corte dos Estados Unidos, que, em decisão polêmica, de autoria do juiz Rufus W. Peckham, declarou inconstitucional a medida legislativa por entender que o estatuto interferia no "contrato entre empregador e empregado", especificamente "sobre o número de horas em que este último pode trabalhar", e que o "direito geral de firmar contrato em relação ao seu negócio faz parte da liberdade do indivíduo protegida pela Décima Quarta Emenda da Constituição Federal".[99]

Lochner v. New York é a quintessência do liberalismo econômico e de há muito é considerado um dos grandes erros da Suprema Corte. Não obstante, por ironia, há uma passagem no voto de Peckham que poderia servir como argumento favorável a Lilly Ledbetter.

O nova-iorquino Rufus Peckham[100] – que, antes de se tornar juiz da Suprema Corte dos Estados Unidos, foi juiz da Corte de Apelações de Nova Iorque (*New York Court of Appeals*) – assinalou, em Lochner, que "o propósito de uma lei deve ser determinado pelo efeito natural e legal da linguagem empregada", e, ato contínuo, ressaltou a importância de se perquirir sua constitucionalidade observando seu efeito prático, porque "se é ou não repugnante à Constituição dos Estados Unidos deve ser determinado pelo efeito natural de tais leis quando postas em operação, e não de seu propósito proclamado".

A linha de raciocínio desenvolvida por Peckham em *Lochner v. New York* (1905) se apresenta, pelo menos em *um aspecto*, favorável a Ledbetter na sua cruzada contra a Goodyear Tire & Co. Isso porque o argumento de Peckham concernente ao "efeito natural" das "leis quando postas em operação", se cotejada com a interpretação restritiva preconizada pelo juiz Samuel Alito, fica patente que tal decisão restritiva (de Alito) foi concretamente deletéria ao direito de Ledbetter e de tantos outros que estiveram em situação idêntica ou parecida à dela, vale dizer, trabalhando em uma empresa, exercendo atividade igual a de outros empregados, mas recebendo salário menor e com prazo de 180 para reclamar de cada lesão sofrida, ou seja, cada salário recebido a menor. A legislação que fixou o prazo de 180 dias, e/ou a interpretação implementada pela Suprema Corte, desconsiderou, por assim dizer, e tomando emprestado as palavras de Peckham, o "efeito natural de tais leis quando postas em operação". Desse modo, a Corte estaria autorizada a imprimir interpretação conforme, impedindo que a Goodyear, por pagar menos, se enriquecesse à custa do suor de uma de suas gerentes, Ledbetter.

Seja por falta de habilidade (circunstancial ou genérica), seja pela dificuldade em defender tese favorável aos proprietários de padaria, seja pela baixa qualidade técnica do

---

[99] *Lochner v. New York*, 198 U.S. 45 (1905).

[100] Rufus Peckham chegou à Suprema Corte dos Estados Unidos em 1896, indicado pelo presidente Grover Cleveland. Como seu pai (que era homônimo e também foi juiz da Corte de Apelações de Nova Iorque, Peckham pertenceu à elite do Albany (NY), cf. IRONS, Peter. *A People's History of the Supreme Court*: The Men and Women Whose Cases and Decisions Have Shaped Our Constitution. New York: Penguin Books, 2000. p. 256. Privou da amizade de alguns dos homens mais ricos dos Estados Unidos, e de alguns deles foi inclusive advogado, antes de ingressar na magistratura. Cf. LUXENBERG, Steve. *Separate*. LUXENBERG, Steve. *Separate*: the Story of *Plessy v. Ferguson*, and America's Journey From Slavery to Segregation. New York: W. W. Norton & Company, 2019. p. 467.

voto, para além de, em tese, beneficiar pleitos como o de Lilly Ledbetter, Rufus Peckham esgrimiu – na passagem anteriormente reproduzida – argumento que se apresenta, pelo menos parcialmente, favorável aos próprios padeiros que ele, em nome da liberdade contratual, entendeu não serem merecedores de proteção legislativa concernente à carga máxima de horas trabalhadas em local reconhecidamente insalubre. A conclusão é simples: se a repugnância ao texto constitucional deve ser aferida "pelo efeito natural de tais leis quando postas em operação", é evidente que, pelo critério da saúde pública, *in casu* daqueles que trabalhavam em condições precaríssimas (ambientes extremamente quentes e esfumaçados), com carga horária superior à fixada em lei e muito distante do bom senso, "o efeito natural" é contrário à Constituição, porque deletério à saúde dos trabalhadores.

Há outro aspecto em *Lochner v. New York* (1905) que o aproxima de *Ledbetter v. Goodyear* (2007). Aliás, é curioso que o primeiro não tenha sido citado sequer uma única vez no caso *Ledbetter*. A despeito de mais de um século de distância entre o julgamento de um e de outro, ambos são vizinhos no Direito substantivo, porque versam sobre normas de Direito do Trabalho, e, na ilegalidade cometida, porque trata-se de discriminação. Em Lochner, contra uma categoria (padeiros) pouco esclarecida que exercia e exerce atividade profissional que não exige ampla formação educacional.[101] Em 1905, a Suprema Corte virou às costas para os mais humildes, os sem "conexões", sem sindicato forte e organizado. Em *Ledbetter v. Goodyear*, a discriminação foi contra uma única mulher, mas em situação que se repetia e se repete em larga escala.

Com Lochner, no início do século XX, a Corte soltou as amarras do *judicial restraint* para "cassar" ato normativo (*New York's Bakeshop Act of 1895*) "razoável", optando por implementar ativismo judicial em prejuízo da saúde[102] dos padeiros, inclusive desconsiderando precedentes[103] em sentido contrário. O tribunal fabricou argumentos sobre

---

[101] A defesa de Lochner na Suprema Corte contou com advogados de ponta, de grandes bancos e corporações, *Wall Street lawyers*, tomando emprestada a expressão de Peter Irons (IRONS, Peter. *A People's History of the Supreme Court*: The Men and Women Whose Cases and Decisions Have Shaped Our Constitution. New York: Penguin Books, 2000. p. 255). Contou ainda com o auxílio da poderosa *State Association of Master Bakers*, de Nova Iorque. Nesse cenário, imaginar que os padeiros pudessem negociar em pé de igualdade com os proprietários de padaria é evidente exagero, algo quase impossível de acontecer. Desse modo, a Suprema Corte, por essa e por outras razões, estava equivocada em declarar a inconstitucionalidade da lei limitadora de horas trabalhadas.

[102] O preâmbulo do *New York's Bakeshop Act of 1895* menciona expressamente que a lei foi adotada como uma medida de "saúde". Ademais os legisladores nova-iorquinos aprovaram o ato normativo porque ficaram impressionados com os laudos médicos sobre a precariedade da saúde dos padeiros, decorrente do ambiente absolutamente insalubre em que trabalhavam: a fumaça constante causava inflamações no pulmão; as longas horas em pé eram responsáveis por reumatismo, entre outros problemas. Cf. IRONS, Peter. *A People's History of the Supreme Court*: The Men and Women Whose Cases and Decisions Have Shaped Our Constitution. New York: Penguin Books, 2000. p. 254-255.

[103] Dois votos compuseram a dissidência: John Marshall Harlan e Oliver Wendell Holmes, Jr. Harlan arrolou mais de dez precedentes contrários ao entendimento esposado por Rufus Peckham.

"liberdade contratual" para negar aplicação à lei que pretendeu proteger os empregados das condições precárias de trabalho, aqueles que atuavam nos fornos quentes e fumacentos dos estabelecimentos de fazer pão.

Oliver Holmes, em seu voto dissidente, já mencionado, afirmou (*Lochner v. New York*) "que a palavra liberdade na Décima Quarta Emenda é pervertida quando mantida para impedir o resultado natural de uma opinião dominante".[104] A perversão, *in casu*, era da maioria na Suprema Corte que se associou ao voto de Rufus Peckham ao considerar inconstitucional lei do Estado de Nova Iorque porque contrária à "liberdade de contratar", supostamente protegida pela Décima Quarta Emenda.

A "opinião dominante" que compõe a passagem anteriormente reproduzida é a vontade popular[105] concretizada na "Lei de Padaria de Nova York de 1895", vale dizer, o tribunal deveria respeitar o ato normativo, "a menos que se possa dizer que um homem racional e justo necessariamente admitiria que a lei proposta infringiria princípios fundamentais como eles foram compreendidos pelas tradições de nosso povo e nossa lei".[106]–[107]

Ao julgar *Ledbetter v. Goodyear*, a Corte inverteu papéis. Apegou-se à letra fria da lei, desconsiderou as circunstâncias, fechou os olhos para as evidências que militavam favoravelmente à autora e já haviam sido reconhecidas em primeira instância. Cometeu "perversão" em reconhecer constitucional prazo prescricional tão exíguo e, concomitantemente, se afastou do entendimento do "homem racional e justo".

Contra precedentes, em 1905 o tribunal declarou inconstitucional lei que buscava proteger os trabalhadores. De novo contra precedentes, em 2007 imprimiu interpretação restritiva, prejudicando Ledbetter e todos os empregados que se encontravam em posição idêntica à dela. Inverteu os papéis, mas, ao final, em certo sentido, o resultado foi idêntico: o capital, grande, médio e pequeno, venceu.

"Lilly, preciso que você saiba a decisão. Nós perdemos. A Suprema Corte decidiu contrariamente a nós. Eu sinto muito." Assim Ledbetter tomou conhecimento do resultado do julgamento na Suprema Corte, em uma ligação telefônica de um dos seus

---

Entre eles *Barbier v. Connolly,* 113 U.S. 27 (1885), em que a Suprema Corte julgou constitucional ato normativo da cidade de São Francisco (Califórnia) que regulamentava o funcionamento das lavanderias. Reconheceu que se tratava de questão de saúde e segurança públicas e se inseria dentro dos poderes de polícia do Estado, de modo que não havia violação da Décima Quarta Emenda. Mencionou, ainda, *Holden v. Hardy,* 169 U.S. 366 (1898), caso relatado pelo juiz Henry Billings Brown, sobre uma lei do Estado de Utah que fixou a carga horária máxima de mineradores. A Corte considerou a norma constitucional, porque exercício legítimo do poder policial estadual.

[104] *Lochner v. New York*, 198 U.S. 45 (1905). p. 76.

[105] Ou, para usar expressão de Stephen L. Carter, "as forças dominantes da comunidade falaram por meio da legislatura" (HOLMES JR., Oliver. *The Common Law*. Chicago: American Bar Association, 2009. p. XIV).

[106] *Lochner v. New York*, 198 U.S. 45 (1905), p. 76.

[107] Holmes não defende a contenção judicial indiscriminada; nessa passagem, ele ressalta genericamente que é preciso considerar o ato normativo, a menos que estejam presentes indícios robustos de inconstitucionalidade.

advogados. Ela diz ter "ficado quieta por um momento, deixando a notícia desanimadora se infiltrar nos ossos".[108]

Aquinhoada com pouco mais de três milhões de dólares por decisão do júri (primeira instância),[109] Ledbetter agora encarava a dura realidade da decisão final, contrária a ela, ao "razoável" e à jurisprudência consolidada de tribunais inferiores em não limitar o direito à reclamação ao prazo de 180 dias.

Terminava ali a guerra jurídica iniciada quase oito anos antes, na Corte Federal do Distrito Norte do Alabama, em novembro de 1999.[110] A saga, entretanto, teria seguimento em outra arena, a legislativa, com apresentação de projeto de lei, fruto de repercussão negativa da decisão da Suprema Corte e do já referido "apelo"[111] de Ruth Bader Ginsburg nos últimos parágrafos do seu voto, verdadeiro libelo em favor da igualdade remuneratória no emprego, entre homens e mulheres.

Ledbetter é categórica ao afirmar que, inspirada no voto dissidente que Bader Ginsburg proferiu, e "vestida" em uma jaqueta preta (*black talbot jacket*) com que a filha a presenteara, ela foi à luta e praticamente se instalou por dois anos[112] no Capitólio, sede do Legislativo estadunidense. Em junho de 2007, um mês depois do veredito da Suprema Corte, o projeto de lei era anunciado pelo deputado George Miller, presidente do Comitê de Educação e Trabalho, e por Steny Hoyer, líder da maioria na Câmara dos Deputados, ambos do Partido Democrata.[113] Os republicanos se opuseram à proposta legislativa, alegando que ela tornava as empresas vulneráveis a funcionários insatisfeitos que buscavam indenização anos depois, quando o empregador não conseguia oferecer uma defesa significativa, em razão do decurso do tempo.[114] Na Câmara, o projeto passou, mas sucumbiu no Senado, em abril de 2008.

10. O IMPACTO SOBRE A CAMPANHA PRESIDENCIAL DE 2008 E A LEI LEDBETTER DE 2009

Ao tempo da rejeição ao projeto de lei, Ledbetter já havia se transformado em celebridade[115] nacional; ela própria relata inúmeras entrevistas para grandes redes de

---

[108] LEDBETTER, Lilly; ISOM, Lanier Scott. *Grace and Grit*: My fight for Equal Pay and Fairness at Goodyear and Beyond. New York: Three Rivers Press, 2012. p. 210.

[109] Reduzida pelo juiz para 360 mil dólares, ainda em primeira instância.

[110] LEDBETTER, Lilly; ISOM, Lanier Scott. *Grace and Grit*: My fight for Equal Pay and Fairness at Goodyear and Beyond. New York: Three Rivers Press, 2012. p. 165.

[111] O voto de Ginsburg explicitamente convidou o Legislativo a agir (GINSBURG, Ruth Bader; HARTNETT, Mary; WILLIAMS, Wendy W. *My Own Words*. New York: Simon & Schuster, 2016. p. 287).

[112] LEDBETTER, Lilly; ISOM, Lanier Scott. *Grace and Grit*: My fight for Equal Pay and Fairness at Goodyear and Beyond. New York: Three Rivers Press, 2012. p. 216.

[113] A deputada Rosa DeLauro, do Partido Democrata, igualmente tem participação na implementação do projeto de lei.

[114] LEDBETTER, Lilly; ISOM, Lanier Scott. *Grace and Grit*: My fight for Equal Pay and Fairness at Goodyear and Beyond. New York: Three Rivers Press, 2012. p. 217.

[115] TOOBIN, Jeffrey. *The Nine*: Inside the Secret World of the Supreme Court. New York: Anchor Books, 2008. p. 397.

TV e jornais. Sem falar nas muitas idas a Washington-DC, depoimentos nos comitês da Câmara e do Senado, ambientes, em certo sentido, familiares, porque ela anos antes os conhecia do "Watergate" e dos testemunhos de "Anita Hill",[116] transmitidos pelas redes de televisão.

A fama nacional, o contato com políticos, o nome estampando em um projeto de lei, as entrevistas, o pedido de apoio que Hillary Clinton lhe fizera nas prévias do Partido Democrata, tudo isso, em grande parte, construído em consequência da profunda irrazoabilidade do voto de Samuel Alito e dos que o seguiram na Corte. Em síntese, Ledbetter saiu da fábrica localizada na pequena Gadsden, com uma população estimada de 35 mil habitantes, para a campanha presidencial que mudou a história política dos Estados Unidos, em que se sagrou vencedor Barack Obama, candidato pertencente a uma minoria perseguida por mais de um século. Ledbetter discursou na Convenção do Partido Democrata que escolheu Obama; discursar em uma convenção nacional é privilégio de poucos, muito poucos. Geralmente o fazem políticos de envergadura dentro do partido, ou personalidades com fama ou reconhecimento nacional.

Mais que discursar em apoio a Obama, Ledbetter "ganhou" editorial do *The New York Times*, considerado o jornal de maior prestígio do mundo. O título dizia ser ela a "arma secreta dos democratas" ("The Democrats' Secret Weapon: Lilly Ledbetter"), insinuando que poderia influenciar o voto feminino em Obama.[117] O jornal ainda mencionou o caso que havia sido decidido um ano antes na Suprema Corte, em que ela perdera por apenas um voto, e afirmou tratar-se de "uma decisão ideologicamente orientada, que deixou de lado o precedente e a lógica".[118]

Nove meses depois de ter sido defenestrado no Senado, o projeto de lei foi reapresentado, já com Barack Obama eleito presidente e maioria democrata em ambas as casas, e, nesse quadro político renovado, restou aprovado. Steny Hoyer se disse orgulhoso de que um dos primeiros projetos de lei aprovados naquela legislatura tenha sido o *Lilly Ledbetter Fair Pay Act* (Lei de Pagamento Justo Lilly Ledbetter, em tradução livre) e que sua aprovação era o reconhecimento de que o sexismo e a discriminação ainda enganavam mulheres quanto à igualdade de salários. Por fim, completou: "Foi o sexismo secreto que enganou Lilly Ledbetter em milhares de dólares, durante anos".[119]

---

[116] LEDBETTER, Lilly; ISOM, Lanier Scott. *Grace and Grit*: My fight for Equal Pay and Fairness at Goodyear and Beyond. New York: Three Rivers Press, 2012. p. 218.

[117] *Ms. Ledbetter does not have Senator Clinton's star power, but she could end up being an important force in driving votes to Mr. Obama* (A Sra. Ledbetter não tem o poder de estrela da senadora Clinton, mas ela pode acabar sendo uma força importante para atrair votos para Obama) (THE NEW YORK TIMES EDITORIAL BOARD. The Democrats' Secret Weapon: Lilly Ledbetter. *The New York Times*, 28.08.2008).

[118] *It was an ideologically driven decision – one that tossed aside precedent and logic* (THE NEW YORK TIMES EDITORIAL BOARD. The Democrats' Secret Weapon: Lilly Ledbetter. *The New York Times*, 28.08.2008).

[119] HOYER, Steny. *Hoyer Statement on the Lilly Ledbetter Fair Pay Act*, 27.01.2009. Disponível em: https://leaderarchive-hoyer.house.gov/content/hoyer-statement-lilly-ledbetter-fair-pay-act. Acesso em: 07.12.2021.

Em seu livro de memórias, publicado em novembro de 2020, Barack Obama dedica alguns parágrafos a Lilly Ledbetter. Afirma que se "tornaram amigos durante a campanha",[120] que "conhecia a família dela; conhecia suas lutas". Lembrou que foi o primeiro projeto de lei sancionado por ele, e, no dia da sanção, "ela ficou ao seu lado" e ele usou "uma caneta diferente para cada letra do nome".[121] Disse mais, que, "desafiando todo o bom senso, a Suprema Corte havia desautorizado o processo",[122] vale dizer, julgado contrariamente à autora, mas a legislação que ele sancionara, embora não fosse reverter séculos de discriminação, se constituía em um passo à frente.

Certamente o mês de janeiro de 2009 foi dos mais importantes da vida de Ledbetter. O projeto de lei foi aprovado em ambas as casas do Legislativo da União e restou sancionado pelo primeiro presidente afrodescendente da História dos Estados Unidos, um Chefe de governo e Estado, professor de Direito Constitucional que, com sua assinatura, transforma em lei um projeto pensado para reverter um equívoco de uma das cortes constitucionais mais antigas e relevantes de todo o mundo.

História, ironia[123] e reparação se encontraram naquele 29 de janeiro de 2009.

Pode não ter sido uma *Seneca Falls Convention*, mas certamente se constitui em uma data igualmente histórica e de extrema relevância para o movimento feminino, para Lilly Ledbetter, seus familiares, advogados, apoiadores, e para muitas mulheres antes dela e depois dela, porque nela irão buscar inspiração. É imperioso reconhecer o papel importante da advogada, ativista e professora Ruth Bader Ginsburg, atributos e história de vida que se concretizaram no voto dissidente da juíza Ginsburg e no chamamento à correção pelo Legislativo.

A luta das mulheres em prol da igualdade de gênero é vitoriosa, ainda que parcialmente. O voto contundente de Ruth Bader Ginsburg e a conquista legislativa que se seguiu não esgotam, por óbvio, a pauta para o reconhecimento de outros direitos e a busca por mais espaço.

É impossível fechar os olhos para o progresso alcançado desde a *Seneca Convention* até os dias atuais, especialmente nas últimas décadas. O progresso é real, palpável, mas a vitória, como dito *supra*, ainda é parcial, porque a sociedade ainda não conseguiu superar o preconceito e resiste a que a mulher ocupe espaço em igualdade com os ho-

---

[120] Refere-se à campanha de 2008, em que se elegeu presidente.

[121] É comum o presidente assinar alguns exemplares de projeto de lei, e, para cada exemplar, há uma caneta, que é presenteada aos apoiadores – cidadãos comuns ou parlamentares autores da proposta. Trata-se de uma tradição nos Estados Unidos. Obama usou uma caneta para cada letra e cedeu para os autores do PL e para Ledbetter. Ele inclusive diz no livro que se buscou apoiá-la com a comercialização que ela faria daquelas canetas (OBAMA, Barack. *A Promised Land*. New York: Crown, 2020. p. 234).

[122] "Defying all common sense, the supreme court had disallowed the law suit" (OBAMA, Barack. *A Promised Land*. New York: Crown, 2020. p. 234).

[123] Mulher discriminada em fábrica de multinacional localizada no interior do Alabama (*Deep South*) ingressa com ação judicial e acaba sendo injustiçada por decisão da Suprema Corte. O ato final de reparo é de autoria de um homem negro, portanto de uma raça historicamente discriminada, e professor de Direito Constitucional.

mens. Tome-se o exemplo da ex-tenista Serena Williams – ela divide o recorde de maior número de Grand Slams vencidos (23) com a alemã Steffi Graf –, que tem denunciado o tratamento discriminatório recebido pelas tenistas mulheres em comparação com os homens. Ademais, não se trata somente de remuneração, mas também da postura dos juízes em quadra na aplicação de penalidades.

Em fevereiro de 2022, o tenista alemão Alexander Zverev bateu com sua raquete (destruindo-a) algumas vezes contra a "torre" do juiz de quadra, que teve que levantar levemente o pé para não ser atingido. Uma postura grave que resultou em multa e perda de pontos. Quatro anos antes, na final do U.S. Open,[124] Serena somente questionou o juiz e recebeu pena parecida com a de Zverev. Em março de 2022, ao conceder entrevista à Christiane Amanpour, da rede de TV CNN, ela afirmou, após ser instada a falar sobre ambos os episódios, que "existe absolutamente um duplo padrão. Eu provavelmente estaria na cadeia se fizesse isso. Tipo, literalmente, sem brincadeira".[125]

Seja a gerente da fábrica de pneus em uma cidadezinha do interior do Alabama, seja na quadra de tênis mais importante dos Estados Unidos e contra a tenista considerada até aqui a melhor de todos os tempos, a discriminação continua presente. Vencê-la requer paciência e persistência.

11. CONCLUSÃO PARCIAL

Ledbetter v. Goodyear Tire & Rubber Company, Inc. é um dos casos mais relevantes já julgados pela Suprema Corte no quesito "questões de gênero". Por uma razão relativamente simples: é um caleidoscópio. Uma ação com múltiplas faces e de um colorido poucas vezes visto no Tribunal Supremo, que agrega alguns equívocos e várias decisões de funda relevância nos seus mais de dois séculos de História.

Fosse um *case* arquitetônico, *Ledbetter v. Goodyear Tire* seria uma cidade medieval repleta de becos e esquinas. Contudo, como se trata de um caso jurídico, nele se encontram presentes: (i) manifestação conservadora da maioria do tribunal, valendo-se de interpretação textualista, com o fito de afastar direito reconhecido por tribunais de apelações e por órgão administrativo incumbido de decidir questões envolvendo discriminação no trabalho; (ii) decisão demasiadamente restritiva e desconectada da realidade; (iii) voto proferido oralmente do plenário da Corte, recurso raro e, em certo sentido, "teatral" para demonstrar o quão equivocada encontrava-se a maioria; (iv) menção expressa, pela autora do voto dissidente, para que os legisladores agissem ("a bola está novamente na quadra do Congresso"); (v) forte reação midiática; (vi) Ledbetter como uma "celebridade", escrevendo livros e tendo a chance de discursar (privilégio de poucos) na Convenção Nacional do Partido Democrata, que escolheu o futuro candidato a presidente, Barack Obama; (vii) pressão sobre o Poder Legislativo

---

[124] Mais importante torneio de tênis dos Estados Unidos, o qual integra o Grand Slam.

[125] LLOYD, Alicia; Amanpour, Christiane. Serena Williams: "I should have been at like 30 or 32" grand slam singles titles. *CNN*, 05.03.2022. Disponível em: https://edition.cnn.com/2022/03/04/tennis/serena-williams-grand-slam-amanpour-spt-intl/index.html. Acesso em: 05.03.2022.

para apresentar e aprovar um projeto de lei a fim de impedir repetição de decisões de idêntica natureza; (viii) primeiro projeto de lei sancionado pelo Presidente Barack Obama, nove dias depois de tomar posse como o primeiro afrodescendente a ocupar a Casa Branca; e, por fim, (ix) *Lilly Ledbetter Fair Pay Act of 2009*, lei que tem origem remota na discriminação de gênero praticada durante anos dentro da Goodyear Tire & Rubber Company, reconhecida pela Justiça de Primeiro Grau, e mais tarde negada por um Tribunal de Apelações e pela Suprema Corte dos Estados Unidos, para, em seguida, galvanizar mulheres e movimentos sociais no sentido de dar um basta definitivo à discriminação salarial contra as mulheres, ainda que a "Lei Ledbetter de Pagamento Justo" beneficie homens também.

Embora já esteja claro, é importante destacar que Lilly Ledbetter não foi vítima de uma norma ou lei produzida por um Legislativo retrógrado ou algo semelhante. Ela sofreu perdas econômicas severas como consequência de um padrão de comportamento de parte da sociedade em enxergar a mulher como incapaz de produzir como os homens e, por isso, não merecedora de idêntica remuneração ou posição hierárquica no mercado de trabalho.

A ex-gerente de uma fábrica de pneus que virou celebridade nacional foi vítima de dois sistemas: o patriarcal, traduzido no comportamento da direção da multinacional Goodyear & Tire Co. na pequena Gadsden, Alabama, tradução quase que perfeita do "Sul Profundo", da sua história, das suas contradições; e o segregacionista, como instrumento de manutenção de privilégios para determinados grupos. O segundo sistema atingiu-lhe de forma mais rápida, certeira e definitiva. Negou-lhe o "direito" que a muitos parecia "razoável", tivesse sido julgada por magistrados menos simpáticos aos apelos do grande capital e menos preocupados com os impactos de direitos trabalhistas sobre a macroeconomia.

Dizê-lo caleidoscópico, como se percebe, é defini-lo na exata medida do que verdadeiramente é. Paradoxalmente, é dos casos menos conhecidos e citados, entre os de relevo julgados pela Suprema Corte dos Estados Unidos.

Capítulo V
DOBBS V. JACKSON (2022)

INTRODUÇÃO

Quando este livro começou a ser escrito, em 2021, o direito ao aborto nos Estados Unidos da América era um belo horizonte, claro, plano e seguro.

O aborto era assegurado em todo o país, não por outorga do Poder Legislativo e anuência do Executivo, mas resultado de construção jurisprudencial no caso *Roe v. Wade*, de 1973. Essa decisão, objeto de extensas considerações no Capítulo II, permaneceu em vigor durante quase 50 anos, tempo em que empoderou mulheres e evitou a continuidade de uma gravidez indesejada. *Roe* tem raízes – pouco mais, pouco menos – em *Poe v. Ullman* (1961)[1] e *Griswold v. Connecticut* (1965),[2] dois casos igualmente comentados nos capítulos anteriores.

O caso *Dobbs v. Jackson* é uma daquelas que confirma a máxima que "mandatos presidenciais não se esgotam em quatro anos". O então candidato Donald Trump prometeu indicar juízes conservadores para a defesa de valores conservadores e, especialmente, para revogar o precedente de quase meio século.[3] O precedente não foi revogado

---

[1] Votos divergentes de William Douglas e John Marshall Harlan II.
[2] Voto, pela maioria, de William Douglas.
[3] A imprensa noticiou fartamente essa intenção e o então candidato nunca se furtou delas. Tome-se o exemplo de matéria veiculada no site da TV CNBC, em 19 de outubro de 2016, quase três semanas antes das eleições: *Trump: I'll appoint Supreme Court justices to overturn Roe v. Wade abortion case. Donald Trump said the overturning of the landmark Supreme Court decision giving women the right to abortion "will happen, automatically," if he is elected president and gets to appoint justices to the high court* (MANGAN, Dan. Trump: I'll appoint Supreme Court justices to overturn Roe v. Wade abortion case. *CNBC*, 19.10.2016. Disponível em: https://

durante o seu mandato, mas em decorrência dele, porque contou com a participação decisiva de três juízes indicados por ele.

1. A LEI DO ESTADO DO MISSISSIPPI

Em 2018, o Mississippi – Estado conservador do Sul do país, um dos que integraram a secessão contra os do Norte, que desembocou na Guerra Civil americana – aprovou uma lei que havia sido orquestrada, em janeiro daquele ano, justamente para "erradicar" o precedente *Roe*.[4] A redação da minuta de ato normativo é de autoria dos advogados da Alliance Defending Freedom, na certeza de que o texto, uma vez aprovado pelo Legislativo estadual, seria, ao fim, aceito para julgamento pela Suprema Corte; em outras palavras, teria o *certiorari granted*.[5] Foi justamente o que aconteceu.

Os legisladores do Mississippi impuseram limitação ao direito assegurado em *Roe*, estabelecendo que o aborto não poderia ocorrer em prazo superior a 15 semanas. A lei recebeu o nome de *Gestational Age Act*[6] e, tal qual previam seus idealizadores, causou uma enorme polêmica e fez o caminho até a Suprema Corte dos Estados Unidos.

A Lei da "Idade Gestacional" cumpriu seu papel de restringir o aborto e, em dado momento, se apresentou como um desafio à autoridade da Suprema Corte, cujo entendimento era aquele de 1973. Em outras palavras, para o modelo constitucional dos Estados Unidos, o direito ao aborto era a "lei", o padrão a ser seguido, a vontade da Constituição expressa em *Roe v. Wade*. É bem verdade que a autoridade da decisão não a torna imutável, mas, no momento em que ela é desafiada, instaura-se, ainda que momentaneamente, a quebra da normalidade constitucional, que pode ser restaurada por outra decisão da Corte declarando inválido o ato transgressor ou, ainda, por ato normativo do Congresso (lei ou emenda constitucional), capaz, no plano formal, de estabelecer novo regramento e, com isso, revogar o entendimento judicial anterior.

O Estado do Mississippi desafiou (ao propor), consolidou (ao aprovar a lei) e exigiu o cumprimento da norma. Posteriormente, defendeu-se em juízo e, ao fim, promoveu enorme ruptura legal e social nos Estados Unidos da América. Essa ruptura tem três momentos bem definidos: (i) a elaboração do anteprojeto de lei, fora do Legislativo; (ii) a aprovação do projeto; (iii) a decisão da Corte Suprema estadunidense.

Essa ruptura legal e social tem repercussão política, conforme se verá no item seguinte.

---

www.cnbc.com/2016/10/19/trump-ill-appoint-supreme-court-justices-to-overturn-roe-v--wade-abortion-case.html. Acesso em: 20.01.2024).

[4] LITTLEFIELD, Amy. The Christian Legal Army Behind the Ban on Abortion in Mississippi. *The Nation*. 30.11.2021. Disponível em: https://www.thenation.com/article/politics/alliance--defending-freedom-dobbs/. Acesso em: 10.03.2023.

[5] *Certiorari Granted* significa que a Suprema Corte aceitou (*granted*) julgar o recurso (*certiorari*) contra determinada decisão de tribunal inferior.

[6] Disponível em: https://billstatus.ls.state.ms.us/documents/2018/html/HB/1500-1599/HB1510IN.htm.

2. REPERCUSSÃO POLÍTICA

Dobbs v. Jackson está na agenda política da eleição presidencial de 2024 nos Estados Unidos. Democratas elegeram o aborto como um dos temas centrais.[7] Acusam os republicanos de planejarem um banimento nacional caso reconquistem a Casa Branca e a maioria no Senado. Para Kamala Harris, um segundo mandato de Trump significaria, para as mulheres, "mais banimentos, mais sofrimento e menos liberdade" (*more bans, more suffering, less freedom*).[8]

A impopularidade da decisão em *Dobbs* pode ser mensurada pela manutenção da possibilidade do aborto em estados conservadores como Geórgia, Carolina do Sul, Nebraska, Utah e Flórida.[9] É bem verdade que impuseram limite de tempo, mas, ainda assim, é surpresa não terem banido. Em Iowa, um Estado que durante muito tempo votou com o Partido Democrata, mas desde 2016 tem votado com os republicanos[10] nas eleições presidenciais, o aborto é garantido, ainda que com sérias limitações. Idêntica situação se repetiu em Montana, Wyoming e Alasca.

Há outra questão que pode ajudar a entender a importância do tema aborto na política estadunidense. Tome-se o exemplo do resultado das eleições de meio de mandato (*midterm elections*) de 2022, em que os democratas (críticos de *Dobbs v. Jackson*) mantiveram a maioria no Senado e impediram os republicanos (críticos de *Roe v. Wade*) de obterem ampla vitória na Câmara dos Deputados.

Na eleição presidencial de 2024, o tema aborto continua preponderante e o resultado pode ser impactado por ele. Observe o testemunho de Gilda Bayegan, de 70 anos e delegada estadual do Partido Republicano no Texas; ao discursar na convenção estadual do partido, ressaltou seu temor de que a insistência e a oposição de alguns republicanos contra o aborto pudessem ser fatais aos objetivos eleitorais em 2024: "Cada vez que falamos em aborto, estamos colocando gasolina no tanque dos democratas. Esse é o único tema vencedor para eles". Ela discursou para 10.000 delegados de todo o estado e ainda afirmou que seu partido já tinha tornado o aborto ilegal e agora alguns procuravam ir ainda mais longe. "O que vamos fazer?", disse ela do pódio, "em seguida apedrejar as mulheres?".[11]

---

[7] CORASANITI, Nick. On Dobbs Anniversary, Democrats Look to Make the Court a Campaign Issue. *The New York Times*, 24.06.2024. Disponível em: https://www.nytimes.com/2024/06/24/us/politics/dobbs-supreme-court-biden-trump.html. Acesso em: 25.06.2024.

[8] LEE, MJ et al. Kamala Harris says another Trump term would mean "more suffering, less freedom" as six-week Florida abortion ban goes into effect. *CNN*, 01.05.2024. Disponível em: https://edition.cnn.com/2024/05/01/politics/kamala-harris-florida-abortion-trump/index.html. Acesso em: 16.05.2024.

[9] Cf. TRACKING Abortion Bans Across the Country. *The New York Times*, 2022. Update 08.01.2024. Disponível em: https://www.nytimes.com/interactive/2022/us/abortion-laws-roe-v-wade.html.

[10] O Iowa tem dois senadores republicanos no Senado, Chuck Grassley e Joni Ernst.

[11] KITCHENER, Caroline. These GOP women begged the party to abandon abortion. Then came backlash. *The Washington Post*, 10.07.2024. Disponível em: https://www.washingtonpost.com/politics/2024/07/09/texas-abortion-republican-women/. Acesso em: 11.07.2024.

3. COMPOSIÇÃO DA CORTE EM 2022

Quando a projeto de lei foi proposto, em 2018, a Suprema Corte dos Estados Unidos tinha uma composição um pouco mais liberal, em que era possível vislumbrar a manutenção de certas conquistas, a exemplo do direito ao aborto, ao uso métodos contraceptivos e a uma discussão mais razoável sobre imunidade presidencial. Para além disso, a permanência da doutrina Chevron, verdadeira elegia à expertise das agências reguladoras e fonte de inspiração para legislações mundo afora, inclusive o Brasil.

No início de 2018, ainda estavam no tribunal a juíza Ruth Ginsburg e Anthony Kennedy, este último, embora indicado pelo Partido Republicano, se comportava como um juiz de centro, ponderado, que votava a favor de pautas liberais e conservadoras, mesmo que nunca tivesse se despido por completo de sua trajetória de magistrado indicado pelo presidente Ronald Reagan, para substituir Lewis F. Powell, que havia sido apontado por Richard Nixon, todos eles conservadores. Kennedy foi um autêntico *swing vote*, expressão que designa o juiz que por vezes vota com um ou outro bloco (ideologia) que, comumente, caracteriza a Corte ao longo dos anos.[12]

Anthony Kennedy foi substituído por Brett Kavanaugh, um (ex-)*clerk* do seu gabinete no Tribunal Supremo que dizem ter sido por ele próprio, Kennedy, indicado a Donald Trump para substituí-lo, quando do seu pedido de aposentadoria. Ocorre que a criatura é bem mais conservadora do que o criador, como bem acentuou a revista *Time* ao comentar o seu primeiro ano na Corte, ressaltando que "um olhar mais atento" aos votos de sua autoria revelava que ele "é mais conservador do que Kennedy, ajudando, desde a sua confirmação, a empurrar o tribunal para a direita" (*a close look at Kavanaugh's voting this term reveals that he is more reliably conservative than Kennedy, helping push the court right since his confirmation*).[13]

A substituição de Ruth Bader Ginsburg em outubro de 2020 surpreendeu a muitos pelo curto espaço de tempo entre a abertura da vaga e a aprovação do nome indicado pelo presidente Donald Trump; ao todo, foram 38 dias, considerando que ela foi indicada em 26 de setembro de 2020 e a eleição presidencial ocorreu em 3 de novembro seguinte. Nunca houve um espaço tão curto entre uma indicação e uma eleição, embora, na era moderna, já tenha ocorrido aprovação de nomes de forma mais rápida do que a de Barrett: John Paul Stevens, indicado pelo presidente Geral Ford, teve seu nome conformado pelo Senado em um espaço de 16 dias; Sandra Day O'Connor, indicada por Ronald Reagan, foi aprovada pelo Senado 33 dias após.[14]

---

[12] O termo é igualmente utilizado na política partidária, nas eleições presidenciais, para caracterizar o Estado que por vezes vota, nas eleições presidenciais, em um dos dois partidos majoritários, Democrata ou Republicano. São exemplos: Geórgia, Pensilvânia, Michigan, Arizona, Nevada, entre outros.

[13] BERENSON, Tessa. Inside Brett Kavanaugh's First Term on the Supreme Court. *Time Magazine*, 19.062019. Disponível em: https://time.com/longform/brett-kavanaugh-supreme-court-first--term/. Acesso em: 20.06.2019.

[14] SPRUNT, Barbara. How Amy Coney Barrett's Confirmation Would Compare to Past Supreme Court Picks. *NPR*, 01.10.2020. Disponível em: https://www.npr.org/sections/supreme-court-

A nova composição de 2022, fruto das indicações de Donald Trump, tornou possível o resultado estampado em *Dobbs v. Jackson*, que começou a ser arquitetado, como visto, em 2018.

4. O JUIZ SAMUEL ALITO

Samuel Alito é um juiz conservador. Para alguns, ultraconservador. Sendo uma coisa ou outra, é fato que a Corte se tornou mais conservadora desde que ele tomou posse, como anota Neil Siegel, ao afirmar que, desde que ele sucedeu Sandra O'Connor, "o Tribunal de Roberts se tornou mais conservador na maioria das questões" (*Although the Roberts Court has become more conservative on most issues since Justice Alito succeeded Justice O'Connor*), embora, acrescenta, tenha aumentado a "percepção de que os costumes tradicionais estão sob ataque (...) na última década" (*the perception that traditional mores are under attack has increased over the past decade, especially in the last few years*).[15]

Alito é juiz da Suprema Corte desde 31 de janeiro de 2006, indicado por George W. Bush. Antes fora juiz da Corte de Apelações do Terceiro Circuito, indicado para o cargo por George H. W. Bush, em 1990.

4.1 O episódio da bandeira invertida

Em 2024, ele e sua esposa, Martha-Ann Alito, se envolveram em uma polêmica ao demonstrar aparente alinhamento com as alegações de supostas fraudes na eleição presidencial de 2020, alimentadas pelo ex-presidente Donald Trump e por setores mais radicais do Partido Republicano. Logo após a conclusão da apuração dos votos, que deu vitória ao candidato Joseph Biden, esse grupo mais à direita cunhou a frase "parem com o roubo" (*stop the steal*), que se referia a uma falsa concepção de que o Partido Democrata havia fraudado a eleição em favor do seu candidato, o que se revelou uma completa alucinação sem qualquer base fática ou documental.

Um dos símbolos desse movimento, que culminou com a invasão do Capitólio, em 6 de janeiro de 2021, era (e ainda é) utilizar a bandeira dos Estados Unidos de forma invertida, como se estivesse de cabeça para baixo. Foi justamente o que apareceu na parte externa da residência da família Alito e restou amplamente noticiado pela imprensa e com grande repercussão, culminando com o juiz Alito justificando que sua esposa foi quem colocou a bandeira como resultado de uma discussão com uma de suas vizinhas.[16]

-nomination/2020/10/01/916644231/how-a-barrett-confirmation-would-compare-to-past--supreme-court-timelines. Acesso em: 03.10.2020.

[15] SIEGEL, Neil S. The Distinctive Role of Justice Samuel Alito: From a Politics of Restoration to a Politics of Dissent. *Yale Law Journal Forum*, v. 126, p. 164-177, 2016.

[16] KANTOR, Jodi. At Justice Alito's House, a "Stop the Steal" Symbol on Display. *The New York Times*, 16.05.2024. Disponível em: https://www.nytimes.com/2024/05/16/us/justice-alito--upside-down-flag.html. Acesso em: 16.05.2024.

A vizinha, Emily Baden, no entanto, concedeu entrevistas afirmando que a bandeira já estava no local muito antes da discussão.[17]

A justificativa pareceu a todos um tanto quanto surreal e, acresça-se, ainda que fosse verdadeira a alegação sobre a discussão, não havia justificativa plausível para colocar a bandeira de cabeça para baixo, entoando, mesmo que indiretamente, símbolo daqueles que tentaram subverter o resultado da eleição presidencial de 2020.

5.   ORIGEM DO CASO

A Suprema Corte se debruçou, em dezembro de 2021, sobre um recurso contra a decisão da Corte de Apelação do Quinto Circuito, com sede em Nova Orleans, na Louisiana, que havia confirmado a sentença de primeiro grau que considerou inconstitucional a "Lei da Idade Gestacional", que, como visto, impunha restrições ao aborto após 15 semanas de gestação.

O recurso foi formulado em nome de Thomas E. Dobbs, autoridade estadual de Saúde, réu na ação original, e recorrente na Suprema Corte. No outro lado, a "Jackson Organização de Saúde das Mulheres", uma clínica de aborto localizada na cidade de Jackson, capital do Estado do Mississippi.

Em resumo a "Lei da Idade Gestacional do Mississippi" prevê que, "exceto em uma emergência médica ou no caso de uma anormalidade fetal grave, uma pessoa não deve intencionalmente ou conscientemente realizar (...) ou induzir um aborto de um ser humano não nascido se a idade gestacional provável do ser humano não nascido tiver sido determinada como sendo maior que quinze (15) semanas".[18]

6.   DECISÃO DA SUPREMA CORTE

6.1   Voto do juiz Alito

O primeiro parágrafo do voto de Samuel Alito acolhe uma observação de todo verdadeira. Ele diz que "o aborto apresenta uma questão moral profunda sobre a qual os americanos têm visões extremamente conflitantes" (*Abortion presents a profound moral issue on which Americans hold sharply conflicting views*)[19] e completa ao observar que "alguns acreditam fervorosamente que uma pessoa humana nasce na concepção e que o aborto acaba com uma vida inocente" (*some believe fervently that a human person comes into being at conception and that abortion ends an innocent life*). Outros – acrescenta – "sentem com a mesma firmeza que qualquer regulamentação do aborto invade o direito da mulher de controlar seu próprio corpo

---

[17]   TIMOTIJA, Filip. Alito's former neighbor: "At worst, he's just outright lying" about flag timeline. *The Hill*, 06.06.2024. Disponível em: https://thehill.com/homenews/4707610-alito-upside--down-flag-timeline-former-neighbor-cnn/. Acesso em: 20.06.2024.

[18]   *Dobbs v. Jackson Women's Health Organization*, 597 U.S. ___ (2022). Resumo do ato normativo, constante da primeira parte do voto do juiz Alito.

[19]   *Dobbs v. Jackson*, 597 U.S. (2022). Doravante a identificação limitar-se-á a *Dobbs v. Jackson*.

e impede as mulheres de alcançar a igualdade plena" (*Others feel just as strongly that any regulation of abortion invades a woman's right to control her own body and prevents women from achieving full equality*).[20] Por fim, igualmente no primeiro parágrafo, ele observa que ainda há outros, um terceiro grupo, que acham "que o aborto deve ser permitido em algumas, mas não em todas as circunstâncias, e aqueles dentro deste grupo têm uma variedade de visões sobre as restrições específicas que devem ser impostas".[21]

Alito conseguiu sintetizar, de forma muito apropriada, as posições e as divergências entre os três grupos. A síntese merece elogios, mas o resultado do voto, não, porque desconsiderou um precedente de quase 50 anos e afetou milhões de mulheres nos Estados Unidos, diminuindo-lhe a liberdade de decidir sobre seu próprio corpo.

No parágrafo seguinte, Alito observa que, "durante os primeiros 185 anos após a adoção da Constituição, cada Estado foi autorizado" a tratar o aborto de acordo com o entendimento dos seus cidadãos (*For the first 185 years after the adoption of the Constitution, each State was permitted to address this issue in accordance with the views of its citizens*); em outras palavras, não havia interferência federal, seja legislativa, seja judicial. Então, continua ele, "em 1973, esta Corte decidiu Roe v. Wade, 410 U.S. 113. Embora a Constituição não faça menção ao aborto, a Corte decidiu que ela confere um amplo direito de obtê-lo" (*Then, in 1973, this Court decided Roe v. Wade, 410 U.S. 113. Even though the Constitution makes no mention of abortion, the Court held that it confers a broad right to obtain one*).[22]

Acima o cartão de visitas da doutrina do *original intent*, a "intenção original" ou o originalismo. Alito rejeita o aborto porque ele não estava presente, de forma clara e direta, na Constituição de 1789, de modo que a inexistência de uma menção direta não autorizaria o aborto como direito constitucionalmente assegurado, tal qual entendeu a Corte em 1973.

Os primeiros parágrafos do extenso voto foram utilizados, principalmente, para desconstruir o entendimento da Corte em *Roe* (1973) e em *Casey* (1992),[23] apontando inconsistências, fundamentação equivocada ou irrelevante, entre outros defeitos. Esse ataque não se circunscreve aos parágrafos iniciais, ele se estende por todo o voto, com 220 citações a Roe, e 162 a Casey.

Lembrou que, até "a última parte do século XX, não havia suporte na lei americana para um direito constitucional de obter aborto", bem como "nenhuma disposição constitucional estadual havia reconhecido tal direito", e, ainda, "até alguns anos antes de Roe nenhuma corte federal ou estadual havia reconhecido tal direito". Foi além, para ressaltar a ausência de apoio acadêmico ao direito ao aborto de que ele tivesse conhecimento.[24]

---

[20] *Dobbs v. Jackson*.

[21] *Dobbs v. Jackson*.

[22] *Dobbs v. Jackson*.

[23] *Planned Parenthood v. Casey*, 505 U.S. 833 (1992).

[24] *Dobbs v. Jackson*.

Acresce que "não só não havia apoio para tal direito constitucional até pouco antes de Roe, mas o aborto era há muito tempo um crime em todos os estados". Ademais, na *common law*, continua ele, "o aborto era crime em pelo menos alguns estágios da gravidez e era considerado ilegal e poderia ter consequências muito sérias em todos os estágios". Acusou Roe, e, portanto, o juiz que elaborou o voto, "de ter ignorado ou deturpado essa história, e Casey se recusou a reconsiderar a análise histórica falha de Roe", de modo que era "importante esclarecer as coisas".[25]

Em outro momento, Alito afirma que, "no geral, o raciocínio de Roe era extremamente fraco, e os comentaristas acadêmicos, incluindo aqueles que concordavam com a decisão como uma questão de política, foram implacáveis em suas críticas" (*all in all, Roe's reasoning was exceedingly weak, and academic commentators, including those who agreed with the decision as a matter of policy, were unsparing in their criticism*). Lista alguns autores, como John Hart Ely, Archibald Cox, Laurence Tribe e Mark Tushnet, como críticos, inclusive reproduzindo breves passagens de cada um deles.[26]

É categórico quando diz que "Roe e Casey devem ser anulados" (*We hold that Roe and Casey must be overruled*) porque "a Constituição não faz referência ao aborto, e nenhum direito desse tipo é implicitamente protegido por nenhuma disposição constitucional" (*The Constitution makes no reference to abortion, and no such right is implicitly protected by any constitutional provision*).[27]

Arremata seu longo voto afirmando que o encerra onde o começou, reconhecendo que "o aborto apresenta uma profunda questão moral", para em seguida afirmar que "a Constituição não proíbe os cidadãos de cada Estado de regulamentar ou proibir o aborto" (*The Constitution does not prohibit the citizens of each State from regulating or prohibiting abortion*). "Roe e Casey" – continua – "se arrogaram essa autoridade" que a maioria (da atual Corte) agora "anulava e devolvia essa autoridade ao povo e seus representantes eleitos" (*Roe and Casey arrogated that authority. We now overrule those decisions and return that authority to the people and their elected representatives*).[28]

Parece evidente que a decisão em Dobbs é um retrocesso. Contudo, poderia ser ainda maior, porque, do mesmo modo que a Suprema Corte autorizou o aborto em 1973, a composição de 2022 poderia tê-lo proibido em todo o país.

As construções proposta por Harry Blackmun, em *Roe v. Wade*, e por William Douglas em *Griswold v. Connecticut*, me pareceram bastante engenhosas para sustentar o que restou decidido em cada um desses casos. Valendo-se de princípios e de construção doutrinária, encontraram na Constituição e em suas emendas perspectivas razoáveis e harmônicas com seus propósitos.

---

[25] *Dobbs v. Jackson.*
[26] *Dobbs v. Jackson.*
[27] *Dobbs v. Jackson.*
[28] *Dobbs v. Jackson.*

Samuel Alito e os outros cinco juízes[29] que se juntaram a ele, no voto, não atribuíram à Nona Emenda, do *Bill of Rights*, o peso e a importância que ela tem para o direito ao aborto na América. Os autores da Constituição deixaram uma brecha para que o rol de direitos fosse ampliado, a redação parece bastante clara nesse sentido: "A enumeração de certos direitos na Constituição não deve ser interpretada como negação ou menosprezo de outros mantidos pelo povo".

A maioria preferiu sacrificar um precedente de quase meio século a fim de ver implementada sua agenda conservadora. O resultado não foi bom para a Corte, para os Estados Unidos e, especialmente, para as mulheres.

---

[29] Clarence Thomas, John Roberts, Neil Gorsuch, Brett Kavanaugh e Amy Coney Barrett.

CONSIDERAÇÕES FINAIS

A VOZ DAS RUAS, PRAGMATISMO JURÍDICO, ORIGINALISMO E CONSTITUIÇÃO VIVA

Este item acolhe, a título de considerações finais, um resumo de todo o livro, inclusive das conclusões parciais no encerramento de cada um dos cinco capítulos.

A pesquisa e as reflexões desenvolvidas ao longo do texto buscaram demonstrar como a voz "organizada" das ruas, o pragmatismo jurídico e a doutrina da evolução constitucional ("Constituição viva", em tradução de "living Constitution") tiveram, cada qual em sua medida, papel central para que a Suprema Corte dos Estados Unidos avançasse com a pauta de gênero feminino a partir da segunda metade do século XX. Pragmatismo jurídico – ressalte-se desde já – que restou conjugado com o originalismo e a Constituição viva, na simbiose proposta por Jack Balkin como *living originalism*, título de obra seminal de sua autoria, fonte para algumas considerações tecidas na análise do caso *Roe v. Wade*.

Este livro aborda ações de fundamentos e resultados diversos,[1] que, embora diversos, acolhem similitudes entre elas, justamente a preocupação social, a sintonia com os reclames de parte da sociedade, o pragmatismo jurídico e valores constitucionais que até então tinham merecido pouca ou quase nenhuma atenção da Suprema Corte.

---

[1] Ações de fundamentos e resultados diversos porque as ações analisadas têm fundamentos diversos entre si: em *Griswold*, buscou-se a declaração de inconstitucionalidade de lei proibitiva da adoção de métodos contraceptivos; em *Roe*, a discussão girou em torno do direito ao aborto; em *Virginia v. United States*, tratou-se da questão do ensino exclusivo para homens com recursos públicos. Fundamentos diferentes desembocaram em "resultados diversos". Não obstante, todos eles acolhem "similitudes", que são aquelas elencadas no parágrafo: preocupação social, sintonia com os reclames de parte da sociedade etc.

Resta demonstrado, ao longo dos capítulos, da análise dos casos, dos votos favoráveis e de alguns contrários, que a Corte Suprema – considerando a composição e o perfil do juiz que chamou para si a tarefa de escrever o voto pela maioria –, pouco mais, pouco menos, perseguiu o equilíbrio entre os cânones do originalismo (e eventualmente do textualismo) e a evolução constitucional.

A Suprema Corte dos Estados Unidos avançou na pauta de gênero, especificamente do gênero feminino, ouvindo "a voz das ruas", os tambores da sociedade civil. Ainda que não haja uma linha direta de continuidade entre as primeiras reivindicações formalmente organizadas em prol da expansão do direito das mulheres, é certo dizer que "tudo tem início" com a *Seneca Falls Convention*, nos idos de 1848, no Estado de Nova Iorque, ano em que as mulheres começaram a canalizar energia em busca de concretizar suas reivindicações. Referida convenção, a primeira dedicada aos direitos das mulheres, foi a centelha que produziu energia e luz para os movimentos que se sucederam e que mais tarde bateram às portas do Poder Judiciário e tempos depois desembocaram em decisões da Corte Suprema.

Advirta-se que os casos aqui analisados não são homogêneos no que diz respeito à intensidade com que os atores sociais atuaram, a como atuaram e se o fizeram de forma organizada entre eles. Houve situações em que eles se fizeram mais presentes, como *Roe v. Wade*; houve outras em que os fatos apontam para uma participação de intensidade média, como *Griswold v. Connecticut*, e de engajamento mais tímido, a exemplo de *United States v. Virginia*.

Na introdução, foi dito que "a Suprema Corte dos Estados Unidos **proporcionou às mulheres a acolhida que o Legislativo e o Executivo se negaram a abraçar**" e que a "contribuição do Poder Judiciário estadunidense" reclamava "pesquisa, estudo, reflexão", desiderato que a pesquisa se propôs "a desvendar e precisar como, quando e em que condições tais decisões foram tomadas e quais pessoas foram fundamentais, responsáveis por implementar a igualdade de gênero via construção pretoriana". Em complemento ao que já restou registrado nos parágrafos anteriores, e no decorrer de todo o livro, a caminhada do gênero feminino até a Suprema Corte dos Estados Unidos foi longa, sofrida e sinuosa.

Se, em um plano mais recuado – e que só indiretamente se relaciona com a Corte –, as figuras de Susan B. Anthony e Elizabeth Cady Stanton, organizadoras da *Seneca Falls Convention*, de 1848, foram decisivas para desencadear o movimento que desembocou na XIX Emenda, que foi aprovada em 1919 e ratificada em 1920 e estabeleceu o direito de voto às mulheres, em 1961 é que a Suprema Corte ensaia a primeira discussão relevante sobre a questão de gênero feminino nos Estados Unidos. Embora a decisão tenha sido contrária aos interesses da mulher, *Poe v. Ullman* (1961) é, como visto, um marco na história da questão de gênero, não pelo resultado, mas por duas razões distintas. Primeiro pelo desafio judicial às leis anacrônicas proibitivas do planejamento familiar. Segundo pelo voto dissidente de autoria do juiz John Marshall Harlan II, que imprimiu uma interpretação mais alargada do *Due Process of Law*, na sua versão normatizada na Décima Quarta Emenda à Constituição dos Estados Unidos. *Poe v. Ullman* dá início à heterogeneidade dos casos julgados pela Corte – e objeto deste trabalho – mencionada no parágrafo anterior.

Em *Poe*, John Harlan II[2] expandiu o sentido da Cláusula do "Devido Processo Legal", ao afirmar que ela era muito mais ampla do que o rol de definições até então conhecido e se apresentava como um "*continuum* racional que, em termos gerais, inclui a liberdade contra todas as imposições arbitrárias substanciais e restrições sem propósito"; por isso, afirmava que a legislação do Estado de Connecticut violava a Décima Quarta Emenda, asseverando que "uma lei que torna crime o uso de contraceptivos por casais casados" afigurava-se como uma "invasão intolerável e injustificável de privacidade na condução das preocupações mais íntimas da vida pessoal de um indivíduo".[3]

Harlan, em certo sentido, abriu o caminho para que, quatro anos depois, o juiz William Douglas, em *Griswold v. Connecticut* (1965), expandisse a noção de direitos fundamentais, inclusive em sua modalidade substantiva, ao desenvolver a tese das "penumbras formadas por emanações", espalhadas por todo o *Bill of Rights*, tese inovadora que já havia sido descortinada por Oliver Wendell Holmes em *Olmstead v. United States* (1928), mas sem a ênfase e amplitude emprestadas por Douglas, que passaram despercebidas por Melvin Urofsky quando discorreu sobre Holmes, sem anotar que Holmes discorreu sobre "penumbras" de forma lateral e em uma única parte do voto de 1928, enquanto Douglas o fez de forma mais ampla e incisiva, sendo pertinente assinalar, conforme consta no presente trabalho, que "o voto do Professor da Harvard Law School não tem – para a *penumbral doctrine* – idêntico impacto à construção levada a cabo pelo Professor da Yale Law School. Nesse quesito, o primeiro (Oliver W. Holmes Jr.) é superado pelo segundo (William O. Douglas)".

Pode parecer clichê, mas o voto de Douglas é um divisor de águas na Suprema Corte dos Estados Unidos, pela expressiva vitória da ala liberal sobre o conservadorismo originalista. *Griswold v. Connecticut* tornou possível uma vasta construção jurisprudencial que rompeu os umbrais da questão feminina, bem como alcançou, mais tarde, direitos de pessoas não casadas, liberdade sexual e casamento homoafetivo.[4]

Anote-se, por relevante, que *Poe v. Ullman* (1961) e *Griswold v. Connecticut* (1965), marco temporal a partir do qual este trabalho se desenvolve,[5] só se tornaram possíveis como ação judicial pela dedicação e determinação de Estelle Griswold e do médico

---

[2]   John Marshall Harlan II era neto do também juiz da Suprema Corte dos Estados Unidos, John Marshall Harlan, conhecido como *the great dissenter*.

[3]   *Poe v. Ullman*, 367 U.S. 497 (1961). p. 539.

[4]   A Suprema Corte dos Estados Unidos, em momento posterior a 1965, abraçou temas que têm fundamento, pouco mais, pouco menos, na tese esposada em *Griswold*; entre outros, destacam-se: liberação de contraceptivos para pessoas não casadas (*Eisenstadt v. Baird*, 405 U.S. 438, 1972); autorização para veiculação de propaganda desses produtos (*Carey v. Population Services International*, 431 U.S. 678, 1977); invalidação de leis que criminalizavam a sodomia (*Lawrence v. Texas*, 539 U.S. 558, 2003); e permissão para o casamento entre pessoas do mesmo sexo (*Obergefell v. Hodges*, 576 U.S. 644, 2015).

[5]   *Poe v. Ullman*, julgado em 1961, é o primeiro caso analisado na perspectiva da questão de gênero. Entretanto, o trabalho percorre períodos anteriores, especialmente no que diz respeito não só à produção normativa que deu origem à proibição do uso de qualquer método contraceptivo (*Comstock Laws*), mas também aos costumes e à legislação que antecederam as leis proibitivas do aborto.

Charles Lee Buxton, que, ao organizarem a Planned Parenthood League of Connecticut, davam início à, por assim dizer, era moderna da luta pela igualdade de gênero na América acima do Rio Grande. Evidentemente que os movimentos sociais tiveram sua importância, mas não em idêntica magnitude à de Estelle e Charles Buxton.

De 1965 a pesquisa salta para 1973, ano em que a Corte Suprema proferiu a terceira decisão mais importante de sua história, porque o título de mais relevante pertence a *Marbury v. Madison* (1803) e o segundo a *Brown v. Board of Education* (1954). Embora seja a terceira mais relevante, em uma classificação livre e pessoal, *Roe v. Wade* foi de longe a mais polêmica, a que galvanizou mais atenção e maior oposição, a que dividiu o país durante quase meio século e continua sendo uma fenda a separar os conservadores dos progressistas; os republicanos dos democratas; os religiosos dos agnósticos, o *pro-life* do *pro-choice*; os defensores de que a vida começa na fecundação dos que defendem o *quickening*; o pensamento medieval do ativismo social praticado por Ruth Bader Ginsburg; e o direito do feto à vida do direito à autonomia da mulher sobre seu próprio corpo.

A Corte, em *Roe*, "ao acolher originalismo e evolução constitucional",[6] professou uma espécie de "sincretismo constitucional" que se revelou benéfico a todas as luzes, até que o precedente de 1973 se viu tragado pela onda conservadora que restou ampliada após o Partido Republicano conquistar a Casa Branca e o Senado[7] nas eleições de 2016. A consequência é por demais conhecida: a catastrófica decisão publicada em 24 de junho de 2022, no caso *Dobbs v. Jackson*, relatada pelo juiz Samuel Alito, que resultou na superação do precedente *Roe v. Wade*.

Dobbs é um retrocesso monumental, considerando que permite ao Estado-membro legislar da forma como melhor lhe aprouver sobre o aborto, inclusive o proibindo totalmente. Significa o retorno ao período que corresponde a fins do século XIX e início do XX. Aquele que, em *Roe v. Wade*, Harry Blackmun tanto se esforçou para explicar por que a proibição ampla e indiscriminada ao aborto era um erro, contrariava a *common law*, o bom senso e até mesmo a Medicina, visto que, em certas circunstâncias e até certo período, o aborto era proporcionalmente menos letal que o parto.

Embora heterogêneos, os casos guardam certa sintonia entre o que restou decidido pela Corte e bandeiras sociais de grupos ao centro ou mais à esquerda do espectro político. Mesmo em Ledbetter, o resultado e, principalmente, o voto dissidente da juíza Ruth Ginsburg foram cruciais para a alteração legislativa posterior, conforme se demonstrou no texto.

Decisões que almejaram e conseguiram enterrar parte do acervo conservador[8] equivocado do Tribunal Supremo, que enxergava a mulher como um gênero de segunda ou terceira categoria, como parece claro no voto divergente do juiz Antonin Scalia em *United States v. Virginia*, sua insistência em manter o *status quo* do Virginia Military

---

[6]   A menção a "originalismo e evolução constitucional" diz respeito ao voto de autoria do juiz Harry Blackmun, que o construiu acolhendo ambas as doutrinas.

[7]   A *House of Representatives* (Câmara dos Deputados, em tradução livre) já estava sob comando dos republicanos desde antes de 2016.

[8]   Que fique claro: nem toda decisão conservadora é um equívoco.

Institute, instituição pública – custeada pelo contribuinte do Estado da Virginia – que, desde 1839, proibia a presença feminina por julgá-la inapta a se submeter ao "método adversativo" que se supunha exclusivo para os homens.

Há algo de Henri Matisse no voto discordante de Scalia em *United States v. Virginia*. O juiz afirmou que os "testes" (*scrutinies*) utilizados pela Corte para aferir a constitucionalidade de uma norma eram falhos e, com eles – completa o ilustre "nova-iorquino" nascido em New Jersey –, o tribunal era capaz de "avaliar tudo sob o Sol". Ademais, disse que a admissão de mulheres pelo Virginia Military Institute iria destruir mais de um século e meio de tradição, de ensino de alta qualidade. Nesse particular, o voto expressa um preconceito aberrante, um alarmismo judicial exagerado, que, em certo sentido, remete ao fovismo, movimento artístico francês do início do século XX, cuja característica, entre outras, era a forte concentração de cores, especialmente o vermelho, cor que Matisse afirmou "ser essencial" ao fauvismo,[9] e com a qual, concluímos aqui, Scalia costumava pintar seus textos. Por sinal, a cor do Partido Republicano de Barry Goldwater, Ronald Reagan e do próprio "Nino".

Esse voto dissidente e alguns outros alinhavados por Scalia revelam quão difícil foi (e, em certo sentido, continua sendo; *Dobbs v. Jackson*[10] é prova irrefutável disso) superar o preconceito contra as mulheres. Revelam, por consequência, a dupla relevância (i) da caminhada iniciada na *Seneca Falls Convention* e (ii) do papel da Suprema Corte dos Estados Unidos em acolher pedidos que veicularam pautas caras à sociedade, indispensáveis às mulheres.

As decisões analisadas demonstram que há outro ponto de aproximação entre elas, uma vez que abraçam o pragmatismo jurídico, ou ao menos flertam com ele, embora não admitam, preferindo, na maioria das vezes, silêncio tumular.

Como dito anteriormente nesta conclusão, o livro demonstra que o pragmatismo jurídico procurou equilibrar-se na doutrina da Constituição viva (*living Constitution*), sem renegar totalmente o originalismo de Antonin Scalia. Isso parece claro no voto de William Douglas em *Griswold v. Connecticut* (1965) e, especialmente, no de Harry Blackmun em *Roe v. Wade* (1973). Ambos erigiram teses jurídicas que inovam, que trazem elementos que não estão explicitamente na Constituição, que constroem, que perquirem a intenção do legislador (*purposivism*) como fez Ruth Ginsburg em *Ledbetter v. Goodyear* (2006), no melhor estilo Aharon Barak, ainda que sem citá-lo nominalmente. A propósito, Ledbetter pode ser sintetizada como o eco tardio da Era Lochner, porque o voto do ultraconservador Samuel Alito dialoga com o de Rufus Peckham, embora produzidos em épocas distintas, com um hiato de pouco mais de um século.

Lochner (1905) e Ledbetter (2007) são "produtos" de cortes conservadoras, simpáticas ao grande capital, às leis do mercado; insensíveis e rápidas em anular a legislação protetora à saúde de empregados (Lochner), ou imprimir interpretação textualista,

---

[9]   Fauvismo e fovismo são expressões sinônimas.

[10]   Decisão da Suprema Corte dos Estados Unidos, publicada em 24 de junho de 2022, que revogou o precedente *Roe v. Wade*, permitindo que os estados-membros possam, desde então, proibir o aborto mediante legislação específica, tal como era antes de 1973.

restritiva e prejudicial contrária ao direito de uma mulher (Ledbetter), vilipendiada durante anos por superiores de uma multinacional. Em ambos os casos, a sociedade não atuou de forma organizada para pressionar ou manifestar interesse nos processos, embora, em Ledbetter, isso tenha ocorrido *a posteriori*, fruto, insista-se, do voto de Ginsburg, que sugeria a necessidade de alteração legislativa.

O livro aponta para um comportamento da Corte (evidentemente de sua maioria) que, aderindo ao voto condutor, construiu, cotejou e sacramentou a existência de direitos constitucionais não mencionados explicitamente na Constituição. Assim o fez sem se desagarrar da história, inclusive procurando enfatizá-la e buscar legitimidade em textos e interpretações passadas.[11]

O pragmatismo implementado pela Suprema Corte nos casos analisados no trabalho (sem perder de vista as especificidades de *Ledbetter v. Goodyear*) parece ter sido conduzido com o cuidado que temas dessa envergadura impõem, tanto é verdade que as decisões continuam válidas,[12] precedentes importantes para a manutenção dessas conquistas. O que se constata é que, dentro dos limites da Constituição, foram proferidas decisões que buscaram e conseguiram aperfeiçoar as instituições democráticas, ao reconhecer direitos que vinham sendo sistematicamente negados ao sexo feminino por força de legislação discriminatória e/ou interpretação enviesada, reducionista da mulher (métodos contraceptivos, aborto) e do seu papel (direito à ascensão profissional e e ao acesso a escolas públicas sem limitações descabidas) na sociedade.

Em *Roe v. Wade*, isso é bastante evidente, talvez mais do que em *Griswold*. Em *Roe*, Blackmun faz um recuo histórico como se mergulhasse na Fossa das Marianas, visitando Roma, a Grécia antiga, citando Aristóteles, Platão, Hipócrates, Pitágoras, até alcançar os "ensinamentos emergentes do cristianismo". Demora-se no Direito inglês com Edward Coke e William Blackstone, além de tecer considerações sobre Henry de Bracton (ainda mais antigo do que os dois anteriores) e o que ele escreveu por volta de 1230 e como essa produção intelectual concorreu para moldar a Inglaterra do século XIII e a América colonial que surgiria quatro séculos depois, assim como, posteriormente a ela, a campanha dos Estados para criminalizar o aborto, inclusive as razões médicas para tanto, que não estavam mais presentes, ou pelo menos haviam sido mitigadas, quando a Corte se debruçou sobre *Roe*.

A Corte foi o estuário de um longo processo que teve início em 1848, na *Seneca Falls Convention*, testemunhou águas turbulentas, incompreensões e resistência conservadora retratadas com as cores fortes de Matisse, e, ao final, viu-se fiadora de um resultado positivo, embora ainda incompleto sobre a igualdade entre homens e mulheres. Ao fim e ao cabo, nessas quase seis décadas desde Griswold, a Corte pode contemplar um cenário mais leve e agradável como o *Bal du Moulin de la Galette*, um Renoir cuja alegria e permanência requer constante vigilância.

---

[11] Isso ficou muito claro (não só, mas principalmente) em *Roe v. Wade*, com a longa incursão histórica conduzida por Harry Blackmun no voto pela maioria, objeto de espaçadas considerações neste trabalho.

[12] Importante destacar, mais uma vez, a exceção de *Roe v. Wade*, superada em junho de 2022.

REFERÊNCIAS

ALEXANDER, Michelle. *The New Jim Crow*: Mass Incarceration in the Age of Colorblindness. New York: The New Press, 2020.

AMADO, Jorge. *Gabriela, Cravo e Canela*. 80. ed. Rio de Janeiro: Record, 1999.

AMAR, Akhil Reed. *The Bill of Rights*: Creation and Reconstruction. New Heaven: Yale University Press, 1998.

ASH, Stephen V. *Rebel Richmond: Life and Death in the Confederate Capital.* Chapel Hill: University of North Carolina Press, 2019.

ATKINS, Leah Rawls et al. *Alabama*: the History of a Deep South Sate, Bicentennial Edition. 3. ed. Tuscaloosa: University Alabama Press, 2018.

BALKIN, Jack M. *Living Originalism*. Cambridge: Harvard University Press, 2014.

BALL, Jennifer L. Verbete "Estelle Trebert Griswold". In: WARE, Susan. *Notable American Women*: a Biographical Dictionary Completing the Twentieth Century. Cambridge: Belknap Press/Harvard University Press, 2004.

BARAK, Aharon. *Purposive Interpretation in Law*. Princeton: Princeton University Press, 2007.

BEAUVOIR, Simone de. *The Second Sex*. Harmondsworth: Penguin Books, 1972.

BERGER, Linda L.; CRAWFORD, Bridget J.; STANCHI, Kathryn M. Feminist Judging Matters: How Feminist Theory and Methods Affect the Process of Judgment. *University of Baltimore Law Review*, Baltimore, v. 47, 2018.

BERGER, Raoul. *Government by the Judiciary*: the Transformation of the Fourteenth Amendment. Indianapolis: Liberty Fund, 1997.

BISKUPIC, Joan. *The Chief*: the Life and Turbulent Times of Chief Justice John Roberts. New York: Basic Books, 2019.

BLACK, Henry Campbell et al. *Black's Law Dictionary*. 6. ed. St. Paul: West Publishing Company, 1991.

BLACK, Hugo LaFayette. *A Constitutional Faith*. New York: Alfred A. Knopf, 1968.

BLACK, Ryan C.; SPRIGGS II, James F. An Empirical Analysis of the Length of U.S. Supreme Court Opinions. *Houston Law Review*, v. 45, 01.01.2008.

BOSI, Alfredo. *Colony, Cult and Culture*. Translation Robert P. Newcomb. North Dartmouth: University of Massachusetts Dartmouth, 2008. p. 13-45.

BOWMAN, Cynthia Grant. Women in the Legal Profession from the 1920s to the 1970s: What Can We Learn from Their Experience about Law and Social Change? *Maine Law Review*, v. 61, n. 1, 2017.

BREYER, Stephen. *Active Liberty*: Interpreting Our Democratic Constitution. New York: Vintage Books, 2006.

BRODSKAIA, Nathalia. *The Fauves*. New York: Parkstone Press International, 2020.

CALABRESI, Steven G.; BERGHAUSEN, Mark E.; ALBERTSON, Skylar. The Rise and Fall of Separation of Powers. *Northwestern University Law Review*, v. 106, n. 2, 2012.

CANELLOS, Peter S. *The Great Dissenter*: the Story of John Marshall Harlan, America's Judicial Hero. New York: Simon & Schuster, 2021.

CARTER, Dan T. *From George Wallace to Newt Gingrich*: Race in the Conservative Counterrevolution, 1963-1994. Louisiana: Louisiana State University Press, 1999.

CHABON, Michael; WALDMAN, Ayelet. *Fight of the Century*: Writers Reflect on 100 Years of Landmark ACLU Cases. New York: Simon & Schuster, 2020.

CHENEY, Lynne. *James Madison, a Life Reconsidered*. New York: Penguin Books, 2015.

CHENEY, Lynne. *The Virginia Dynasty*: Four Presidents and the Creation of the American Nation. New York: Penguin Books, 2020.

CHERNOW, Ron. *Titan*: the Life of John D. Rockefeller, Sr. New York: Vintage Books, 2004.

CHOPER, Jesse H. Remarks on Justice Harlan and the Bill of Rights. *New York Law School Law Review*, v. 36, p. 127-131, 1991.

CLARK, Tom C. Religion, Morality, and Abortion: a Constitutional Appraisal. *Loyola of Los Angeles Law Review*, v. 2, n. 1, 1969.

CLIFT, Eleanor. *Founding Sisters and the Nineteenth Amendment*. Hoboken: John, Wiley and Sons, 2003.

CONKLIN, Carli N. *The Pursuit of Happiness in the Founding Era*: An Intellectual History. Columbia: University of Missouri Press, 2019.

CONYERS, John C. *Reining in the Imperial Presidency*: Lessons and Recommendations Relating to the Presidency of George W. Bush. New York: Skyhorse Publishing, 2009.

CROSS, Frank B. *Decision Making in the U.S. Court of Appeals*. Stanford: Stanford University Press, 2007.

CUTLER, Lloyd N. Mr. Justice Stewart: a Personal Reminiscence. *Harvard Law Review*, v. 95, n. 1, Nov. 1981.

DAHL, Roald. *Matilda*. New York: Puffin Books (Penguin Random House), 2013.

DAHL, Robert A. Decision-Making in a Democracy: The Supreme Court as a National Policy-Maker. *Journal of Public Law*, v. 6, p. 279-295, 1957.

DALIN, David G. *Jewish Justices of the Supreme Court*: From Brandeis to Kagan – Their Lives and Legacies. Lebanon (NH): University Press of New England, 2017.

DEAN, John W. *The Rehnquist Choice*: the Untold Story of the Nixon Appointment that Redefined the Supreme Court. New York: Touchstone (Simon & Schuster), 2011.

DICKERSON, John. *The Hardest Job in the World*: the American Presidency. New York: Random House, 2020.

DOLIN, Kieran. Law and Literature: Walking the Boundary with Robert Frost and the Supreme Court. *Western Australian Law Review*, 2003.

DUNCAN, Mike. *Hero of Two Worlds*: the Marquis of Lafayette in the Age of Revolution. New York City: PublicAffairs Books, 2022.

EDMONDSON, Catie. Replace Richard Russell's Name With McCain's? Senate Debates a Segregationist's Legacy. *The New York Times*, 28.08.2018.

EHRLICH, Paul R. *The Population Bomb*. New York: Ballantine Books, 1968.

EIDELSON, Benjamin. The Majoritarian Filibuster. *Yale Law Journal*, v. 122, n. 4, Jan. 2013.

EIG, Jonathan. *The Birth of the Pill*: How Four Crusaders Reinvented Sex and Launched a Revolution. New York: W. W. Norton & Company, 2015.

ELLISON, Sarah. *War at The Wall Street Journal*: Inside the Struggle to Control an American Business Empire. New York: Mariner Books, 2011.

ELY, John Hart. The Wages of Crying Wolf: a Comment on *Roe v. Wade*. *The Yale Law Journal*, v. 82, n. 5, p. 920-949, 1973.

ELY, John Hart. *Democracy and Distrust*: a Theory of Judicial Review. 11. ed. Cambridge: Harvard University Press, 1995.

EPSTEIN, Lee; LANDES, William M.; POSNER, Richard A. How Business Fares in the Supreme Court. *Minnesota Law Review*, Saint Paul, v. 97, 2013.

FELDMAN, Noah. *Scorpions*: The Battles and Triumphs of FDR's Great Supreme Court Justices. New York: Twelve. 2010.

FITZPATRICK, Brian T. *The Conservative Case for Class Actions*. Chicago: The University of Chicago Press, 2019.

FLEMING, James E.; MCCLAIN, Linda C. Liberty. In: TUSHNET, Mark; GRABER, Mark A.; LEVINSON, Sanford (ed.). *The Oxford Handbook of the U.S. Constitution*. New York: Oxford University Press, 2015.

FOOTE, Shelby. *The Civil War*: a Narrative, Red River to Appomattox. New York: Vintage Books, 1974.

FOY, Steven L. *Racism in America*: a Reference Handbook. Santa Barbara: ABC-CLIO, 2020.

FRANKFURTER, Felix. The Constitutional Opinions of Justice Holmes. *Harvard Law Review*, v. 29, n. 6, p. 683-702, 1916.

FRIED, Charles. The Conservatism of Justice Harlan. *New York Law School Law Review*, v. 36, p. 33-52, 1991.

FRIEDMAN, Lawrence M. *A History of American Law*. New York: Oxford University Press, 2019.

GATES JR., Henry Louis; STAUFFER, John (ed.). *The Portable Frederick Douglass*. New York: Penguin Random House, 2016.

GERHARDT, Michael J. A Tale of Two Textualists: a Critical Comparison of Justices Black and Scalia. *Boston University Law Review*, v. 74, p. 25-66, 1994.

GINSBURG, Ruth Bader. The Changing Complexion of Harvard Law School. *Harvard Women's Law Journal*, v. 27, 2004.

GINSBURG, Ruth Bader; BRUZELIUS, Anders. *Civil Procedure in Sweden*. Haia: Martinus Nijhoff, 1965.

GINSBURG, Ruth Bader; HARTNETT, Mary; WILLIAMS, Wendy W. *My Own Words*. New York: Simon & Schuster, 2016.

GINSBURG, Ruth Bader; TYLER, Amanda L. *Justice, Justice Thou Shalt Pursue*: a Life's Work Fighting for a More Perfect Union. Oakland: University of California Press, 2021.

GOLDMAN, William. *The Princess Bride*. Boston: Mariner Books, 2017.

GOODMAN, Ruth. *How to Be a Victorian*: A Dawn-to-Dusk Guide to Victorian Life. New York: Liveright Publishing Corporation, 2014.

GOODWIN, Doris Kearns. *Lyndon Johnson and the American Dream*. New York: Thomas Dunne Books, 2019.

GOODWIN, Doris Kearns. *Team of Rivals*: the Political Genius of Abraham Lincoln. New York: Simon & Schuster, 2005.

GORDON, Linda. The Second Coming of the KKK: the Ku Klux Klan of the 1920s and the American Political Tradition. New York City: W. W. Norton & Company, 2017.

GORDON, Linda. *Woman's Body, Woman's Right: Birth Control in America*. New York: Grossman Publishers, 1976. Revised and updated. New York: Penguin Books, 1990.

GOTTHEIMER, Joshua. *Ripples of Hope*: Great American Civil Rights Speeches. New York: Basic Books, 2003.

GREENHOUSE, Linda. *Becoming Justice Blackmun*: Harry Blackmun's Supreme Court Journey. New York: Times Books, 2006.

GROSSBERG, Michael. *Governing the Hearth*: Law and the Family in Nineteenth--Century America. Chapel Hill: University of North Carolina Press, 1985.

GRUNWAL, Lisa; ADLER, Stephen J. Women's Letters. *America from the Revolutionary War to the Present*. New York: The Dial Press, 2008.

HABERMAN, Maggie. *Confidence Man*: The Making of Donald Trump and the Breaking of America. New York: Penguin Random House, 2022.

HALL, Kermit L. *The Oxford Companion to the Supreme Court of the United States*. 2. ed. New York: Oxford University Press, 2005.

HALL, Kermit L. *The Oxford Guide to United States Supreme Court Decisions*. 2. ed. New York: Oxford University Press, 2009.

HAMILTON, Alexander; MADISON, James; JAY, John. *The Federalist Papers: Mentor Book*. New York: Nal Penguin, 1961.

HAMILTON, Alexander; MADISON, James; JAY, John. *The Federalist Papers*. New York: New American Library (Signet Classics), 2003.

HART, Jane Sherron De. *Ruth Bader Ginsburg, a Life*. New York: Vintage Books, 2020.

HELSCHER, David. Griswold v. Connecticut and the Unenumerated Right of Privacy. *Northern Illinois University Law Review*, v. 15, n. 1, p. 33-62, 1994.

HITCHCOCK, William I. *The Age of Eisenhower*: America and the World in the 1950s. New York: Simon & Schuster, 2018.

HOLMES JR., Oliver. *The Common Law*. Chicago: American Bar Association, 2009.

HORWITZ. Morton J. *The Warren Court and the Pursuit of Justice*. New York: Hill and Wang, 1999.

IMPACT of Ledbetter v. Goodyear on the Effective Enforcement of Civil Rights Laws. Hearing Before the Subcommittee on the Constitution, Civil Rights and Civil Liberties, of the Committee on the Judiciary House of Representatives. Washington, D.C.: U.S. Government Printing Office, 2007.

IRONS, Peter. *A People's History of the Supreme Court*: The Men and Women Whose Cases and Decisions Have Shaped Our Constitution. New York: Penguin Books, 2000.

IRONS, Peter. *Jim Crow's Children*: the Broken Promise of the Brown Decision. New York: Penguin Books, 2002.

IRONS, Peter. *The Courage of Their Convictions*: Sixteen Americans who Fought Their Way to the Supreme Court. New York: Free Press, 1988.

JACOBY, Susan. Freethinkers: *a History of American Secularism*. New York: Metropolitan Books, 2004.

JOHNSON, John W. *Griswold v. Connecticut*: Birth Control and the Constitutional Right of Privacy. Lawrence: University Press of Kansas, 2005.

JOHNSON, Paul. *A History of the American People*. New York: Harper Collins, 1997.

KAGAN, Robert. *The World America Made*. New York: Vintage Books, 2012.

KAVANAUGH, Brett M. Fixing Statutory Interpretation (Book Review). *Harvard Law Review*, v. 129, p. 2.118-2.162, 2016.

KAY, Herma Hill. Ruth Bader Ginsburg, Professor of Law. *Columbia Law Review*, n. 104, 2004.

KELSEN, Hans. *What is Justice? Justice, Law and Politics in the Mirror of Science*. Clark: Lawbook Exchange, 2013.

KESSON, Anna Arabindan. *Black Bodies, White Gold*: Art, Cotton, and Commerce in the Atlantic World. Durham: Duke University Press Books, 2021.

KIDD. Thomas S. *America's Religious History*: Faith, Politics, and the Shaping of a Nation. Grand Rapids: Zondervan Academics, 2019.

LEDBETTER, Lilly; ISOM, Lanier Scott. *Grace and Grit*: My fight for Equal Pay and Fairness at Goodyear and Beyond. New York: Three Rivers Press, 2012.

LEONARD, Devin. *Neither Snow nor Rain*: a History of the United States Postal Office. New York: Grove Press, 2017.

LEPORE, Jill. *These Truths*: a History of the United States of America. New York: Norton, 2019.

LEVITSKY, Steven; ZIBLATT, Daniel. *How Democracies Die*. New York: Crown Publishing Group, 2018.

LEUCHTENBERG, William E. A Klansman Joins the Court. Chicago: *The University of Chicago Law Review*, v. 41, n. 1, Fall 1973.

LOCKHART, William B. et al. *Constitutional Law*: Cases-Comments-Questions. 8. ed. St. Paul: West Publishing Company, 1996.

LOGEVALL, Fredrik. *JFK*: Coming of Age in the American Century, 1917-1956. New York: Random House, 2020.

LOMBARDO, Paul A. *Three Generations, no Imbeciles*: Eugenics, the Supreme Court and Buck v. Bell. Baltimore: The John Hopkins University Press, 2008.

LUXENBERG, Steve. *Separate*: the Story of *Plessy v. Ferguson*, and America's Journey From Slavery to Segregation. New York: W. W. Norton & Company, 2019.

MACMILLAN, Margaret. *Paris 1919*: Six Months that Changed the World. New York: Random House Trade Paperbacks, 2003.

MATUZ, Roger. *The Presidents Fact Book*. Revised and Updated by Bill Harris & Thomas J. Craughwell. New York: Black Dog & Leventhal Publishers, 2017.

MAYERI, Serena. A New E.R.A. or a New Era? Amendment Advocacy and the Reconstitution of Feminism. *Northwestern University Law Review*, v. 103, n. 3, p. 1.224-1.301, 2009.

MCMILLEN, Sally G. *Seneca Falls and the Origins of the Women's Rights Movement*. New York: Oxford University Press, 2008.

MCPHERSON, James M. *Battle Cry of Freedom*: the Civil War Era. New York: Ballantine Books, 1989.

MENDELSON, Wallace. Mr. Justice Frankfurter and the Process of Judicial Review. *University of Pennsylvania Law Review*, v. 103, n. 03, p. 295-320, 1954.

MERRIAM-WEBSTER. *Webster's Encyclopedic Unabridged Dictionary of the English Language*. New York: Gramercy Books, 1996.

MERRY, Robert W. *President McKinley*: Architect of the American Century. New York: Simon & Schuster, 2018.

MILLER, Patricia G. *The Worst of Times*: Illegal Abortion, Survivors, Practitioners, Coroners, Cops and Children of Women Who Died Talk About Its Horrors. New York: Harper Collins, 1993.

MILLS, Mary Beth. Gendered Divisions of Labor. In: DISCH, Lisa; HAWKESWORTH, Mary (ed.). *The Oxford Handbook of Feminist Theory*. New York: Oxford University Press, 2016.

MORRIS, Henry. The Governors-General of India. Charleston: Bibliolife, 2009. v. II.

MORROW, Deana F. Sexual Orientation and Gender Identity Expression. In: MORROW, Deana F.; MESSINGER, Lori. *Sexual Orientation and Gender Expression in Social Work Practice*: Working with Gay, Lesbian, Bisexual, and Transgender People. New York: Columbia University Press, 2006.

MURPHY, Bruce Allen. *Wild Bill*: the Legend and the Life of William O. Douglas. New York: Random House, 2003.

NASAW, David. *The Patriarch*: the Remarkable Life and Turbulent Times of Joseph P. Kennedy. New York: Penguin, 2012.

NEALE, Thomas H. *The Proposed Equal Rights Amendment*: Contemporary Ratification Issues. Washington, D.C.: Congressional Research Service, 2019.

NEWTON, Jim. *Justice For All*: Earl Warren and the Nation He Made. New York: Riverhead Books, 2006.

NUSSBAUM. Martha C. *From Disgust to Humanity*: Sexual Orientation and Constitutional Law. New York: Oxford University Press, 2010.

OBAMA, Barack. *A Promised Land*. New York: Crown, 2020.

OVERY, Richard. *Blood and Ruins*: The Last Imperial War, 1931-1945. New York: Viking, 2022.

PALMER. Mary S. *George Wallace*: an Enigma – the Complex Life of Alabama's Most Divisive and Controversial Governor. Point Clear: Intellect Publishing, 2016.

POSNER, Richard A. *Law, Pragmatism, and Democracy*. Cambridge: Harvard University Press, 2003.

POSNER, Richard A. *The Essential Holmes*: Selection from the Letters, Speeches, Judicial Opinions, and Other Writings of Oliver Wendell Holmes, Jr. Chicago: The University of Chicago Press, 1992.

PRAGER, Joshua. *The Family Roe*: an American Story. New York: W. W. Norton & Company, 2021.

RAKOVE, Jack N. *The Annotated U.S. Constitution and Declaration of Independence*. Cambridge: The Belknap Press of Harvard University Press, 2009.

REAGAN, Leslie J. *When Abortion Was a Crime*: Women, Medicine, and Law in the United States, 1867-1973. Oakland: University of California Press, 2022.

RODEGHERO, Carla Simone. *Anistia ampla, geral e irrestrita*: história de uma luta inconclusa. Santa Cruz do Sul: Universidade de Santa Cruz do Sul, 2011.

ROSEN, Jeffrey. *Conversations with RBG*: Ruth Bader Ginsburg on Life, Love, Liberty, and Law. New York: Picador, 2020.

RUTH BADER GINSBURG: the Last Interview and Other Conversations. New York: Melville House Publishing, 2020.

SANDERS, Bernie. *Our Revolution*: a Future to Believe In. New York: Thomas Dunne Books, 2017.

SANGER, Margaret. *The Autobiography of Margaret Sanger*. Mineola: Dover, 2019.

SARAT, Austin; KEARNS, Thomas R. *The Rhetoric of Law*: the Amherst Series in Law, Jurisprudence and Social Thought. Ann Arbor: The University of Michigan Press, 1994.

SCALIA, Antonin. *A Matter of Interpretation*: Federal Courts and the Law. Princeton: Princeton University Press, 1997.

SCALIA, Anthony; GARNER, Bryan A. *Reading Law*: the Interpretation of Legal Texts. Saint Paul: Thomson West, 2012.

SCHAFER, Steven. *Marriage, Sex, and Procreation*: Contemporary Revisions to Augustine's Theology of Marriage. Eugene: Pickwick Publications, 2019.

SCHLESINGER JR., Arthur M. *Robert Kennedy and His Times*. New York: Mariner Books, 2002.

SCHWARTZ, Bernard. *A History of the Supreme Court*. New York: Oxford University Press, 1993.

SKOCPOL, Theda; WILLIAMSON, Vanessa. *The Tea Party and the Remaking of Republican Conservatism*. New York: Oxford University Press, 2016.

SHAPIRO, Fred A. The Most-Cited Legal Scholars Revisited. *The University of Chicago Law Review*, v. 88, n. 7, p. 1.595-1.618, Nov. 2021.

SHEROD, Thaxton. Race, Place, and Capital Charging in Georgia. *Mercer Law Review*, v. 67, 2016.

SHETTERLY, Margot Lee. *Hidden Figures*: the American Dream and the Untold Story of the Black Women Mathematicians Who Helped Win the Space Race. New York: William Morrow, 2016.

SIEGEL, Reva B.; GREENHOUSE, Linda. *Before Roe v. Wade*: Voices that Shaped the abortion debate before the Supreme Court's ruling. Mountain View: Creative Commons, 2012.

SILVERSTEIN, Elliot. From Comstockery through Population Control: The Inevitability of Balancing. *North Carolina Central Law Review*, Durham, v. 6, n. 1, 1974.

SLACK, Charles. *Noble Obsession*: Charles Goodyear, Thomas Hancock, and the Race to Unlock the Greatest Industrial Secret of the Nineteenth Century. New York: Hyperion Books, 2002.

SOHN, Amy. *The Man Who Hated Women*: Sex, Censorship, & Civil Liberties in the Gilded Age. New York: Farrar, Straus and Giroux, 2021.

SPADE, Dean. Notes Toward Racial and Gender Justice Ally Practice in Legal Academia. In: MUHS, Gabriella Gutiérrez y et al. *Presumed Incompetent*. Boulder: The University Press of Colorado, 2012.

SPITZ, Bob. *Reagan*: an American Journey. New York: Penguin Press, 2018.

STEIN, Marc. *Sexual Injustice*: Supreme Court Decisions from Griswold to Roe. Chapel Hill: The University of North Carolina Press, 2020.

STONE, Geoffrey R. *Sex and the Constitution*: Sex, Religion, and Law from America's Origins to the Twenty-First Century. New York: Liveright Publishing Corporation, 2017.

STRAUSS, David. *The Living Constitution*. New York: Oxford University Press, 2010.

SUITTS, Steve. *Hugo Black of Alabama*: How His Roots and Early Career Shaped the Great Champion of the Constitution. Montgomery: New South Books, 2017.

SULLIVAN, Patricia. *Lift Every Voice*: the NAACP and the Making of the Civil Rights Movement. New York: The New Press, 2009.

SUK, Julie C. Justice Ginsburg's Cautious Legacy for the Equal Rights Amendment. *The Georgetown Law Journal*, v. 110, n. 6, p. 1.391-1.436, 2022.

TAURANAC, John. *The Empire State Building*: the Making of a Landmark. Ithaca: Cornell University Press. 2014.

TETRAULT, Lisa. *The Myth of Seneca Falls*: Memory and the Women's Suffrage Movement, 1848-1898. Chapel Hill: University of North Carolina Press, 2017.

TOMASELLI, Sylvana. *Wollstonecraft*: Philosophy, Passion and Politics. Princeton: Princeton University Press, 2021.

TOOBIN, Jeffrey. *The Nine*: Inside the Secret World of the Supreme Court. New York: Anchor Books, 2008.

TRIBE, Laurence H. *Abortion*: the Clash of Absolutes. New York: W. W. Norton & Company, 1992.

TRIBE, Laurence H. *American Constitutional Law*. 3. ed. New York: Foundation Press, 2000. v. 1.

TRIBE, Laurence H. *The Invisible Constitution*. New York: Oxford University Press, 2008.

TUSHNET, Mark. *Taking Back the Constitution*: Activist Judges and the Next Age of American Law. New Haven: Yale University Press, 2020.

UNGER, Harlow Giles. *John Marshall*: the Chief Justice Who Save the Nation. Boston: Da Capo Press, 2014.

UROFSKY, Melvin. *William O.* Douglas as a Common Law Judge. *Duke Law Journal*, v. 41, 1991.

VOLKOMER, Walter E. *Introduction to Law*: a Casebook. Englewood Cliffs: Prentice Hall, 1994.

WALKER, Samuel. *In Defense of American Liberties*: a History of the ACLU. 2. ed. Carbondale: Southern Illinois University Press, 1999.

WAGNER, Margaret E.; GALLAGHER, Gary W.; FINKELMAN, Paul. *Civil War*: the Library of Congress Desk Reference. New York: Simon & Schuster Paperbacks, 2002.

WAWRO, Gregory J.; SCHICKLER, Eric. *Filibuster*: Obstruction and Lawmaking in the U.S. Senate. Princeton: Princeton University Press, 2006.

WERBEL, Amy. *Lust on Trial*: Censorship and the Rise of American Obscenity in the Age of Anthony Comstock. New York: Columbia University Press, 2018.

WETLAUFER, Gerald. Rhetoric and Its Denial in Legal Discourse. *Virginia Law Review*, 76, n. 8, 1990.

WINTERER, Caroline. *American Enlightenments*: Pursuing Happiness in the Age of Reason. New Haven: Yale University Press, 2018.

WOOD, Amy Louise. *Lynching and Spectacle*: Witnessing Racial Violence in America, 1890-1940. Chapel Hill: The University of North Caroline Press, 2011.

WOOD, Gordon S. *Empire of Liberty*: a History of the Early Republic, 1789-1815. New York: Oxford University Press, 2009.

WOODWARD, C. Vann. *The Stranger Career of Jim Crow*. New York: Oxford University Press, 2002.

WOOLF, Virginia. *To the Lighthouse*. Garden City: Dover Publications, 2022.

YOO, John. *Crisis and Command*: a History of Executive Power From George Washington to the Present. New York: Kaplan, 2011.

ZINN, Howard. *A People's History of the United States*. New York: Harper Perennial Modern Classic, 2015.

Casos judiciais

Adarand Constructors, Inc. v. Peña, 515 U.S. 200 (1995).

Barbier v. Connolly, 113 U.S. 27 (1885).

Bolling v. Sharpe, 347 U.S. 497 (1954).

Bostock v. Clayton County, 590. U.S. (2020).

Cooper v. Aaron, 358 U.S. 1, (1958).

Dobbs v. Jackson Women's Health Organization, 597 U.S. ___ (2022).

Griswold v. Connecticut, 381 U.S. 479 (1965).

Halliburton Co. v. Erica P. John Fund, Inc., 573 U.S. 258 (2014).

Hamdi v. Rumsfeld, 542 U.S. 507 (2004).

Holden v. Hardy, 169 U.S. 366 (1898).

Kohl v. United States, 91 U.S. 367 (1875).

Ledbetter v. Goodyear Tire, 550 US 618 (2007).

Lochner v. New York, 198 U.S. 45 (1905).

Marbury v. Madison, 5 U.S. (1 Cranch) 137 (1803).

Marbury v. Madison, 5 U.S. 137 (1803).

Muskrat v. United States, 219 U.S. 346 (1911).

Mississippi Univ. for Women v. Hogan, 458 U.S. 718 (1982).

National Federation of Independent Business v. Department of Labor, Occupational Safety and Health Administration, 595 U.S. ___ (2022).

New State Ice Co. v. Liebmann, 285 U.S. 262 (1932).

Official Transcript Proceedings Before the Supreme Court of the United States. *Oral Argument of Paul Bender on Behalf of the United States.* Alderson Reporting Company. Washington, D.C., 1996. p. 3. Disponível em: https://www.supremecourt.gov/pdfs/transcripts/1995/94-1941_94-2107_01-17-1996.pdf. Acesso em: 26.12.2021.

Olmstead v. United States, 277 U.S. 438 (1928).

Poe v. Ullman, 367 U.S. 497 (1961).

Rochin v. California, 342 U.S. 165 (1952).

Roe v. Wade, 410 U.S. 113 (1973).

STF, ADPF nº 54/2002, Rel, Min. Marco Aurélio, Requerente: Confederação Nacional dos Trabalhadores na Saúde (CNTS), Interessado: Presidente da República, 2002.

United States v. Virginia, 518 U.S. 515 (1996).

Whole Woman's Health et al. v. Austin Reeve Jackson, Judge, et al. 594 U.S. ___ 2021.

Youngstown Sheet & Tube Co. v. Sawyer, 343 U.S. 579 (1952).

Leis e atos normativos

BRASIL. *Constituição da República Federativa do Brasil,* 1988.

BRASIL. *Regimento Interno do Supremo Tribunal Federal.* Disponível em: https://www.stf.jus.br/arquivo/cms/legislacaoRegimentoInterno/anexo/RISTF.pdf. Acesso em: 20.04.2022.

OFFICIAL Code of Georgia Annotated (O.C.G.A.), § 16.6.2. Disponível em: https://law.justia.com/codes/georgia/2010/title-16/chapter-6/16-6-2/. Acesso em: 12.09.2021.

UNITED STATES OF AMERICA. *The Constitution of the United States of America.* New York: American Civil Liberties Union, 2016.

UNITED STATES OF AMERICA. A Proclamation on Granting Pardon for the Offense of Simple Possession of Marijuana. *The White House,* 06.10.2022. Disponível em: https://www.whitehouse.gov/briefing-room/presidential-actions/2022/10/06/

granting-pardon-for-the-offense-of-simple-possession-of-marijuana/. Acesso em: 06.10.2022.

UNITED STATES OF AMERICA. U.S. *Statutes at Large*, volume 17 (1871-1873), 42nd Congress. Library of Congress, Washington, DC.

Jornais, revistas, declarações e *sites*

AMERICAN CIVIL LIBERTIES UNION (ACLU). *ACLU History*: a Driving Force for Change: The ACLU Women's Rights Project. Disponível em: https://www.aclu.org/other/aclu-history-driving-force-change-aclu-womens-rights-project. Acesso em: 30.09.2020.

ARONS, Jessica. With Roe Overturned, What Comes Next for Abortion Rights? *ACLU*, 24.06.2022. Disponível em: https://www.aclu.org/news/reproductive-freedom/what-comes-next-abortion-rights-supreme-court. Acesso em: 30.06.2022.

BALKIN, Jack M. Abortion and Original Meaning. *Constitutional Commentary*, v. 24, 2007. Disponível em: https://scholarship.law.umn.edu/concomm/432. Acesso em: 11.01.2023.

BARNES, Robert. Supreme Court Justice Antonin Scalia dies at 79. *The Washington Post*, 13.02.2016. Disponível em: https://www.washingtonpost.com/politics/supreme-court-justice-antonin-scalia-dies-at-79/2016/02/13/effe8184-a62f-11e3-a5fa-55f0c77bf39c_story.html. Acesso em: 14.02.2022.

BARNETT, Randy E. Ketanji Brown Jackson and the Triumph of Originalism. *The Wall Street Journal*, 24.03.2022. Disponível em: https://www.wsj.com/articles/ketanji--brown-jackson-and-the-triumph-of-originalism-public-meaning-testimony-hearing-supreme-court-11648151063. Acesso em: 24.03.2022.

BAUDE, William. Of course the Supreme Court needs to use history. The question is how. *The Washington Post*. 08.08.2022. Disponível em: https://www.washington-post.com/opinions/2022/08/08/supreme-court-use-history-dobbs-bruen/. Acesso em: 09.08.2022.

BAZELON, Emily. Take That Nino – Breyer dukes it out with Scalia. *Slate*, 12.09.2005. Disponível em: https://slate.com/news-and-politics/2005/09/breyer-dukes-it-out--with-scalia.html. Acesso em: 05.12.2021.

BENOIT, David. Billionaire Carl Icahn Says He Isn't a Genius, Took Advantage of a Broken System. *The Wall Street Journal*, 15.02.2022. Disponível em: https://www.wsj.com/articles/billionaire-carl-icahn-says-he-isnt-a-genius-took-advantage-of--a-broken-system-11644953885?mod=Searchresults_pos1&page=1. Acesso em: 18.12.2022.

BERENSON, Tessa. Inside Brett Kavanaugh's First Term on the Supreme Court. *Time Magazine*, 19.062019. Disponível em: https://time.com/longform/brett-kavanaugh--supreme-court-first-term/. Acesso em: 20.06.2019.

BERMAN, Russel. What Joe Manchin's "No" Means for Biden's Agenda. *The Atlantic*, 12.19.2021. Disponível em: https://www.theatlantic.com/politics/archive/2021/12/joe-manchin-no-build-back-better/621062/. Acesso em: 12.19.2021.

BIDEN, Joseph. Remarks by President Biden on the Supreme Court Decision to Overturn Roe v. Wade. *The White House*, Washington, D.C., 24.06.2022. Disponível em: https://www.whitehouse.gov/briefing-room/speeches-remarks/2022/06/24/remarks-by-president-biden-on-the-supreme-court-decision-to-overturn-roe-v--wade/. Acesso em: 24.06.2022.

BIDEN, Joseph. Statement from President Biden on Marijuana Reform. *The White House*, Washington, D.C., 06.10.2022. Disponível em: https://www.whitehouse.gov/briefing-room/statements-releases/2022/10/06/statement-from-president--biden-on-marijuana-reform/. Acesso em: 06.10.2022.

BREUNINGER. Kevin. Sens. Susan Collins and Joe Manchin will vote for Brett Kavanaugh, effectively ensuring his Supreme Court confirmation. *CNBC*, 05.10.2018. Disponível em: https://www.cnbc.com/2018/10/05/gop-swing-vote-sen-susan--collins-will-vote-for-brett-kavanaugh.html. Acesso em: 29.06.2022.

CALABRESI, Steven G.; POPE, Lauren. Judge Robert H. Bork and Constitutional Change: an Essay on Olman v. Evans. *University of Chicago Law Review Online*, v. 80, n. 1, 2013. Disponível em: https://chicagounbound.uchicago.edu/uclrev_online/vol80/iss1/10. Acesso em: 13.11.2022.

CALDEIRA, Gregory A. Potter Stewart. In: HALL, Kermit L. *The Oxford Companion to the Supreme Court of the United States*. 2. ed. New York: Oxford University Press, 2005.

CAMPBELL, Amy Leigh. Raising the Bar: Ruth Bader Ginsburg and the ACLU Women's Right Project. *Texas Journal of Women and the Law*, v. 11, 2002. Disponível em: https://www.aclu.org/sites/default/files/FilesPDFs/campbell.pdf. Acesso em: 28.12.2020.

CAMPOS, Mariana. Filha de Pelé morre aos 42 anos de câncer. *Folha de S.Paulo*. 18.10.2006. Disponível em: https://www1.folha.uol.com.br/fsp/cotidian/ff1810200612.htm. Acesso em: 03.01.2023.

CARON, Christina. Heather Heyer, Charlottesville Victim, Is Recalled as "a Strong Woman". *The New York Times*, 13.08.2017. Disponível em: https://www.nytimes.com/2017/08/13/us/heather-heyer-charlottesville-victim.html. Acesso em: 06.03.2022.

CASEY, Conor; VERMEULE, Adrian. If every judge is an originalist, originalism is meaningless. *The Washington Post*. 25.03.2022. Disponível em: https://www.washingtonpost.com/outlook/2022/03/25/if-every-judge-is-an-originalist-originalism-is--meaningless/. Acesso em: 25.03.2022.

CBS REPORTS DOCUMENTARY. Excerpt from *Birth Control and the Law. C-Span*, 1962. Disponível em: https://www.c-span.org/video/?443313-1/excerpt-birth--control-law&playEvent. Acesso em: 10.04.2022.

CONFIRMATION Hearing of the Nomination of Samuel A. Alito, Jr. to be an Associate Justice of the Supreme Court of the United States. Statement of Hon. Richard J. Durbin, a U.S. Senator From The State of Illinois. *Senate Hearing 109-277*, January 9-13, 2006. Washington: U.S. Government Printing Office, 2006. Disponível em: https://www.congress.gov/109/chrg/shrg25429/CHRG-109shrg25429.htm. Acesso em: 30.06.2022.

CORASANITI, Nick. On Dobbs Anniversary, Democrats Look to Make the Court a Campaign Issue. *The New York Times*, 24.06.2024. Disponível em: https://www.nytimes.com/2024/06/24/us/politics/dobbs-supreme-court-biden-trump.html. Acesso em: 25.06.2024.

"Dobbs v. Jackson: Harvard Law School reage à reversão histórica do Tribunal em Roe v. Wade". 24.06.2022.

DOWD, Maureen. Nino's Opéra Bouffe. *The New York Times*, 29.06.2003. Disponível em: https://www.nytimes.com/2003/06/29/opinion/nino-s-opera-bouffe.html. Acesso em: 30.06.2003.

EDISON, Jaden. More Black Americans Live in Texas than any other state. Two years after George Floyd's murder, many reconsider their future here. *Texas Tribune*, 16.08.2022. Disponível em: https://www.texastribune.org/2022/08/16/black-texans--future/. Acesso em: 20.11.2022.

FLEGENHEIMER, Matt; HABERMAN, Maggie. Donald Trump, Abortion Foe, Eyes "Punishment" for Women, then Recants. *The New York Times*, 31.03.2016. Disponível em: https://www.nytimes.com/2016/03/31/us/politics/donald-trump-abortion.html. Acesso em: 31.03.2016.

FONSECA, Marcelo da; MELO, Alessandra. Cinzas do ex-vice-presidente Alencar são depositadas em igreja de Muriaé. *O Estado de Minas*, 14.05.2011. Atualizado em 22.04.2013. Disponível em: https://www.em.com.br/app/noticia/especiais/jose--alencar/2011/05/14/internas_jose_alencar,227613/cinzas-de-ex-vice-presidente--alencar-sao-depositadas-em-igreja-de-muriae.shtml. Acesso em: 03.01.2023.

GALANES, Philip. Ruth Bader Ginsburg and Gloria Steinem on the Unending Fight for Women's Rights. *The New Yok Times*, 15.11.2015. Disponível em: https://www.nytimes.com/2015/11/15/fashion/ruth-bader-ginsburg-and-gloria-steinem-on--the-unending-fight-for-womens-rights.html. Acesso em: 20.09.2020.

GERSTEIN, Josh; WARD, Alexander. Supreme Court has voted to overturn abortion rights, draft opinion shows. *Político*, 02.05.2022. Disponível em: https://www.politico.com/news/2022/05/02/supreme-court-abortion-draft-opinion-00029473. Acesso em: 02.05.2022.

GINSBURG, Ruth Bader. *1998 Wellesley College speech*: The Supreme Court: a Place for Women. Tradução livre. Disponível em: https://theswellesleyreport.com/2020/09/ruth-bader-ginsburgs-1998-wellesley-college-speech-the-supreme-court-a-place--for-women/. Acesso em: 27.09.2020.

GIRIDHARADAS, Anand. The Epic Life of the Woman Behind Roe v. Wade. *The New York Times*, 03.10.2021. Sunday Book Review. Disponível em: https://www.nytimes.com/2021/09/09/books/review/family-roe-joshua-prager.html Acesso em: 03.10.2021.

GLUECK, Katie; GOLDMACHER, Shane; BAKER, Peter. "Your Bedroom Is on the Ballot": How Democrats See Abortion Politics After Kansas. *The New York Times*, 04.08.2022. Section A. p. 1.

GRANT, Linda. Ruth Bader Ginsburg and Harvard Law: a 64-year journey. *Harvard Law Today*, 2020. Disponível em: https://today.law.harvard.edu/ruth-bader-ginsburg--and-harvard-law-a-sixty-four-year-journey/#:~:text=The%20late%20United%20States,of%20the%20Harvard%20Law%20Review.&text=She%20transferred%20to%20Columbia%20Law,a%20job%20in%20New%20York. Acesso em: 10.12.2020.

GOROD, Brianne J. Justice Sam Alito: the Court's Most Consistent Conservative. *Yale Law Journal Forum*, v. 126, 2016. Disponível em: www.yalelawjournal.com/forum/sam-alito-the-courts-most-consistent-conservative. Acesso em: 05.01.2021.

GREENHOUSE, Linda. Justices Limit Discrimination Suits Over Pay. *The New York Times*, 29.05.2007. Disponível em: https://www.nytimes.com/2007/05/29/washington/30scotuscnd.html?smid=pl-share. Acesso em: 01.03.2021.

GREENHOUSE, Linda. What Kind of Story Will Ketanji Brown Jackson Tell Her Fellow Justices? *The New York Times*, 04.03.2022. p. 7. Disponível em: https://www.nytimes.com/2022/03/04/opinion/supreme-court-biden-jackson.html?action=click&module=RelatedLinks&pgtype=Article. Acesso em: 04.03.2022.

GROSSMAN, Joanna. Griswold v. Connecticut: the Start of the Revolution. *Verdict, Legal Analysis and Commentary*. Disponível em: https://verdict.justia.com/2015/06/08/griswold-v-connecticut-the-start-of-the-revolution. Acesso em: 30.04.2022.

HARTIG, Hannah. About six-in-ten Americans say abortion should be legal in all or most cases. *Pew Research Center*, 13.06.2022. Disponível em: https://www.pewresearch.org/fact-tank/2022/06/13/about-six-in-ten-americans-say-abortion-should-be--legal-in-all-or-most-cases-2/. Acesso em: 30.06.2022.

HELD, Allison L.; HERNDON, Sheryl L.; STAGER, Danielle M. The Equal Rights Amendment: Why the Era Remains Legally Viable and Properly Before the States. *William & Mary Journal of Women and the Law*, v. 3, p. 112-136, 1997.

HISTORY of the Women in U.S. Congress. Eagleton Institute of Politics. *Center for American Women and Politics*. New Brunswick: Rutgers University, 2022. Disponível em: https://cawp.rutgers.edu/facts/levels-office/congress/history-women-us-congress. Acesso em: 15.07.2022.

HOYER, Steny. *Hoyer Statement on the Lilly Ledbetter Fair Pay Act*, 27.01.2009. Disponível em: https://leaderarchive-hoyer.house.gov/content/hoyer-statement-lilly-ledbetter--fair-pay-act. Acesso em: 07.12.2021.

HULSE, Carl. Kavanaugh Gave Private Assurances. Collins Says He "Misled" Her. *The New York Times*, 24.06.2022. Disponível em: https://www.nytimes.com/2022/06/24/us/roe-kavanaugh-collins-notes.html. Acesso em: 25.06.2022.

IRVING, Dianne N. When do Human Beings Begin? "Scientific" Myths and Scientific Facts. *International Journal of Sociology and Social Policy*, v. 19, n. 3/4, p. 22-36 (in press), 1999. Disponível em: https://www.semanticscholar.org/paper/When-do-human-beings-begin-scientific-myths-and-Irving/b93551522ffeaefaff4481ec-c92f6a13dc781303. Acesso em: 15.09.2024.

JAY, John. *The Correspondence and Public Papers of John Jay*. v. 3 (1782-1793). https://oll.libertyfund.org/title/johnston-the-correspondence-and-public-papers-of-john-jay-vol-3-1782-1793. Acesso em: 26.02.2022.

KANTOR, Jodi. At Justice Alito's House, a "Stop the Steal" Symbol on Display. *The New York Times*, 16.05.2024. Disponível em: https://www.nytimes.com/2024/05/16/us/justice-alito-upside-down-flag.html. Acesso em: 16.05.2024.

KARNI, Annie. A Democratic bill to protect abortion access fails in the Senate, squelching a bid to act before Roe is overturned. *The New York Times*, 11.05.2022. Disponível em: https://www.nytimes.com/live/2022/05/11/us/abortion-roe-v-wade-senate-vote#abortion-bill-blocked-senate. Acesso em: 16.05.2024.

KATIN, Ernest. Griswold v. Connecticut: The Justices and Connecticut's Uncommonly Silly Law. *Notre Dame Law Review*, v. 42, 1967. Disponível em: http://scholarship.law.nd.edu/ndlr/vol42/iss5/4. Acesso em: 22.06.2022.

KITCHENER, Caroline. These GOP women begged the party to abandon abortion. Then came backlash. *The Washington Post*, 10.07.2024. Disponível em: https://www.washingtonpost.com/politics/2024/07/09/texas-abortion-republican-women/. Acesso em: 11.07.2024.

KOWARSKI, Ilana. Where Supreme Court Justices Earned Law Degrees. *US News and World Report*, 07.04.2022. Disponível em: https://www.usnews.com/education/best-graduate-schools/top-law-schools/articles/where-supreme-court-justices-earned-law-degrees. Acesso em: 14.04.2022.

LABATON, Stephen. Senators See Easy Approval for Nominee. *The New York Times*, 16.06.1993. Disponível em: https://www.nytimes.com/1993/06/16/us/senators-see-easy-approval-for-nominee.html?mtrref=undefined&gwh=07BFECEB18F681D38A1B48EF38A012DE&gwt=pay. Acesso em: 30.09.2020.

LEE, MJ et al. Kamala Harris says another Trump term would mean "more suffering, less freedom" as six-week Florida abortion ban goes into effect. *CNN*, 01.05.2024. Disponível em: https://edition.cnn.com/2024/05/01/politics/kamala-harris-florida-abortion-trump/index.html. Acesso em: 16.05.2024.

LE FIGARO; AFP. Ruth Bader Ginsburg, icône progressiste et féministe de la Cour suprême. *Le Figaro*, 19.09.2020. Disponível em: https://www.lefigaro.fr/flash-actu/ruth-bader-ginsburg-icone-progressiste-et-feministe-de-la-cour-supreme-20200919. Acesso em: 30.09.2020.

LE MONDE; AFP. Hommages unanimes et bataille politique après la mort de la juge Ruth Bader Ginsburg. *Le Monde*, 19.09.2020. Disponível em: https://www.lemonde. fr/international/article/2020/09/19/mort-de-ruth-bader-ginsburg-geante-de-l--histoire-americaine_6052812_3210.html. Acesso em: 01.10.2020.

LEPORE, Jill. The United States Unamendable Constitution. *The New Yorker*, 26.10.2022. Disponível em: https://www.newyorker.com/culture/annals-of-inquiry/the-united--states-unamendable-constitution. Acesso em: 27.10.2022.

LIPTAK, Adam. Kagan Says Her Path to Supreme Court Was Made Smoother by Ginsburg's. *The New York Times*, 02.10.2014. Disponível em: https://www.nytimes. com/2014/02/11/us/kagan-says-her-path-to-supreme-court-was-made-smoother--by-ginsburg.html?_r=0. Acesso em: 21.09.2020.

LIPTAK, Adam. Justices Are Long on Words but Short on Guidance. *The New York Times*, 17.11.2010. Disponível em: https://www.nytimes.com/2010/11/18/us/18rulings. html. Acesso em: 20.10.2020.

LIPTAK, Adam. U.S. Court Is Now Guiding Fewer Nations. *The New York Times*, 17.09.2008. Disponível em: https://www.nytimes.com/2008/09/18/us/18legal.html. Acesso em: 05.09.2021.

LITTLEFIELD, Amy. The Christian Legal Army Behind the Ban on Abortion in Mississippi. *The Nation*. 30.11.2021. Disponível em: https://www.thenation.com/article/ politics/alliance-defending-freedom-dobbs/. Acesso em: 10.03.2023.

LLOYD, Alicia; Amanpour, Christiane. Serena Williams: "I should have been at like 30 or 32" grand slam singles titles. *CNN*, 05.03.2022. https://edition.cnn.com/2022/03/04/ tennis/serena-williams-grand-slam-amanpour-spt-intl/index.html. Acesso em: 05.03.2022.

MCCORVEY, Norma. Declaração prestada a Raymond J. Sexton, Notário Público em Dallas, Texas. 11.06.2003. Disponível em: https://thejusticefoundation.org/wp-content/uploads/2020/05/Norma_McCorvey_Affidavit.pdf. Acesso em: 20.11.2022.

MICHALS, Debra. *Betty Friedan (1921-2006)*. Disponível em: https://www.womenshistory.org/education-resources/biographies/betty-friedan. Acesso em: 22.10.2022.

MANCHIN Statement on Scotus Decision to Overturn Roe v. Wade. 24.06.2022. Disponível em: https://www.manchin.senate.gov/newsroom/press-releases/manchin--statement-on-scotus-decision-to-overturn-roe-v-wade. Acesso em: 25.06.2022.

MANGAN, Dan. Trump: I'll appoint Supreme Court justices to overturn Roe v. Wade abortion case. *CNBC*, 19.10.2016. Disponível em: https://www.cnbc.com/2016/10/19/ trump-ill-appoint-supreme-court-justices-to-overturn-roe-v-wade-abortion-case. html. Acesso em: 20.01.2024.

MANN, Judy. Say no to Bork. *The Washington Post*, 08.07.1987. Disponível em: https:// www.washingtonpost.com/archive/local/1987/07/08/say-no-to-bork/f3bec959-9bff-4f31-b0a8-4d26669356f1/. Acesso em: 02.01.2023.

MARGOLICK, David. Trial by Adversity Shapes Jurist's Outlook. *The New York Times*, 25.06.1993. Disponível em: https://www.nytimes.com/1993/06/25/us/trial-by--adversity-shapes-jurist-s-outlook.html?pagewanted=all. Acesso em: 10.12.2020.

MCGURN, William. Amy Coney Barrett and the Ivies. *The Wall Street Journal*, 12.10.2020. Disponível em: https://www.wsj.com/articles/amy-coney-barrett-and--the-ivies-11602540286. Acesso em: 12.10.2020.

MORENO, J. Edward. Chief justice honors Ginburg: "When she spoke, people listened". *The Hill*, 23.09.2020. Disponível em: https://thehill.com/homenews/news/517812--chief-justice-honors-ginsburg-when-she-spoke-people-listened. Acesso em: 28.09.2020.

NASH, Jonathan Remy; SHEPHERD, Joanna. Filibuster Change and Judicial Appointment. *Journal of Empirical Legal Studies* (v. 17, n. 4, p. 646-695, 2020), *Emory Legal Studies Research Paper*, n. 21-4, p. 4. Disponível em: https://ssrn.com/abstract=3680785. Acesso em: 10.09.2022.

NATIONAL SECURITY STUDY MEMORANDUM – NSSM 200. *Implications of Worldwide Population Growth For U.S. Security and Overseas Interests (The Kissinger Report)*. 10.12.1974. Disponível em: https://pdf.usaid.gov/pdf_docs/PCAAB500.pdf. Acesso em: 05.02.2022.

NOMINATION of Amy Coney Barrett to the U.S. Supreme Court. *Questions for the Record*. Submitted 16.10.2020. Disponível em: https://www.judiciary.senate.gov/imo/media/doc/Barrett%20Responses%20to%20QFRs.pdf. Acesso em: 01.12.2021.

OLADIPO, Gloria. One of our darkest days': outrage after supreme court overturns Roe v Wade. Chuck Schumer condemns justices on "the extremist Maga court" but conservative lawmakers move swiftly to trigger abortion bans. *The Guardian*, 24.06.2022. Disponível em: https://www.theguardian.com/us-news/2022/jun/24/roe-v-wade-decision-reaction-republicans-democrats. Acesso em: 25.06.2022.

PELOSI Statement on Supreme Court Overturning Roe v. Wade. Washington-D.C., 24.06.2022. Disponível em: https://pelosi.house.gov/news/press-releases/pelosi--statement-on-supreme-court-overturning-roe-v-wade. Acesso em: 25.06.2022.

PHILIPPS, Dave. *Head of Virginia Military Institute Resigns Amid Review of Racism on Campus. The New York Times*, 26.10.2020. Disponível em: https://www.nytimes.com/2020/10/26/us/vmi-systemic-racism.html. Acesso em: 02.01.2022.

PRATA, Antonio. Conservadores do mundo: uni-vos! *Folha de S.Paulo*, 26.03.2022. Disponível em: https://www1.folha.uol.com.br/colunas/antonioprata/2022/03/conservadores-do-mundo-uni-vos.shtml. Acesso em: 26.03.2022.

PRESSER, Stephen. Swan Song of a Great Colossus: the Latest from Richard Posner. *Law & Liberty*, 2019. Disponível em: https://lawliberty.org/swan-song-of-a-great--colossus-the-latest-from-richard-posner/. Acesso em: 24.08.2022.

REMARKS by Vice President Harris on the Supreme Court Decision to Overturn Roe V. Wade. Plainfield (Illinois), 24.06.2022. Disponível em: https://www.whitehouse.gov/briefing-room/speeches-remarks/2022/06/24/remarks-by-vice-president-harris--on-the-supreme-court-decision-to-overturn-roe-v-wade/. Acesso em: 25.06.2022.

SCHAMA, Cloe. Ruth Bader Ginsburg: Hero For Pregnant Women. *Elle*, 05.11.2015. Disponível em: https://www.elle.com/culture/career-politics/news/a31721/ruth--bader-ginsburg-hero-for-pregnant-women/. Acesso em: 08.03.2021.

SENATE JUDICIARY COMMITTEE. *Nomination of Amy Coney Barrett to the U.S. Supreme Court*. Questions for the Record. Submitted October 16, 2020. Pergunta do Senador Sheldon Whitehouse. Disponível em: https://www.judiciary.senate.gov/imo/media/doc/Barrett%20Responses%20to%20QFRs.pdf. Acesso em: 10.04.2022.

SIEGEL, Neil S. The Distinctive Role of Justice Samuel Alito: From a Politics of Restoration to a Politics of Dissent. *Yale Law Journal Forum*, v. 126, p. 164-177, 2016.

SMITH, Mitch; GLUECK, Katie. Kansas Votes to Preserve Abortion Rights Protections in Its Constitution. *The New York Times*, 03.08.2022. Section A. p. 1.

SOUTO, João Carlos. A contribuição de Luís Roberto Barroso e Harry Blackmun à emancipação da mulher no Brasil e nos Estados Unidos. *Revista da AGU*, Brasília, v. 22, p. 200-226, 2023. Dossiê – Dez Anos do Ministro Luís Roberto Barroso no Supremo Tribunal Federal.

SOUTO, João Carlos; MELLO, Patrícia Perrone Campos. Suprema Corte dos Estados Unidos: lições do "term" 2019-2020 e uma breve homenagem a Ruth Bader Ginsburg. *Revista de Direito Internacional*, v. 19, p. 381-399, 2022.

SPRUNT, Barbara. How Amy Coney Barrett's Confirmation Would Compare to Past Supreme Court Picks. *NPR*, 01.10.2020. Disponível em: https://www.npr.org/sections/supreme-court-nomination/2020/10/01/916644231/how-a-barrett-confirmation--would-compare-to-past-supreme-court-timelines. Acesso em: 03.10.2020.

STEPHENS, Bret. Why We Admire Zelensky. *The New York Times*, 19.04.2022. Section A. p. 22. Disponível em: https://www.nytimes.com/2022/04/19/opinion/why-we--admire-zelensky.html. Acesso em: 19.04.2022.

STJ reconhece professora como filha de José Alencar, diz advogado. *G1*, 01.09.2015. Disponível em: https://g1.globo.com/minas-gerais/noticia/2015/09/stj-reconhece--professora-como-filha-de-jose-alencar-diz-advogado.html. Acesso em: 19.04.2022.

STRAUSS, Valerie. The "cloistered" Harvard-Yale law monopoly on the Supreme Court. *The Washington Post*, 10.07.2018. Disponível em: https://www.washingtonpost.com/news/answer-sheet/wp/2018/07/10/the-cloistered-harvard-yale-law-monopoly-on--the-supreme-court/. Acesso em: 20.07.2018.

STUENKEL, Oliver. Democracy is Dying in Brazil. To Stop Bolsonaro, the Opposition Must Unite. *Foreign Relations*, 01.11.2021. Disponível em: https://www.foreignaffairs.com/articles/brazil/2021-11-01/democracy-dying-brazil. Acesso em: 03.11.2021.

SUK, Julie C. A Dangerous Imbalance: Pauli Murray's Equal Rights Amendment and the Path to Equal Power. *Virginia Law Review Online*, v. 107, n. 3, 2021. Disponível em: https://www.virginialawreview.org/articles/a-dangerous-imbalance-pauli-murrays--equal-rights-amendment-and-the-path-to-equal-power/. Acesso em: 25.11.2022.

THE NEW YORK TIMES EDITORIAL BOARD. The Democrats' Secret Weapon: Lilly Ledbetter. *The New York Times*, 28.08.2008.

THE PULITZER PRIZES. The 1938 Pulitzer Prize Winner in Reporting. Disponível em: https://www.pulitzer.org/winners/raymond-sprigle. Acesso em: 23.07.2022.

THE WASHINGTON POST EDITORIAL BOARD. Abortion rights won big. Here's what to do next. *The Washington Post*, Washington (DC), 10.11.2022. Disponível em: https://www.washingtonpost.com/opinions/2022/11/10/abortion-rights-midterm--elections-roe/. Acesso em: 10.11.2022.

THE WASHINGTON POST EDITORIAL BOARD. Josh Hawley's Bad Judgment. The GOP freshman joins the left in trashing Neomi Rao. *The Wall Street Journal*, New York, 26.02.2019. Disponível em: https://www.wsj.com/articles/josh-hawleys-bad--judgment-11551140148. Acesso em: 28.02.2019.

TIMOTIJA, Filip. Alito's former neighbor: "At worst, he's just outright lying" about flag timeline. *The Hill*, 06.06.2024. Disponível em: https://thehill.com/homenews/4707610--alito-upside-down-flag-timeline-former-neighbor-cnn/. Acesso em: 20.06.2024.

TRACKING Abortion Bans Across the Country. *The New York Times*, 2022. Update 08.01.2024. Disponível em: https://www.nytimes.com/interactive/2022/us/abortion-laws-roe-v-wade.html.

TRIBE, Laurence. The Steadiness and Grace of President Obama. *Harvard Law and Policy Review*, 14.11.2016. Disponível em: https://harvardlpr.com/2016/11/14/laurence--tribe-the-steadiness-and-grace-of-president-obama/. Acesso em: 14.12.2022.

UNITED STATES SENATE COMMITTEE ON THE JUDICIARY QUESTIONNAIRE FOR JUDICIAL NOMINEES. *Attachments to Question 12 (a) Ketanji Brown Jackson Nominee to be Associate Justice of the Supreme Court of the United States*. Disponível em: https://www.judiciary.senate.gov/imo/media/doc/Jackson%20SJQ%20Attachments%20Final.pdf. Acesso em: 06.04.2022.

UNITED States Senate Legislation and Records. Disponível em: https://www.senate.gov/legislative/LIS/roll_call_votes/vote1161/vote_116_1_00125.htm#position. Acesso em: 02.08.2022.

WANG, Amy B; SCOTT, Eugene. House passes bills to codify abortion rights and ensure access. *The Washington Post*, 15.07.2022. Disponível em: https://www.washington-post.com/politics/2022/07/15/house-abortion-roe-v-wade/. Acesso em: 16.07.2022.

WEISMAN, Jonathan; ULLOA, Jazmine. *Judging a Judge on Race and Crime, G.O.P. Plays to Base and Fringe. The New York Times*, 23.03.2022. Section A. p. 1.

WOMEN'S Rights Law Reporter. Rutgers Law School. Disponível em: https://womens-rightslawreporter.com/. Acesso em: 28.03.2021.